Irene Masing-Delic

•

Abolishing Death

A Salvation Myth of Russian Twentieth-Century Literature

Stanford University Press
Stanford, California
1992

Айрин Масинг-Делич

•

Упразднение смерти

Миф о спасении в русской литературе XX века

Academic Studies Press

БиблиоРоссика

Бостон / Санкт-Петербург

2020

УДК 82.09
ББК 83.3(2Рос=Рус)
М31

Авторизованный перевод с английского Михаила Абушика

Серийное оформление и оформление обложки Ивана Граве

Масинг-Делич А.

М31 Упразднение смерти. Миф о спасении в русской литературе XX века / Айрин Масинг-Делич; [пер. с англ. М. Абушика]. — СПб.: Academic Studies Press / БиблиоРоссика, 2020. — 464 с. — (Серия «Современная западная русистика» = «Contemporary Western Rusistika»).

ISBN 9798897838042 (Academic Studies Press)
ISBN 978-5-6044208-1-2 (БиблиоРоссика)

Культура Серебряного века была в высшей степени неоднородной, однако для всех разнообразных явлений имелась одна связующая нить: все мечты и чаяния были направлены на преодоление законов природы, на реализацию утопии, расширение возможностей человека и создание высшей расы — возможно, бессмертной. Это стремление, выразившееся в идеях Владимира Соловьева, Николая Федорова и в обновленных понятиях гностицизма, свело таких разных писателей, как Максим Горький, Александр Блок, Федор Сологуб, Николай Огнев и Николай Заболоцкий, в едином пространстве мифа об окончательной победе над смертью.

УДК 82.09
ББК 83.3(2Рос=Рус)

ISBN 9798897838042
ISBN 978-5-6044208-1-2

Юре

Предисловие и слова благодарности

Оригинальная английская версия настоящего исследования была опубликована в 1992 году издательством Стэнфордского университета[1]. В 2019 году основатель и директор издательства «Academic Studies Press» Игорь Немировский предложил мне включить мою книгу в новую серию «Современная западная русистика», и я ему очень признательна за эту честь. Перечитав свою книгу 1992 года, я решила, что для русского издания уместно внести в текст ряд изменений. Я переработала некоторые главы, изменив порядок аргументации и сократив их во избежание повторов; дополнила библиографию важными работами, посвященными философии Н. Ф. Федорова, а текст — некоторыми размышлениями о (не)желательности бессмертия и о его «будущем» в России («Будущее бессмертия» — так называется книга А. Бернштейн, включенная в библиографию). Главная часть моего исследования, собственно анализ посвященных бессмертию и способам его достижения произведений Ф. К. Сологуба, А. А. Блока, Н. А. Заболоцкого и других авторов, не подвергалась существенным изменениям.

---

1 Masing-Delic 1992 — Masing-Delic I. Abolishing Death. A Salvation Myth of Russian Twentieth-Century Literature. Stanford (CA): Stanford University Press, 1992.

Я очень признательна сотруднику санкт-петербургской Библиотеки Академии наук Михаилу Абушику, переводчику моей книги, и редактору Ольге Бараш за тщательное редактирование последнего варианта рукописи. Ольге я особенно благодарна за то, что она безошибочно угадывает, как хотел бы выразиться автор, если бы изначально изъяснялся на русском языке. Я очень ценю внимательное отношение ко мне всех сотрудников издательства в Санкт-Петербурге, особенно Ксении Тверьянович, редактора серии, и Ирины Знаешевой, ответственного редактора. Также благодарю Радислава Лапушина, профессора Университета Северной Каролины в Чапел-Хилле, за его ценный вклад в историю перевода, которая по разным причинам оказалась длинной.

Я признательна Университету штата Огайо (The Ohio State University) за финансовую поддержку перевода первой версии книги.

Я также благодарна К. Толпыгину, сотруднику славянского и восточноевропейского отделения Библиотеки Дэвиса Университета Северной Каролины (The Davis Library of the University of North Carolina), который терпеливо разыскивал необходимые материалы и ссылки на электронные версии книг, недоступных из-за закрытия нашей и соседних библиотек на карантин во время эпидемии коронавируса. Отделение межбиблиотечного абонемента Библиотеки Дэвиса также оказало мне весьма ценную помощь.

В течение ряда лет я вела множество плодотворных для меня дискуссий на тему бессмертия. Одним из моих собеседников был профессор Йозеф Шютц (Joseph Schuetz), который подал мне идею написать книгу на основе ряда семинаров на тему «упразднения смерти», проведенных мной в 1970-е годы в Университете Эрлангена — Нюрнберга (Friedrich-Alexander-Universität Erlangen-Nürnberg), на кафедре славистики, которую он тогда возглавлял. Я ценю его поддержку, а также вклад, который внесли в разработку темы участники семинара. За одобрение моей книги я очень признательна профессору Вольфгангу Казаку (Wolfgang Kasack), возглавлявшему тогда кафедру славистики Кёльнского университета; в то время он был глубоко заинтересован этой тематикой.

На кафедре славянских языков и литератур Калифорнийского университета в Беркли моими коллегами в разное время были профессора Джоан Гроссман (Joan Grossman), Хью Маклэйн (Hugh McLean) и Ирина Паперно (Irina Paperno); своим дружеским вниманием и положительной критикой они помогли мне глубже разработать тему. Я благодарю кафедру за предоставленную мне возможность проверить свои идеи на проводимом мной семинаре и участников семинара за их активность. Публикацию моей книги всячески поощрял Франк (Римвидас) Шилбайорис (Frank Silbajoris), профессор кафедры славистики и восточноевропейских языков и литератур Университета штата Огайо. Моя «странствующая» книга, как уже было сказано выше, нашла пристанище в издательстве Стэнфордского университета (Stanford University Press).

Наконец, я благодарю своего мужа Джорджа Делича за его многолетний интерес к теме, весьма далекой от сферы его собственных исследований в области теоретической физики и вычислительной техники. Он помогал мне «спускаться на землю» в моих подробных объяснениях, каким именно образом мои авторы приходили к своим необычным умозаключениям. Книгу «Упразднение смерти» я посвящаю ему.

Айрин Масинг-Делич

Германо-славянский департамент Университета
Северной Каролины в Чапел-Хилле, 2020

...Если нет бессмертия, то его рано или поздно изобретет великий человеческий ум.

А. П. Чехов. Палата № 6

Глава 1
Введение

В начале 1920-х годов, когда И. Г. Эренбург ездил с лекциями по Советскому Союзу, его, помимо прочего, часто спрашивали, «откроет ли коммунизм возможность победить смерть» [Эренбург 1990, 1: 434]. По воспоминаниям Н. А. Бердяева[1], на одном из собраний «Клуба анархистов» некий биокосмист[2] утверждал, что, так как «социальная программа-максимум уже осуществлена», только и остается «поставить на очередь дня космическое воскрешение мертвых» [Бердяев 1990: 219]. Это вызвало в зале смех, но не удивление, которое выказала бы аудитория, услышь она подобное заявление впервые. По всей видимости, присутствовавшая на собрании публика привыкла к подобным «программным требованиям» и уже не раз слышала разглагольствования об «изобретении бессмертия».

Как легко можно убедиться, и сорок лет спустя на страницах журнала «Наука и религия» нередко поднималась та же тема. Так, в сентябре 1965 года журнал публикует статью, озаглавленную «Бессмертие — сказка?», в которой доктор биологических наук и президент Национальной академии наук Белоруссии В. Ф. Ку-

---

[1] По воспоминаниям Бердяева, это было в 1919 году, но исследователь Н. Ф. Федорова М. Хагемейстер относит эту встречу биокосмистов к 1921 году [см. Hagemeister 1989: 303]. О биокосмизме см. [Там же: 300–317].

[2] Речь идет о лидере движения анархистов-биокосмистов А. Ф. Агиенко, известном под псевдонимом Александр Святогор.

превич объясняет, что «на известном этапе своего развития человек начал приспосабливаться к условиям среды, то есть к всемогущей природе». В наше время человечеству, однако, уже не надо «слушаться» природы; достигнув высокого уровня в своем эволюционном развитии, оно уже не должно переделывать себя. Оно может вместо того приступить к радикальному изменению самой природы, «убеждая» или «заставляя» ее служить нуждам и желаниям человечества. Смерть, то есть смена поколений, утверждал академик, становится «вовсе не обязательной», так как теперь она может быть уничтожена «как биологическое явление» [Купревич 1965: 32][3]. Действительно, оптимизм по поводу близкого физического бессмертия часто был безграничным, как подтверждает другая статья, опубликованная в журнале «Наука и религия» в том же 1965 году. «Придет время <...> и смерть будут лечить, как лечат сейчас грипп, воспаление легких или туберкулез. И это не религиозная сказка, вроде оживления Лазаря Иисусом Христом, а реальные перспективы развития науки», — утверждал автор [Клячко 1965: 32]. Это лишь некоторые из многих статей, опубликованных в 1960-е годы в советских журналах, где говорилось о «бессмертии как о чем-то уже близком, практически достижимом в самом ближайшем будущем» [Филиппов 1981: 231].

---

[3] В. Ф. Купревич, известный ботаник и специалист по заболеваниям растений, автор более ста научных трудов, в том числе фундаментальных, написал также ряд статей о продлении жизни человека и о смерти как «ненужном явлении», например «Граница бессмертия: исследования о продолжительности жизни человека» («Семья и школа», 1966, № 5); «Приглашение к бессмертию: к проблемам геронтологии и гериатрии» («Техника — молодежи», 1966, № 1). Пропагандирование Купревичем бессмертия свидетельствует о том, что философия победы над смертью Н. Ф. Федорова продолжала привлекать видных ученых и во времена, когда Федорова официально не признавали (о Федорове см. главу 4). Такие заглавия, как «Бессмертие — сказка?», возможно, возникали под влиянием не только оптимистических политических лозунгов, но и горьковских рассуждений о фольклоре, а именно той мысли, что народные сказки выражают мечтания народа о будущем. Так, народ поэтически выразил свои чаяния о передвижении по воздуху в сказочном мотиве ковра-самолета. Возможно, народ также желал, чтобы у каждого на кухонной полке стояло по банке живой и мертвой воды.

Все эти высказывания хорошо иллюстрируют то, что историк-советолог П. Уайлз называет «непомерным интересом к физическому бессмертию на земле» [Wiles 1965, 57: 159] в Советском Союзе. Уайлз, одним из первых в западной науке подметивший в русской советской культуре этот интерес к победе над смертью, приписывает его популярность распространенному среди русского населения представлению, что должна быть «или жизнь после смерти — или отсутствие смерти» [Wiles 1965, 56: 140], причем последнее предпочтительней. Хотя Уайлз заинтересовался этим поиском мира, где нет смерти, он не счел его важным культурным явлением. Ведь он не дал «результатов», кроме ряда «курьезных фраз» в художественной литературе и некоторых странностей в практике медицинских исследований[4] (см. [Wiles 1965, 57: 161]).

Под «курьезными» фразами в литературе Уайлз, по всей видимости, подразумевает эпизоды, подобные сцене из романа Б. Л. Пастернака «Доктор Живаго» (1957). Во время Гражданской войны Юрий Живаго, герой романа, находясь на поле боя, стреляет в мертвое, обгорелое дерево на голом холме (картина, чем-то напоминающая Голгофу), вместо того чтобы целиться в бойцов какой-либо из сторон или спрятаться и вовсе не участвовать в сражении. Его странный поступок можно понять как желание «врачевателя живого», каковым является герой романа, подсказать воюющим сторонам, что убивать надо не друг друга, а смерть, воплощенную в этом дереве на голом холме. Странное поведение Живаго, по-видимому, обусловлено причинами, имеющими смысл на символическом уровне (см. [Masing-Delic 1981]); его поступок также имеет федоровскую окраску, то есть говорит о «конкретных действиях против смерти» в духе Н. Ф. Федорова[5].

---

[4] Один такой «медицинский случай» связан с лекарством под названием гравидан — «чудодейственным» средством, получаемым из мочи беременных женщин. Оно некоторое время считалось мощным средством омоложения. Подробное описание судьбы гравидана в Советском Союзе содержится в [Найман 2000].

[5] Роман Пастернака в настоящей работе отдельно не рассматривается, но он, несомненно, принадлежит к тем литературным произведениям XX века, в которых многие «курьезные фразы» и «странные случаи» приобретают

Уайлз, несомненно, ошибался в своем предположении, что поиски физического бессмертия составляют не более чем собрание «курьезных фраз» и нелепых медицинских практик[6]. Но эта тема тогда редко рассматривалась в западной славистике и советологии, а автор теории физического воскрешения мертвых Н. Ф. Федоров (1829–1903) с его подспудным влиянием на русскую культуру был почти неизвестен[7].

Между тем в России в период 1900–1920-х годов начали складываться параметры «мифа спасения», которые, в частности благодаря вернувшемуся из Италии М. Горькому, впоследствии перекочевали и в сталинский период менее открытых, но актив-

---

смысл, если соотнести их с поисками земного бессмертия. Пастернак не был последовательным приверженцем Н. Ф. Федорова, но интересовался его идеями. В творчестве Пастернака можно найти множество мотивов в федоровском ключе. Так, в стихотворении «Безвременно умершему» (1936), посвященном самоубийству молодого поэта Н. Дементьева, есть строки, в которых практически изложена суть федоровского учения: Но тут нас не оставят. / Лет через пятьдесят, / Как ветка пустит паветвь, / Найдут и воскресят.

6 Западная славистика в 1960-е годы еще мало интересовалась такими «утопиями». После первых исследований Уайлза М. Хагемейстер в книге «Nikolaj Fedorov. Studien zu Leben, Werk und Wirkung» («Николай Федоров. Жизнь, творчество, значение», [Hagemeister 1989]) дал достаточно полную картину жизни и творчества этого загадочного человека — философа-утописта, зачинателя «общего дела» борьбы со смертью, — а также рассмотрел его последователей и пропагандистов в предреволюционные и первые послереволюционные годы. В 1970 году два тома «Философии общего дела» (1906 и 1913) вышли в Великобритании. Кроме того, повысился общий интерес к истории русской религиозной, а также антирелигиозной философии; в частности, большой вклад в исследование этой сферы русской культуры внесли Дж. Клайн и Дж. Сканлан. В наше время философ хорошо известен среди специалистов по русской культуре; федоровизм и космизм также становятся достоянием более широких кругов, о чем свидетельствует выход в 2018 году книги «Russian Cosmism», антологии текстов федоровистов и космистов [Groys (ed.) 2018].

7 Литература о Федорове на русском языке достаточно обширна — см., например, [Петерсон 1912; Семенова 1990; Семенова 2004; Гачева (сост.) 2004–2008]. — *Примеч. ред.*

ных поисков бессмертия[8]. Горький, в первый раз вернувшись в Советский Союз в 1928 году, начал агитировать за создание Всесоюзного института экспериментальной медицины (ВИЭМ), который должен был заниматься исследованием возможностей «улучшения биологического состояния» социалистического человечества, то есть, по сути, евгеникой. Горький вообще поощрял всевозможные способы помочь человечеству превзойти себя и духовно, и биологически путем научного овладения природой. К тому времени «упразднение смерти» преподносилось как будущая победа советской науки и коммунистической партии. То, что миф как о научной, так и о духовной победе над смертью коренился в Серебряном веке, было умышленно предано забвению как нежелательная информация. Автор настоящей книги надеется, что анализ мировоззрения и мироощущения, лежавших в основе утопических до- и послереволюционных чаяний, обогатит интерпретацию литературных произведений, в которых прежде не был замечен подтекст «программы спасения» или борьбы за «упразднение смерти». Моя цель — подробнее рассмотреть основную структуру литературно-философского мифа о достижении бессмертия на земле (в моей книге называемую

---

8 В России ученики Федорова следили за тем, чтобы знание о нем не заглохло, см., например, [Петерсон 1912]. Влияние Федорова было «подспудным» по многим причинам: он сам не афишировал свою философию, а его последователи были немногочисленными, хотя крайне преданными. Среди интересовавшихся его учением (но не всегда безоговорочно принимавших его) были Л. Н. Толстой, Ф. М. Достоевский, Н. А. Бердяев и другие. В советское время философ считался «нежелательной персоной», поскольку был важной фигурой для богостроителей, которых Ленин не одобрял и заставил Горького, по крайней мере на словах, «отступиться от своей веры». Кроме того, философ был приверженцем православия, самодержавия и русского царя-автократа, представителя Бога на земле, что было неприемлемо для советской идеологии. Однако именно в 1920-е годы тайное наследие Федорова сильно влияло на таких высокопоставленных большевиков, как Л. Б. Красин и другие члены Комиссии по увековечению памяти В. И. Ульянова. М. Горький, несмотря на увещевания Ленина, тоже остался федоровцем и даже поддерживал осторожный контакт с последователями философа Н. А. Сетницким и А. К. Горским (см. [Бочарова, Гачева 2005]).

«программа спасения») в русской литературе первой трети XX века. Основанная на методе пристального чтения, данная книга содержит анализ литературных произведений, показывающих развитие этого мифа в хронологическом порядке.

В моей работе исследуются тексты разных жанров: от реалистического «романа воспитания», посвященного идейному обращению в социалистическую веру богостроительства, как «Исповедь» Горького (1907), до сказочной поэмы о «похоронах» смерти-сохи, такой как «Торжество земледелия» Н. А. Заболоцкого (1931). В число рассматриваемых произведений также входят утопическая трилогия Ф. К. Сологуба «Творимая легенда» (1907–1913), поэма А. А. Блока «Двенадцать» (1918) и некоторые другие тексты того времени. Эти произведения были выбраны по двум критериям: полноте тематики спасения от смерти и прослеживанию развития мифа от одного текста к другому. Так, в «Исповеди» народ-богостроитель еще не владеет той «силой», которую продемонстрировал Христос при воскрешении дочери Иаира, и поэтому способен только исцелить парализованную, но не мертвую девушку. Будущий народ-богостроитель лишь постепенно приходит к полному осознанию своего великого потенциала и пока еще не может опереться на полноценную науку воскрешения. В «Творимой легенде» Сологуба мы уже имеем дело с «настоящими» воскрешениями, хотя в ограниченном объеме и производимыми только над узкой категорией недавно умерших невинных детей; поэт-(ал)химик Триродов возвращает к жизни только детей, ничего «не съевших» (Иван Карамазов), то есть не изведавших плода познания добра и зла, но действительно умерших и уже похороненных. В поэме Блока «Двенадцать» нарушается медленное движение времени в Старом мире и делается «скачок» в царство вневременной свободы будущего. В поэме «красные апостолы» воскрешают Христа, который, вопреки свидетельству Евангелия и учению всех христианских церквей, никогда не восставал из мертвых, но покоился все это время в гробнице Истории, ожидая своего второго пришествия по инициативе нового человечества на заре новой эры. Воскрешая Христа (коллективным возгласом «выходи»), красные апостолы послереволюционной России, сами еще не понимая своей исторической функции, начинают дело создания Нового мира, в котором все возможно, включая воскрешение умерших. Ведомые образом истинного Христа, который, как икона крестного хода, ведет их «в даль» неограниченных возможностей, они совершат великое дело обновления мира и человечества.

Относительно просто достигается бессмертие в новелле Н. Огнева «Евразия», или, по крайней мере, утверждается абсолютная уверенность в способности человека техническими средствами реконструировать любой механизм, включая биологический механизм человека. В этой новелле, правда, совершается только «воскрешение» танка, поврежденного в боях Гражданской войны, но, так как человек тоже «механизм», воскрешение органического тела-механизма не за горами. Писатели, ориентированные на возможности спасительной техники, были больше всех разочарованы появлением нэпа, поскольку он восстанавливал, как им казалось, мелкий эгоизм обывателей, тем препятствуя «общему делу» бессмертия. Так, Заболоцкому в «Столбцах» (1929) повсюду видится образ Вавилонской блудницы и представляется вульгарность нэповской жизни во время прогулок по Ленинграду — городу, который, как колыбель революции, должен был стать местом великих коллективных дел, включая общее дело уничтожения смерти, но вместо того предал «труда и творчества закон». Вместе с ним город предал и надежды на физическое бессмертие человечества. Однако в более поздней поэме Заболоцкого «Торжество земледелия» на человечество «грянул свет», возвещающий, что приход Нового мира «с новым солнцем и травой» уже близок, если коллективизация послужит началом процесса создания «нового неба и новой земли» под руководством богоподобного человечества. Такой ход событий кажется поэту вполне вероятным, и в заключительной части поэмы уже празднуются похороны смерти.

Эти произведения рассматриваются в контексте философий бессмертия Н. Ф. Федорова и В. С. Соловьева, а также «неогностических» настроений Серебряного века, таких как презрение к современному миру с его «пошлыми» мещанами-обитателями, которых следует заменить «новым человеком» Третьего Завета или «стальным» героем социалистического «светлого будущего». Несмотря на растущий интерес исследователей к этим вопросам и на то, что мысль о бессмертии делается все более приемлемой в кругах «космистов», «неофедоровцев» и приверженцев крионики, тема упразднения смерти многим по-прежнему представляется «курьезной» вне научно-фантастических жанров. Поэтому я позволю себе ниже представить несколько общих культурных контекстов, делающих «фантастичность» тематики более понятной. Во второй главе под названием «Программа спасения» я постараюсь наметить конкретные параметры для изучения этого яркого литературного мифа. В последующих главах анализируются взгляды Н. Ф. Федорова, В. С. Соловьева и других на тему победы над смертью. Главы 6–11 посвящены подробным разборам собственно литературных текстов, включая две пародии на концепцию физического бессмертия. «Заключительные замечания» ставят вопрос о желательности бессмертия и о «будущем бессмертия»[9] в России.

Положение традиционной религии и «верующий атеизм»

Одной из многих причин, позволивших идее земного бессмертия без «транзита» в мир иной пустить столь прочные корни в России, очевидно, было враждебное отношение «прогрессивной» интеллигенции к традиционному русскому православию, затронувшее вначале его престиж, а потом и статус. Октябрьская революция обозначила окончательный разрыв с «бесплодными религиозными фантазиями» православия, равно как и других религий бывшей империи, причем слово «бесплодные» здесь следует подчеркнуть. Новые научные теории не оспаривали позитивного отношения православия к воскресению во плоти и к вечной жизни в Новом мире, но они «знали», что религии обманывают верующих своими «сказками», и отрицали, что

---

9 Название книги А. Бернштейн («The Future of Immortality», [Bernstein 2019]).

православная церковь способна что-либо сделать для их достижения. Любая религиозная вера была объявлена религиозной патологией *(pathologia religiosa)*, крайне вредной для физического и психического здоровья нации [см. Polianski 2018][10]. Считалось, что народ, и в первую очередь «отсталое» крестьянство, нужно было *лечить* от этой «болезни». Поэтому его перевоспитание и «освобождение» от традиционной церковной веры должно было стать одной из главнейших задач новой советской интеллигенции в области культурного просвещения.

Глумление над православием

Роман Л. Н. Сейфуллиной «Виринея» (1924) — одно из многочисленных произведений, в которых разоблачаются старые религиозные «суеверия», «неврозы» и «истерические случаи одержимости», которые следовало разрушить до основания. Один из «безобидных» способов — высмеивание старой веры. В романе Сейфуллиной сельского «мистика-пророка» Савелия Магару посещает «пророческое» видение, в котором Творец зовет его к себе на небеса. В сцене, пародирующей смерть Зосимы в «Бра-

[10] В статье И. Полянски рассматривается «союз» медицинских наук с антирелигиозной пропагандой страны во имя здоровья и психического благополучия народа после Октября. До какой степени фанатичная вера в науку иногда переплеталась с гротескными суевериями рационализма, свидетельствует следующий случай. Профессора медицины Казанского университета, занимавшегося попытками оживления клинически мертвых людей, постигло горе — его маленький сын утонул. Профессор, безгранично любивший сына, забальзамировал тело и долго пытался его оживить. Убедившись, что ребенок не воскреснет, отец покончил с собой. Его глубоко верующая вдова хотела похоронить мужа по христианскому обряду. Коллеги профессора, узнав об этом, обвинили ее в убийстве мужа: она якобы не желала, чтобы советская наука в виде «научного воскрешения» восторжествовала. Медики сочли, что их коллеге уже почти удалось воскресить сына, но жена, как верующая христианка, решила убить мужа, чтобы «сохранить авторитет» Бога как единственного властелина жизни и смерти. Этот реальный случай передан мной в немного упрощенном виде; желающих узнать другие гротескные детали я отсылаю к статье Полянски.

тьях Карамазовых», Магара облачается в саван, ложится в гроб и ожидает обещанной смерти, окруженный односельчанами, многие из которых готовы поверить в «зов на небеса», если тот в самом деле прозвучит. Смерть, однако, не приходит за душой Магары, который начинает бояться, что его разоблачат как лжепророка. Он изо всех сил старается умереть, пробует не дышать, но смерть не приходит, к вящей потехе односельчан, собравшихся понаблюдать за его заранее объявленной кончиной. Традиционная вера посрамлена, и крестьяне видят, что православие не выдержало «проверки на правду» и что горнее видение Магары — не более чем самообман психически неуравновешенного, излишне возбудимого человека: он ведь и раньше впадал в приступы мрачности и совершал странные, непомерно агрессивные поступки, указывавшие на манию величия [Сейфуллина 1974: 32–38]. После вынужденного «восстания из мертвых» Магара проводит ночь, «теребя» старое тело своей многострадальной жены, а на следующий день уходит из дома. После длительного отсутствия Магара возвращается домой и превращается в пьяницу и тунеядца. Его стремление стать местным православным угодником навсегда исчезает, как и уважение к нему односельчан.

Победившим большевикам было ясно: «верхний этаж» уже не только не нужен, но вредоносен для духовного здоровья и «нормального» развития населения, особенно крестьян, в которых так крепко верил Достоевский, видя в них истинных богоносцев. Ликвидация религии в стране была необходима, чтобы советский человек имел полную свободу творить новые, не религиозные, а научные чудеса в новой среде, чудеса, нужные и полезные ему самому, а не «бывшему Богу». Считалось, что эти естественные чудеса по силам тем, кто и теоретически, и эмпирически познает законы природы, состав материи и ее «двигателей» — разных видов энергии: таким образом «научный» советский коллектив приобретет способность властвовать над ними и изменять их действия.

Упадок церковной религии и растущее недоверие к ее «сказкам» о посмертном пребывании души в заоблачных сферах открывали дорогу той «альтернативе», о которой говорил Уайлз, то есть поискам путей к бессмертию на земле, исключающему физическую кончину человека. Таким образом, церковный путь к спасению от смерти был показан несостоятельным и даже смешным, между тем как *цель* религиозных упований — бессмертие физического тела человека — оставалась в силе. Как в Советском Союзе, так и в других странах растущий научный прогресс подпитывал надежды на «рукотворное» бессмертие, созданное учеными, способными заменить религию всезнающей наукой. В медицине и биологии одно ошеломляющее открытие следовало за другим, суля удивительные новые возможности создать то будущее, которого человечество жаждало испокон веков. Как пишет И. Полянски, доктрина «победы над смертью» лежала в основе всех аспектов советского представления о «новом человеке» [Polianski 2018: 544] и *подразумевалась* во всех декларациях о «неостановимом» прогрессе страны во всех сферах знания. Обещание этой победы содержалось в самом советском лексиконе, в языке текстов, провозглашавших новую веру, то есть советскую идеологию. Семантика этого лексического пласта русского языка была связана с понятиями фактического знания о будущем как о легенде, сотворенной реальной советской наукой. В отличие от трилогии Сологуба «Творимая легенда», это было знание не только о творимой, но и о сотворенной в будущем легенде. Не говоря напрямик о конкретных целях коммунистической «веры», язык, на котором ее проповедовали новым людям социалистического мира, внушал надежды на осуществимость всех стремлений послеоктябрьского человечества, на исполнимость всех его желаний — исключая, конечно, иллюзии «бывших людей». Приведем несколько примеров из книги В. Е. Прожогина, посвященной всемогуществу труда коммунистического человечества, якобы главной теме в произведениях Горького, где труд из тяжелой повинности превращается в эстетически значимое «жизнестроительное» искусство, «в источник радости, в творчество» [Прожогин 1955: 87]. Писатель указывал, что «труд коллективный, общественный» должен превратиться «в гигантскую созидательную силу», способную осуществить «революционное преобразование мира» и ошеломляющие открытия [Там же: 42]. Когда-то труд был проклятием, но устремленный в будущее социализм и его «пророк» Горький превратили его в *искусство*, которое, соблюдая закономерности человеческого творчества, создаст и уже создает условия человеческого всемогущества. К эстетической составляющей Прожогин добавляет этическую: по его мнению, непреложным историческим «фактом» является то, что трудовой пролетариат — это «единственный неэгоистический класс» в мировой истории [Там же: 35]. Очевидно, отсутствие эгоизма придает этому классу некоторые чудотворные свойства, вроде силы искупления, похожей на ту, какой владел Христос-искупитель. Тот искупал грехи грешников, а теперь реальный и истинный искупитель — пролетариат — превращает «сырье», то есть «звероподобных» крестьян, в идеальных дисциплинированных тружеников, в таких же пролетариев, как они сами, и таким образом спасает всех достойных спасения представителей этого, несмотря ни на что, народного класса [Там же: 38]. Чудотворная сила пролетариата распространялась и на преступников, которые могли спастись, выполняя подневольный каторжный труд, проходя нечто вроде чистилища в трудовых лагерях и на стройках наподобие Беломорканала. Своим трудом они зарабатывали себе право на вход в коммунистический рай — это не касалось только враждебных элементов из «бывших» классов. Цитируя Маркса, Прожогин говорит о «*сверхъестественной* творческой силе» труда [Там же: 121], которую признают и капиталисты, так как хорошо умеют ею пользоваться в своих корыстных целях. Если отнять у капиталистов эту «сверхъестественную» силу и отдать ее классу, которому она принадлежит по праву, пролетариату (включая «обработанное сырье» крестьянства и кающихся преступников), их творческий труд-искусство покажет свою преобразующую мощь во всех областях неостановимого прогресса. Прожогин описывает отношение Горького к труду следующим образом: «Горький был преисполнен глубокой веры в творческие силы народных масс, в торжество великой и *всесильной* идеи коммунистического преобразования мира» [Там же], идеи, возведенной в «степень искусства». Горький «знал», что «*чудодейственный* труд» и «*бесконечно* развивающийся разум человека» [Там же: 316] делают его «*властелином* стихийных сил природы», которые совместно «*овладеют всеми тайнами* природы» [Там же: 136; курсив всюду мой. — *А. М.-Д.*]. Очевидно, что Прожогин в своей оценке «веры» Горького указывал на некоторые «догматы» новой веры, которые французский историк-советолог А. Безансон характеризовал так: в то время как в основе религий, как старых, так и новых, лежит «осознанное неведение», советская идеология — это тоже «вера», но основанная на знании, на якобы неопровержимых доказательствах. Так, Ленин верил в неизбежное торжество коммунизма, но только потому, что «знал», что оно наступит: «Ленин не знал, что верил, он верил, что знал» [Безансон 1998: 47–48]. Данное Безансоном определение ленинской «веры» подкрепляется словами Горького, утверждавшего, что Ленин «непоколебимо верил, потому что хорошо знал» [СС 24: 37]. Несомненно, Горький сам тоже «верил», потому что «хорошо знал». И, так как писатель «знал, что верил» и «верил, что знал», он хотел, чтобы новые поколения советских людей разделили веру и «знание» о будущем мире и будущем бытии человечества, умея сопоставить их с прошлым, когда природа была сильнее человека. Он мечтал об учебнике для школьников, который назывался бы «История труда»; он должен был быть созданным коллективом ученых, которые показали бы торжество нового человечества «над слепыми силами природы» [Прожогин 1955: 135] (автор тут цитирует самого Горького, [ПСС 17: 141]). О каких «слепых силах» идет речь, не уточняется, но выражение «слепые силы природы» постоянно употреблял для обозначения всех разрушительных сил природы Федоров, а вслед за ним и все другие сторонники теории бессмертия. Можно с уверенностью предположить, что к этим силам принадлежит и смертоносная сила разложения и что Горький «знал», что советская наука найдет разрешение этой проблемы[11].

[11] Горький верил в науку, может быть, еще больше, чем в труд; см. [Юнович 1961]. Юнович уверяет, что «наука была первой любовью (Горького) — и что так говорили о Горьком ученые, хорошо его знавшие» [Там же: 3]. Она показывает писателя как человека, не интересующегося наукой, а верующего в нее как в единственное спасение от всех теперешних бед бытия, включая смертность. «Знающая вера» в науку Горького вместе с его верой в «магию» труда

Трафаретные словосочетания, вроде «всемогущество класса», «неостановимый прогресс разума» и «чудотворный труд», встречаются не только в книге Прожогина, но и в прочих бесчисленных «трактатах» о новом человечестве в Новом мире, написанных после революции. В них вновь и вновь повторяется, что все, о чем мечтали люди прошлого, «воистину» сбудется с помощью естественной магии труда. Неизменное ключевое слово «всемогущество», а также все его близкие по значению заменители — «победа», «торжество», «овладение» (стихиями), «уразумение» (слепой природы) и т. д. — призваны убедить, что для трудового, мыслящего и коллективистского человечества, принимающего веру-знание научного коммунизма, на самом деле возможно все. В том числе и обретение физического бессмертия для всех достойных, равно как и вероятное воскрешение достойных умерших. Следует добавить, что исполнение всех желаний и мечтаний человечества тем более осуществимо, что новые люди послереволюционного мира полностью осведомлены обо всех препятствиях, мешающих достижению цели, и поэтому прекрасно знают, как их уничтожить. Одно из таких препятствий — смертоносный капиталистический строй с его «разложением» на враждующие классы и разъединяющей, индивидуалистической моралью войны всех против всех — явным образом усиливает власть смерти и, следовательно, должен повсюду быть ликвидирован, как и все прочие «тлетворные» моменты, способствующие разрыву связи между людьми в Старом мире. Создание такой социальной «ткани», которую невозможно разорвать на кусочки, — вот ответ, который был дан Октябрем на распадающийся мир прошлого. Победив стагнацию, пассивность, паразитизм и другие проявления «нежизни» («жизнь — деяние», сказал Горький [Прожогин 1955: 34]), революция проложила путь в сказочное, но реальное будущее. Неразрывное единство активных людей, создающее ткань бессмертия, плюс, конечно, непримири-

---

составляет два основных неразрывно связанных столпа его богостроительских доктрин. Сам Горький сформулировал свое кредо так: «Науке, исследующей “материю” — верю и люблю ее, как поэзию» [Там же].

мая борьба со злом, унаследованным от Старого мира, до полного его уничтожения — вот ответ на распадающийся мир прошлого, данный Октябрем.

Лопух, солидарность и материальные следы деятельности

Можно предположить, что не все «новые люди» принимали «аксиомы и факты» будущего всемогущества человечества как абсолютную истину. Возможно, даже большинство тех, кто считал себя материалистами и атеистами, предполагали, что после смерти не будет ничего, кроме забвения и разлагающегося мертвого тела, из которого вырастет знаменитый «лопух» Базарова. Для тех, кто не спешил уверовать в скорое свершение утопий и принимал «лопух» как естественное продолжение смертного существования человека, предлагались разные «теории утешения». Богостроители, например (см. о них главу 6 этой книги), апеллировали к благородству и альтруизму своих адептов, уверяя, что все те, кто героически сражался за народ, дав ему бесценные сокровища свободы и равенства, одним этим заслужили народную «вечную память» и, следовательно, бессмертие, так как «народ бессмертен». Энергия его памяти также бессмертна (что предполагается и православной церковью, правда в ином смысле), так что коллективная народная память навсегда сохраняет дела тех, кто погиб и кто продолжает жертвовать собой за благополучие народа. Теоретик «религии без Бога» и толкователь религии социалистического богостроительства А. В. Луначарский восхвалял спасительное чувство солидарности с прошлыми, настоящими и будущими поколениями человечества. Он определил эту солидарность как «*видовое и историческое чувство*, дающее нам возможность рассматривать себя как живое звено развертывающейся драмы жизни столь богатой красками, столь потрясающе великолепной, столь мучительно величественной» [Луначарский 1911: 2, 364], что быть и «звеном» в этой драме — уже вознаграждение за кратковременность бытия. Будучи последователем

Ф. Ницше, Луначарский цитирует мысль из его «Веселой науки» о том, что радость, испытываемая человеком, который начинает «ковать цепь нового могучего чувства, звено за звеном» [Там же: 366], достаточна, чтобы наполнить всю жизнь. Это счастливое и щедрое чувство позволяет человеку «впитать в свою душу все древнее и новое [...], вместит все это в одну душу, в одно чувство». Это — «счастье, какого не знал до сих пор человек, счастье бога, полного сил и любви, полного слез и смеха, бога, который словно вечернее солнце дарит непрерывно из своей неисчерпаемой сокровищницы и, бросая золото в море, до тех пор, пока и беднейший рыбак не гребет золотыми веслами!» [Там же: 366–367]. Ницше называет это чувство «человечность» [Там же: 367], а Луначарский — «солидарность» [Там же: 364], но оба говорят о «вечном миге» такой полноты, что совмещает вечность и кратковременность человека в экстазе слияния со всем и всеми — бывшими и будущими, еще не существующими людьми, как и со всем, что было и будет. И, подобно «божественному человеку» будущего, предтечами которого предположительно являются и Ницше, и сам автор книги «Религия и социализм» Луначарский, также совместит в своей памяти прошлое, настоящее и будущее и, как все предтечи грядущего, вкусит вечной памяти. А сохраненное памятью всегда содержит потенциал нового становления: наука беспрестанно развивается и, быть может, настанет день, когда умершего человека можно будет «восстановить» по любому оставшемуся от него следу. Ведь память в монистическом Новом мире — вид материальной энергии и поэтому содержит *вечные*, неразрушимые следы прошлого[12]. Таким образом, «стоическое» понимание смертности («мой подвиг / труд / послужил светлому будущему, и я вполне удовлетворен этим и умру счастливым»)

---

[12] Еще один федоровский мотив в «Докторе Живаго»: когда Юрий Живаго говорит своей умирающей (доброй) мачехе, что ей не следует бояться смерти, потому что она будет жить в памяти помнящих ее, в этом можно усмотреть намек на то, что ее «найдут» и «воскресят», так как помнящие ее будут сохранять ее «следы». Пастернак, конечно, не был материалистом, но, может быть, находил что-то положительное в том, что память играет не только абстрактную, но и конкретно активную роль в деле воскрешения.

почти всегда содержало и надежду на то, что пусть не скоро, но когда-нибудь бессмертие станет реальным для всех, кто посвятил свои мысли и труд Новому миру.

Следы труда и творчества

Помимо чувства солидарности с предками и благодарно вспоминающими героизм и жертвенность прежних поколений потомками, существовали и иные варианты «утешения», может быть, даже потенциального бессмертия, служившие альтернативой «лопуху». Ключ к этой альтернативе — пушкинское «Нет, весь я не умру», так как «душа в заветной лире <...> прах переживет...». Пусть не всякому дано написать бессмертные стихи, зато каждый может оставить после себя следы плодотворной и полезной деятельности, следы, которые, быть может, будут разысканы и использованы для «восстановления». Так, авторы романов о первых пятилетках нередко говорят о возможности воскрешения былого на основе найденных материальных следов *труда* тех, кого уже нет. Например, в романе М. С. Шагинян «Гидроцентраль» (1930) обаятельный рыжеволосый герой восклицает: «Бессмертие — это всеобъемлющая память, отложи себя в мире, отработай честно, до предела, и *это не может исчезнуть* (курсив мой. — *А. М.-Д.*), и память человечества навеки тебя удержит, — если не сразу, то постепенно, придет к тебе. Ведь это факт: миллионы лет прошли, а мы постепенно восстанавливаем даже работу моллюсков, мы историю земли вспомнили, ихтиозавра вспомнили. Неужели работу человека не *воскресит* память (курсив мой. — *А. М.-Д.*)? Ведь она ж в материи отложится, эта работа» [Шагинян 1979: 91–92].

Хотя положительный герой не говорит о личном бессмертии и даже считает своим долгом опровергать эту старомодную мысль, по крайней мере в ее трансцендентном понимании, его представления о реконструкции прошлого с помощью следов трудовой деятельности, по-видимому, допускают своего рода воскрешение и самого работника: тот каким-то образом существует в материальных следах своей работы. Ихтиозавр с его «работой» в приведенной выше цитате кажется более или менее уместным сравнением, но, хотя в данном контексте герой не говорит о реконструкции отдельных ихтиозавров, с реконструкцией людей все может быть иначе.

Человек изобрел и шаг за шагом усовершенствовал систематический труд, который делал его все в большей степени человеком. Таким образом, человек и его труд связаны настолько тесно, что, может быть, частично трансформируются друг в друга. Трудовая деятельность человека, возможно, соответствует тому, что в традиционном религиозном понимании именуется «душой»; ведь многие люди вкладывают в свой труд (или творчество) буквально всю душу. Человек Нового мира, естественно, не получает душу от выдуманного Бога, а создает ее сам, реализуя свои стремления в творческом труде для себя и для всего человечества, активно преобразуя материю и одновременно делаясь частью ее неиссякаемых разновидностей энергии и стихийных сил. Поэтому вполне вероятно, что труд человека, то есть его духовно-материальный завет — «душа», — может сохраняться в материи, в свое время отыскаться и послужить воскрешению. Сопоставляя традиционное кладбище, где «пыльной казалась и память» [Шагинян 1979: 217], и строительную площадку, на которой «горит» стихия преобразующего труда, Шагинян показывает, что от смерти избавляют не церковные ритуалы, а техника и промышленность, а также иные формы творчества. Они не только оставляют более долговечные и заметные материальные следы, чем кладбище, неспособное одержать верх над «пыльным» забвением, но и дают способы и средства для оживления людей прошлого. В конце концов, и люди — те же «двигатели», которые легко ломаются и которых поэтому надо более умело конструировать и лучше восстанавливать с помощью могущественной техники. По крайней мере, так рассуждает один неизлечимо больной персонаж этого же романа [Там же: 246]; исходя из подобной логики, он находит исцеление не в рецептах врача и, конечно же, не в церковных обрядах, а в еще более активном участии в строительстве гидроцентрали. Своей работой он может быть полезным до конца. Интуитивно он знает, что новый человек, участник великого дела и работник, совершенствующий технику, действует в свою пользу, так как работает для своего же потенциального бессмертия. Научные технологии будущего помогут восстановить «мотор», который приводил в движение его тело до того, как смерть обратила его в прах.

Вот почему так важно оставить после себя долговечные плоды своих трудов. Они аккумулируют частички жизненной энергии умершего, оставшиеся в материи, сохраняя его душу-труд в ожидании «толчка», который возбудил бы организм к новому действию. Борьба за торжество революции, новая научная теория, открытие нового источника энергии, идея, объясняющая старые загадки природы, гениальное стихотворение, улучшение какого-нибудь механизма, любой продукт труда и мысли (она ведь тоже труд) — все это не только вызывает воспоминания об умершем человеке, но и дает материал для его воссоздания. Возможно, Шагинян к тому времени, когда писала свой роман, не забыла свое прежнее (или продолжавшееся?) увлечение Федоровым — в молодости она принадлежала к кружку, где культивировались идеи философа [Hagemeister 1989: 196–97]. Теории философа бессмертия повлияли на многих советских интеллигентов — так, возможно, под воздействием Федорова советский историк Н. А. Рожков (1868–1927) предполагал, что «даже фотография умершего человека или строчки письма его рукой даст достаточно материала для реконструкции его уникального личного состава электронов», тем обеспечивая его воскрешение [Kline 1968: 165]. И у него было немало единомышленников (о теориях воскрешения Федорова см. главу 4).

Маяковский и Катаев

Футурист В. В. Маяковский несколько раз в своем творчестве провозглашал веру в воскрешение и реконструкцию тел. Это, в частности, отметил его близкий друг Р. О. Якобсон в статье «Из комментария к стихам "Товарищу Нетте — пароходу и человеку"» [Якобсон 1987: 339–342]. Знаменитый лингвист и филолог проанализировал это стихотворение 1926 года с точки зрения чающего спасения от смерти поэта. Из бесед с Маяковским начала 1920-х годов Якобсон сделал вывод, что тот внимательно следил за всеми новыми теориями, вероятными и невероятными, подававшими хоть малейшую надежду на возвращение жизни умершим и вечную земную жизнь после воскрешения из мертвых — от философии Федорова с ее «материалистическим мистицизмом» до теории относительности Эйнштейна, в которой время выступает как некое четвертое измерение. В упомянутом стихотворении герой и мученик революции, убитый дипкурьер Т. Нетте (1895 или 1896 — 1926), оставляет в этом мире весьма конкретный и тяжеловесный след в виде парохода, названного его именем. Совершив акт самопожертвования, защищая секретные документы НКВД, Нетте был убит врагами Советского Союза, а память о его подвиге сохранилась в советском пароходе его имени. По существу, этот пароход в каком-то смысле и *есть* «сам» Нетте в новой ипостаси. При виде парохода поэт «рад», что Нетте не умер, а «живой» [Маяковский 1963, 2: 150]. Дипкурьер и пароход похожи друг на друга уже тем, что выполняют похожие функции: дипкурьер Нетте был своего рода «пароходом», то есть средством пересылки и носителем важного для Советского Союза «груза» документов, а пароход «Нетте» продолжает его деятельность, став метаморфозой человека Нетте. Поэт, который был лично знаком с молодым дипкурьером, даже узнает его «очки» в спасательных кругах на борту. Сохраняя имя Нетте, память о его подвиге и даже «сходство» с ним, этот пароход придется очень кстати в день воссоздания самого Нетте. Естественно, и стихи Маяковского служат увековечению его памяти и его будущему воскрешению. Когда умершие преображаются в «долгие дела» [Там же: 152], такие как имя парохода, воспоминания благодарных потомков (и партии), стихи знаменитого поэта и т. п., такие метаморфозы сохраняют материальные *следы* личности, которые очень пригодятся в процессе ее «восстановления». Символизм воскрешения в стихотворении подчеркивается тем, что поэт готов идти «на крест» за новый мир без границ и секретов [Там же: 151]. И так как в будущем мире границ не будет, путешественники в царство смерти смогут вернуться оттуда, откуда раньше, говоря словами Гамлета, «никто не возвращался» (библейские предания не в счет). Об их возвращении позаботится «мастерская человечьих воскрешений», которую мы встречаем в поэме Маяковского «Про это» (1923), где поэт очень ясно излагает свое требование победы над смертью [см. Якобсон 1987: 342].

Границ не будет не только между царством мертвых и миром живых, но и между настоящим и будущим. Время ускорило свой бег, и человек научился «опережать время» [см. Hellebust 2011: 708]. Во всяком случае, после Октября, по мнению Маяковского, время начало подчиняться приказу человека лететь вперед все быстрее и вообще оказалось гибкой субстанцией, которая может сделать и обратный поворот в прошлое под давлением разных космических сил («изогнутое время»). Соединяя настоящее с будущим, время позволяет зоркому поэту уже теперь увидеть то будущее здание, где «в мастерской человечьих воскрешений», недоступной «для тленов и крошений», «большелобый, тихий химик», руководствуясь книгой «Вся земля» [Маяковский 1963, I: 568], занимается возращением к жизни красивых людей (таких, как возлюбленная поэта Лиля). Поэт уступает ей свое место в очереди умерших, ждущих вызова на акт воскрешения, так как он сам «недостаточно красив». Творческий и художественный авангард 1920-х годов приравнивал «революцию к откровению» и рассматривал события 1917 года «как долгожданный *переход* к новому миру и новому времени» [Bethea 1989: 176]. Разница только в том, что возвращением мертвых к жизни будет заниматься не Бог, а «большелобый химик».

Возвращаясь к прозе первых пятилеток: одно из самых знаменитых произведений этого времени, роман В. П. Катаева «Время, вперед» (1932), в названии которого цитируется «Марш Времени» Маяковского из пьесы «Баня» (1930), содержит эпизод, где советский инженер Налбандов ведет разговор на актуальные темы современности с американцем Рэем Рупом. Действие романа происходит в Магнитогорске, одном из главных «полей сражения» за торжество сталинского «великого перелома», где идет социалистическое соревнование между местными и харьковскими рабочими за рекордный темп строительства. Мистер Рэй Руп посещает всемирно знаменитый неслыханными промышленными достижениями город, построенный почти из ничего, почти на «пустом месте» (по принципу Божьего «да будет» — в данном случае коллективной воли к свершению). Американец приехал собирать материалы и впечатления — он намеревается написать книгу «о гибельном влиянии техники на человечество» [Катаев 1969: 212]. Налбандов возражает гостю, что человеческий гений безграничен и что прогресса нельзя опасаться. Он говорит западному представителю здравого смысла, что нельзя бояться даже самых дерзких стремлений: «Мы достигнем скорости света и станем бессмертными» [Там же: 267], не боясь скептической реакции с его стороны — или, быть может, надеясь на таковую? Налбандов — не самый положительный персонаж в романе, и его декларации не всегда искренни; втайне он разделяет старомодный гуманизм Рупа, который «жалеет» человека, то есть ничего от него не требует. То, что он все же отстаивает советскую доктрину, гласящую, что человек способен преодолеть любые препятствия, сделав даже время своим слугой, подчеркивает неоспоримость всемогущества нового человечества, творящего чудеса на советской земле. Возможно, его возражение Рупу свидетельствует и о том, что старая интеллигенция медленно, но верно начнет верить в эту доктрину. А новая интеллигенция может с полным правом претендовать на управление самим временем и объявить, что человек «станет бессмертным». Осторожный и консервативный Налбандов вопреки себе формулирует подлинную цель лихорадочной индустриализации, охватившей страну. Эта цель — полновластие человека над природой, космосом и временем. Рабочие и по-настоящему передовые инженеры, такие как Давид Маргулис, идейный противник Налбандова и положительный герой романа, «знают», что в конце концов именно так и будет[13]. Конечно, эти новые люди желают, чтобы победа чело-

---

[13] О дополнительных контекстах этого романа см. [Hellebust 2013]. И Маяковский, и, по всей вероятности, Катаев глубоко интересовались предположением Эйнштейна, что линия времени изгибается под действием силы

вечества над всем, что ограничивает его свободу, случилась как можно скорее. Поэтому они гонят время «вперед» (а возможно, и назад по изогнутой линии обратного движения, в то прошлое, в котором умер какой-нибудь «ценный» человек, подлежащий воскрешению), совершая чудеса беспрестанного, истинно сверхчеловеческого, коллективного труда — чудеса гениальной находчивости и высшей нравственности. Их научная вера (идеология) выгодно контрастирует с налбандовским старорежимным скептицизмом и лицемерными речами Рупа, западного человека из Старого мира (который явно незнаком с теорией Эйнштейна, или не считается с ней, или же не делает из нее единственно правильных выводов). Но для истинно верующих в будущее всемогущество человечества, в мощную «волю к власти» (Ницше) нет никаких сомнений, что субъективно неискренние (или наполовину искренние) слова Налбандова подтверждают то, что объективно должно свершиться. Налбандов, наверное, заслуживает долю уважения со стороны советского читателя, когда, сомневаясь в «новой вере», все же защищает идеологические позиции своей советской родины. Не соглашаясь с иностранцем, верящим только в статус-кво, он, по-видимому, способен уверовать в лозунг «Время, вперед!». Следует отметить, что одним из преподавателей в одесской гимназии, где учился Катаев, был А. К. Горский, страстный проповедник идей Федорова о воскрешении мертвых (см. [Hagemeister 1989: 231, примеч. 62]).

Одухотворение материи

Некоторые представители русской религиозной философии Серебряного века допускали возможность превращения *materia prima*[14] в божественную материю (Софию) и в возможность че-

---

тяжести; это, казалось, подтверждало утопические надежды на контроль человечества над временем [Там же: 118]. Правильно ли они понимали физика — иной вопрос.

[14] Materia prima (*лат.*) — «первоматерия». — *Примеч. ред.*

ловека обожествить себя путем самосовершенствования и «самоэстетизации». По мнению Уайлза, концепция «обожествления» материи и человека присутствует и в православии, и именно этот факт является одной из причин русско-советского «непомерного» интереса к теме вечной жизни на земле. Если он и ошибается в том, что Церковь разделяет «эволюционную» теорию теургического самосовершенствования человека до стадии божественности, то в религиозной философии того времени, безусловно, содержатся элементы концепции «кающейся первоматерии», стремящейся к совершенству после своего «отпадения» от Бога (см. главу 5 о В. С. Соловьеве). Богостроитель Горький, конечно, был чужд мистическому учению о Софии, но очень увлекался научным знанием о «свойствах материи» и о том, как их использовать в динамике ее развития [Юнович 1961: 54]; в особенности его интересовали различные виды энергии, содержащиеся в ней и делающие ее «движущейся материей» [Там же]. Важнейшей задачей науки он считал «изучение разных видов энергии в природе — электромагнитной, радиоактивной, силы падения вод, течения воздуха, приливов и отливов океана, солнечной теплоты — всех видов, всех форм движения в мире» [Там же: 94]. Возможно, писатель понимал энергию как «дух материи», а ее «энергизацию» (мой термин. — *А. М.-Д.*), то есть ее стимуляцию человеческими усилиями — как ее продвижение к совершенству. Ф. Энгельс в «Диалектике природы» (1883) учил, что саморазвитие материи обусловлено диалектикой (которая, по мнению Уайлза, играет в марксизме «роль духа» [Wiles 1965, 56: 130]) и что регулярные «скачки» из одного состояния материи в другое меняют ее качества[15]. Как видно, возможных источников этой теории много и нередко теургия переплетается с научным подходом.

---

[15] Интересно, что известная исследовательница философии Федорова С. Г. Семенова полагает, что материализм прав, допуская существование скачков такого рода. Если это так, то возможен и скачок из материального состояния в духовное [Bernstein 2019: 120].

Горький излагает свою теорию о будущем состоянии материи

Будучи «властителем дум» с самого начала XX века, Горький играл важную роль не только как выразитель социалистических взглядов своего времени, но и как приверженец новой «религии» богостроительства (см. главу 6), наряду с ее основоположниками А. В. Луначарским (1875–1933) и А. А. Богдановым (1873–1928). Смолоду настроенный антирелигиозно и богоборчески, писатель искал «новую веру», в которой ницшеанский призыв к человечеству превзойти себя, создав сверхчеловека, сочетался бы с верой в могущество науки. Подобно многим современникам, Горький воспринимал науку как эманацию нового бога — Разума. Периоды поклонения Разуму имели место в истории и ранее, но новый культ, в отличие от прежних, нередко обращался за поддержкой и подтверждением не только к науке, но также к магии и оккультизму, допуская, правда, что эти сферы скорее «предвещают», чем просвещают. Горький, несомненно, принадлежал к тем интеллигентам Серебряного века, которые стирали грани между наукой и магией, химией и алхимией, мифом и реальностью, утопией и собственными фантазиями. В этом смысле показателен разговор между Горьким и А. А. Блоком о превращении материи в чистую, но все же материальную мысль, который состоялся в 1919 году в Петрограде, на скамейке Летнего сада.

Этот разговор с Блоком Горький включил в свою книгу воспоминаний «Заметки из дневника. Воспоминания» (1924) [Горький 2000: 205]. Начался разговор с того, что Блок спросил Горького, верит ли тот в бессмертие человека. В ответ Горький изложил поэту свое видение человека будущего:

> Я предложил ему представить мир как непрерывный процесс диссоциации материи. Материя, распадаясь, постоянно выделяет такие виды энергии, как свет, электромагнитные волны, волны Герца и так далее, сюда же, конечно, относятся явления радиоактивности. Мысль — результат диссоциации атомов мозга, мозг создается из элементов мертвой, неорганической материи. В мозговом веществе человека эта материя непрерыв-

> но превращается в психическую энергию. Я разрешаю себе думать, что когда-то вся «материя», поглощенная человеком, претворится мозгом его в единую энергию — психическую. Она в себе самой найдет гармонию и замрет в самосозерцании — в созерцании скрытых в ней, безгранично разнообразных творческих возможностей.

Блок возразил, что, *к счастью* (курсив мой. — *А. М.-Д.*), закон сохранения вещества противоречит теории, изложенной Горьким, так как все в ней очень «скучно». Горький, в свою очередь, отстаивал свои теории доводом, что ему «приятно думать, что законы, создаваемые в лабораториях, не всегда совпадают с неведомыми нам законами вселенной»[16]. Блок повторил, что ему «все это» кажется «скучным», и объяснил:

> Дело — проще; дело в том, что мы стали слишком умны для того, чтоб верить в Бога, и недостаточно сильны, чтоб верить только в себя. Как опора жизни и веры существуют только Бог и я и Человечество. Но — разве можно верить в разумность человечества после этой войны и накануне неизбежных, еще более жестоких войн? Нет, эта ваша фантазия <...> жутко! Но я думаю, что вы несерьезно говорили [Там же: 206].

Разговор Горького с Блоком побуждает согласиться с Дж. Смитом, автором книги «Иррациональность» *(Irrationality)*, что иррациональность — «близнец разума» [Smith 2019: 5], как бы подтверждая его мысль, что «попытки истребить все проявления иррациональности сами в высшей степени иррациональны» [Там же: 287]. Бескомпромиссный приверженец разума и враг всякой

---

[16] Горький был не одинок в своих «скучных» (по Блоку) построениях мира из чистой энергии путем мозговой трансформативной деятельности. В Англии ламаркист Дж. Б. Шоу тоже предполагал, что материя идет на «сотрудничество» с волей человека, и мечтал о дематериализованной материи. Его точку зрения высказывает персонаж пьесы «Назад к Мафусаилу» (1922) по имени Древняя: «настанет день, когда людей не будет, а будет только мысль» (пер. Н. Брянского и др.). Автор поэмы «Человек», в которой Мысль — единственная подруга Человека, был поражен сходством своих теорий с воззрениями Шоу [см. Крюкова 1987: 250].

«мистики» Горький предлагает фантастические видения будущего мира и человечества, употребляя множество научных терминов, которые, очевидно, должны гарантировать правдоподобие его спекуляций. Блок, считавшийся мистиком в лагере реалистов, наоборот, приводит в своей «защите» земной материальности вполне научные факты физики (закон сохранения вещества). Очевидно, иррациональное мышление может привести к вполне рациональным заключениям, и наоборот рациональность может перейти в иррациональность; если они и не «близнецы» то психически и духовно тесно переплетены. Такое переплетение можно наблюдать и в культе Ленина, который начался с похорон вождя и продолжался в бальзамировании его тела и изучении его мозга.

Бессмертие Ленина и его ожидаемое воскрешение

В рассказе А. П. Платонова «Сокровенный человек» (1928) железнодорожный механик Фома Пухов «находил необходимым научное воскрешение мертвых, чтобы ничто напрасно не пропало, и осуществилась кровная справедливость» [Платонов 1966: 75]. Это было мнение многих реальных Пуховых, которые верили в чудотворную, но совершенно реалистическую, так сказать, «научную магию» Нового мира (как, например, биокосмисты). Для живых «Пуховых» смерть и похороны Ленина стали обетом и обещанием этой «кровной справедливости». И не только «Пуховы» верили, что смерть Ленина — *совсем особая*, так как обещает иной исход из «состояния смерти», чем тот, что совершался раньше в библейском рассказе о воскресении Христа. Некоторые члены Комиссии по увековечению памяти В. И. Ульянова находились под значительным влиянием федоровской философии и глубоко верили, что воскрешение, или реконструкция, мертвых — осуществимый проект и что именно они, большевики-богостроители, призваны осуществить его и наглядно продемонстрировать это естественное чудо, вернув Ленина из мертвых. Забальзамированное тело вождя и строительство мавзолея должны были служить реквизитом и декорацией в драме «новой смерти» и «нового воскрешения» — с помощью науки и народной коллективной «воли к воскрешению». Главное, что воскресение / воскрешение Вождя должно было полностью отличаться от библейской смерти и воскресения Христа и в то же время напоминать о нем.

Чтобы стало понятнее различие между библейской «магией» («сказкой») и естественными чудесами советского Нового мира (научным чудом), сравним историю воскресения Христа, изложенную в Евангелиях, с чаемым воскрешением Ленина. Согласно Библии, Христос восстал из мертвых в глубокой тайне, без свидетелей; по убеждению не верящих в христианское бессмертие атеистов, это произошло только в фиктивной евангельской легенде. Воскресение Христом Лазаря было «осуществлено» только одним простым зовом «выходи», то есть чистой магией, и, следовательно, эта библейская история есть часть того же мифа. Воображаемое воскресение Христа и его собственная воскресительная деятельность, разумеется, сыграли полезную роль, поскольку породили мысль о победе над смертью. Однако теперь эта мечта должна стать *проектом*, или *планом*, или *программой*, которые будут претворены в жизнь как успешное реальное воскрешение мертвого Ленина при множестве свидетелей и поддержке народного коллектива. Ленин должен был стать первым человеком в истории, вернувшимся из царства мертвых, вызванным оттуда по горячему желанию бесчисленного «коллектива» — русского народа. Ведь коллективное желание составляет реальную силу — как в эпизоде из романа Горького «Исповедь» (см. главу 6), где желание и воля народных масс возвращает к жизни умирающую девушку. Однако девушка в этом эпизоде романа еще не «совсем» мертва, что свидетельствует о том, что одной лишь телепатии народной воли и энергии достаточно для оживления *умирающего* тела, но не уже умершего, даже если дело касается великого вождя революции. Пусть даже миллионы взоров устремятся на мертвого Ленина, внушая ему «встать» и «выйти», их энергии не хватит, чтобы вернуть «спасителя нации» в объятия спасенного им народа; ясно, что акт воскрешения должен быть научно подготовлен и проведен научными методами. Члены специально созданной Комиссии по увековечению памяти Ленина полностью осознавали, что для планирования будущих действий и эффективного возвращения вождя к жизни необходима опора на воскресительную науку. Так, Л. Б. Красин, в то время полпред и торгпред Советской России в Великобритании, уже в 1921 году на похоронах Л. Я. Карпова[17] провозгласил свою веру в воскресительную науку, заявив, что ожидает вскоре вновь увидеть своего друга, ибо наука занимается воссозданием умерших организмов (см. [Tumarkin 1981: 44; 1983: 130; Hagemeister 1989: 265]). Еще одним активным участником проекта воскрешения Ленина был биохимик Б. И. Збарский. Ему были поручены «непрерывно ведущиеся работы по бальзамированию тела В. И. Ленина» [Пастернак Е. 1989: 250; см. также Збарский 2000]. Возможно, его больше привлекала научная, а не идеологически-спекулятивная сторона дела; также возможно, что именно факт «сохраняющей» деятельности Збарского отразился в стихотворении его друга Пастернака «Безвременно умершему» (1936), посвященном самоубийству молодого поэта Н. Дементьева и содержащем строку: «найдут и воскресят». В данном случае воскрешаемого Ленина не нужно даже искать: всем известно, где находится его постоянно охраняемое тело. К тому же оно защищено от воздействия природных сил постоянным надзором химиков и медиков, а от внешних врагов — бдительной стражей. Единственное, что остается сделать, — это оживить хорошо сохраненные останки вождя.

Таким образом, заключенного в стеклянный саркофаг и научно забальзамированного Ленина осеняла и аура древнеегипетского культа фараонов, и оптимизм сказочных «счастливых концов», включавших пробуждение от временной смерти: сам стеклянный саркофаг ассоциировался с хрустальным гробом мертвой царевны[18]. Она, как и Ленин, не изменила своей телесной

---

[17] Карпов Лев Яковлевич (1879–1921) — российский химик-технолог и революционер, организатор химической промышленности.

[18] Согласно Хагемейстеру, архитектор К. С. Мельников, спроектировавший хрустальный саркофаг для Ленина, намеревался вызвать этим ассоциации со сказкой о спящей красавице [Hagemeister 1989: 266, 106]. Более вероятным сказочным подтекстом служит сказка братьев Гримм о Белоснежке, а также пушкинская «Сказка о мертвой царевне и семи богатырях», в сюжете которой

формы и выглядела как живая. И, как было с царевной, отравленной ядовитым яблоком злой ведьмы, задача оживить Ленина состояла в том, чтобы исторгнуть «яд смерти» из его тела, сделав его (а не Христа) первым, кто вернулся из царства мертвых. Задача организаторов культа состояла в том, чтобы показать, что «смерть Ленина не более чем иллюзия» [Tumarkin 1981: 37], и не только смерть Ленина, а сама Смерть как таковая.

Стоит еще раз подчеркнуть, что целью Комиссии было разрушение «старой веры». Надо было продемонстрировать основное различие между двумя возвратами из смерти в жизнь — прошлого «возвращенца из мертвых» Христа и будущего — Ленина: показать, что первый был «мифологической» фигурой, а второй — человеком будущей действительности[19]. Воскресение Христа, восставшего из своей гробницы ночью, без свидетелей, представлялось приверженцам научного воскрешения хитрым обманом. В возвращении Ленина из царства мертвых, которое увидит советский народ, не будет никакого вмешательства ни

хрустальный гроб играет важную роль. Но какую бы сказку ни имел в виду Мельников, учитывая пол воскрешаемого, он спроектировал «усыпальницу мертвого царевича» [Stites 1989: 120]. Остается только гадать, что почувствовал бы Ленин, оказавшись в роли царевича.

19 «Воскрешаемость» Ленина подтверждалась и тем, что однажды он уже «восстал из мертвых» после покушения на его жизнь, совершенного Ф. Каплан в августе 1918 года. При встрече с ним после этого покушения Горький, похоже, считал, что Ленин именно «вернулся из мертвых» и, может быть, даже «смертию смерть попрал», о чем свидетельствует его современник В. А. Десницкий, очевидец этой встречи. Десницкий, друг и соратник Горького, описал ее как встречу Фомы с Христом после того, как тот явился своим ученикам. «Горький бережно ощупывал шею, мускулы руки [Ленина]. Владимир Ильич стоял прямо и строго смотрел на Алексея Максимовича (строго, как «воскресший бог». — *А. М.-Д.*). Казалось, что жесты Горького, жесты сомневающегося Фомы, говорили о чем-то большем, чем о простом желании убедиться в физической мощи друга. Горький как будто хотел еще и еще раз окончательно уверить себя в том, что именно в Ленине сконцентрирована сила и воля миллионов, что из него лучится яркий свет на завтрашний день и на весь доступный нашему зрению отрезок человеческой истории. И он убедился» [Десницкий 1979: 501–502]. Он убедился в том, что Ленин — воскресший бог его времени или, во всяком случае, скоро им станет.

мистических, ни божественных сил, как внешних, так и внутренних. Если природная причина смерти будет устранена, то жизнь, в том числе с помощью телепатических лучей народной любви, будет восстановлена в своих правах, как в сказке, но на самом деле научными методами. В сценарии будущего воскрешения было необходимо показать, что наука превращает сказку в быль, заставляя поверить, что «бессмертие — не сказка» (ср. [Купревич 1965]). Исполненный любви зов народа разбудит «спящего», а «большелобые химики» займутся устранением причины смерти. Ленин будет жив навеки, он всегда будет жить со своим народом, не только духовно, как теперь, но и физически.

«Программа спасения»

Такая воскресительная активность предполагает план и программу. В следующей главе представлена «программа спасения», состоящая из шести параметров, которые шаг за шагом рисуют нужные действия для спасения от смерти не только Ленина, но и всего человечества. Как уже было сказано, эти параметры применимы к очень разным авторам, объединенным, однако, поисками спасения человечества от смерти и надеждами, что под новым небом и на новой земле «все будет иначе» (З. Гиппиус). Хотя на первый взгляд эти авторы имеют между собой мало общего, важной объединяющей их чертой служит разделяемая вера в необходимость творческой активности человека и человечества. Будь она проявлена в борьбе с церковным, «мистическим» Богом, в теургическом сотворчестве с ним, в борьбе за новую социалистическую «веру» или в научном изучении природы с целью ее изменения — в любом случае ключом к успешной борьбе с прошлым и к вступлению в Новый мир служит творческое действие. «Гностическое» мироощущение, каким изобразил его исследователь гностицизма Х. Йонас, указывает, с чем и с кем следует бороться, в какого бога верить и как построить нового бессмертного Человека в Новом мире. Обратимся теперь ко второй главе — «Программа спасения от смерти» — за деталями.

Глава 2

Программа спасения от смерти: причины смертности и руководство к действию

Параметр 1: Старый мир

Природою и телом
Томлюсь безумно я.

Ф. Сологуб

Камень тела давит дух...
Камень тела душит плоть.

З. Гиппиус

Для приверженцев активного, «рукотворного» бессмертия, достигаемого по инициативе самого человечества, Старый мир — это мир, управляемый законами инертной материи, такими как закон всемирного тяготения, приковывающий человека к земле и заставляющий Землю и другие планеты двигаться по предопределенным орбитам (в гностической терминологии — «хеймармене», по-гречески «судьба»). К ним относится и тот, по которому все формы материи, живой и неживой, в конечном счете подвергаются распаду, поскольку инерция (энтропия) неизбежно ведет к дезинтеграции и последующей аморфности. Хотя сознание противостоит инерции материи и временно связывает органические формы в единое целое, оно не может отвратить неизбежный конец. Человеческое сознание — наиболее динамичное и утонченное проявление духовно-жизненной энергии, но, к несчастью, оно состоит в подчинении у инертной материи.

Сознание можно обнаружить только в органической сфере, где оно проявляется с различной степенью интенсивности. Примитивные органические формы растительного и низшего животного мира обладают ничтожно малой степенью сознания, и поэтому их не тяготит пребывание последнего в оболочке твердой, хотя и хрупкой материи. Однако человеческое сознание страдает от унизительного материального плена двоякого рода: во-первых, оно заключено в плотскую оболочку с ее постоянными нуждами и аппетитами, во-вторых, ограничено природной средой. Точнее, страдает от этого лишь некоторая часть человечества: значительное число людей, может быть большинство, не осознает своего униженного положения. Состояние этих людей мало чем отличается от животного, поскольку их представления о хорошей жизни ограничиваются удовлетворением самых элементарных потребностей. Они редко задумываются о неизбежном исходе существования — прекращении всех жизненных функций. Если им и случается вспомнить об этом, они легко утешаются, например, надеждой, что «попадут в рай», даже если они почти ничего не сделали, чтобы заслужить эту иллюзорную награду. По ряду причин, в частности благодаря животной силе, которой наделены эти приземленные сторонники существующего порядка вещей, именно они властвуют в Старом мире.

Неудивительно поэтому, что человеческие сообщества Старого мира напоминают «зловонные зверинцы», как в стихотворении «Мы плененные звери...» Ф. Сологуба [Сологуб 1979: 313], где люди, обитающие в душных клетках, убеждены, что так и должно быть. В России считалось, что сильнее всего заражены материализмом и детерминизмом общества промышленно развитых капиталистических стран, но и в самой царской России преобладало такое отношение к жизни; ведь страна считала себя частью Европы и стремилась к капиталистической индустриализации. В Старом мире — будь то Европа или Россия — правящие классы редко сомневаются в вечной истинности таких законов, как «выживание сильнейшего» и «естественный отбор». Поэтому в подобных обществах поощряются соперничество и конкуренция, приводящие к разобщению и дезинтеграции; также в них процветает эгоистически-индивидуалистское удовлетворение всех желаний сильных особей и сопутствующая этому эксплуатация слабых. Подобный «зоологический» подход к жизни способствует тому, что Старый мир не беспокоится из-за социального неравенства и не стремится сплотить разделенное общество в единое целое. Материализм, о чем свидетельствует сам термин, придает значение только материальным и чувственным явлениям; пренебрежение к духовным ценностям — руководящий принцип обществ Старого мира.

К несчастью, всем этим порокам подвержена и Россия. К тому же здесь имеются свои специфические проблемы, например проблема просвещения многочисленного «темного» народа. В ней также господствует поверхностность культуры, пренебрежение к подлинным ценностям, личное и профессиональное соперничество, беспощадная конкуренция и т. д., иными словами — тотальное подчинение естественным (вернее, неестественным) законам существования. Как на Западе, так и на Востоке, то есть в России, общественная жизнь зиждется на старых порядках, где под оболочкой так называемой цивилизации скрываются разложение и распад. В отличие от настоящей культуры, поверхностная цивилизация требует от человека немногого: соблюдать личную гигиену, следить за своим внешним видом, безупречно держать себя за столом и разумно вести свои финансовые дела. Неудивительно поэтому, что в Старом мире повсюду преобладают «мертвые души» и «живые трупы», образующие хорошо организованные, но пустые общества-муравейники, обреченные на неминуемое разрушение. Их падение обычно оказывается неожиданным и тотальным (как это было с Российской империей в 1917 году), видимость могущества и кажущаяся непоколебимость власти успешно дурачат всех тех, кто «не имеет глаз, чтобы видеть».

Несмотря на полный и всеобщий упадок Старого мира и на его грубый и вульгарный материализм, большинство его жителей — «мещане» всех классов — демонстрируют поразительную живучесть. Этот мир продолжает существовать даже после собственной кончины. Снова и снова он возникает под новым именем и в новом обличии, продолжая свое смертоносное дело, или же прячется, выжидая, когда сможет вновь появиться открыто, незаметно распространяя яд разложения. Старый мир фактически умер, но его труп, к сожалению, нельзя «заколотить в гроб и положить в могилу». Он «разлагается в нашей среде», «гниет и заражает» даже революционеров — строителей Нового мира [Ленин 1969: 412]. Этот непогребенный «труп», принимая все новые, временные формы, остается все тем же — источником смертоносных миазмов.

Постоянно изменяясь, Старый мир пошлости — а подверженность материалистическому быту есть пошлость, пусть даже внешне красивая, — никогда не несет ничего подлинно нового. Несущественное варьирование одного и того же не может скрыть того, что так называемый прогресс в Старом мире ведет в никуда. Здесь снова и снова подтверждается изречение Екклесиаста, что «нет ничего нового под солнцем». Закон «вечного повторения» и «вечного возвращения», возможно, самый страшный из всех законов Старого мира. И те, кто не может согласиться с пушкинским афоризмом «привычка свыше нам дана: замена счастию она», тоскуют по подлинно новому миру вечного обновления.

Пользуясь терминологией Н. Ф. Федорова, Старый мир есть *материократия*[1], в которой большинство людей не стремится ни превзойти самих себя, ни преобразить действительность. В царстве пошлости считается аксиомой, что существование следует принимать таким, как оно есть, и что косную материю невозможно «осветить» человеческим сознанием. Соглашаясь с тем, что болезни, бедность и несчастья неизбежны, жители Старого мира принимают как должное и слепоту природы, и слепой материализм общества, таким образом безмолвно признавая абсурдное явление, именуемое смертью. Царица-Смерть — истинная владычица Старого мира, а правители различных империй и народов — ее вассалы. В своем послушании

---

[1] Федоров использует термин «материократия», критикуя марксистскую версию Нового мира, а также более широко — как противопоставление своему идеалу панвитальной психократии [см. НФ 2: 271].

Смерти они проявляют немало рвения: регулярно развязывают войны, поощряют приводящие к распрям националистические чувства и эксплуатируют природные богатства.

Еще одним верным слугой Царицы-Смерти является духовенство. Традиционная религия заинтересована в том, чтобы человеческая смертность осталась вечной и неизменной в мире, где все прочие явления мимолетны. Ей ведь необходимо поддерживать «миф» о небесном рае и о втором пришествии его повелителя Христа, который в день Страшного суда сойдет с небес, чтобы осудить грешников и спасти праведников, в том числе воскресить умерших. Таким образом, религия, автократическая монархия и консерватизм быта создают роковое, раз и навсегда установленное триединство, поддерживающее постоянно действующий закон вечного разрушения и воспроизводства одного и того же, включая превращение живых людей в трупы и рождение новых смертных.

Параметр 2: Демиург

Когда сам бог на цепь похож...
В. Хлебников

Как утверждают многие монотеистические религии Старого мира, их верховное божество — это своего рода волшебник, создавший Вселенную магическим восклицанием «Да будет». Поскольку Бог был объявлен своими жрецами не только всемогущим, но и милостивым, его творение, то есть Старый мир, считается, как утверждает библейская Книга Бытия, «хорошим». На самом деле это явно не соответствует действительности, но концепция доброго божества и его якобы прекрасного творения каким-то образом загипнотизировала значительную часть человечества, населяющего Старый мир и воспринимающего этот постулат как догму уже в течение многих столетий. Беспристрастному наблюдателю, однако, очевидно, что этот мир далек от совершенства и более всего напоминает темницу, в которой содержатся как привилегированные узники, пользующиеся всеми удобствами в роскошных камерах, так и эксплуатируемые каторжники, обреченные на тяжкий труд в нечеловеческих условиях. По истечении некоторого срока, непредсказуемого и для всех разного, всех обитателей этой тюрьмы «казнят», вне зависимости от их привилегий и уж тем более от того, виновны они или нет. Теперь, однако, пришло время сорвать маску с «начальника» темницы, палача человечества, и это сделают те, кто осознал нелепость условий человеческой жизни и понимает, что божество традиционной религии — не кто иной, как самозванец, чьи претензии на всемогущество опровергаются хаосом, царящим в его «тюрьме»[2].

Короче говоря, божество Старого мира во многом напоминает Демиурга гностических мифов, который далеко не всемогущ, а является всего лишь воплощением Необходимости[3]. Церкви Старого мира поклоняются идолу, требующему, чтобы люди были его рабами (Православная церковь называет своих прихожан *«рабы божии»*), в то время как сам он рабски повинуется законам Материального мира.

По мнению «антидемиургистов», иудео-христианское божество, которого Церковь представляет как «Отца человечества», существует только как мифологема и символ. Это не более чем выдумка священников, которую всецело приняли сильные мира

---

[2] Доктор Рагин в рассказе Чехова «Палата № 6» дает прекрасное описание Старого мира в «гностическом» духе, то есть как пребывание в тюрьме. Он говорит своему другу почтмейстеру: «Когда мыслящий человек достигает возмужалости и приходит в зрелое сознание, то он невольно чувствует себя как бы в *ловушке, из которой нет выхода*. В самом деле, против его воли вызван он какими-то случайностями из небытия к жизни [...] Зачем? Хочет он узнать смысл и цель своего существования, ему не говорят или же говорят нелепости; он *стучится — ему не отворяют*; к нему приходит смерть — тоже против его воли» [Чехов 1964, 2: 250]. (Курсив мой. — *А. М.-Д.*)

[3] Для гностиков Демиург — создатель «видимого мира», который они «считают воплощенным злом» [Baker's Dictionary of Theology 1975: 162–163, 238] (ср. определение Е. М. Мелетинского: Демиург — это «творческое начало, производящее материю, отягощенную злом» [Мелетинский 1980: 366]. — *Примеч. ред.*).

сего. В свое время, ухватившись за страх человека перед могучими силами природы, каста жрецов создала воплощение Необходимости и назвала его Богом, а позднее приукрасила эту идею, вложив в нее все наиболее сокровенные мысли и желания, которые в ходе своей истории породило человечество. Концепция божественного самодержца, правящего по суровым и жестоким законам, но тем не менее всегда считавшегося «милостивым», помогает им сохранять свои позиции духовных властителей (обладающих при этом и мирской властью как важным дополнительным преимуществом). Религиозные догмы увековечивают существующий порядок вещей, выгодный духовенству. Непросвещенные люди, или «темный народ», верят в Бога-демиурга, не задаваясь вопросом героев Блока: «От чего тебя упас золотой иконостас?» Для них Бог — Боженька — последнее прибежище. Они вручают свою жизнь, счастье и спасение «милостивому Богу», не подозревая, что он не более чем олицетворение многовековой мечты человечества о помощнике-спасителе. Они терпеливо ожидают, что их чаяния сбудутся, а когда этого не происходит, возлагают надежды на награду в загробной жизни. Таким образом, религия, в первую очередь христианская религия Старого мира, основанная на иллюзиях и «сказках», становится «опиумом для народа», успокоительным средством, которое ослабляет стремление людей превратить темницу Старого мира в рай на земле или даже рай во вселенной.

Конечно, даже священники не могут скрыть правду, что Старый мир — это «юдоль печали». Поэтому они внушили людям мысль, что у Демиурга есть непримиримый враг — дьявол, ответственный за все зло Старого мира. Он проникает к людям как великий соблазнитель и с помощью соблазненных им грешников «саботирует» доброе творение Бога. Этот демон зла такое же вымышленное существо, как и Бог-демиург, — он просто его «козел отпущения». И Демиург, и его «вечный противник» — не более чем два проявления одной и той же тактики, цель которой — порождение пассивности в человечестве. Оба олицетворяют необходимость и *status quo*, и совместными усилиями эти мощные мифологические фигуры заманивают человечество в капкан соблазна и наказания, чувственности и раскаяния, порока и страха перед небесными карами («Аз воздам»), приводимыми в исполнение дьяволом.

Необходимо, чтобы человечество осознало, что и демиург, и дьявол не более чем отображение надежд и страхов людей, их желаний и опасений, их стремления обрести защиту — и в равной степени их инфантильной потребности в наказании и в некой контролирующей их инстанции. Человечество должно понять: Старым миром, без сомнения, правит необходимость, и никакие молитвы об обретении счастья и свободы или же проклятия по поводу несчастий и несвободы не заставят ее отступить. Вместо того чтобы следовать бесполезной привычке жаловаться и молиться, человечество должно начать действовать и трудиться, принимая ответственность на себя, полагаясь только на себя и доверяя собственным возможностям. Когда оно отвергнет выдуманного и, следовательно, ни на что не реагирующего демиурга и примет на себя ответственность за свою судьбу, оно поймет, какую власть дает человеческий разум и способность человека и объяснять, и изменять мир. Это не значит, что надо отказаться от стремления увидеть «новое небо и новую землю»: миф о саде Эдема, как и о «новом Иерусалиме», можно преобразить в рай счастливого будущего, в котором человечество будет полновластно управлять окружающим миром и где свобода придет на смену необходимости.

В этом контексте можно встретить и упования иного рода. Для тех, кто желал не разрыва с православным христианством, а его обновления, более приемлемым вариантом был рай Третьего Завета, а сотрудничество с Богом (теургия) — предпочтительнее его отрицания. Главный «философ бессмертия» Н. Ф. Федоров даже воспринимает православие как единственную религию, которая помнит о «долге воскрешения» и которая, как «храм соединения», в состоянии собрать все народы мира в «общее дело» под руководством самодержца-миротворца, собирателя земель и народов [см. НФ 1: 353–398].

Так или иначе, к счастью, находятся люди, стремящиеся разоблачить Демиурга и привести человечество к знанию об истинном Боге, будь то новое видение православного Бога или божественное сверхчеловечество, чтобы покончить с рабством на Земле. Эти высокосознательные личности готовы привести человечество Старого мира к Истине. На своем пути они встречают разную реакцию — от облегчения и надежды на освобождение до крайнего недовольства и упрямого желания держаться за прежние предрассудки. Ведь многих пугает радикальная новизна.

В зависимости от реакции — радость, робость или сопротивление — обитателей Старого мира можно разделить на три категории. Те, что счастливы, пребывая в своем унизительном животном состоянии, и отвергают новую правду, — это люди телесной плоти, или «гилики». Те, что колеблются между «низкими истинами» Старого мира и желанием возвыситься до нового Откровения, в котором кроется будущая истина, — относятся к людям души, или «психикам». Есть и третья группа: люди духа, или «пневматики»: благодаря незаурядному уму и сознательности они готовы пожертвовать земными благами и отбросить рутинное мышление ради победы над Демиургом — победы, следствием которой станет истинное изменение нынешнего смертного статуса человека и радикальная метаморфоза Старого мира.

Параметр 3: Смертное человечество

> О, зачем человек не бессмертен? <...> Зачем мозговые центры и извилины, зачем зрение, речь, самочувствие, гений, если всему этому суждено уйти в почву и, в конце концов, охладеть вместе с земною корой, а потом миллионы лет без смысла и без цели носиться с землей вокруг солнца? Для того чтобы охладеть и носиться, совсем не нужно извлекать из небытия человека с его высоким, почти божественным умом и потом, словно в насмешку, превращать его в глину.
>
> *А. П. Чехов. Палата № 6*

Несмотря на то что некоторые жители Старого мира задают себе вопросы вроде тех, которые ставит чеховский доктор Рагин в эпиграфе, бо́льшая часть человечества давно смирилась с тем, что слова «человек» и «смертный» являются синонимами. До недавнего времени это, безусловно, соответствовало действительности, но на пороге новой эры (нового столетия, послеоктябрьской эпохи, «великого перелома») такая точка зрения выглядит устаревшей. Настало время, когда люди должны решить, вступить им в борьбу за бессмертие и власть над природой или же остаться рабами естества и демиурга. Одни готовы отказаться от своей духовной сущности, другие выбирают борьбу за достижение истинно человеческого бытия. Третья категория, хотя и желала бы бессмертия, все же отвергает борьбу со смертью по слабости воли или из-за недостатка сил. Первая категория, по терминологии гностиков, — *гилики*, или те, кто «телесен без надежды на исправление» [Baker's Dictionary of Theology 1975: 163]; они сторонники существующего порядка вещей, и поэтому спасти их невозможно.

Полную противоположность гиликам составляют *пневматики*; они наделены моральной и волевой стойкостью, зоркой духовностью и бдительным сознанием, что дает им силы бороться со Старым миром. Иногда пневматики в состоянии помочь промежуточной категории — *психикам*, людям души, — отважиться встать на путь борьбы за бессмертное существование. Очевидно, что наиболее серьезную угрозу бессмертию на земле представляют гилики. Следовательно, чтобы уничтожить смерть, надо каким-то образом избавиться от этой неисправимой категории людей, отрицающих не только будущее бессмертие людей, но даже его желательность.

Люди плоти (гилики)

> Слава вам, идущие обедать миллионы! <...>
> Выдумавшие каши, бифштексы, бульоны...
>
> *В. Маяковский*

Потакающие удовлетворению собственных потребностей и прихотей, погрязшие в плотских утехах и накоплении имущества, люди *телесной* плоти (некоторые «антигилики» делают различие между «телом» и «преображенной плотью»; см. эпиграф из З. Гиппиус к настоящей главе) обрекают свои сознание и совесть на смерть. В результате они постепенно теряют человеческий облик, не говоря уже о «богоподобии» человека, и становятся либо домашними животными, довольствующимися строительством уютных семейных гнезд, либо хищными зверьми, участниками беспощадной борьбы за выживание. У гиликов обоего типа совесть атрофируется — ведь они всегда находят оправдание своим скверным поступкам. Их действиями руководят исключительно инстинкты, рефлексы и привычки; они полностью предсказуемы, как автоматы или марионетки, по крайней мере для прозорливых людей. Подобные «животные-марионетки» разносят болезнь смерти, заражая всех и вся вокруг. При этом с виду они нередко производят впечатление «приличных», цивилизованных людей, что делает их особенно опасными носителями незаметной заразы.

Люди души (психики)

> Кто она? Царевна?
> Дочь земли? Княжна?
>
> *Б. Пастернак*

Психики составляют промежуточную категорию смертного человечества. Их можно охарактеризовать как людей с нравственными изъянами, но не безнадежных, если руководить ими будут высокосознательные пневматики. Это главным образом женщины или мужчины женского склада характера, так как психики в своих поступках движимы скорее эмоциями, чем разумом. Хотя они иногда кажутся людьми сильной воли, их деяния скорее результат недостаточной гибкости, чем твердой и принципиальной решимости. Люди души часто бывают сентиментально привязаны к вещам (к своему дому, например) или «обожают» явно недостойного человека, для которого готовы совершить даже преступление, забывая о более высоких целях общего блага. Чувствительные, способные к большой любви и состраданию, но также и к иррациональной ненависти и замаскированной зависти, люди этой категории лишены силы духа, внутренней свободы и творческой независимости, достаточных, чтобы идти к главной цели. Лишенные созидательного начала, они не могут целенаправленно изменять окружающую среду и нередко терпят фиаско как революционеры[4]. В советское время под эту категорию подпадали интеллигенты Старого мира, «разочаровавшиеся» в революции и проявлявшие «гамлетовские настроения» (см. главу 9). Бейкеровский теологический словарь[5] определяет их как людей, которые способны приобрести веру, но не знание.

Сами добродетели психиков могут обернуться пороками: сострадательность легко перерождается в слезливую сентиментальность или жалость к себе, а оправданная «святая злоба» (Блок) — в жестокость. Духовная хрупкость, нередко сочетающаяся с внешней красотой людей этой категории, особенно женщин, как бы изначально обрекает их на то, чтобы стать жертвами гиликов. Спасение для этой по преимуществу женской группы людей — в союзе с пневматиками, у которых они могут позаимствовать физическую и духовную силу и внутреннюю свободу.

---

4 В «Воскресении» (1899) Л. Н. Толстого категория психиков представлена в лице революционера Новодворова. Он как будто обладает «мужскими» качествами — силой воли и ясностью мышления, но, по существу, «принадлежал к разряду людей преимущественно “женского” склада, у которых деятельность мысли направлена отчасти на достижение целей, поставленных чувством, отчасти же на оправдание поступков, вызванных чувством» [Толстой 1967: 405]. Герой Пастернака Антипов в «Докторе Живаго» — человек более благородного склада, чем Новодворов, но он тоже обманывает мир и самого себя, изображая рационального интеллектуала, в то время как движущая сила его поступков — гнев на собственные неудачи и комплекс неполноценности. В отличие от Новодворова, он жаждет справедливости, но только в такой форме, какую он сам считает «правильной».

5 [Baker's Dictionary of Theology 1975].

Люди духа (пневматики)

> Это шествуют творяне,
> Заменившие Д на Т.
>
> *В. Хлебников*

Пневматики — это те, кто обладает духом (греч. «пневма»), или высшей степенью сознательности, и, следовательно, способностью приобрести подлинное знание о сущности бытия — *гнозис*. Вооруженные этим знанием, пневматики полностью осознают зло Старого мира, иллюзорность демиургической религии, никчемность людей плоти, слабость людей души — короче говоря, все губительные недостатки прошлого и настоящего существования. Они знают, что смерть может быть уничтожена только в мире, открытом для творческих метаморфоз, начало которым они сами и положили своим протестом против существующего порядка вещей. Конечно, такая позиция требует мужества и независимости, поэтому именно пневматики становятся бесстрашными мятежниками, революционерами, художниками-новаторами и беспощадными критиками действительности; это все те, кого Старый мир боится и преследует из-за их «непрозрачности» (как Цинцинната в романе В. В. Набокова «Приглашение на казнь», живущего в «Старом мире» фашистской диктатуры). Они непонятны для людей посредственных, для духовных мещан, гиликов. В классическом гностицизме только они неизбежно достигнут «пространства света Истинного бога» [см. Baker's Dictionary of Theology 1975]. Будучи потомками Прометея, сыновьями светоносного Люцифера, братьями Каина и членами древней гильдии насмешников-шутов (скоморохов), пневматики непримиримо враждебны ко всем наносным ценностям и ложным идеалам. Они продолжают неустанную борьбу за подлинный идеал бессмертного человека-бога, хозяина «мастерской» природы Нового мира, которая призвана стать и «храмом» красоты; как истинные повелители природы, они спасают ее от себя самой. Унаследовав базаровский нигилизм, то есть сомнение по отношению ко всему непроверенному, они имеют одну цель: произвести переоценку всех ценностей, чтобы найти среди них неоспоримые. Только те ценности, которые прошли суровые испытания и оказались настоящими, в частности вечная идея бессмертия человека на земле, имеют право стать частью будущего. Этот тип сознания преимущественно мужской, то есть героический, творческий и свободный. Полностью полагаясь на себя, эта категория находит положительное дополнение в женской душевности, по крайней мере, если время позволяет герою расслабиться. Хотя пневматик, как правило, горд и мятежен, ему свойственны и христоподобные черты, такие как готовность к самопожертвованию во имя конечного триумфа вечной жизни. Но, в отличие от святых Старого мира, он не подражает Христу. Он проповедует не долготерпение, а борьбу, он отрицает ценности Старого мира и бесстрашно провозглашает ошеломляюще новые идеалы, включая победу человечества над смертью.

Параметр 4: Бессмертное человечество

Смерть смерти будет ведать сроки...
В. Хлебников

Бессмертное человечество отвергает духовную спячку, опьянение чувственностью и внушаемое официальной Церковью смирение перед демиургом. Возглавляемое пневматиками, оно приступает к революционным преобразованиям, имеющим целью создание нового человечества. Заложив фундамент грандиозного здания будущего и освободившись от всех природных оков, грядущее человечество начнет объединяться во все более многочисленные дисциплинированные коллективы, которые добровольно отвергнут анархическую свободу индивидуализма. Как говорит горьковский Сатин («На дне», 1902), человек — это «не ты, не я, не они... нет! — это ты, я, они, старик, Наполеон, Магомет... в одном!» [ПСС 7: 177] — то есть сплоченный коллектив, именуемый «Человек». А «Человек», то есть Новое человечество, — это «звучит гордо». Жертвуя слабым и эгоистичным «я», равно как и слишком узким и ограниченным «ты», и слишком отдаленным «они», ради «всех в одном», люди смогут вершить «общее дело» (по Федорову) — трансформировать слепую и бесчувственную природу в зрячую и просветленную, в такую, которая не будет уничтожать жизнь своих же созданий

Человечество, объединенное целью разгромить общего врага всего живого — смерть, совершит ряд изменений к лучшему, чтобы преобразовать мощные силы природы, направленные на распад и разрушение, в равные им созидательные силы. В этом преображении будут участвовать благодарная память, новые отношения между мужчиной и женщиной, в которые трансформировалась половая любовь, и наука, призванная служить не войнам и не промышленности, поощряющей тягу к роскоши и телесному комфорту, а творческой деятельности, посвященной сохранению жизни и продлению ее в бесконечность.

Таким образом, Бессмертное человечество должно осуществить программу достижения бессмертия, которую предвидели лучшие из людей духа. Конечно, такая цель не достигается сразу, но Бессмертное человечество обладает гнозисом и, следовательно, знает, что демиургическая магия «тайны и чуда» иллюзорна и что мечты осуществляются с помощью научных исследований, упорного коллективного труда и веры в высокие идеалы. Цель целей — преодоление смерти и воскрешение мертвых — увенчает многообразный совместный труд, в котором все без исключения найдут свое место и свою задачу. Пусть смерть еще не побеждена, человечество, посвятившее себя достижению бессмертия, уже бессмертно, потому что люди, преисполненные решимости обрести бессмертие и овладеть умением воскрешать мертвых, не могут не добиться успеха. Более того, само величие замысла и духовного усилия людей, пытающихся превзойти самих себя, делает их бессмертными и в более традиционном понимании этого слова.

Параметр 5: Истинное божество

Будь прославлен, Человек!
В. Брюсов

Если демиург есть олицетворение необходимости, действующей в природе, якобы созданной им, то Истинное божество Нового мира — это божество, освобождающее от всех материальных оков. Каким бы оно ни являлось Новому человечеству — как абстрактное понятие абсолютного «знания истины», или как сверхчеловечество будущего, или как человечество теургов, равноправное с Истинным богом, — оно дарует людям свободу от всех унизительных ограничений, таких, как, например, неспособность жить в других мирах космоса или кратковременность человеческой жизни. Оно не противостоит человеческому стремлению стать «как боги», напротив, вдохновляет на достижение этой цели. В широко понимаемой гностической традиции Истинное божество не запрещает человеку вкусить от плода познания, а, напротив, поощряет развитие безграничных созидательных способностей человечества, и даже требует от него равноправного с собой сотворчества. Это божество не запретило бы Прометею нести людям огонь просвещения, не оградило бы от Адама и Евы древо познания. Время «ревнивых богов» прошло, и преград к равноправию человечества с божественным началом больше нет[6].

Хотя единственным логическим и, соответственно, онтологическим состоянием человечества является богоподобие, это не означает, что человек стоит выше «низкого» труда. Божественность — награда, а не дар. Для того чтобы получить доступ к истинному божеству / создать Сверхчеловечество / быть властелином одухотворенной материи, потребуются колоссальные

---

[6] По словам Г. Гейне, еще в Эдеме «маленькая приват-доцентка» (т. е. змея. — *Ред.*) показала, «как путем познания человек становится Богом, или, что то же, как Бог в человеке доходит до самопознания» [Гейне 1959: 119–120].

усилия. Для Нового бога следует построить новое обиталище — Новый мир, который выйдет за пределы Земли, освободившись от земного тяготения.

Параметр 6: Новый мир

> И будет все в одном соединении —
> Земля и небеса.
>
> *З. Гиппиус*

Новый мир, наверное, лучше всего себе представить как мастерскую и храм одновременно: это пространство, где выполняется работа, но работа совершенно нового, созидательного типа. Новый мир — это «естественный храм», являющийся одновременно и произведением искусства. Художественная энергия, раньше тратившаяся на рисование картин или строительство дворцов и соборов, теперь используется для эстетизации реальности, для создания совершенной красоты на всей планете и во всем космосе. Управляемый творческой энергией освобожденного духа, Новый мир сотворен из «восприимчивой» материи, материи, которая утратила свою вещественную твердость и непроницаемость и приобрела прозрачность и чувствительность, став, таким образом, федоровской *психократией*, то есть материей, управляемой носителем духовности, Новым человечеством[7]. Одухотворенная энергетическими силами, освобожденными пневматиками и новыми людьми, узнавшими все тайны природы,

---

[7] Идея, что материю можно сделать восприимчивой ко всем потребностям живых организмов, связана с гилозоистским представлением, что вся материя — живая, пусть в самой незначительной степени. В «Воскресении» Л. Н. Толстого гилозоист Симонсон, прообразом которого послужил последователь Федорова Н. П. Петерсон, высказывает мнение, что «все в мире живое <...> мертвого нет». Если бы бактерия исследовала ноготь человека, утверждает он, она сочла бы его неорганическим существом. Подобным же образом и человек полагает, что материальная оболочка земли — существо неорганическое, но «это неверно» [Толстой 1967: 369].

новая природа заботливо сохраняет жизнь, вместо того чтобы слепо истреблять ее. Иначе говоря, природа охотно подчиняется человеческой (теперь уже божественной) воле, которая осуществляет «предписания свободы». Преображенная природа не только добра к своим бессмертным обитателям, но и прекрасна. Ее можно рассматривать как *Gesamtkunstwerk*[8] и как модель для планетотворчества или космотворчества (неологизмы по образцу «жизнетворчества»). Возможно, в этом космическом храме всех искусств будет раздаваться бетховенская «Ода к радости», но, скорее, «музыкой сфер» зазвучат здесь хоры поющих православную литургию. Однако следует добавить, что федоровское тотальное произведение искусства включает еще один вид творчества, а именно искусство научной регуляции преображения космоса и нашего мира. Философ видит синтез науки и искусства в религии. Федоров не одобряет немецкую музыкальную драму и предпочитает славянскую архитектуру храмостроения. Она станет проектом «мира такого, каким он должен быть» [НФ 1:413], и не только мира, но и космоса. Это будет храм, который приветствует все человечество общего дела.

Спасение земли, таким образом, в итоге приведет и к спасению неба. Освобожденная от установленных орбит роковой «хеймармене» (в терминологии гностиков — механизм урегулированной необходимости и вечной повторяемости космоса), наша планета будет перестроена в космический корабль, управляемый, как говорил Федоров, «командой» человечества, призванной искать вечность в бесконечности. Библейская мечта в Откровении станет реальностью — наша планета станет «новой землей», со всех сторон окруженной (а не укрытой) «новым небом». Бессмертное человечество, оно же Истинное божество, воочию продемонстрирует, что небо — это конгломерация планет и других небесных тел, а планета Земля — неотъемлемая часть неба. Астрономически эта истина уже была открыта Коперником, но теперь потенциально божественное человечество может найти

---

[8] Gesamtkunstwerk (*нем.*) — «тотальное произведение искусства», центральное понятие эстетики Р. Вагнера. — *Примеч. ред.*

ей практическое применение, превращая небесные тела в обитаемые миры. Перестав быть кладбищем и юдолью печали, Земля превратится в своеобразный космический челн, осуществляющий межзвездное сообщение и осваивающий другие миры во Вселенной. Эти миры, согласно Федорову, по-видимому, станут прибежищем для воскрешенных предшествующих поколений. В этой совершенно новой Вселенной исчезнет все, что превращало Старый мир в ад, и не по волшебству, а потому, что человечество устранило все зло общим делом спасения. Новый космический и вселенский рай будет по праву принадлежать тем, кто создал его и теперь будет поддерживать его в состоянии вечного, но динамического совершенства. Новый мир явится вечным памятником решимости жалких смертных поднять себя до божественных высот, став вездесущими, всеведущими и всемогущими в процессе созидательных и конструктивных метаморфоз, то есть выполнив свое изначальное предназначение, намеченное или Богом, или Вечной материей. Те, кто видел себя сподвижниками Истинного Бога, встретятся с ним не как «рабы» с властелином, а как равные с равным. Те, кто достиг сверхчеловечества без Божьей помощи, установят равноправие всех воскрешенных во всей Вселенной.

> Если бы Бог действительно существовал, следовало бы уничтожить его.
>
> *М. Бакунин*

> Фейербах считал своей главной целью изменить людей так, чтобы «друзья Бога» стали друзьями человека, верующие — мыслителями и работниками, кандидаты в мир иной — людьми, познающими мир живых.
>
> *К. Барт*

Глава 3
Некоторые общие контексты

«Гностицизм» программы спасения от смерти

В этой главе предпринята попытка вписать «программу спасения», изложенную в предыдущей главе, в некоторые более широкие философские и исторические контексты. Этот фоновый материал приводится тематически, а не в историко-хронологическом порядке. Для начала остановимся на гностической терминологии, используемой в «программе спасения», представленной в предыдущей главе.

Хотя гностицизм, в течение нескольких веков соперничавший как с иудаизмом, так и с христианством, перестал существовать как религиозное учение в 200–300 годах, его исследователи допускают, что гностические *модели* мировоззрения встречаются и в более поздние исторические периоды. Эти модели могут быть генетически связаны с модификациями исторического гностицизма, а могут и носить самостоятельный характер. А. Безансон, например, усматривает аналогичную структуру мысли в советской идеологии и в гностицизме, в особенности манихействе, при отсутствии генетической связи между двумя явлениями [см. Безансон 1998: 9]. Повторение в советской идеологии некоторых общих структур гностической мысли, согласно Безансону, во многом проистекает из одинаковой психологической установки — в данном случае тенденции делить мир на черное и белое [см. Там же: 9–14, 211–219].

Д. де Ружмон, исследуя повторяющиеся ментальные и эмоциональные структуры гностического мировосприятия в разных европейских культурах, установил некоторые генетические связи между ними и уцелевшими учениями гностиков. Он полагает, например, что новое восприятие любви и женщины как ее адресата, которое появилось на юге Франции в XII веке в неоманихейской ереси катаров, породило эстетику и философию куртуазной любви в поэзии того времени. Так, роман о Тристане и Изольде проникнут эстетикой и философией любви гностико-манихейского толка [Rougemont 1983: 107, 109], а также своеобразным «гностическим» лиризмом чувства [Там же: 66, 92].

В данной работе гностицизм рассматривается как модель *мироощущения*, а не как историческое явление или религиозно-философское учение. Поэтому генетические связи между историческим гностицизмом и неогностическими поисками бессмертия в Серебряном веке для данной работы нерелевантны. Я не пытаюсь сделать вклад в изучение гностицизма и его перевоплощений, а просто хочу представить менталитет искателей бессмертия. Главным источником моей модели «гностического миропонимания» являются работы Х. Йонаса, в частности его фундаментальный труд [Jonas 1954], состоящий из двух томов: «Мифологический гнозис» (1934, переизд. 1954) и «От мифологии к мистической философии» (1954). Несмотря на устаревшие в свете новых открытий и материалов данные, *экзистенциальное настроение (Daseinshaltung)* гнозиса очень точно и тонко передано в этих книгах, остающихся ценным вкладом в характеристику эмоционального и духовного мира гностицизма, и применимо к его позднейшим изводам.

Так, чувство отчужденности от глубоко презираемой обычной жизни (быта), чувство «происхождения неотсюда» *(das Anderswoher-Stammende)* связывает многие литературные «неогностические» тексты. В них опять и опять представляется «удел того, кто чужд всем» (*Schicksal des Fremdlings*, [Jonas 1954, 1: 96]). Презрение к низкой и грубой реальности и пошлым обывателям — черта, характерная как для исторического гностицизма, так и для всех видов неоромантизма, в том числе русского символизма, в котором можно обнаружить черты гностической модели мира. Бегство от неприемлемой действительности в миры иные — характерная черта этого проникнутого лиризмом литературного и культурного течения, одной из важнейших тем которого служит тоска по «иному миру» личности, не чувствующей себя «дома» в реальности. «Лирическое» настроение во всех жанрах русского символизма нашло яркое выражение в поэзии А. А. Блока, который, «возможно, больше, чем какой-либо иной поэт своего поколения, был носителем гностического архетипа» [Thompson 1970: 343].

Многие другие творцы Серебряного века разделяли «гностическое отчуждение» и глубоко ощущали свою *не*принадлежность к миру, в котором преобладают люди плоти (гилики). Они видели себя в мире «гостями»[1], в отличие от чуждых им гиликов, которые ощущали себя в нем «как дома», забывая, что и они только «постояльцы» в этом мире [ср. Jonas 1954, 1: 101].

Самоощущение «*не* принадлежащего», человека *вне* быта, дает особый тип знания («гнозис»): трезвое осознание условий человеческой жизни как плена, из которого надо выбраться любой ценой. В Серебряном веке «носители горького знания» о ничтожности данного мира, созданного демиургом, напоминают пневматиков исторического гностицизма не только своей «чуждостью», но и элитарностью[2]. Полное постижение гнозиса доступно далеко

---

1 «В мире гость» («Gäst hos verkligheten», 1925) — название автобиографической повести шведского писателя П. Лагерквиста (в 1973 году издана в русском переводе Е. Суриц. — *Ред.*).

2 Павел Власов в романе Горького «Мать» (1905) наглядно представляет этот архетип элитарного гностика-пневматика. Несмотря на свои демократические принципы, он сознает свое превосходство над людьми плоти и души, и даже «псевдопневматиками». Еще одним признаком его принадлежности к «гностикам» является его аскетизм, который отрицает «опьянение» ложным блеском этого мира. Власов воздерживается и от опьянения в буквальном смысле — он не пьет. Его протест против Старого мира направлен не только

не всем, например не доступно «людям здравого смысла» (обычно это гилики). Однако в восприятии пневматиков здравый смысл — только иллюзия знания, порожденная поверхностным умом, который воспринимает действительность через «очевидную» информацию своих эмпирических наблюдений. Обыватель «знает», что Солнце вертится вокруг Земли, так как он это видит своими собственными глазами каждый день.

Чувство отчужденности в реальном мире и знание об истинной сущности бытия в «ином» мире неразрывно связаны в душе «гностика». Проведенный им с «холодным вниманьем» анализ реальности открывает ему, что жизнь — всего лишь «пустая и глупая шутка» (Лермонтов) и «насмешка неба над землей» (Пушкин). *Оскорбленный* этим издевательством, гностик-пневматик всех времен восстает против обиды; он не желает быть мишенью небесных «шуток», по крайней мере не тех небес, которыми владеет демиург, божество материального мира и здравствующих в нем гиликов. Однако унизительное ощущение, что какая-та злая сила, правящая нашим миром, оставила их в дураках, побуждает гностиков-пневматиков не только грустить и возмущаться, но и решиться на то, чтобы стать хозяевами собственной судьбы. Проникновение в суть вещей, *гнозис*, помогает такому бунтарю терпеть лишения и трудности, чтобы добиться своей цели: в свою очередь «пошутить» над Демиургом и его верными приспешниками — людьми плоти.

Бунтарь-еретик (или «демиургохульник») тоскует по потерянному «миру лучистого света без темноты» [Jonas 1954, 1: 103], где царствует Истинное божество. Он чувствует зов иной действи-

---

против ложного строя, например паразитизма правящих классов, но и против того, что мир в целом не построен по его «правде», кроме которой иных нет. Иной архетип гностика — сологубовский Триродов в «Творимой легенде», который ищет «знания» в широком кругу наук. Автору романа «Мать» Горькому очень нравилось утверждение американского философа и психолога У. Джеймса, что русские относятся к существующей действительности как к «необязательной», поскольку чувствуют себя ею «оскорбленными» и с «упрямством честного алхимика» распространяют единственную правду о «причине всех причин» [ПСС 15: 335].

тельности и ищет освобождения от уз материи. Духовный бунтарь Серебряного века, однако, не ждет искупления своих страданий после смерти — уже потому, что он хочет уничтожить и упразднить ее. «Смертоборцы», в отличие от древних гностиков, принимают решение не ждать спасения в мире полноты *(плеромы)* истинного Бога после трудного путешествия души через космические круги необходимости, а приступить к преображению Земли во время земной жизни. Они считают возможным переключить свое знание о ничтожности мира сего в знание о строении материи, из которой создана Земля и человек, — и это новое, научное знание, гнозис нового типа, дает им ключ к ее «перестройке» и к спасению достойного этого спасения человечества. Так лирический герой Сологуба, который мечтал о побеге «домой из чужбины мира» на «звезду Маир», истинную родину «знающих», превращается в героя романа, активно преображающего действительность как поэт, химик, педагог, инженер и строитель космического корабля, а также как воскреситель мертвых, — в Триродова из трилогии «Творимая легенда» (см. главу 7).

Этот тип пневматика, испытав все обиды демиургических порядков в Старом мире, использует всю энергию своего негодования на то, чтобы уничтожить мрачный мир Демиурга, а потом создать светлый мир Плеромы на Земле. Так, лирический герой Блока предполагает, что *fecit indignatio versum*[3], и энергия его «негодования» направлена не только на какое-нибудь конкретное социальное зло, а на весь «страшный мир» Демиурга, который «для сердца тесен» (см. цикл «Страшный мир»). В «Двенадцати» Блока мы видим разрушение этого «тесного» мира и начало рождения Нового мира, благословленного бессмертно красивым, андрогинным Исусом Христом, который своим появлением «говорит» своим неотесанным «апостолам»: будьте бессмертны и красивы, как я (об андрогинности см. главу 5; о поэме «Двенадцать» см. главу 8).

Надежды «оптимистических гностиков», особенно социалистов-богостроителей, сосредоточены на том, чтобы все люди,

---

[3] Fecit indignatio versum (*лат.*) — «Негодование рождает стих» (эпиграф к циклу «Ямбы», 1907–1914). — *Примеч. ред.*

живущие «как улитки в своей раковине», люди, которые видят внешний мир через «грязное окно» и «толстые стены» своих предрассудков и фальшивых понятий теперешней реальности (А. В. Луначарский; цит. по [Thun 1973: 186]), «узрели» должный мир идеальной реальности после великих переворотов. Неогностики всех категорий могли бы подписаться под описанием Старого мира З. Н. Гиппиус, «гностика» религиозной направленности, в ее программном *tour-de force*[4] стихотворении «Все кругом» (1904), но в выборе способов его исправления, они, конечно, расходились. Стихотворение Гиппиус представляет современный ей мир как пребывающий в нескончаемом состоянии физического и нравственного разложения. Представив *все* аспекты его дряхлости и медленного — может быть, вечного[5] — разложения, поэт в последней строке неожиданно провозглашает, что *все* изменится:

Все кругом

Страшное, грубое, липкое, грязное,
Жестко-тупое, всегда безобразное,
Медленно рвущее, мелко-нечестное,
Скользкое, стыдное, низкое, тесное,
Явно довольное, тайно блудливое,
Плоско-смешное и тошно трусливое,
Вязко, болотно и тинно застойное,
Жизни и смерти равно недостойное,
Рабское, хамское, гнойное, черное,
Изредка серое, в сером упорное,
Вечно лежачее, дьявольски косное,
Глупое, сохлое, сонное, злостное,
Трупно-холодное, жалко-ничтожное,
Непереносное, ложное, ложное!

Но жалоб не надо; что радости в плаче?
Мы знаем, мы знаем: все будет иначе [Гиппиус 1999: 147–148].

---

4 Tour de force (*франц.*) — здесь: «в высшей степени искусное».

5 В стихотворении «Возня» (1912) Гиппиус представляет гротескную картину остова «разложившейся собаки», который «ходит вкруг летящего ядра» *вечно*, так как «в мирах надзвездных нет событий» [Гиппиус 1999: 195–196].

Все будет «иначе». Но как?

«Все будет иначе», обещает поэт с типичной для гностика бескомпромиссностью, но как произойдет преображение? Рассмотрим сначала попытки «все» изменить в «религиозном лагере» Серебряного века. В нем важную роль играет по-новому понятый образ Иисуса Христа как двигателя творческой эволюции, по крылатому выражению А. Бергсона. Так, религиозный символист Д. С. Мережковский, который начал свою писательскую карьеру с трилогии «Христос и Антихрист», в отличие от многих европейских историков религии XIX века, не сомневался в божественности Христа, но все же связывал его воскресение с теориями о естественной эволюции природы. Он недвусмысленно говорит об этом в своих поздних работах, например в книге «Иисус неизвестный» (1932). В этой работе Мережковский представляет собственный вариант учения В. С. Соловьева о дарвинистской, но творческой эволюции природы, которая беспроблемно совмещает традиционную веру с недавними предположениями науки. Утверждая, что «нет никаких разумных оснований думать, что человек, в нынешнем своем состоянии, духовном и физическом [...] есть не кажущийся, а действительный, высший предел Эволюции» [Мережковский 1996: 410–411], Мережковский видит три основных этапа в уже пройденном эволюционном процессе и один — четвертый и последний этап — в будущем. Первый этап вызвал переход от «смерти к жизни», то есть переход от неорганического состояния материи к органическому. Второй произвел замену простых форм жизни более сложными проявлениями. Третий этап знаменует переход от «безличного к личному» [Там же: 411], то есть развитие бессознательного животного в сознательного человека. Эволюции предстоит совершить и четвертую трансформацию: «из временно живого, смертного, в живое вечно, бессмертное» [Там же]. Такая метаморфоза уже была совершена однажды Иисусом Христом, сыном Бога. Иисус Христос добровольно подверг себя действию законов материальности, чтобы воскреснуть, указав этим, что бессмертие — конечный удел человечества. Хотя воскресение Христа осталось до сих пор уникальным событием, когда-нибудь оно будет повторено теми, кто сейчас смертен, но, веря «примеру», поданному Христом, станет бессмертным. При совершении таинства евхаристии повторяется Христов обет, что человек разделит его путь от смерти к бессмертию. Вкушая от умершего, воскресшего и бессмертного Иисуса Христа, верующие принимают участие в создании «нового условия» [Там же: 414], которое наделяет человеческую плоть способностью избежать тления и преобразиться в бессмертную. Однажды произойдет превращение плоти в «новое вещество», и это станет кульминационным пунктом созидательной эволюции. Это вещество даже можно будет добавить к периодической таблице Д. И. Менделеева в качестве нового химического элемента — бессмертие, по мнению Мережковского, не противоречит химии. Бессмертие является наиболее естественным и подлинным состоянием человека: оно не противоречит законам природы, и поэтому нет ничего странного в том, что вещество, которое сделает нас бессмертными, будет представлено в таблице химических элементов. Человек был создан бессмертным, и восходящая созидательная эволюция вернет ему свое прежнее первоначальное состояние. Христос у Мережковского — божество, пребывающее в облике человека для того, чтобы своей смертью и воскресением продемонстрировать потенциал эволюционных возможностей человечества. Отринет ли Христос человеческую сторону своего образа, когда человек станет бессмертным, Мережковским не обсуждается.

Работа Мережковского «Христос неизвестный» суммирует прежние попытки примирения науки и религии у Федорова и Соловьева, а также его собственные. Она представляет характерное для Серебряного века стремление «доказать», что воскресение и воскрешение являются естественными феноменами и правдоподобны предположения о том, что они однажды станут очевидной реальностью. В этом контексте книга А. Бергсона о творческой эволюции, несомненно, также сыграла важную роль.

В своей знаменитой книге «Творческая эволюция» (1907) А. Бергсон тоже представляет эволюцию как борьбу между силой жизни *(élan vital)* и инертной материей, где жизнь отвоевывает один плацдарм за другим у инертной и материальной сферы своего врага — смерти. Конечная победа жизни — самый вероятный исход этой борьбы, и Бергсон изображает ее так:

> Как мельчайшая пылинка солидарна со всей совокупностью нашей солнечной системы, участвуя вместе с нею в том едином стремлении к разложению, которое представляет сущность материального мира, так все органические вещества от низших до высших, от первых зачатков жизни до нашего времени, везде и всюду проявляют лишь тот единственный импульс, который идет в направлении, обратном движению материи, и который сам по себе является нераздельным. Все живые существа держатся друг за друга, и все подчинены одному и тому же гигантскому порыву. Животное опирается на растение, человек живет благодаря животному, а все человечество во времени и пространстве представляет одну огромную армию, движущуюся рядом с каждым из нас, впереди и позади нас; своею тяжестью оно способно победить всякое сопротивление и преодолеть многие препятствия, в том числе, может быть, и смерть [Бергсон 1999: 300].

Бергсон говорит только о «возможности» победы над смертью, но триумф жизненной силы, до сих пор не испытавшей в борьбе с материей серьезных поражений, а только временные отступления, кажется если не неотвратимым, то очень вероятным.

В «мистическом лагере» искателей бессмертия уделяется много внимания также роли искусства в преодолении смерти. Так, поэт и критик Г. И. Чулков, в статьях «Покрывало Изиды» и «Лилия и роза» сочетая мысли Шеллинга, Соловьева и Бергсона, видит «смысл искусства», конкретно искусства «реалистического символизма»[6], в том, что оно не «слабое подражание природе, а преодоление ее» [Чулков 1912: 119]. Преодоление природы искусством состоит в «восстановлении прообразов» Изиды-природы и человека, то есть в том, чтобы открыть «мир божественных

6 В отличие от «идеалистического символизма», реалистический символизм не предается эскапизму, а изучает все аспекты реальности, чтобы изменить ее (см. главу 7).

потенций» [Там же]. Реализуя их, мы сможем сорвать покрывало с лица матери-природы и освободить ее от законов, с которыми мы «никогда не примиримся» [Там же: 133], то есть «законов необходимости» [Там же]. Вооруженные принципом «свободной созидательности», постулируемым Бергсоном в книге «Творческая эволюция» в качестве истинного двигателя природного, мы сможем объявить детерминизм пройденным этапом. Хотя Чулков прямо не говорит, что эти законы необходимости включают закон неизбежной смертности человека, думается, что он верит в способность «свободного творчества» преодолеть «многие препятствия, в том числе, может быть, и смерть» (Бергсон). Он явно разделяет и философию искусства и красоты Соловьева, о которой пойдет речь в пятой главе этого труда.

Возвратимся к теме «роль Христа в эволюции». Возможно, труд Мережковского о «неизвестном» и «явленном» Христе и был направлен против опровержений божественности Христа со стороны нескольких его немецких и французских «биографов». Во всяком случае, Мережковский охарактеризовал книгу Э. Ренана «Жизнь Иисуса» (1863) как «евангелие от Пилата» [Мережковский 1996: 11]. На протяжении XIX века появлялась одна «жизнь» Иисуса за другой, и эти «биографии» независимо от того, относились ли их авторы к личности и образу Христа положительно или отрицательно, чаще всего представляли его смертным человеком, а не воскресшим Богочеловеком: Иисус умер, не воскрес и никого не спас от смерти, гласило большинство «биографий». Подрывая веру в божественность Христа, европейские теологи XIX века разрушали для многих веру в христианство вообще и догмат о спасении от смерти в частности. Разрушение традиционных догматов, однако, не только укрепляло атеизм, но и открывало простор для нового понимания эволюционного процесса и роли человечества в нем. Ведь эволюция, несмотря на отступления, в целом определенно шла только в одном направлении — «вперед» к все большему совершенству. Иисус, может быть, был некоей положительной аномалией в этом эволюционном развитии — единичной мутацией, не давшей последствий в свое время, но все же послужившей провозвестником будущего «скачка» в новую стадию развития человека, предвидением новых побед над изжившими себя законами природы. В книге «Жизнь Иисуса» (1863) Э. Ренан представил Христа исключительно как историческую личность, но при этом человека уникального, хотя и смертного. Он также оспаривал, что Иисус творил чудеса, — их никогда не было. Иисус фальсифицировал исцеления больных и калек, а уж воскрешение Лазаря из мертвых было основано на чистом обмане. Он делал это не ради личной выгоды, а с целью пропагандировать свою новую благородную религию, зная, что это был единственно возможный подход для ее распространения в то время, когда чудеса считались неотъемлемой части любой религии. Однако, несмотря на «развенчивание» божественности Иисуса, Ренан все же пишет: «Это возвышенное существо, которое и до сих пор правит судьбами мира, позволительно назвать божественным не в том смысле, что Иисус вмещал в себе все божественное или тожествен божеству, а в том смысле, что Иисус заставил род человеческий сделать самый крупный шаг на пути к божественному» [Ренан 2004: 189]. Остается не совсем ясным, имеет ли в виду Ренан только нравственную сторону облагораживания человечества или также то, что Иисус и духовно, и телесно предвосхитил какую-то новую и высшую стадию в эволюции человечества, которая, может быть, обеспечит бессмертность. Ренан, объяснявший воскрешение Лазаря как благородный обман и отрицавший возвращение Христа из загробного мира, все же не исключал, что воскрешение мертвых однажды осуществится, поскольку полагал, что окончательная победа эволюционного прогресса через миллионы веков может вернуть на Землю абсолютный Разум вселенной, а вместе с ним и пробуждение всех когда-либо живших. В утешение нетерпеливым, жаждавшим воскрешения как можно скорее, он добавлял, что для мертвых даже сон в течение миллионов лет будет казаться кратким сном не более чем на час. Таким образом, Христос, даже снятый с пьедестала божественности, не утрачивает своего значения как Спаситель от смерти (как выявление Разума вселенной?). Философ бессмертия Н. Ф. Федоров отметил, что Ренан, изображая ужасную смерть своего «несравненного» Христа, позволил себе мысль, что такого ужаса не должно быть и что «знание» сможет восстать «против смерти». Русский философ также вычитал из его книги надежду, что человечество «этой цели и достигнет» [НФ 2: 32, 33]. Он жалеет, что Ренан под влиянием М. Бертло[7] в конце концов расстался с этой надеждой. Все же она была высказана, пусть даже очень осторожно; и европейские, и русские ученые и мыслители явно возлагали большие надежды на силы эволюции, которую А. Бергсон позже назовет «творческой» *(créatrice)*, и охотно предавались спекулятивным научным теориям.

В конечном счете вопрос о божественной или человеческой (либо двойной) природе Христа стал почти несущественным при разработке разных теорий о достижении человечеством физического бессмертия. Был ли Иисус только «прототипом человека совершенного» [Штраус 1992: 497] или сыном Божьим, указывал ли он на будущие физические изменения в биологическом виде, представленном человеком (Ренан), или предрекал, что однажды установленные самим Богом законы эдемской природы снова станут действующими в будущей реальности (Мережковский), в конечном итоге не так уж важно для самой *идеи* упразднения смерти на Земле. В любом качестве, божественном, или человеческом, или божественно-человеческом, Иисус Христос пришел, чтобы исполнить закон (природы), а не нарушить его и чтобы внушить человечеству, чтобы оно изучало и развивало внутренний потенциал природы и человека; он не появился среди нас для того только, чтобы совершать сверхъестественные чудеса магии для своих наивных современников. С какой стороны ни подойди, теологической или антропологической, вывод напрашивается один: человек станет бессмертным в процессе эволюции, особенно если сам будет активно участвовать в нем и ускорять совершенствование человеческого вида.

---

[7] Бертло Пьер Эжен Марселен (*Berthelot*, 1827–1907) — французский физикохимик и общественный деятель; дружил с Э. Ренаном. — *Примеч. ред.*

Магия

«Эволюционисты» — и религиозные, и светские, о которых говорилось выше, — искали «естественных» путей к упразднению смерти, но гибридная эпоха Серебряного века находила место и для явно магического подхода к «проблеме смерти», то есть не для «магии науки» и ее *естественного* всемогущества, а для магии-чуда в традиционном смысле. Охваченная «теургическим беспокойством» [Зеньковский 2001: 159], некоторая часть революционной интеллигенции принимала политическое убийство как магический путь к достижению бессмертия; такой вывод можно сделать, в частности, из романа В. Ропшина (Б. А. Савинкова) «Конь бледный» (1909). В нем верующий террорист Ваня полагает, что нынешние законы природы можно опровергнуть с помощью чудотворной революции. Он также верит, что Христос действительно воскресил Лазаря после четырех дней пребывания в могиле. Тот факт, что в данный момент такое воскрешение было бы невозможно даже для Христа, он объясняет тем, что Христос жил в хорошем мире, где чудеса были возможны, поскольку жива была вера. В нынешнем мире вера оклеветана, и чудеса больше не случаются. Ваня считает своим долгом помочь воссоздать тот мир, в котором были возможны чудеса. Он готов убивать представителей порочного Старого мира, «чтобы не убивали. Убий, чтобы люди по-Божьи жили, чтобы любовь освятила мир» [Ропшин 1974: 63]. Конечно, сомнительно, что Христос одобрил бы теорию народовольца Вани, который действует как бы по принципу «клин клином вышибают», то есть искореняет зло злом. В конце концов верующий террорист убеждается в том, что чудеса нельзя заставить совершаться, что его убийства не воссоздадут Христов мир.

Чудеса могут происходить и в наше время — но естественным путем: как результат научного знания, упорного труда и осознания общественного долга. Необходимость заменить сверхъестественные чудеса чудесами науки и трудовой деятельностью, ведущей к «чудесным» результатам, — важный компонент в программах спасения богостроительского толка. Уже Л. Фейербах, философ, чтимый богостроителями, говорил о необходимости превращения «идолопоклонников» в «работников» физического и умственного труда [см. Barth 1957: ix и эпиграф к этой главе]. Такое превращение, считал он, — вернейшее средство преображения данной реальности. Конечно, до этого следовало уничтожить самих «идолов» христианских религий, их троичного бога. Требовалось заменить Бога-отца, Бога-сына и Святого Духа, то есть всю Троицу, — Человечеством[8].

Людвиг Фейербах

Идею о «смерти Бога», громче всех провозглашенную Ф. Ницше во второй половине XIX века, с готовностью подхватила русская атеистическая интеллигенция; она и прежде была склонна так думать под влиянием таких критиков христианства, как Э. Ренан и Л. Фейербах. Так, трактат последнего «Сущность христианства» (1841) нанес значительный удар традиционной религии, «низводя теологию к антропологии» и «возвышая «антропологию до теологии» [Фейербах 1955: 21]. Фейербах своим развенчиванием христианства не преследовал утопические идеи; его целью было только возвращение создателю религии — человечеству — авторства его же творения, чтобы человек видел себя таким, какой он есть: не рабом Бога, а его творцом. Это и есть главная мысль Фейербаха: человек создал бога во всех трех его ипостасях, как и все догматы и учения Церкви.

Иными словами, Фейербах предположил, что не Бог создал человека по своему образу и подобию, а человек создал бога по своему собственному, но идеализированному образу и подобию. Бог — лишь идеально объективированная сущность человека, образ того, кем он хотел бы быть, а вне этой объективации и самоидеализации никакого бога не существует [Там же: 252].

---

8 Интересно, что Фейербах видел в третьей ипостаси Бога, в Святом Духе, образ «материнской женственности» и преклонения мужчины перед женщиной.

Человеку была нужна проекция его же духовного идеала как образ высших ценностей, к которым он стремится, но которых не всегда достигает в жизни. Не поняв толком этот механизм компенсации, человечество в большинстве своем поверило в объективное, отдельное существование бога и наделило собственное создание всемогуществом и всезнанием, качествами, какими оно само хотело бы обладать. Таким образом, человечество было отчуждено от собственной сущности и поверило своим теологам, создавшим нелепую иерархию, в которой созданный человеком бог есть все, а человек, его создатель, ничто. Пришло время понять, что *«божественное существо — только человеческое существо»* — не как личность, но в своей сущности как часть человеческого рода [Там же: 253][9]. Пришло время отменить ничтожество человека и человеческой деятельности, в которой мысли и поступки его являются объектом и целью бога [Там же: 59]. Настала пора отменить «самокритику» человечества, которая привела к тому, что оно видит себя недостойным и греховным жителем богосозданной Земли и в отчаянии от своих недостатков уповает только на милосердие Бога. Когда оно поймет, что «человечество достигло «необходимого поворотного пункта в истории» и что оно должно «возвыситься над пределами своей индивидуальности и личности», признав свою принадлежность к человеческому роду, тогда оно сможет наконец полюбить «как абсолютное, божественное существо — только человеческое существо». Тогда и нелепое соотношение между Богом («все») и человечеством («ничто») исчезнет навсегда [Там же: 307].

Фейербах также утверждает, что *род* — источник и носитель убеждения, что человечество бессмертно. Конечно, отдельная человеческая личность не бессмертна, но зато человеческий *род* вечен. Люди всегда подсознательно верили, что они бессмертны,

---

[9] Эта новая точка зрения сделала из Иисуса Христа благородного, но чисто «человеческого» помощника человечества, например революционера-освободителя. В. Г. Белинский в «Письме к Н. В. Гоголю» (1847) в духе Фейербаха представил Христа как революционера, который жертвовал собой «за други своя» и «первым возвестил людям учение свободы, равенства и братства и мученичеством запечатлел, утвердил, истину своего учения».

но перепутали это свое подспудное знание с догмами Церкви. Полное осознание того, что они неотъемлемая часть рода, рассматриваемого как непрерывное целое, как один могучий организм, действительно делает их бессмертными. Не бог бессмертен и вечен, а человечество как род.

Фейербах заключает, что он доказал, что истинное «содержание и предмет религии — совершенно человеческие, что теологическая тайна есть антропология, а тайна божественной сущности есть сущность человеческая» [Там же: 309]. Ценность христианства — а в нем есть огромная ценность — в том, что оно может стать религией человеческого рода и источником братской любви людей не только в настоящем, но и в будущем, сделав такое чувство родственности со всеми центральным догматом. Освободившись от таких иллюзий, как посмертное индивидуальное воскресение, христианство могло бы стать подлинной религией Христа, идентифицировав его образ с «сознанием рода». В такой интерпретации Христос больше не сын Бога, а сын человечества и образ, который представлял бы народному сознанию «единство рода» (1955: 307). Вторая ипостась Бога, его сердце, то есть Христос, могла бы стать образом братского единения человеческого рода (о подобных мыслях героя романа Горького «Исповедь» см. главу 6).

Таким образом, Фейербах выразил положительное отношение к христианству, хотя и ниспроверг самые его основы. Отрицая то, что традиционно считалось сущностью христианства, а именно доктрину личного спасения через воскресение из мертвых по милости Бога, он вместо этого выдвинул идею коллективного прогресса, вдохновленного религиозным чувством. Желая освободить людей от ложных, по его мнению, авторитетов, то есть от «самоотчуждения», он предлагал перспективу достижения человечеством поворотного пункта в своем развитии, начиная с которого общественный прогресс станет неизбежным. Не являясь больше слугой несуществующего божества, но трудясь ради прогресса вечного человеческого рода, вдохновленного лучшими чувствами, составляющими «сущность христианства», индивидуум должен смириться с собственной кончиной как с неизбежным жизненным фактом; однако утешением ему послужит то, что род человеческий будет процветать вечно[10].

Если попытаться дать общую схему «развития» образа бога в философии Фейербаха и других историков религии того времени, вырисовывается следующая схема: человечество проецирует свои самые сокровенные идеалы и чувства *вверх* и создает мифологию о боге-отце. Сын бога спускается *вниз* в виде человека; человечество XIX века начинает подозревать, что бог и человек — одно, что нет нужды в том, чтобы проецировать свою сущность в некий мир абстракций, а лучше переводить свои самые благородные чувства на своего брата на земле, как им указал сам Иисус. Поняв, что следует приносить пользу своим собратьям, род человеческий волен идти вперед *линейно*, устраивая свои земные дела все более успешно на благо всех членов человечества. В контексте нашей темы следует отметить, что богостроительство Горького и других мыслителей этого движения опять повернуло динамику человеческой исторической эволюции *вверх* (не только «вперед» но и «выше») тем, что проецировало не обожествляющее, а божественное человечество в будущее, создавая концепцию человекобога, по терминологии Достоевского. Фейербах, несомненно, способствовал развитию идеологии богостроительства тем, что смыл границу между богом и человеком и человеком и богом и поднял шлагбаум, разделяющий их. Эта некогда (в иудаизме) непреодолимая преграда стала более проходимой в традиционном христианстве в лице богочеловека и в конце концов была вовсе устранена, когда богом стал человеческий род, или сверхчеловек. На этой стадии человечество становится потенциально божественным, поскольку создатели богов сами потенциальные боги. Гордое и освобожденное от Бога-отца человечество, которое забывает старых и создает новых богов (ныне — человекобога), в ходе непрерывного расширения границ культурного и науч-

---

10 Религиозный философ (и бывший марксист) Н. А. Бердяев видел в Фейербахе «благочестивого атеиста», благодаря которому «очищалось понимание Бога человеком» [Бердяев 1993: 262]. Протест Фейербаха против поклонения Богу как власти, как своего рода «деспотическому монарху» был благотворен [Там же: 258].

но-технического прогресса, вероятно, сможет преодолеть и последнюю преграду к достижению полной тождественности — смерть. Учение Фейербаха и других исследователей и историков религий XIX века могло похоронить надежды на метафизическое спасение от смерти путем воскресения души, но для некоторых своих почитателей новая теология могла подтвердить уверенность в физическом бессмертии здесь, на Земле.

Наука и труд: Д. И. Писарев

Литературный и общественный критик 1860-х годов Д. И. Писарев не принадлежал к тем, кто «искал себе точку упора в бездонном пространстве голубого эфира» и слушал «заманчивые сказки о всевозможных точках опоры для всевозможных воздушных замков» [Писарев 1981, 3: 138]. Иными словами, он не был идеалистом-небожителем и любителем религиозных мифов[11]. Он считал себя реалистом, то есть «мыслящим работником, с любовью занимающимся трудом», и искателем «разумного счастья» [Там же 2: 79; 29]. Все действия реалиста диктуются понятием «всеобщая польза», в том числе его собственная, так как он вполне признает теорию рационального эгоизма и ее главную мысль, что «расчетливый эгоизм вполне совпадает с результатами самого сознательного человеколюбия» [Там же: 76]. Словом, он в своих статьях создает персону *реалиста*-шестидесятника, которому чужды мечтания об осуществлении утопий, но который шаг за шагом упорно способствует улучшению общества. Писарев не говорит о достижении бессмертия, но ограничивается надеждой на бессмертную цивилизацию. Ввиду вышесказанного может возникнуть вопрос, почему он включен в главу об «общих контекстах», проясняющих тематику упразднения смерти.

---

[11] Хотя Писарев, конечно, не мог знать творчества Чехова, некоторые персонажи-индивидуалисты последнего, беспрестанно произносящие длинные монологи о том, что обязательно случится через сто или двести лет, непременно попали бы у него в категорию созерцателей «голубого эфира».

Несмотря на все мировоззренческие различия между позитивистом Писаревым и религиозным мыслителем Федоровым, они все же философски очень близки, особенно в их отношении к природе. Их обоих соединяет желание «вырывать у природы одну тайну за другою» [Писарев 1981, 3: 137], они оба выдвигают «рациональную агрономию» [Там же 2: 88], оба мечтают о науке, которая не является «барской роскошью», а стала бы «насущным хлебом каждого здорового человека» [Там же: 145]. Оба уверены, что «полное знание природы, полное могущество над ней» достижимы, а следовательно, возможно и «полное счастье человека», как пишет Писарев в статье «Очерки из истории труда» (1863), хотя он вряд ли включает в понятие «полного счастья» физическое бессмертие. «Пытливый ум человека», «энергия мысли», «сила честного убеждения» [Писарев 1955: 269, 270] и упорный труд гарантируют всеобъемлющее могущество человека «в мастерской и лаборатории природы» [Там же: 316][12]. Более того, они разделяют глубокий интерес к земледелию и сельскому хозяйству, к которым, по их мнению, следует применять все отрасли *не*кабинетной науки. Они ведут к «самому многостороннему изучению природы», включают «физику, химию, геогнозию, энтомологию, физиологию животного и растения» [Там же] и непосредственно применимы к сельскому хозяйству. Земледелие также дает идеальное экспериментальное пространство для проверки и применения открытий, сделанных в этих и других науках; теория

---

[12] Писарев, как известно, много писал о герое Тургенева Базарове и в высшей степени симпатизировал ему и его видению природы как «мастерской». Интересно, что Писарев провел последние месяцы своей жизни совсем в духе своего любимого персонажа. Оба «позитивиста» любили женщин с яркой личностью и сильной волей, и эта любовь стала поворотным пунктом в их мироощущении. Как и Базаров в романе, Писарев в жизни охладел ко всему, что его раньше страстно увлекало; он «всецело поглощен своим чувством к Маркович» [см. Коротков 1976: 350]. Опять же, как Базаров, Писарев умер молодым из-за «случайности судьбы». Но в их судьбах есть одно различие: любовь Базарова не встретила взаимности, а Писарев добился ответной любви Марии Маркович (писательницы Марко Вовчок). Впрочем, в одной статье Писарев советует Базарову не прекращать добиваться любви Одинцовой.

и практика в правильно организованном земледелии тесно переплетены, как это должно быть во всех сферах человеческого знания, но редко встречается в современном специализированном и абстрактном научном знании. Как и Федоров, Писарев настаивает на том, чтобы ученые объединяли «знание и труд» [Писарев 1955: 311].

К тому же следует внедрять знание во все слои общества, чтобы каждый желающий имел доступ к его приобретению. При сложившемся порядке вещей огромный объем знаний оказался накоплен высшими классами, которые, однако, не применяют свои теоретические познания на практике, в то время как низшие слои общества, нуждающиеся в знаниях, не имеют возможности их получить. Поэтому настало время предоставить трудящемуся населению, ныне вовлеченному в «слепой, рутинный и, следовательно, неблагодарный труд» [Там же], полный доступ к знаниям и применению их на практике. «Разделение» знания и связь его с практикой пойдет на пользу и самим образованным высшим классам, для которых наука ныне не более чем «красивая игрушка», которая легко надоедает [Там же]. Реальные, жизненные задачи подвигнут образованные слои общества покинуть свои изолированные лаборатории и отправиться в новосозданные центры научного земледелия. И вообще в мире правильно устроенного труда и широкого доступа к изучению всех наук раскроется простор для «бесконечного совершенствования» и общества, и человека [Писарев 1981, 2: 104].

Атеист Писарев и религиозный философ Федоров сходятся также в своей оценке современного города. Оба относятся к нему как к искусственно созданному месту, где нельзя построить «бессмертную цивилизацию», а человеку в этом нездоровом пространстве, наоборот, отпущен весьма малый срок жизни. Писарев снова и снова повторяет, что город — это место, где господствуют «нравственное падение» и «преждевременная смерть» [Писарев 1955: 273]. Городская жизнь, по мнению Писарева, свидетельствует о «младенчестве» человечества [Там же: 287]. Федоров полностью согласен с ним и использует тот же термин — младенчество, чтобы охарактеризовать психологию современного горожанина; это человек, живущий сегодняшним днем, лишенный чувства ответственности и погрязший в инфантильном эгоизме, который отнюдь не совпадает с «результатами самого сознательного человеколюбия».

Короче говоря, тем, кто считает создание вечной цивилизации на основе победы над природой и полного ее регулирования невозможной, Писарев возражает, что «природа вовсе не борется с нами и не старается злоумышленным сопротивлением <...> повредить нашим интересам» [Писарев 1955: 267]. И опять Федоров согласен с Писаревым, что природа только временный враг человечества и что под мудрым руководством она охотно будет служить ему. То, что человечество еще не хозяин природы, объясняется только тем, что оно не старается им быть. Если правильно вести сельское хозяйство, человек будет «постоянно ускорять ее круговращение» [Писарев 1955: 255], и, хотя человек не в состоянии «прибавить ни одного атома к массе существующей материи» [Там же], он может изменить ее структуру. Писарев не исключает из сферы «улучшения» и человека; восхищаясь Рахметовым, персонажем романа Н. Г. Чернышевского «Что делать?» [см. Коротков 1976: 242–247], он приводит его как пример широчайшего умственного развития и физической выносливости. Писарев разделял мнение Платона, что следует «производить великих людей» [Писарев 1955: 269], и считал это возможным, потому что «природа человека всегда была... способна к беспредельному развитию» [Там же: 242]. Теоретически из этого следует, что «торжество земледелия»[13], которое обеспечит бессмертную цивилизацию, способную бесконечно процветать, и беспредельное развитие человека, в конечном счете должно привести человечество к бессмертию. Следует, однако, еще раз подчеркнуть, что Писарев в своих «Очерках» не говорит о возможности бессмертия, а если он и верил в его возможность, то ограничился намеками на способность человека контролировать природу и на его бесконечный потенциал к развитию. Трудно сказать,

---

[13] См. главу 10, где представлен анализ поэмы Н. А. Заболоцкого «Торжество земледелия».

сошлись ли бы автор «Очерков» и автор «Философии общего дела» в вопросе о том, что всеобъемлющая наука *геогнозия* принесет человеку и физическое бессмертие. Так или иначе, Писарев искал решения «самых сложных вопросов органической жизни» именно в ней [Там же: 269].

Можно привести еще множество мыслей и образов, разделяемых двумя мыслителями, и рассуждать об их «культе» земли, в которой похоронены предыдущие поколения, но Писарев, как «реалист», предлагал программы не воскрешения и бессмертия, а только усовершенствования земледелия. Поэтому оставим реалисту Писареву его реалистический подход к проблемам современности, сосредоточенный на том, что возможно и, по его мнению, желательно в данный момент.

О писаревских предложениях по улучшению общества и человека с помощью науки здесь говорилось не для того, чтобы показать «влияние» Писарева на Федорова. Цель этого рассуждения в том, чтобы указать на идеологический фон 1860-х годов, который Федоров использовал для своего религиозного «общего дела»; этим подтверждается мнение А. П. Чудакова, что в христианском философе Федорове было «много от шестидесятника» [Чудаков 1988: 35]. Возможно, Федорову не мешал атеизм представителей этого поколения, потому что он ощущал их скрытую «религиозность», то есть страстное желание «спасти» человечество. Может быть, он чувствовал, что их мысли о пользе науки, особенно геогнозии, подкрепляют его же теории. В его общем деле вера, по мнению многих его религиозных критиков, не играла решающей роли.

В философии Федорова Библия, конечно, приводится как священный источник воли Бога, но науки и законы природы важнее «благодати». Обратимся далее к философии общего дела, в которой на смену афоризму «Верую, потому что это абсурдно» приходит мысль «Верую, потому что это доказуемо». Религиозные мыслители, о которых шла речь в начале главы, тоже отводили «науке» важную роль, но обходились с ней творчески, как с фактором вдохновенной спекулятивной мысли. Для Федорова она представляла суть его веры. Обратимся же к автору «Философии общего дела».

Одинокая мечта общего дела...

Г. Флоровский

Жан Деруан, несмотря на свой социализм, намекает <...> что со временем дети будут родиться иначе. Как иначе? — Так, как ангелы родятся. — Ну, оно и ясно.

А. И. Герцен

Глава 4
Николай Федоров

«Философия общего дела»

Из русских философов конца XIX века наиболее подробную и деятельную программу для кампании против смерти предлагает Николай Федорович Федоров (1828/9–1903)[1]. Его монументальный двухтомный труд «Философия общего дела» (1906–1907, 1913)[2] полностью посвящен идее обретения человечеством бессмертия. В нем сплетены самые разнообразные идеологические построения. Материалистическое видение человека как сложной биологической машины сочетается с ревностным православием (хотя сам Бог не играет слишком активной роли в кон-

---

1 До недавнего времени дата рождения Федорова была неясна (см. [Hagemeister 1989: 17]), однако теперь она установлена на основании разысканий В. В. Богданова: 26 мая 1829 года (см. [Богданов 2007: 52–53]).

2 «Философия общего дела» цитируется по репринтному изданию первого и второго томов Н. Ф. Федорова, вышедших соответственно в 1906 и 1913 годах: «Николай Федоров. Философия общаго дела. Статьи, мысли и письма Николая Федоровича Федорова» [НФ том: страницы]. Все цитаты даны согласно современному правописанию. На титульном листе первого издания первого тома указана дата «1906 год», однако книга стала доступна читателям в апреле 1907 года (см. [Hagemeister 1989: 50; Гачева, Семенова 2014: 702–703]).

цепции Федорова) и пламенным патриотизмом славянофильского толка. Философ был уверен, что «дело» может быть претворено в жизнь только в православной царской России и что сам Бог предначертал русскому монарху быть его представителем на земле [НФ 2: 306–308].

Несмотря на воинствующий монархизм, «в прагматизме Федорова сильно чувствуется шестидесятник», который отрицает автономное искусство и теоретическую философию, желая только одного: «дело делать» [Чудаков 1988: 35]. Как и Маркс, Федоров считал «объяснение» мира лишь «предисловием» к его изменению, то есть конкретное участие в «общем деле» было для него важнее, чем споры о его философском обосновании, так как правота дела доказывалась успешным исполнением его целей.

Философия дела была «гибридной»: безграничная вера в науку и разум сочеталась в ней с «социалистическим» требованием «тотальной» справедливости для всех, включая умерших всех народов и времен, а также с крайним консерватизмом, опирающимся на триаду «православие, самодержавие, народность». В ней присутствовала даже доля ницшеанской концепции «воли к власти» — разумеется, коллективной. Федоров также разделял мнение Ницше, что теперешний человек — только «мост» к будущему; русский философ говорил о нем как о «промежуточном» явлении [Семенова 1990: 172][3]. Новое человечество Федорова будет жить в преображенном мире — в *психократии*. Наш теперешний мир — *материократия*, но так как с виду «бездушная» материя фактически содержит семена сознания, их можно будет

---

[3] Федоров относился к Ницше крайне отрицательно, называя его «философом темного царства» [НФ 2: 106]. И хотя они оба верили в появление будущего человека «высшего» типа, понимание того, каким он должен стать, у них резко различалось. Федоров также не одобрял теорию Ницше о «вечном возвращении», согласно которой человек должен умирать и рождаться бесконечное множество раз. Вообще, он считал его банальным мыслителем, немецким филистером (см. [Zakydalsky 1986]), который увлекался жанром трагедии и другими формами искусства, возвеличивающими страдание и разрушение, способными пленить только пошлый ум. Разделяемый обоими интерес к Зороастру-Заратустре (ср. примеч. 5) не мог примирить Федорова с немецким философом, а лишь усиливал его неприязнь к нему.

развить[4]. В высшей степени «пестрая» «программа спасения» Федорова даже включает черты спиритизма: таково утверждение, будто атомы погребенных предков «вибрируют» в могилах, когда мертвые ищут контакта с живыми людьми [НФ 2: 252, 273–274]. Философ рекомендует людям, особенно женщинам, жить поблизости к кладбищам, чтобы ловить вибрации погребенных тел, посылающих из могил сигналы о своем желании воскреснуть. Все вместе взятое представляет собой картину мира в стиле научной фантастики в контексте по-новому понятой православной веры: здесь мы находим не теургическое сотрудничество с Богом, а скорее Божье благоволение к самораспоряжению человечества и созданным им «новшествам». Так, Земля должна стать «кораблем», способным свободно двигаться во Вселенной для посещения иных миров и для перемещения воскресших предков в новые космические жилища. Предложенная Федоровым «Философия общего дела» является неким магико-алхимическим *magnum opus*[5], куда на равных правах входят археологическая реставрационная работа (собрание частиц трупов), прикладная атомная физика, эстетическое превращение космоса в произведение архитектурного искусства, в космический Храм[6], и все это под эгидой переосмысленного *imitatio Christi* (подража-

---

[4] К. Э. Циолковский, мыслитель, близкий Федорову, подчеркивал, что «психическими» свойствами обладает вся материя. Считая бессмертие отдельной личности ошибочным предположением, он предпочитал говорить о бессмертии атома, который после смерти человека вступит в новые соединения с другими атомами других форм материи, не обязательно «помня», что некогда он был частью другой комбинации атомов. Но представление об одухотворенности Вселенной в целом позволяет допустить, что атомы могут научиться распознавать друг друга и обмениваться информацией о предыдущих «атомных воплощениях».

[5] Дж. Янг видит сходство между проектом общего дела и алхимическими устремлениями «улучшить» материю и ускорить процессы ее амелиорации. Близка философу и нехристианская религия древнеиранского зороастризма. См. [Young 1997].

[6] О любви Федорова к «храму» и концепции храма как высшему проявлению искусства, науки и этики общественного и общего дела см. [Семенова 1990: 84–94].

ния Христу). При этом Христос — *не* Воскреситель человечества, а наставник, который в акте воскрешения Лазаря дал указание человечеству совершать *естественные* чудеса, такие как воскрешения мертвых с помощью науки и труда. Чувство солидарности со всеми, живыми и мертвыми, должно вдохновлять их на воскрешение и последующее переселение в разные миры космоса, как и на иные чудеса, опровергающие устаревшие законы природы. Эти законы не вечны, они эволюционируют, и поэтому то, что некогда казалось возможным только Богу, человечеству надлежит сделать возможным для себя. Яркий пример тому — воскрешение Христом Лазаря.

Воскрешение Лазаря

По мнению Федорова, Христос воскресил Лазаря, чтобы личным примером подвигнуть людей на общее научно-трудовое дело воскрешения, дать человечеству образец для коллективного подражания ему *(imitatio)*. Христос у Федорова не столько *тот, кто воскрес из мертвых, смертию смерть поправ*, сколько *тот, кто воскресил Лазаря*, своего *друга*, чтобы показать людям, что вслед за ним они должны начать «дело делать», то есть воскрешать своих «друзей» (см. ниже). По мнению ряда критически настроенных религиозных мыслителей, Федоров считает главным событием в жизни Христа не мученическую смерть на кресте ради искупления грехов человеческого рода, а именно воскрешение им Лазаря [НФ 2: 27][7]. Иными словами, мистерия воскресения

---

[7] Например, С. Н. Булгаков считал, что Федоров «все время думает о воскрешении Лазаря, а не о воскресении Христа, об оживлении трупа [...] а не о воскрешении тела духовного» [см. Чудаков 1988: 41]. И он не единственный религиозный мыслитель, относившийся к Федорову критически. Г. В. Флоровский даже считал, что философу недостает христианского духа и что он продолжает традицию французских социалистов-утопистов А. Сен-Симона и Ш. Фурье, а в первую очередь О. Конта: это «скорее идеология, чем действительная вера» [Флоровский 1935: 402, 406]. Были и исследователи, которые видели сходство между атеистическим марксизмом и федоровским общим делом с его восхва-

Христа и православной религии в федоровском проекте заменяется медицинскими экспериментами над телом человека, а также научным изучением «проблем воскрешения», то есть теми средствами, которые были доступны человечеству. Единственный след Бога в деле можно найти в том, что Федоров все же хочет в конце концов получить «одобрение» небесного Отца; он хочет показать ему все «пятерки» в «аттестате зрелости», выданном человечеству после успешного окончания дела, начатого им. Небесный Отец нужен Федорову еще по одной причине: без него человечество не может стать *семьей* любящих братьев и сестер, а именно таковым, а не семьей, состоящей из мужа и жены и детей, Федоров видит человечество в будущем[8].

Согласно Федорову получается, что Христос, будучи сыном Бога, мог естественным образом воскресить самого себя или быть воскрешенным своим отцом — статус божественности гаранти-

---

лением коллективного труда. Обсуждение некоторых положений Федорова в связи с идеями молодого Маркса см. в [Hagemeister 1989: 69, 70–71, 80]. Исследователь не усматривает в философии Федорова активного взаимодействия божественного и человеческого, его «деистский» Бог совершенно не «вмешивается» в общее дело [Там же: 73–74, 200]. Очевидно, федоровский Бог немного похож на хозяина виноградника из евангельской притчи о работниках в винограднике (Мф. 20: 12–16), который «договорившись с работниками, послал их в виноградник свой», а сам отправился в свой дом.

8 Возможно, что такое «детское» отношение к отцовскому началу связано с биографией Федорова. Он был членом второй, неофициальной семьи князя Гагарина, и в какой-то момент князь резко порвал с этой семьей. Незаконнорожденность Федорова, возможно, «дала первоначальный импульс формулированию теории *всеобщего родства*» [Koehler 1979: 12], вдохновив его на попытку заменить в своем «деле» биологическую законнорожденность законнорожденностью для всех без исключения. О «детскости» Федорова писал И. Л. Толстой, сын Л. Н. Толстого. Он описывает Федорова как по-детски непосредственного человека: «У него было такое выражение лица, которое не забывается. При большой подвижности умных и проницательных глаз, он весь светился внутренней добротой, доходящей до детской наивности. Если бывают святые, то они должны быть именно такими» [Толстой 1969: 188–189]. «Святость» Федорова не препятствовала гневливости: он открыто, как ребенок, выражал свое неудовольствие Л. Н. Толстым, этим «*фарисеем из Ясной Поляны*», молодым Брюсовым (который, однако, любил эти вспышки гнева) и многими другими. Не только И. Л. Толстой видел в нем подобие святого — многим его *жизнь* казалась *житием* [Hagemeister 1989: 16].

рует это. Но смертных должны воскрешать сами смертные, которые по ходу дела также приобретут бессмертие. Христос наглядно показал пребывавшему в ужасе от смерти человечеству, что даже если пугающее разложение уже коснулось тела умершего — Лазарь был мертв четыре дня, когда Христос его воскресил, — обратить вспять процесс распада вполне возможно. Возможно также воскрешение давно умерших. Между божеством и человеком нет непреодолимых преград, а есть близкое родство. Воскресив Лазаря, своего *друга*, Христос показал, что человек — это «*друг*ое Я» самого Бога [НФ 2: 24]. Игра слов была важна для Федорова, так как он считал, что омонимия, этимология и звуковые повторы с помощью скрытых сил языка (магии слов) открывают Истину бытия. Игра слов «друг — другое *я*» содержит глубокий смысл: все, у кого умер «друг», должны присоединиться к делу. А есть ли кто-нибудь, у кого не умер «друг»? Друг *всех* людей, Христос, благословляет дело спасения всех «друзей» во всем мире, начатое им ради своего друга Лазаря. Тут следует отметить характерный аспект прочтения Федоровым библейских текстов: очень буквальное восприятие в сочетании со свободным истолкованием.

Так, «грехо*падение*» для Федорова было именно «падением», то есть принятием горизонтального положения тела в акте полового соития. При каждом новом принятии этого положения смертным человечеством, при каждом половом соитии этот греховный акт, однажды совершенный в Эдеме, «повторяется» снова и снова, подтверждая падшее состояние людей. В конечном итоге все виды «горизонтальности» связывались Федоровым с грехом падения и со смертностью человека. Аскетичный Федоров старался как можно больше времени проводить стоя, то есть в «вертикальном положении жизни», и отказывался работать сидя, даже когда у него в старости болели ноги [Георгиевский 1988: 56]. Он спал на жестком сундуке (без белья и покрывала) длиной в аршин (0,71 м), словно для того, чтоб не «забыться и заснуть» смертным сном. Федоров одобрял православный обычай стоять во время церковной службы, и вообще вся его философия предписывает «вертикальность» как подобающее состояние человека. Эта черта отличает человека от животного и указывает на его особое положение в природном мире. Преодоление постоянной горизонтальности сна было бы первым шагом на пути преодоления смерти [Hagemeister 1989: 41; Семенова 1990: 74].

Как уже отмечалось выше, по мнению Федорова, Христос указал дорогу к воскрешению всех умерших людей; однако он не сообщил, каким путем добиться желаемого результата в деле воскрешения. По-видимому, он сумел воскресить своего друга, потому что, как Бог, имел средства, доступные лишь божеству, включая «магию» зова по имени и повеления «Выходи». Если, помимо священной магии, он и применил при воскрешении Лазаря конкретное знание о свойствах смерти и средствах прекращения этого состояния, он не объяснил произошедшее, так как это было бы бессмысленно: никто из присутствующих не понял бы, о чем он говорит. Итак, задача найти путь к воскрешению мертвых была предоставлена самому человечеству, и без малого за две тысячи лет после вознесения Христа его осенили кое-какие прозрения в изучении природных явлений. С помощью разума и его детища, науки, оно добилось кое-каких результатов с тех пор, как Лазарь воскрес. По мнению Федорова, оно теперь дошло до той точки, где вырисовываются пути к отдаленному, но достижимому бессмертию.

Мудрость целомудрия и городской быт

Один из этих путей — замена деторождения воскрешением. Человечеству следует двигаться «задним ходом», то есть не рожать, а воскрешать. «Извращенная природа» не таит ничего, кроме смерти «под видом брака и рождения» [НФ 1: 342], предупреждает Федоров будущих участников общего дела. В принципе, бессмысленно воспроизводить новые поколения смертных, когда уже существует так много людей: если счесть *всех*, кто умер, то это даст бесконечное число. Деторождение необходимо, только пока еще нет бессмертия; после обретения бессмертия и воскрешения умерших надобность в нем отпадет; естественно, исчезнет и надобность в сексуально-репродуктивных органах. Но как победить коварную силу эроса и мощь слепого либидо, этой непосредственной причины смерти? Одолеть эту мощную силу будет нелегко, и поэтому уже теперь, когда без деторождения все еще не обойтись, надо как можно больше снизить долю половой активности в быту людей.

Конечно же, прежде всего *женщина*, если она хочет участвовать в деле, должна отказаться от склонности прельщать, увлекать и соблазнять мужчин. Ведь именно женщина была первопричиной «забвения долга» [НФ 1: 328], что привело к известным последствиям. Однако теперь она призвана способствовать прекращению совокупления и деторождения и участвовать в общем труде по обретению человечеством бессмертия. Иногда обвиняемый в женоненавистничестве, Федоров, однако, признает, что женский пол способен преодолеть свойственную ему склонность к эротической любви. Он даже больше других превозносит именно падшую женщину — особенно «целомудренную блудницу» Марию Магдалину [НФ 1: 123; 2: 167]. Естественно, он восхваляет уже раскаявшуюся Магдалину, горько оплакавшую свое падение и разбившую «сосуд обольщения» [НФ 1: 123], содержавший предмет роскоши — драгоценное миро. Умыв слезами и высушив своими волосами ноги обреченного на смерть Христа и умастив их миром, эта «блудная дочь» выказала готовность искупить грехи Евы, Пандоры и Елены Прекрасной, освещая своим примером путь от гетеры к «дочери-участнице» в общем деле.

Итак, женщина может обрести истинную женственность, если перестанет быть соблазнительницей и обратится к женской ипостаси Троицы — Святому Духу [НФ 1: 77]. Интересно, что философ признает наличие в Троице женской ипостаси. Он видит ее как *дочь* Господа, которой должны подражать *дочери* человечества, подобно тому как Христос, *сын* Бога, — образец для мужчин, участников дела. Троица, содержащая в себе идеал «полного человеческого существа», в котором присутствуют оба пола как сын и дочь, как «цельное существо» [НФ 1: 84], должна стать прообразом для христианского брака[9]. В таком браке «каннибальская любовь к мя-

---

9 Такой брак можно считать андрогинным, но это не «взрослая» андрогинность В. С. Соловьева и его «эротической утопии» (см. главу 5), а «детский» ее вариант.

су»[10] превращается в духовную привязанность, в любовь брата и сестры[11], подобные отношениям, существующим между Христом и Святым Духом. Итак, в мире бессмертия, в котором больше не будет деторождения, женственность и мужественность останутся, но в виде духовных категорий. Федоров не одобряет человечество «евнухов» и полное отсутствие женщин в общем деле. Человечество дела создаст брак духовной целостности, брак творчески-трудовой деятельности, брак не похоти, а родства.

В федоровском понимании деторождение служит не продолжению жизни, а воспроизведению себе подобных *смертных*, то есть продолжению смерти. Он противопоставляет бессознательный и потому «неестественный» акт полового соединения сознательному и, следовательно, естественному акту подлинной лю-

---

[10] Использование Маяковским слова «*мясо*» для обозначения человеческой плоти, возможно, подсказано Федоровым, употреблявшим это слово для осуждения сексуальной любви.

[11] Идеальный брак Федорова напоминает рассказ «Старосветские помещики» Гоголя. В нем изображается счастливый брак, основанный не на преходящих страстях, а на нерушимой дружбе. Союз Афанасия Ивановича и Пульхерии Ивановны — это единение «брата и сестры», даже отчество у них одно и то же. Их Эдем разрушает только смерть, которая находит туда лазейку — сексуальное влечение. Желание «секса» завлекает домашнюю кошку Пульхерии Ивановны в темный лес, где царят жестокие законы природы. Ее выманивают из «рая» дикие коты, почуявшие ее запах за оградой. «Соблазненная» кошка возвращается на короткое время к своей владелице, а потом снова исчезает, что воспринимается Пульхерией Ивановной как предвестие собственной смерти. Смерть находит мельчайшие лазейки и проникает через самые крепкие на вид стены, беря себе в союзники «секс» (в данном случае кошачий). Даже целомудренная Пульхерия Ивановна не может избежать этой мировой напасти, где царствуют смертоносные силы. Ее внезапный выбор в пользу смерти можно рассмотреть как некую «отдачу» себя «горизонтальности». Афанасий Иванович и Пульхерия Ивановна долгое время защищены от зла своей невинностью, однако их «пассивное целомудрие» (как сказал бы Федоров) оказывается недостаточно действенным против смерти. Если бы Федоров писал об этом рассказе Гоголя, он, несомненно, указал бы на то, что «пассивное целомудрие» не спасает от смерти, а также на леность персонажей. В понимании Федорова, в истинном раю обитают неутомимые труженики, в нем нет места «трутням», даже таким простодушным и обаятельным, как Афанасий Иванович.

бви, основанному на совместной работе воскрешения родителей [НФ 1: 345]. Соединение с женой в обычном смысле («прилепиться к жене») — это, в федоровском понимании, то же самое, что «забыть отцов» [НФ 1: 53]. Такое соединение — не более чем тривиальная и иллюзорная подмена подлинного единения полов в священном браке, целью которого является и собственное бессмертие, и воскрешение родителей, а также великое обращение времени вспять, путешествие в прошлое путем воскрешения одного поколения за другим. Повторим, что Федоров видит в воспроизводстве себе подобных увековечение смерти, добычей которой становятся все новые пожираемые ею смертные. Только действие, обратное деторождению, — воскрешение — противостоит смерти.

Такое обратное действие может питаться сублимированной сексуальной энергией, направленной в правильное русло, например на исследования генетических закономерностей или другую научную деятельность, способную раскрыть тайну смерти. Однако, как уже отмечалось, Федоров готов примириться с тем, что воспроизводство людей будет продолжаться столько времени, сколько потребуется до полной разгадки «кода» смерти. Он даже видит в браке *временно* положительные стороны. Женщины, вступая в брак с мужчинами других рас, национальностей и классов, создают поколения, связанные родством и не знающие искусственных преград к всемирному единению всех людей [НФ 2: 40].

Тем не менее *девственность* остается непременным условием осуществленного бессмертия, причем простое воздержание от половой жизни, то есть только пассивное целомудрие, — недостаточный вклад в дело; «активное» целомудрие требует большего. Чтобы стать воскресителями мертвых и покорителями смерти, люди должны не только воздерживаться от половых связей любого рода, но и добиться состояния «нерождаемости», то есть состояния без каких-либо признаков сексуальности и необходимости в органическом питании: без половых органов и органов пищеварения. Оно будет достигнуто, когда все бессознательные физиологические процессы сделаются подвластными контролю человеческой воли. Полное узнавание *(цело-мудрие)* своего организма позволит человеку повернуть вспять роковой ход смертоносной наследственности и устранить смерть, которая в самом деле и есть не более чем наследственная болезнь. Разгадка тайны генетического кода, изменение способов питания, научное исследование человеческого тела до последнего атома и электрона — вот те виды деятельности, которые постепенно «отталкивают» смерть назад. «Общее дело» — это начинание, которое осуществляется постепенно, как медленный переход от потребления органической (особенно мясной) пищи к неорганическому питанию; от меньшей потребности во сне — к постоянному бодрствованию, от укрепления здоровья — к иммунитету против смерти. Но это не только медленное путешествие в будущее, но и медленное путешествие в прошлое, поэтапное устранение смерти предыдущих поколений, которое, достигнув начала времени, отменит линейность последнего. В этом контексте, однако, возникает вопрос: разумно ли воскрешать всех умерших, например «каннибалов»? В. С. Соловьев в письме к Федорову задал именно этот вопрос. «Воскресить людей в том состоянии, в каком они стремятся пожирать друг друга, воскресить человечество на степени каннибализма было бы и невозможно и совершенно нежелательно...» — писал он [Зеньковский 2001: 572]. Вопрос Соловьева вполне применим и к другим категориям «воскрешаемых», таким как виновники массовых убийств, тираны и садисты. Федоров в своем ответе отрицал, что намерен воскрешать «каннибалов».

Что делать с каннибалами?

В своем ответе на вопрос Соловьева Федоров, во-первых, указывает на то, что современный человек вряд ли ушел от каннибализма так далеко, как ему кажется. *Тайная* «патрофагия» по-прежнему является обычной практикой в том смысле, что «мы <...> живем за счет предков, из праха которых извлекаем и пищу, и одежду» [НФ 1: 95]. Существует также «каннибализм» половой любви, которым занимаются «любители мяса», то есть почти все человечество. Главное, однако, что ни давно умершие каннибалы, ни нынешние «патрофаги» не будут возвращены к жизни в своем прежнем виде, ибо воскрешение не предполагает «слепого повторения прошлой жизненной формы» [Зеньковский 2001: 572]. Воскресший каннибал лишится своих прежних свойств и прежнего облика. Его реконструкция будет сопровождаться положительными переменами, как внешними, так и внутренними. В изменении облика воскрешаемых большую помощь воскресителям может оказать искусство.

Воскресители обратятся к изобразительным искусствам на заключительных этапах своей работы, когда начнут создавать прекрасные человеческие существа, которые по самому своему строению не способны на людоедство, убийство и любые иные формы насилия. Однако гарантирует ли внешняя эстетизация внутреннее совершенство? Очевидно, Федоров предполагает, что все воскрешенные и бессмертные будут прекрасными во всех отношениях. Красота спасет мир, вырвав человека из его (не) естественного биологического состояния. В процессе воскрешения должен произойти переход от человека, остающегося наполовину животным, к космическому небожителю. Если у воскрешенного не будет половых органов, он не сможет насиловать; если воскрешенный будет питаться неорганической пищей, он не станет обжорой и вором, и, конечно, в мире, где отсутствуют деньги, нет смысла в грабеже. Конечно, такая «насильственная добродетель» вызывает сомнения в своей ценности — но эту проблему оставим разрешить самому Федорову[12].

---

12 Федоров интересовался мотивом оживляемой статуи и соглашался с французским философом Ж.-М. Гюйо, который полагал, что статуя Венеры стала бы еще краше, если бы в нее вдохнули жизнь. Миф о скульпторе Пигмалионе, который с помощью богини Афродиты оживил свое произведение искусства, занимал французских философов, особенно сенсуалистов XVIII века: Ж.-Ж. Руссо, Э. Б. де Кондильяка и Д. Дидро. Кондильяк, например, занимался теоретическими экспериментами по «наделению статуи одним чувством за другим» [Encyclopedia of Philosophy 1972: 399]. Похоже, Федоров воспринял некоторые идеи из сенсуалистских теорий этих философов, особенно их веру в то, что безжизненную материю можно наделить сознанием, пробудив в ней чувства с помощью различных стимулов.

Возникают и иные вопросы — например, не повлечет ли за собой такое воскрешение утрату идентичности. Ведь даже если личность воскрешаемого изменится в лучшую сторону, прежнее «я» исчезнет. Федоров это оспаривает. Новая гистология, которая «сшивает» электроны, может облечь пробужденного и ожившего мертвеца в другие «одежды», но это не только не меняет его основной сути, но даже выдвигает ее на передний план. «Антропотеургический» художник (он же гистолог) должен уметь обнаружить подлинное «я» воскрешаемого, ранее скрытое под слоями безобразной материальности. Это раскрытое «я» и есть то истинное «я», которое Господь заложил в глубины личности. Словом, воскреситель должен суметь вернуть людям «богоподобие», в той или иной степени утерянное всеми смертными на протяжении их временного материального существования [ср. НФ 1: 399]. Если бы теперешние люди уже сейчас занялись самосовершенствованием, изучали свое тело и свою душу, выявили свою сущность, они, конечно, очень облегчили бы труд будущих воскресителей.

В идеале федоровское человечество, приступившее к общему делу, должно активно продолжить тот великий труд самоэстетизации, который начался с обретения человеком вертикального положения. Всякий желающий присоединиться к воскресителям обязан сделать по меньшей мере несколько шагов в направлении «телотворчества» («наше тело должно быть нашим делом» [НФ 1: 61]). Выталкивая из себя все бессознательное, неконтролируемое, непрозрачное, аморфное и «слепое», короче говоря, все неэстетичное и «недоброе» в своем теле, человек шаг за шагом превращает себя в произведение искусства. Награду за такое стремление к самоэстетизации трудно переоценить. Постепенно обретая свою истинную сущность, становясь все «больше самим собою» [НФ 1: 318], человечество освобождается от балласта смертности и приобретает органы Жизни. Помимо органа «постоянного самосознания» человек обретет крылья: «действительно, явно, крылья души сделаются тогда телесными крыльями» [Там же]. Будущее человечество получит выход в межзвездное пространство, поскольку крылья дадут способность передвигаться в космосе в любом направлении и, наверное, со скоростью света. Возможно, появятся и другие ангельские свойства: Федоров указывает на иконописных ангелов как на несомненные прообразы будущих сынов и дочерей человеческих [НФ 1: 59].

Если обобщить сказанное, воскрешение мертвых не означает, что бессмертие будет даровано каннибалам, сексуальным маньякам, убийцам и прочим «любителям мяса». Среди воскрешенных не будет даже пошлых и банальных людей, не говоря уже о ворах и мошенниках. Все они будут видоизменены в соответствии со своей изначальной сущностью, ранее спрятанной под покровом слепых инстинктов и пошлости, так свойственных гиликам (см. «программу спасения»). Искусство воскрешения — это искусство в своем высшем проявлении: переустройство ныне смертных людей, их последующее бессмертие, а также бессмертие всех некогда живших. Его фундамент заложен религиозным искусством, изображающим *идеальную реальность* и вдохновляющим человечество на ее создание. Искусство, которое в настоящее время называется «реалистическим» и изображает природу и социальную действительность такими, какие они есть в данное время, не может вдохновить на проекты пересоздания и воскрешения. В отличие от религиозно-провидческого искусства, оно не в состоянии создать фрески, на которых святые изображены «выступающими со стен, как из гробов» [НФ 2: 35], — оно просто отрицает это наиболее естественное из чудес, как и все другие аспекты истинной реальности (*realiora* символистов). Не изображает оно и бессмертную дочь будущего человечества, а лишь накрашенную кокотку современности. Оно показывает не воина Жизни, а лишь жестокого солдата, который «толкает падающего» (Ницше). Подобно птолемеевской астрономии, реалистическое искусство обмануто *мнимой* реальностью, и поэтому оно никогда не сможет преобразовать действительность. Нельзя изменить то, о чем сложилось ошибочное представление. Подлинное искусство следует коперниканской модели нашего космоса, истинной модели Вселенной, несмотря на кажущееся противоречие пресловутому здравому смыслу.

Критика современной жизни

От утопической эстетики Федорова обратимся к его критике современной жизни — ведь первые шаги к построению Нового мира неизбежно придется сделать в смертном обществе теперешней реальности. Что же для начала следует изменить в ней? Федоров — ярый враг городского мещанского и буржуазного быта — считает, что надо радикально изменить городскую цивилизацию. По его мнению, один из важных источников этой культуры — вернее, цивилизации — культ «построения собственного гнезда» и «накопления роскоши», культ, поощряемый капитализмом и, в свою очередь, поощряющий его хищные поиски прибыли. При этом Федоров опять возлагает значительную часть вины за это положение дел на женщину — в первую очередь горожанку. Он обвиняет ее в том, что именно она, ее мнимые нужды и реальные капризы являются важным стимулом безнравственной и всеразрушающей капиталистической промышленности. Современные городские женщины буржуазных и высших слоев, к сожалению, совершенно не понимают смысла символического поступка Марии Магдалины или совершенно забыли о нем. Они продолжают фетишизировать тот самый «сосуд обольщения», что разбила раскаявшаяся блудница. Это они, как главные потребители предметов роскоши, «награждают» промышленность и торговлю огромными прибылями, требуя для украшения своей внешности косметику, «одеяния» последней моды и дорогие ожерелья. Современная городская женщина «вьет» уютные гнезда своему семейству; это она верховодит в «элегантных салонах», конечно же обставленных по последней моде. Это она поощряет крупных предпринимателей и торговцев, заказывая «изящную» мебель, дорогие ковры и тьму совершенно ненужных «идольчиков» фабричного изготовления [НФ 1: 326–327], то есть бесполезных домашних безделушек. Городская женщина — королева безнравственной промышленности, которая производит «тряпки» [НФ 2: 308], «домашний скарб, хлам» [НФ 1: 326]. Кроме того, «мать семейства», конечно же, не единственная женская ипостась городской женщины: в большом городе достаточно и нераскаявшихся блудниц, и роскошных борделей. Современный город — рассадник смертельных эпидемий и заразных болезней, как физических (сифилис), так и нравственных (цинизм распутства). Он «антигигиеничен по существу» и в большом количестве порождает «гниль» [НФ 1: 299].

Федорову можно возразить, что, хотя городские жители злоупотребляют предметами роскоши и не восстают против распутства высших слоев общества, они тем не менее отдают должное семейной нравственности. В уютных «гнездах» царствует мать семейства, а не соблазнительница. Но Федоров не одобряет и домашность этого типа. Он знает, что, растя свой «выводок», родители из благополучных семейств «забудут своих отцов», как они забывают и о собственной смертности [НФ 1: 53], отгораживаясь от несчастий всего остального мира. Их *мирок*, наполненный совершенно бесполезной дребеденью, делается их «кумиром», и «мужья и жены» оказываются нерадивыми «сыновьями и дочерями» [НФ 1: 82]. Они забывают о своих обязанностях перед умершими родителями. Конечно, и они, в свою очередь, будут забыты своими детьми, которые отбросят их как «нечто подобное скорлупе яйца, из которого вышел птенец» [НФ 1: 83].

Город и деревня, перевод и армия

В России горожане высших слоев живут в комфорте и некоторые даже в роскоши, в то время как эксплуатируемые земледельцы вынуждены кормиться тяжелым трудом. Городское население в целом более защищено от стихийных бед и природных катастроф, чем деревня, беззащитная перед наводнениями, ураганами, засухами и прочими катаклизмами. Город богат, но, несмотря на все свои роскошные особняки, нездоров. Подобно тому как городские жители предпочитают не видеть ту «гниль», которую они производят, они не желают замечать, что земля — это «кладбище отцов», хранящее бесчисленные поколения умерших предков» [НФ 1: 53], ждущих своего воскрешения. Принимая природу такой, как она есть, в ее нынешнем *не*естественном состоянии, горожане преследуют цели, которые могут считаться естественными только в нынешние неестественные времена: мимолетные удовольствия, приобретение бесполезного добра, карьеризм, не приносящий пользы простым людям, разврат и вообще — никчемность.

Однако, несмотря на всю свою безнравственность и меркантильность, крупные города также служат местом, где располагаются научные институты и лаборатории, библиотеки и музеи. К сожалению, все эти весьма ценные учреждения действуют как будто в вакууме. Они оторваны от действительности, и поэтому сосредоточенная в городах наука превратилась в чистое теоретизирование или экспериментирование в искусственных лабораторных условиях. Поиски знаний в современной городской цивилизации приобрели характер игры, стали искусством для искусства — или наукой ради науки.

Напротив, деревня хорошо знакома с природной стихией, часто по горькому опыту, но не обладает знанием действующих в природе законов. Поглощенное постоянной борьбой со стихиями, эксплуатируемое помещиками и прочими начальниками, сельское население низведено до рабского состояния. Конечно, оно не имеет доступа к хорошим школам, не говоря об университетах. Это «неученые», которым городские «ученые» могли бы дать ценные знания, а сами, в свою очередь, многому научиться у них, особенно в нравственной сфере. Так, сельчане сохранили многие подлинные ценности, забытые в городе. Сельские семьи, например, образуют маленькие трудовые ячейки, где половое влечение играет неизмеримо меньшую роль, чем совместная работа. Именно деревенская семья закладывает основы будущих человеческих отношений: она производит потомство, но совокупляется не для «неги» (о которой она мало знает), а для того, чтобы сохранить себя как трудовая единица. У крестьян муж и жена — будущие брат и сестра, любящие своего небесного Отца.

Сугубо положительной стороной быта сельчан является то, что они поминают своих предков и сознают, что их *захоронение* означает и их *сохранение* для будущего воскресения[13]. Они поми-

---

[13] Для Федорова важно, что слово «похороны» связано с идеей сохранения («хоронить» — «хранить»). См. [НФ 2: 33, 72]. Пастернаковские строки «Ты держишь меня, как изделье, / И прячешь, как перстень, в футляр» («В больнице», 1956) — выражают ту же мысль.

нают своих усопших, посещая их могилы и воспоминая их жизнь, в то время как горожане устраивают «пир на могилах отцов», забыв о них — и о собственной смерти — в водовороте городских удовольствий [НФ 1: 607]. Деревенская семья делится с усопшими пищей, совершая трапезы на могилах предков (Федоров одобряет этот обычай; см. [НФ 2: 40]). Наконец, сельское население по определению занято земледелием — занятием, которое, по мнению многих городских «ученых» (читай, глупцов), следует упразднить в пользу промышленности. Они не понимают, что именно земледелие ближе всего связано с воскрешением, так как не интересуются ни воскрешением, ни деревенской жизнью. Им невдомек, что, когда сельское хозяйство становится предметом «многостороннего исследования», оно «неизбежно ведет к воскрешению» [НФ 2: 32].

Противопоставляя богатство города скудости деревни, городское образование крестьянской «темноте», смертоносную промышленность осененному светом воскресения земледелию, инфантильную погоню за наслаждениями сыновней привязанности, городскую «гетеру» или «наседку» трудолюбивой крестьянке, Федоров приходит к выводу, что слияние города и деревни принесет взаимную пользу, особенно городу [см. НФ 1: 316; 2: 432]. Слияние богатых городов и бедных деревень, подвергающихся разрушительному воздействию слепой природы, упразднит как унизительную бедность, так и развращающую роскошь, породив счастливый гибрид — «активные села» [НФ 2: 421, 432]. Ведущие паразитический образ жизни горожане найдут в деревне полезное применение своим способностям в рамках дела, тогда как невежественные крестьяне познают тайны природных процессов. Горожане, забывшие своих предков, восстановят связь с приютившей их землей, а городские женщины, вместо того чтобы следить за последними парижскими модами, будут ухаживать за могилами предков наравне со своими сельскими сестрами. Главное, в «активных селах» и «деревнях-городах» [НФ 1: 316] можно всерьез приступить к осуществлению дела. Но для такого слияния нужен «перевод» города в деревню, стоящий огромных усилий: перевод исследовательских институтов, современной техники, ученых и их семейств, художников, архитекторов, историков, агрономов и т. д.

Перевод в таком массовом масштабе, конечно, требует отличной организации и целой армии людей. Федоров осознает грандиозность и связанные с ней трудности такого перевода и предлагает практическое разрешение проблемы. Если для перевода нужна целая *армия* людей, почему и в самом деле не использовать армию? В отличие от своего (нелюбимого) современника — пацифиста Л. Н. Толстого, выдвигавшего идею упразднения армии, Федоров предлагал использовать ее более рационально. Вопреки традиционной «мудрости», долг армии состоит вовсе не в том, чтобы вести войну и убивать людей. Смертоносный милитаризм противоречит духу братства и самопожертвования, присущему русской армии, чьи воины в большинстве своем готовы положить жизнь «за други своя». Когда все традиционные войны будут упразднены, безнравственный смертоносный милитаризм превратится в «священно-научный» труд [НФ 2: 288–291]. Тогда солдат будут учить убивать не людей, а смерть, этого единственного врага человечества, который подлежит уничтожению на полях сражений прикладной науки. Армии будут поручаться конструктивные задачи: проводить масштабные эксперименты в природной среде, вызывать дождь после длительной засухи (например, обстрелом облаков) и т. п. Постепенно этот новый тип армии будет привлекать в свои ряды все больше людей, пока все человечество не окажется мобилизованным в армию, сражающуюся за спасение и бессмертие. Поэтому воинствующий пацифист Федоров настоятельно рекомендует: «Нужно не бросить меч, а перековать его на орало» [НФ 1: 676] (ср. Ис. 2: 4).

Кладбище, музей, лаборатория

Помимо объединения городской научной теории и деревенской жизненной практики, перевод города в село имеет еще одну положительную сторону. Он также вернет городских жителей в места, которых они тщательно стараются избегать, а именно на кладбища. По сути, кладбища, воспринимаемые горожанами как места, напоминающие им о ненавистной смертности, на самом деле представляют собой *лазар*еты, в которых коллективному *Лазар*ю человечества предстоит навсегда излечиться от смерти [НФ 2: 26]. Места захоронения — это будущая лаборатория бессмертия, таящая разгадки тайн смерти; горожане зря уничтожают их или выносят за городскую черту, а в лучшем случае просто передают постыдному забвению. Вновь и вновь Федоров высказывает сожаление, что «могилы бедняков» вскоре исчезнут без следа и даже «гордые памятники богатых» превратятся в пыль [НФ 1: 48]. Чтобы избежать этого, философ ратует за переоборудование кладбищ в «музеи», то есть в места встреч живых с мертвыми. Конечно, он не имеет в виду музеи в их современном виде, которые просто сохраняют прошлое: подлинного музея в его понимании пока еще не существует.

В федоровском музее память обо всех умерших должна сохраняться научными средствами, а также с помощью молебнов в церкви, расположенной здесь же, рядом с научным музеем. Цель музея — не только хранить мощи умерших как экспонаты (мумии), но и оживлять их научными методами. Подлинный музей преобразует традиционное кладбище в комплекс лабораторий прикладных исследований. Кроме того, там будут находиться церкви, портретные галереи, где собраны изображения умерших, библиотеки, хранящие все сведения об усопших, и множество других учреждений. Все они должны работать совместно ради общей цели воскрешения. Научная консервация идет рука об руку с художественной реконструкцией, работа по сохранению памяти — с действиями, направленными на воскрешение. «Вечная память» запечатлевается в научной «книге жизни», содержащей биографические данные и сведения о трудовой деятельности всех умерших того района, за которым закреплен данный музей (см. [НФ, 1: 49; 1: 285–288]). Можно себе представить, как высоко оценил бы Федоров современную компьютерную технологию. Нет науки, которая не применялась бы в деле воскрешения, — от гистологии до археологии, от химии до атомной структуры материи, от фольклористики до лингвистики.

В конечном счете воскрешение будет основываться на *собирании* во всех его формах. Помимо хранения памяти о мертвых с помощью накопленной информации, оно включает и поиски частиц умерших, в первую очередь в могилах усопших, но также и во всех природных средах и даже в космосе. Окончательное собирание происходит в процессе воссоздания и воскрешения. Музеи нашего времени тоже собирают предметы прошлого, но они еще не понимают, что самый глубокий смысл этой собирательской деятельности — оживление. Музей должен быть не разновидностью кладбища, где покойники обречены навеки оставаться мертвыми в виде изображений, документов или заспиртованных мумий, а мастерской, где смерть устраняют с помощью целого комплекса научных, религиозных и эстетических методов. В федоровском музее все науки объединятся в единую и всеобщую науку — астрономию, понимаемую как наука обо всех взаимосвязях в союзе всех небесных тел, этих «частиц» космоса. В их число входит и Земля — такое же небесное тело, как любая другая планета или звезда. Все искусства также должны объединиться в единое всеобщее искусство, а именно архитектуру — искусство строительства, в том числе строительства космоса как космического храма, которое превратит «падающий» космос (подверженный падению-энтропии) в конструкцию храма, устремленного вверх. Вместе астрономия и архитектура создадут жилище для бессмертного человечества, живущего на Земле, — но на Земле, являющейся частью неба. Иными словами, полное собирание всего, что распалось, и воссоздание всего, что было, в конечном счете позволит человечеству выйти за пределы Земли, во Вселенную, чтобы создать в ней бесконечный и вечный храм бессмертных. Смерть основана на распаде и разъединении, бессмертие — на слиянии и соединении всех и всего, везде и навсегда, а космический храм станет олицетворением торжества последнего.

Объединенное человечество воскресителей и мир без ограничений

Федоров последовательно выступает как бескомпромиссный сторонник принципа слияния и синтеза. Он протестует против разделения разума на «практический» и «теоретический» (Кант), страны — на деревню и город, творческой деятельности человека — на виды искусства и специализации науки и т. д. Сближение всех аспектов бытия и реальности должно продолжаться до тех пор, пока не будет завершен окончательный синтез всех предыдущих синтезов. В этом Федоров следует не только немецкой натурфилософии, но и русской радикальной мысли, которая, вопреки общему мнению и своим собственным теориям, объединяла искусство и жизнь, то, что есть, и то, что должно быть. Как отметила И. Паперно, «радикальная реалистическая эстетика, несмотря на то что проповедует отделение искусства от реальности, вдохновила всестороннее проникновение литературы в жизнь, вполне сравнимое с тем, что было в эпохи романтизма и символизма с их сознательным стремлением соединить жизнь с искусством» [Paperno 1988: 12]. Федоров называл свое дело *проектом*, противопоставляя его чисто рассудочным схемам. Проект, по Федорову, — это своего рода мост между идеализмом и материализмом [Young 1979: 90]. Идеи, которые «существуют в наших делах как проекты», должны быть реализованы в материальном мире [Там же: 90]. Философ начисто отрицает жесткие границы между сферами жизни, включая духовную и материальную ее стороны. Он считает, что с помощью физики можно объяснить принципы этики, и, наоборот, при осуществлении дела «науку нельзя отделить от морали» [Lord 1970: 180]. «Вопрос о преодолении "неродственности" между людьми нельзя отделять от "слепоты" природы в отношении нас» [Зеньковский 2001: 568], и эта установка позволяет нам понять эрозию почвы и как эрозию морали. Разъединение небесных тел во Вселенной и жизнь во грехе тесно переплетены — примеры можно умножать. Все это означает, что только созидательное единство может служить эффективным оружием против распада, вызванного смертью.

Когда все формы дезинтеграции и фрагментации уступят место целостности, исчезнет и смерть (см. [НФ 1: 9; 2: 407, 414]).

При таких предпосылках неудивительно, что Федоров считает участие в деле обязательным для всех без исключения. В броне людской солидарности не должно быть ни единой щели, через которую могла бы проникнуть смерть (см. [НФ, 1: 290–291]). Без непременного всеобщего участия и без чувства родственности, объединяющего всех и каждого, дело обречено на провал. Если марксисты выступали за солидарность с рабочими всего мира, народники стремились слиться с крестьянским людом, а христиане проповедовали братские чувства только к тем, кто разделял их вероисповедание, то Федоров настаивал на родстве со всеми членами человеческого сообщества прошлого, настоящего и будущего без единого исключения. Воскрешены должны быть все мертвецы до единого — и все живые до единого должны быть воскресителями. «Дело» сулит бессмертие атеистам, язычникам, нехристианам, грешникам и даже тем, кто не хочет для себя вечной жизни, — такое нежелание Федоров считает недоразумением или самообманом, так как в самом деле никто не стремится умереть. Когда не будет ни болезней, ни поводов к отчаянию, никто не захочет смерти, а общее дело, конечно, обещает, что так и будет. Смерть существует «по общей вине, по вине всех» [НФ 2: 441] и может быть устранена только при участии всех и каждого.

Но как обеспечить такое абсолютное, тотальное и всеобщее участие в деле всех без исключения? История человечества показывает, что без обещания личной или национальной выгоды, то есть без поощрения эгоизма и патриотизма, трудно обеспечить сотрудничество большинства людей. Так как Федоров не одобряет принуждения, взамен ему должна выступать сильная мотивация. Ее обеспечит православие — единственная религия, которая «сокрушается о разъединении» [НФ 1: 113; 401]. Православная вера разрешит дилемму альтруизма и эгоизма, убеждая в том, что упразднение смерти выгодно всем без исключения: и тем, кто умер и умрет, а потом будет воскрешен, и тем, кто не умрет, приобретя бессмертие участием в общем деле. Поэтому конфликты интересов между участниками дела исключены: все получат одну и ту же награду бессмертия и, полагает Федоров, никто не может всерьез стремиться к смерти. «Разумный эгоизм» Чернышевского также играет роль в этом контексте: все вложили свою долю в общее дело — и те, кто страдал от болезней и страха смерти в прошлом, и те, кто видит, что их труд скоро будет награжден бессмертием[14]. Философ не считает самопожертвование как таковое высшей добродетелью. Бескорыстное самопожертвование всегда предполагает некоего реципиента — того, кто пользуется плодами самоотверженного деяния [НФ 1: 29], и самоотвержение такого рода, безусловно, поощряет чистейший эгоизм. Но в общем деле даже такое самопожертвование исключено, так как все будут бессмертны.

После победы общего дела

Бог создал человека «по образу и подобию своему», то есть всеведущим, всемогущим и бессмертным. Человечество не сумело жить так, как того желал Бог, и потому утратило эти свойства. Но Бог дал человеку разум, волю, сознание и «мастерскую природы» в базаровском понимании [Львов 1977: 179] и теперь, как и всегда, хочет, чтобы человек вернулся к своему истинному бытию. «Неведение есть величайшее преступление, наказуемое смертной казнью» — таков девиз Федорова; а знание дано человечеству как путь к спасению [НФ 2: 278, ср. 2: 243].

Богоподобный человек Эдема имел органы, которые позволяли ему перемещаться между галактиками и чувствовать себя как дома повсюду во Вселенной, но утратил их, когда поддался силе земного притяжения и попал в зависимость от собственной

---

[14] Менее в духе рационализма — чувство благодарности воскрешающих по отношении к умершим. Живущие должны отдать дань благодарности своим умершим родителям, так как «рождение — не уплата долга, а его передача» [Геллер 1982: 37]. Если не оплатить «долги», они будут передаваться дальше в будущее.

плоти. После грехопадения человек сделался неотличимым от животного, был прикован к земле и не знал звездного неба над головой. Однако «царство человека — не от мира животных» [НФ 2: 265]. Он снова встал на ноги, приняв свойственную его телу вертикальность [НФ 2: 269–270], возможно сохранив в глубине памяти свою былую истинно человеческую суть. В результате он обрел знание о подлинном своем доме — небе над головой. Хотя он все еще осужден на превращение в *падаль*, распластанную в горизонтальной позе «поражения и отдачи» [НФ 2: 254, 270], он тем не менее стал вертикальным существом, готовым бросить вызов дурной закономерности.

Физическими усилиями обретя вертикальность, борясь со сном, несущим слепую бессознательность, и с плотским влечением к «мясу», всячески сопротивляясь горизонтальности смерти [НФ 2: 269–270], человек открыл для себя возможность снова развить те качества, которые некогда делали его существом космического бытия. Отправившись «на небеса» в космическом корабле, который прежде был Землей, запертой в круге вечного возвращения, человек примет вызов овладеть бесчисленными «иными мирами», влекущими его ввысь ко все более дальним звездам. Федоров предвидел время, когда «ныне бездушные, холодно и как бы печально на нас смотрящие звездные миры» [НФ 2: 205] станут «родными, а не чужими» во Вселенной, основанной на всеобщем родстве. Уже когда человек встал лицом к небу и возвел вертикальные монументы мертвым как знак протеста против их выпадения из жизни [НФ 2: 239–40], он начал мечтать и молиться о возвращении умерших; теперь же в его распоряжении путеводитель к звездам — «философия общего дела». Науки и искусства, реализованные в трудовых деяниях, дадут в совокупности силу, которая победит силу гравитации, энтропии, распада материи и все другие облики смерти[15].

---

[15] С. Г. Семенова отмечает, что термин «падение» в федоровской философии более или менее соответствует тому, что называют «энтропией» в современном научном языке. Она пишет: «...федоровское учение есть максималистское посягательство на закон “падения”, конца, энтропии» [Семенова 1990: 154].

Освободившись от смертности, человечество создаст небесный храм, выстроенный из планет и звезд, динамичный и одновременно гармоничный «храм миров» [НФ 2: 350]. Все блоки этого здания представляют собой космические корабли, каждый из которых по команде «экипажа» готов к «плаванию» по Вселенной, согласованному с движением других «кораблей». На этих «новых небесах», включающих и нашу «новую Землю», царствует не произвол, а координированная свобода, а также «благолепие нетления» всех «экипажей» [НФ 1: 414, 416]. Все здесь устроено так, как было до грехопадения [НФ 1: 416], и в этом небесном храме исчезли все страдания. Никогда больше не будет «сиротства» человечества, потерявшего своего Отца, и смертность всего живого — не более чем пустые слова. Жизнь вечно обновляется, и слез больше нет.

Заселение космических пространств — это тоже своего рода воскрешение ныне пустующих и мертвых миров, особенно если учесть, что «все неорганические и органические миры должны стать благодаря человеку единым гигантским организмом» [Lord 1970: 183]. Кто может быть более горячим сторонником такого проекта, чем сами воскрешенные? Вполне логично, что космос будет заселен некогда умершими, но впоследствии воскрешенными и ныне бессмертными предками Бессмертного человечества. Они соединят миры друг с другом и с материнской планетой Землей узами родства, дополненными космической техникой связи. Воскрешенные и сами будут, в свою очередь, отдавать себя делу воскрешения: они ведь точно знают, что это такое — побывать мертвыми и вернуться к жизни. В конце концов, человеческое тело, как и вселенная, является создаваемым «храмом». Христос называл свое тело «храмом», который будет разрушен и выстроен вновь. Он вознесся на небо и тем самым бросил человечеству вызов — отыскать пути к победе над энтропией-смертью и найти ее на самом верху неба вселенной. Заселение вселен-

---

Как отмечает Ж. Лакаррьер, «то, что мы называем энтропией» было важным понятием в гностицизме: «Гностики ощущали, что судьба материального мира подвластна влиянию инерции» [Lacarrière 1977: 19].

ной и построение космического храма станет «платой» воскрешенных своим воскресителям [НФ 2: 350–351]. По Федорову, Бог не создал человека смертным и плодящим потомство. Общее дело восстановит его невоспроизводимость и бессмертие.

Влияние Федорова

Насколько мысли Федорова были важны для мифа о бессмертии того времени? На этот счет между исследователями существуют разногласия. Так, М. Хагемейстер предостерегает против приписывания Федорову излишнего влияния на культуру Серебряного века. В частности, он считает, что отклик символистов на федоровские идеи был минимальным [Hagemeister 1989: 216]. Л. Келер, напротив, склонна считать, что практически все художники и все идеологии того времени находились под влиянием Федорова. Историк С. В. Утехин согласен с ней в том, что Федоров оказал сильное влияние на идеологическое мышление в долгосрочной перспективе: он обнаруживает явные следы воздействия Федорова в советском большевизме и полагает, что, даже когда «организованный федоровизм» был уничтожен, многие «мысли о контроле над природой были включены в официальную идеологию сталинизма» [Utechin 1958: 131]. Его мнение разделяет Дж. Клайн [Kline 1968] и ряд других советологов и культурологов, включая русских специалистов по Федорову. Так, С. Г. Семенова в книге «Николай Федоров. Творчество жизни» (1990) после тщательного и проникновенного разбора жизни и философии Федорова дает обзор мыслителей и писателей, которые состояли с ним «в диалоге». В числе прочих она называет В. Я. Брюсова, М. Горького и Б. Л. Пастернака, а также поэтов Пролеткульта и утопистов вроде Хлебникова и раннего Заболоцкого. После Серебряного века явные черты федоровских контекстов можно заметить и в творчестве А. П. Платонова[16].

---

[16] Что касается культуры XIX века, то и здесь мнения расходятся. Л. Н. Толстой, Соловьев и Достоевский нередко упоминаются как «находившиеся под влиянием» Федорова, но, наверное, правильнее говорить лишь об их большом

Такой разброс мнений, по-видимому, во многом обусловлен тем, насколько широкое значение исследователи вкладывают в термин «влияние». Возможно, ближе всех к истине оказались М. Я. Геллер и М. Хагемейстер. Геллер уподобляет наследие философа «гигантскому незавершенному зданию», из которого «каждый прохожий берет столько кирпичей, сколько ему хочется, и сооружает из них свою постройку» [Геллер 1982: 32]. Он предполагает также, что идеи Федорова, отмеченные «оригинальностью и смелостью» вкупе с чрезвычайной простотой, привлекали людей, знавших лишь одну-две его статьи или читавших краткое изложение его основных идей. Хагемейстер описывает корпус идей Федорова в похожей терминологии, а именно как «каменоломню идей» [Hagemeister 1989: 104], откуда каждый мог черпать то, что хочет. Каково бы ни было подлинное «влияние» Федорова, можно сказать с полной определенностью, что его идеи интересовали «людей чрезвычайно широкого диапазона вкусов и взглядов»; здесь могут найти «кирпичики» для своих идеологических построений как «ревнители бытового православия», так и «строители коммунистического быта» [Флоровский 1935: 400].

О степени влияния Федорова можно спорить, но, без всякого сомнения, оно оказалось «живучим», просуществовав до нашего времени и до теперешней России как активный фактор в мировоззрении части интеллигенции. Среди нынешних искателей бессмертия его учение является одним из главных [см. Bernstein 2019].

Настоящее исследование не пытается отделить «подлинных» федоровцев от тех, кто взял случайный кирпичик из его камено-

---

интересе к его идеям, но не о согласии с ними. Достоевский был знаком с некоторыми концепциями федоровской философии благодаря переписке с учеником Федорова Н. П. Петерсоном, но, думается, Хагемейстер прав в том, что Достоевский едва ли был знаком с ключевой идеей дела — воскрешением мертвых на научной основе. Л. Н. Толстой восхищался главным образом стилем жизни философа, но к его идеям относился недоверчиво. Соловьев задавал Федорову вышеупомянутый вопрос о «каннибалах» и, по мнению Семеновой, развивал свои идеи человеческого бессмертия в духе федоровских [Семенова 1990: 105–111]. Хагемейстер не склонен видеть значительного влияния Федорова на младшего философа [Hagemeister 1983a: 206].

ломни и добавил его к другим кирпичам, найденным им на «стройках» других философских систем и литературных произведений. Миф о земном бессмертии вообще правильнее всего рассматривать как детище гетерогенной культуры, которая с легкостью смешивает, казалось бы, несовместимые представления. Все же идеи Федорова были ближе социалистам и коллективистам, «верующим» в науку, чем мистикам разного толка. В следующей главе мы обратимся к менее «популярному» философу, чем Федоров, чья программа бессмертия нашла отклик среди писателей более мистического толка, — к В. Соловьеву и его «эротической утопии» (Зеньковский).

Отсутствие красоты говорит о бессилии идеи.

В. Соловьев

И верь! Не коснется до нас наслажденье
Бичом оскорбительно-жгучим своим.

Н. Гумилев

Глава 5

Владимир Соловьев

Статьи о красоте, искусстве и смысле любви

Принято считать, что В. С. Соловьев (1853–1900) первым придал русской философии «всемирное значение» [Müller 1977: 9][1] не только глубиной и оригинальностью своей мысли, но и тем, что изложил ее как цельную систему. До него, по мнению неокантианца Б. В. Яковенко, русская философия всегда «пыталась выпрыгнуть за пределы своего предмета» и «никогда не жила собственно философскими запросами» [цит. по Гачева 2008: 457]. К концу XIX века в русской философии, однако, появилось стремление к системности, и «самым ярким и влиятельным» ее представителем стал Соловьев [Зеньковский 2001: 451]. То, что именно он ввел системность в прежнее русское «философство-

---

[1] Цитата из книги А. Г. Гачевой «Ф. М. Достоевский и Н. Ф. Федоров». Исследовательница не согласна с оценкой русской философии Б. В. Яковенко и другими «феноменологами и неокантианцами», ставящими досистематическую русскую философию и русскую религиозную философию вообще ниже тех философий, которые преследуют «познание ради познания» [Там же]. Гачева не видит каких-либо преимуществ в последних перед русскими и славянскими «бессистемными» философиями, которые «накрепко связаны с делом» [Там же].

вание», — общепринятая оценка его вклада в историю русской философии.

Признание русского философа как «всемирного» мыслителя не значит, что Соловьев подчинился всем правилам западной системности, жертвуя своей русской спецификой; он, например, сохранил характерную для русского мышления сосредоточенность на религиозных вопросах и склонность к мифотворчеству. Он остался верным «неакадемичному» мышлению и был «скорее пророк, чем профессор» [Müller 1977: 13]. Он также не боялся «гибридности» — американский литературовед О. Матич характеризует его философию как «палимпсест» [Matich 1979: 59]. Однако Соловьев искал и «всеединства», и искал его именно в разнообразии и множественности. Философ считал, что, если бы «всеединое» (Бог) воспринималось всеми идентичным образом, не было бы нужды в множественности индивидуумов [Przebinda 2002: 48]. Концепции единства в разнообразии способствовали познания философа во многих сферах культуры, а также широта духа, не настаивающая на том, чтобы в поисках истины все шли одним путем; Соловьев считал, что ее можно найти разными методами и при разных подходах.

Поэтому неудивительно, что Соловьев был не только весьма начитанным, но и многосторонне *образованным* мыслителем, то есть читал не только для подкрепления своих же философских и религиозных позиций, но и для того, чтобы проникнуть в совсем иные интерпретации «вечных вопросов», чем те, с которыми был хорошо знаком. Он, как и Федоров, интересовался естественными науками. Прежде чем перейти на историко-филологический факультет Московского университета, он изучал их на математическом факультете Московского университета и одновременно слушал лекции в Московской духовной академии в Сергиевом Посаде. Соловьев был и поэтом, и его миф о Вечной женственности, которая «ныне / В теле нетленном на землю идет» («Das Ewig-Weibliche», 1898), получил широкое распространение в символистской поэзии, как и его учение о Софии, Божьей Премудрости. Биограф и толкователь его философии К. В. Мочульский подчеркивает, что Соловьев «был мистиком, обладал реальным ощущением сверхчувственного, видел лицом к лицу «божественную основу мира», встречался с таинственной «Подругой Вечной» [Мочульский 1951: 10]. Именно как философ-мистик, который не чуждался научных теорий и открытий, он заложил фундамент «блестящего русского Ренессанса» конца XIX — начала XX века и вдохновил возрождение как «религиозного сознания», так и «философской мысли» [Мочульский, 1951: 11]. Его поэзия и эстетические теории «определили пути русского символизма» и повлияли на «теургию Вячеслава Иванова, поэтику Андрея Белого, поэзию Александра Блока» [Там же]. Согласно Бердяеву, «Соловьев победил Чернышевского» [Бердяев 1971: 221], но синкретизм его философской системы позволил ему увидеть достоинства и в материалистическом учении последнего. Как мы увидим далее, он воспринял некоторые аспекты его эстетики, например мысль о преображающей действительность силе искусства, и оценил его понимание «смысла литературы» как служение своего рода социальному жизнетворчеству. В этой главе я рассматриваю некоторые статьи Соловьева, в которых эстетика и искусство тесно связаны с его мыслями о превращении смертности человека в земное бессмертие, которое Соловьев, как и Федоров, считает вполне возможным. Здесь также рассматривается та степень, до которой Соловьев разделяет позиции своего старшего современника касательно *путей*, ведущих к бессмертию.

«Красота спасет мир»[2]

Подобно Федорову, Соловьев представил «программу», или «проект», достижения бессмертия на Земле без опыта умирания. Как и Федоров, он предлагает отмену деторождения в пользу воскрешения и бессмертия путем новых отношений между полами. Но Соловьев хочет превратить мужчин и женщин не в братьев

---

[2] Статья Соловьева «Красота в природе» [Соловьев 1966, 6: 33] имеет эпиграфом афоризм Достоевского «мир спасет красота» из романа «Идиот» (ч. 3, гл. 5).

и сестер, а, наоборот, в любовников, создающих андрогинный союз, очень похожий на тот, который изобразил Н. С. Гумилев в стихотворении «Андрогин» (анализ его тематики см. в [Сафиулина 2017]). Некоторые исследователи Соловьева (К. В. Мочульский, В. В. Зеньковский) считают, что он многим обязан своему старшему современнику Федорову, но другие видят и существенные различия[3].

В самом деле, некоторые различия налицо, например их трактовка «пола» в будущем мире бессмертия. Если в программе Федорова будущее человечество заменит половую любовь *братско-сестринской любовью*, то для Соловьева характерен отчетливый «эротизм мысли» [Мочульский 1951: 244]. *Эроса* в федоровском общем деле нет. Также по-разному воспринимается двумя философами роль искусства в деле воскрешения. В то время как Федоров видит искусство главным образом как пособие для прикладной науки в процессе превращения воскрешенных в «лучшие варианты» своего бывшего «я», Соловьев предполагает, что оно и есть *путь* к бессмертию. Когда искусство перестанет быть зеркалом, отражающим внешнюю природу такой, какая она *есть* (и, наверно, останется), или служить украшением роскошных жилищ, а сделается творчеством бессмертной жизни, оно преобразит и природу, и человека. Даже в наше время красота, создаваемая современным искусством, несмотря на все его злоупотребления, «спасает мир» тем, что все же зовет нас к чему-то лучшему, к (само)совершенствованию. Когда герой сологубовской «Творимой легенды» Триродов выращивает рощу деревьев, своей пря-

---

[3] Зеньковский считает, что «вне всякого сомнения» федоровские идеи влияли на Соловьева, по крайней мере в 1890-е годы [Зеньковский 2001: 561]. Мочульский отмечает «федоровианскую космическую теургию» в статье Соловьева «Смысл любви» и полагает, что, хотя федоровский «натуралистический гуманизм» был чужд Соловьеву, «пламенный героический дух» федоровского проекта будил в нем прожектера [Мочульский 1951: 156, 205]. Американский историк и философ Дж. Янг полагает, что взгляды двух философов на воскрешение «несовместимы» [Young 1979: 53] и что «дистанция между их идеологическими позициями» выявлялась «особенно ярко», когда они разделяли некоторые общие цели [Young 1980: 67]. Хагемейстер занимает сходную позицию [Hagemeister 1984: 444].

мизной и симметричностью расположения похожих на греческие колонны, он воссоздает красоту классической архитектуры Греции, но не на картине и не как часть великолепного здания, а в реальной природе. Соловьев «внедряет» искусство в жизнь, создавая живое искусство. Федоров видит задачу искусства не столько в эстетической, сколько в практической перспективе, как пособие при воскресении умерших и как возможные модели будущего мира, особенно в иконописи. Об эстетике, применимой к теперешней реальности и к живому человеку, и об искусстве как о пути к совершенной красоте бессмертия Соловьев говорит неоднократно.

Оба мыслителя, однако, в равной мере убеждены, что смерть побеждаема «естественным» путем и что в Страшном суде нет нужды, так как человечество сумеет спасти себя, как этого желает сам Бог (Соловьев позднее меняет свою позицию). Соловьев, например, считает, что эволюция видов в природе «добавляет новые законы» к уже существующим и то, что мы называем чудом, — это просто еще неизведанное, новый факт и новый закон эволюции какого-нибудь вида, возможно и человеческого (можно предположить, что Соловьев имеет в виду нечто похожее на мутации). Между тем как Федоров ищет семена разумного сознания в «мертвой» материи, Соловьев предполагает, что красота в природе свидетельствует о стремлении природной «души» к художественному творчеству; эволюция — это ведь и есть творчество природы (падшей Софии). Уважая не только эстетику, но и науку, оба мыслителя любят использовать стиль научного дискурса для вящей убедительности своих теорий о том, что все «чудесное» совершенно естественно. Соловьев уверяет, что если мы знаем, «при каких условиях наступает смерть», — а это мы знаем, — то мы также знаем, «при каких условиях забирать силу над смертью» и как «в конце концов, <...> победить ее» [ВС 9: 351][4]. Оба философа разделяют и принцип «спасающий спасется» [Там же: 86];

---

[4] Кроме особо указанных случаев, ссылки даются по репринтному изданию Собрания сочинений В. С. Соловьева в 12 томах 1966 года (далее: [ВС том: с.]). Также я пользовалась *Deutsche Gesamtausgabe* (DG) и ее *Ergänzungsband* (дополнительный том).

они согласны, что активность человека, а также дальнейшее изучение тех «условий», при которых «наступает смерть», и тех, при которых она устраняется, непременно дадут желаемые результаты: воскрешение умерших и бессмертие воскресителей. Однако у Соловьева главное орудие в борьбе со смертью — не процессы коллективного труда и не комплексы музеев-лабораторий, как у Федорова, а «создание красоты», то есть эстетическое и этическое самоусовершенствование человека, которое достигнет своего апогея в создании бессмертного андрогина. У Соловьева эстетизация нынешней действительности приведет к совершенной духовной и внешней красоте мира и человечества, при которой уродливость смерти станет невозможной. Смерть не может одолеть личность, чье «внутреннее духовное совершенство» преобразило «все, что низменно» [DG: 163–164]. Задача человечества — стать таким же совершенным, как Христос, а когда это будет достигнуто, бессмертие станет естественным и даже единственно возможным онтологическим состоянием человека. Обретение человечеством бессмертия — это «задача для Бога и человека» [Strémoukhoff: 332]. Бог-Создатель сотворил мир совершенным, а человека бессмертным, и теперь, после падения человека в Эдеме, требует восстановления своего создания, вложив в природу потенциал к «творческой эволюции» (по удачному выражению А. Бергсона). Он также наделил человечество потенциалом саморазвития вплоть до обретения божественности. Христос спустился *вниз* на землю, чтобы указать человечеству путь *вверх*[5]. Дав ему воплощенный идеал богочеловека, Христа, Бог указал путь спасения. Теперь он ожидает от людей продолжения начатого им и завершения того, что было им создано.

---

[5] З. Н. Гиппиус приравнивала соловьевскую «идею восхождения» (к божественному) к бергсоновскому «жизненному порыву» (*élan vital*; цит. по [Pachmuss 1973: 223–224]). Философ А. Ф. Лосев считает, что Соловьев опередил Бергсона на два десятилетия [Лосев 1990: 658]. Владимир Шилкарски (Szylkarski), один из редакторов DG, считает, что двух философов объединяет не только сходство мышления, но и стилистический блеск. Он включает Соловьева в группу мастеров философической прозы вместе с Мальбраншем, Паскалем, Шопенгауэром и Бергсоном [DG 7: 435].

Поняв, что следует делать, человечество будущего приобретет сверхчеловеческий статус, но станет не гордым сверхчеловеком Ницше, которому «все позволено» [ВС 9: 267], а подражателем истинного «победителя смерти», Иисуса Христа [Там же: 272]. Следовать примеру Христа, конечно, не значит кротко принимать смерть как неизбежность, но и не ожидать нетленной плоти как внезапного дара от Бога, подобно первым христианам [Там же: 273]. Быть подлинным последователем Христа для Соловьева значит превзойти себя собственными усилиями в сотворчестве с любимым человеком. Прежде чем приступить к конкретному разбору этого пути Соловьева к бессмертию, будет полезно познакомиться с его космогонией. Следуя изложению этого вопроса в «Истории философии» Зеньковского [2001: 449–507] и в труде Мочульского о жизни и творчестве Соловьева [1951], я предлагаю несколько «олитературенный» вариант их, подчеркивая аспект *любви* Создателя к своему творению, Софии, носительнице его мудрости. Рассматривая роль соловьевской Софии в судьбах мироздания, я не ставлю себе целью раскрытие противоречий и изменений учения о ней Соловьева и анализ иных философских тонкостей. Я ограничиваюсь попыткой представить мифологическое обоснование, которое послужило бы лучшему пониманию соловьевского эротико-эстетического плана спасения от смерти, а также продолжения этого плана в литературных преломлениях символизма. У Блока, например, соловьевский миф часто связывается с традиционным романтическим мотивом эротического предательства любящего со стороны любимой, представленным, в частности, в строке: «Но страшно мне: изменишь облик Ты» («Предчувствую Тебя. Года проходят мимо...», 1901). Божественная София в космогонии Соловьева тоже «предает» того, кто любил ее как совершенство красоты, и тоже «изменяет свой облик». Однако соловьевская София пытается искупить причиненные ею страдания, стремясь восстановить свою прежнюю красоту посредством «творческой эволюции». Описание этого пути к восстановлению и спасению мы найдем в трилогии статей «О красоте в природе» (1889), «Общий смысл искусства» (1890) и «Смысл любви» (1892); анализу этих трех сочинений и будет посвящена данная глава. Но вначале — космогония Соловьева.

Логос и София Премудрость

Божественный Абсолют, заключающий в себе бесконечный и вечный мир идей, гармонизированных принципом положительного всеединства, несмотря на свою самодостаточность, почувствовал потребность в объективизации своего внутреннего мира. Действуя как творец, Абсолют создал мир совершенной духовной Красоты на основе Добра и Истины, мир, отразивший его мудрость. Это и был идеальный мир Софии. Он создал его, чтобы не быть «одиноким», но иметь возлюбленную подругу. София была создана совершенной и потому — свободной [Зеньковский 2001: 501]. Ее свобода включала и право отвергнуть собственного творца, и София выбрала этот путь. Пожелав «самостоятельного бытия» и «анархического существования» [Müller 1958: 26–27] и будучи обольщенной властителем материальности — Демиургом, она попала в объятия стихийного хаоса, уродства и зла. Падшая София сначала почти не осознавала своего состояния, поскольку, «впав в материальность», утратила былую чуткую душу и вместе с ней свою совершенную красоту. Она духовно «заснула» посреди ожесточенных боев за выживание в мире Демиурга, отказавшись от духовного бодрствования. С падением Софии появилась первичная материальная природа.

Все же признаки раскаяния постепенно пробудились в падшей мировой Душе, и любящий творец занялся «восстановительной работой» над своим падшим творением. Он вложил в ее материальный облик динамику развития (энергон), способность к творческим изменениям, достаточно силы для постепенного преображения — словом, все основы «созидательной эволюции» [ВС 6: 55, 65, 67]. Отличительное свойство космогонии-космологии Соловьева — это ревнивая любовь Логоса-Творца к своему «женственному» произведению искусства и желание искупить стыд и страдания ее «поруганной красоты». В этой драме-треугольнике с участием создателя (Бог-Абсолют), соблазнителя (Демиург) и падшего создания Красоты (падшая София), как уже отмечалось, кроется существенная разница между Федоровым и Соловьевым: соловьевское божество — «любовник», федоровское — отец.

Как уже отмечалось, Божественная София после падения превратилась в чудовищную первичную материю — в *materia prima* (см. [Мочульский 1951: 103]). Она все еще обладала множеством сосуществующих элементов, как во времена положительного всеединства, но, став бессознательной и анархически-стихийной материальной природой, она утратила способность властвовать над множественностью, в результате чего на смену многогранной гармонии пришли хаос и борьба. В царстве Идеала высшая идея положительного всеединства скрепляла все прочие идеи, выступая как сверхидея. В падшей природе такой высшей идеи не было.

По мысли С. Н. Булгакова [Булгаков 1903], это обстоятельство привело к тому, что во всех элементах бытия появилась некая «перестановка» их составных частей [Там же: 224]. Считая, что Соловьев может дать современному сознанию положительную веру в торжество идеала, Булгаков подчеркивает, что философ не считал зло неискоренимым явлением, а скорее просто «ошибкой» в структуре реальности. Значит, существование нравственного и эстетического уродства можно будет исправить «перестановкой» их композиции. Материальная реальность как бы «расшаталась» во времени и пространстве, но ее можно будет снова поставить на место и таким путем воссоздать красоту гармонии, то есть единство в разнообразии. Словом, «творческая эволюция» сможет восстановить былую красоту Софии, а человек, детище природы, сможет в процессе самосовершенствования приобрести собственное утраченное бессмертие.

Итак, «творческая эволюция» Соловьева преследует цель восстановления былой красоты Софии и ее статуса «мировой души». Ее детище, человечество, может быть, в конце концов даже приведет ее к высшему, чем прежде, существованию, вступив на путь самосовершенствования. Конечный результат, который, очевидно, соответствует первозамыслу самого Творца, возможно, даже оправдает падение Софии, которое Творец предугадал [Зеньковский 2001: 484, 501; Мочульский 1951: 103–104]. Цель восстановления и даже превосхождения его, однако, не только еще не достигнута, но едва начата. Но растущий коэффициент красоты в природе видимым образом «измеряет» прогресс ее эволюционного творчества. Развитие неорганической природы, как и природных тварей, идет в направлении все более полноценной красоты (примеры см. ниже). Слияние реального начала с идеальным в совершенных формах осязаемой красоты станет «сизигией», то есть полным всеединством в разнообразии. Человечество должно добиться окончательного *сизигийного* (гармонического) слияния реального *(realia)* и идеального *(realiora)*, материального и духовного, перестроив мир с помощью искусства и вдохновленного им жизне-бессмертие-творчеством. Сизигийное сосуществование Бога и человека во Христе как бы указывает путь к цели.

Красота в природе

Каких результатов, однако, добилась природа к сегодняшнему дню за уже долгий срок эволюции? Она добилась немалого на своем пути проб и ошибок; иногда, конечно, случалось движение вспять, например появление чудовищ палеозойской эры [ВС 6: 56][6] и много других неудач. И теперь наш мир переполнен безобразными созданиями природы. И все же поступательное движение по направлению к большей гармонии неоспоримо. А если дополнить его теургией созидательной деятельности человека, для которого настало время взять на себя задачу обожествления себя и себе подобных, то итогом будет полная сизигия. Сверхидею сизигии следует определить как «полную свободу составных частей в совершенном единстве целого» [ВС 6: 44]. Она имеет три

---

6 В своих статьях об эволюции путем создания красоты Соловьев «щеголяет» знанием научной терминологии. Мы в них найдем и *palaoezoa*, и *coleoptera*, и «птеродактилей», и множество других терминов. Мочульский находит что-то «трогательно наивное» в попытках философа быть «строго научным» и «блеснуть своим знанием латинских терминов» [1951: 237]. Однако, возможно, Соловьев хотел показать, что его употребление научного словаря передаст читателям мысль, что наука и религия не противоречат друг другу, а дополняют друг друга.

аспекта: автономию бытия, которая в своем совершенном воплощении означает «Добро»; полноту содержания, или смысла, то есть «Истину», и совершенство выражения или формы, которое, когда оно находит законченное воплощение, именуется «Красота». Однако что конкретно есть красота? Для ее конкретного определения Соловьев берет пример из неорганической природы — алмаз.

Его красота не создана материальным веществом, поскольку алмаз имеет тот же химический состав, что и неэстетичный уголь. Его красота, скорее, создается светом, преломляемым в его материальном веществе. В этом определении важна *преломляемость* света, поскольку «неактивный» свет» не создает эстетической ценности. В стекле, например, свет присутствует в изобилии, но не создает впечатления красоты. В данном случае лучи света проходят сквозь материю, «пропуская их без всякого видоизменения», поэтому они участвует в этом прохождении безо всякой «игры», то есть «творчества» [ВС 6: 39–40]; в результате никакого эстетического эффекта не возникает. Красоту порождает не сопротивление свету, как в угле, но и не «безразличие» к нему, как в стекле. Только когда свет активно взаимодействует с веществом, в которое проникает, создается красота. Красота — это результат *взаимодействия* между светом и материальной субстанцией, продукт их взаимопроникновения, и только оно дает «светоносную материю и воплощенный свет» [ВС 6: 40]. Алмаз поражает своей красотой, потому что его материя преображается, когда в ней воплощается надматериальный принцип света. Соловьев допускает, что, может быть, неправильно классифицировать естественный свет как *над*материальный принцип, но тем не менее считает свой пример адекватным, поскольку свет — «идеальный деятель» по сравнению с материей [ВС 6: 41].

Частым примером красоты в природе, причем красоты, основанной на нравственном чувстве, служат звезды на небе, особенно после изречения И. Канта о двух предметах, которые всегда наполняют его душу «трепетным благоговением»: «звездное небо надо мной и моральный закон во мне». Соловьев, например, высоко ценил известные строки Гёте:

Die Sterne die begehrt man nicht:
Man freut sich ihrer Pracht.

(Звезд желать нельзя:
Можно только радоваться их великолепию)[7].

Соловьев, однако, также задает вопрос: отчего же, собственно, мы восхищаемся звездами, если они недосягаемы? Почему их красота нас «радует»?

Ответ, очевидно, состоит в том, что любое просветление материи — ее преображение светом — обещает и нам просветление нашей плоти если не физическим светом, то всепреображающим духом. Искрящийся алмаз, сверкающие звезды и другие формы материи, оживленные динамикой света, — все они внушают нам надежду и предчувствие будущего нашего спасения от темного распада смерти в темной земле. Любоваться «игрой» света в алмазе и радоваться сверканию звезд — это не бесполезное занятие, а, наоборот, сверхполезное, так как оно «обещает» нам, что слияние реального *(realia)* со сверхреальным *(realiora)* «воистину» совершится и именно человечеству предстоит задача завершить создание нетленной красоты путем такого соединения.

Радость, которую дарят наблюдателю сверкающие звезды, — это картина той красоты, которая воцарится на будущей сизигийной Земле и в сизигийном космосе. Красота, определяемая как просветление материальных форм, предполагает будущий насыщенный светоносными силами, бесконечно разнообразный и при этом абсолютно гармоничный мир, в котором просветляющий Дух добьется правильного расположения всех компонентов материи и, в результате этого, бессмертия. Как, однако, объяснить то, что безжизненный минерал алмаз так красив, между тем как многие одушевленные существа, явно представляющие «высшие» проявления эволюционного творчества, чрезвычайно уродливы, причем не исключая человека?

---

[7] И. В. Гёте, «Trost in Tränen» («Утешение в слезах», 1803). В переводе В. А. Жуковского: «На что ж искать далеких звезд? / Для неба их краса; / Любуйся ими в ясну ночь, / Не мысли в небеса». — *Примеч. ред.*

Нелинейность эволюционного процесса

Кажущуюся аномалию нелинейной эволюции красоты можно объяснить таким образом: чем дерзновеннее начинание, тем сильнее проявляются его еще не исправленные недостатки. Взаимопроникновение материи и света, создающее красоту, в *органической* сфере природы протекает более *интимно* и сложно, чем в неорганической, поскольку здесь речь идет уже не просто о проявлении световых эффектов, а об «искрах жизни». В органической сфере взаимопроникновение света и материи потребовало такого расхода энергии, что на этом этапе эволюции ее как бы не хватило еще и на создание красоты. Эстетика иногда несколько «отстает» в общем эволюционном процессе высших форм жизни. В нем бывает движение вспять; оно совершается не «магически» [ВС 6: 56], а через постепенное «оплодотворение» природы светом, которое завершается часто болезненными родами. Светоносное творчество внесло свои семена (искры света) во «чрево» природы, и она с болью и муками рожала медленно совершенствовавшихся существ. Несогласный со многими выводами Ч. Дарвина, Соловьев все же признает, что его теории об эволюции, независимо от намерения автора, продемонстрировали постепенное, но несомненное развитие жизненных форм в направлении все большей реализации идей свободы, полноты содержания и красоты. В последней сфере приходится пока мириться с нелинейностью развития. Поэтому не надо огорчаться из-за наличия в природе таких чрезвычайно уродливых организмов, как червь (который, однако, в отличие от красивого алмаза, имеет свободу движения), и даже из-за того, что ни одно животное «не может быть так отвратительно некрасиво, как очень безобразный человек» [ВС 6: 43]. Все же прекрасное женское тело превосходит красотой даже совокупную красоту прекрасного растения и красивого животного [ВС 6: 60]. Красота идеальной женственности обещает, что совершенная красота человека однажды осуществится «в тлене нетленном».

В природе есть и другие «обещания» и «залоги» грядущей совершенной и спасающей от смерти красоты, которая излучает благо и несет истину. Червь, конечно, безобразен, но он, так сказать, ничего не «доказывает» в плане прогресса эстетической эволюции и не должен смущать нас своей уродливостью; он состоит почти лишь из половых и пищеварительных органов, но даже у очень некрасивого человека эти органы спрятаны под оболочкой телесной плоти. Кроме того, есть и в животном мире твари, которые превращают примитивный акт совокупления во что-то похожее на «произведение искусства», например «ряд стройных и мерных звуков» в чудесном пении соловья. И соловей — не единственный представитель животного мира с «художественными» амбициями. Если даже самцы животного мира стремятся к эстетизации «физиологического акта» в «артистических представлениях» перед самками и в «надевании» роскошных перьев, чтобы прельстить самок красотой, то человечеству и подавно необходимо создавать совершенную красоту в природе и самому найти путь к бессмертной красоте.

Эволюционные возможности природы достигли своего теперешнего пика в человеке. Человек — достижение, венчающее мировой процесс эволюции, поскольку в нем внешний свет природы стал внутренним светом сознания, разума и чувства (см. [ВС 6: 73]). Он сможет дополнить естественную эволюцию целенаправленным творчеством в культуре. В этой теургической задаче искусство занимает особое место.

Задачи искусства

Человечество всегда было культурно и эстетически активно, о чем свидетельствуют многие прекрасные произведения искусства, созданные на протяжении его истории. Массивные камни были преобразованы в соборы, груды мрамора — в статуи (см. [ВС 6: 54]), словесный материал языка стал поэзией, звуки преобразились в музыку, а краски — в шедевры живописи. Однако, хотя эти достижения сосредоточены на человеке и его мире, они не смогли осуществить его самые дерзновенные желания и мечты, такие как бессмертие. Сколько бы искусство ни говорило о том, что художник побеждает время и создает бессмертие себе и предметам своего искусства, он так же смертен, как и все, а достижения культуры и произведения искусства, даже если просуществуют века «чрез звуки лиры и трубы», в конце концов «все вечности жерлом пожрется / и общей не уйдет судьбы» (Державин).

Правда, искусство поддерживало человечество в его стремлении к вечности, поскольку оно долговечнее короткой жизни, как гласит афоризм *vita brevis, ars longa est* («жизнь коротка, искусство долговечно»). Этим фактом искусство как бы бросает вызов человечеству, задавая вопрос: как можно оправдать то, что статуи и картины хранятся многие века в великолепных художественных галереях, между тем как их создатели и вдохновители («музы») давно умерли? Всегда ли стихотворения и музыкальные композиции будут намного долговечнее своих создателей? А может быть, искусство всего лишь будит напрасные мечтания о вечной жизни, подобно сверкающим звездам, которые возбуждают в человеке, возможно, иллюзорные надежды на то, что и смертные могут стать «вечными», как они? Вдобавок, конечно, и звезды не вечны. Иными словами, творение красоты, которое началось в природе и должно стать творением бессмертия, — великая новая художественная задача человечества.

Кто-то возразит «мечтателям о бессмертии», что сферы искусства и биологии не пересекаются и что нельзя требовать от искусства, чтобы оно обессмертило человека и природу, кроме как в том случае, если речь идет о традиционной «длинной памяти» искусства. Не соглашаясь с этой точкой зрения, Соловьев хочет, чтобы искусство не только занималось превращением камня в храмы и мрамора в статуи. Он полагает, что современное ему жизнетворчество, которое превращает в произведение искусства жизнь художника, можно заменить искусством, которое превращает человека в бессмертное и живое создание. Истинное жизнетворчество — это «бессмертиетворчество», и оно позволит совершить переход от смертных человеческих существ со многими остаточными животными чертами к бессмертным божественным существам.

Взгляды Соловьева на конечные цели искусства проистекают из его определения природной красоты. Красота в природе говорит нам о возможности сделать идеал реальным через акт просветления материи (алмаз). Красота пения «влюбленного» соловья указывает путь к облагораживанию половой энергии. Отрицая чисто утилитарный подход к искусству, философ все же ценит тот факт, что утилитаризм дает искусству важную функцию преображения человека. Но полезность искусства не должна ограничиваться сведениями о географии мира и информацией о недостатках общества — оно должно стать «сверхполезным», служа упразднению смерти и созданию справедливого бессмертия для всех. В статье «Общий смысл искусства» [ВС 6: 75–90] философ допускает, что теперешнее искусство не в состоянии «творить жизнь», но, по крайней мере, может стать пророческим, представляя *«всякое ощутительное изображение, какого бы то ни было предмета и элемента с точки зрения его окончательного состояния»* [Там же: 85; курсив автора]. Верная задача искусства — не воспроизведение смертного человека и смертной природы со всеми их недостатками, а создание здоровой природы и красивого человека, живущего в справедливом обществе. Но оно должно идти еще дальше. Искусства должны переступить якобы навеки установленные границы, отделяющие их от жизни [Там же: 90]. Они должны слиться с жизнью, одновременно став искусством любви — не в смысле *ars amandi* Овидия [DG 7: 195], а в смысле *ars artium*[8], в духе учения Платона о направлении энергона половой любви в русло эстетической деятельности. В своей «поистине гениальной теории эроса» [Мочульский 1951, 203], сформулированной в цикле эссе «Смысл любви» (1892–1894), Соловьев разъясняет, почему именно любовь, столь чреватая аберрациями и чаще всего кратковременная, должна стать «искусством искусств». Любовь, как она есть, станет истинной любовью, когда человечество откроет ее верный смысл: преображение половой любви плодящихся смертных в любовь взаимной эстетизации,

---

[8] Ars amandi (*лат.*) — искусство любви, название дидактической поэмы Овидия о свободной любви; ars artium (*лат.*) — искусство искусств.

ведущей к бессмертию. Последний вариант опирается на естественный процесс одухотворения плоти путем воздержания от сексуального соития при сильном эротическом влечении, то есть сублимацией эротического желания, которое, оставаясь неудовлетворенным, превращается во вдохновляющий стимул к творчеству взаимного преображения — из обыкновенных смертных людей в бессмертное андрогинное произведение искусства.

Вопрос, считал ли Соловьев нужным полное воздержание от «обычных» половых отношений для осуществления своей «эротической утопии» [Зеньковский 2001: 401], рассматривался по-разному. Некоторые истолкователи видели в его философии любви «оправдание плоти» в смысле признания ее «прав» на эротическое наслаждение, то есть защиту секса; другие — требование своеобразной аскезы, которая сочетала бы восторг перед красотой тела, любовь к плоти с полным отказом от полового акта. По-моему, философ считал превращение полового порыва в сотворение андрогина возможным только при условии его нерастворения в совокуплении (см. второй эпиграф к настоящей главе); великая задача создания бессмертия требует радикального подхода — реализовать утопии можно только чрезвычайными средствами. Иное дело, что сам Соловьев не был «рыцарем-монахом» (Блок) и что он, как Федоров, понимал, что деторождение не может со дня на день прекратиться. Но в рамках его «плана бессмертия» физиологическая половая жизнь с такими последствиями, как зачатие и деторождение, не имеет места в любви, посвященной задаче бессмертия. Утонченная чувственность, восхищение красотой любимого человека — уместные восторги в созидании андрогина. Всякое сотворение произведения искусства требует вдохновения и любви к красоте; они нужны и в эротическом творчестве бессмертия. Искусство, конечно, еще долго будет творить в рамках традиции, но, по крайней мере, не станет забывать о конечной цели бессмертия и давать иссякнуть жажде подлинного совершенства человека и мира. Пророческое искусство станет «деянием» постепенно (см. [ВС 6: 90]). Создание реальных пейзажей-храмов, «лирических» и «музыкальных» сцен новой и «иной» жизни (приходит на ум понимание Блоком подлинной истории как «музыки»), магия возвышенных чувств любви постепенно, но верно обеспечивают переход в «реальнейшую реальность» *(realiora)*. Тем, кто возразит, что подобные задачи переступают возможности искусства, Соловьев отвечает, что границ искусства пока еще никто не определил и что он сомневается, что они существуют [Там же]. Прежде чем приступить к подробному анализу «искусства искусств» — эротической любви «иного» рода, чем практикуемая ныне, — следует указать на недостатки последней.

Критика традиционной любви

Для большинства людей смысл любви состоит в продолжении рода человеческого. Даже философы-идеалисты, подобные А. Шопенгауэру, разделяли эту «прозаическую» точку зрения. Именно такой взгляд на любовь как воспроизводство смертных затормозил процесс достижения бессмертия человечеством. Продолжение рода — часть животной сути человека, и до тех пор, пока человек «размножается, как животное, он и умирает, как животное» [ВС 7: 33]. Несмотря на то что между духовной любовью и биологическим деторождением нет существенной связи, человечество решило, что она есть, и без особых оснований продолжает так думать.

Однако хорошо известно, что человечество в состоянии воспроизводить себе подобных и без всякого чувства любви, как и то, что великая любовь может возникнуть без какого-либо сексуального контакта. Следовательно, любовь, сексуальность и деторождение не зависят друг от друга, и эволюционная биология подтверждает этот факт. Она свидетельствует, что высокая плодовитость (как у рыб) типична для видов, находящихся на более низких стадиях эволюции, в то время как массовое размножение у высших форм жизни невозможно: у человека оно исключено. По существу, наиболее глубокая любовь — именно та, что не связана с половым актом и не ведет к размножению, оставаясь при этом интенсивно эротической, утверждает Соловьев, которого Мочульский в этом контексте называет «эротическим аскетом» [Мочульский 1951: 204].

Конечно, нелегко заменить животные инстинкты сексуальной аскезой для сохранения сублимированной эротической духовной энергии. Искушение сменить красоту эротической любви на элементарную похоть всегда сопровождает творца бессмертия, как не раз с грустью отмечает Соловьев в своей поэзии. Кроме искушения возникают и сомнения: как легко можно убедиться, воздержание от половых отношений само по себе не вознаграждает человека бессмертием. В конце концов, и девственницы, и кастраты умирают. По Федорову, для достижения бессмертия недостаточно «пассивной девственности», и Соловьев в этом отношении вполне согласен с ним. Достижение бессмертия требует постоянной напряженности воли и духа, при которой любовь не выхолащивается, а возрастает. Сублимация — это бесконечно усиленная любовь, и поэтому она не аскетизм. Она исключает презрение к плоти, которое часто приводит к противоположному — рабскому потаканию ее прихотям. Более того, совершенная любовь должна быть всеохватывающей: это означает, что любовь охватывает весь «состав» возлюбленной, и душу, и физическое тело — последнее при условии, что оно не станет объектом «потребления». Соловьев резко возражает против любой формы «метонимической» любви, которая сосредоточена на какой-либо одной части целостной личности возлюбленной. Раздробление ее цельности ведет к «фетишизму». По мнению философа, нет существенной разницы между патологическим обожанием предметов одежды возлюбленной и посещением борделей. Посещающие проституток мужчины, по существу, «некрофилы», любители бездушной «мертвечины» [ВС 7: 36]. К несчастью, таких любителей мертвого «мяса» считают вполне нормальными людьми, в то время как к безобидным фетишистам, коллекционирующим передники или дамские туфли, относятся как к опасным безумцам. Однако и любители чистых душ за счет пренебрежения к телу — своего рода фетишисты. Такого рода фетишизм нередко наблюдался у рыцарей «прекрасных дам», которым они посвящали свои мадригалы. Подобная «донкихотская» любовь, игнорирующая телесную реальность, непременно заканчивается разочарованием (и в «ней», и в себе), отчаянием и безумием. И, самое главное, донкихотская любовь лишена энергии преобразования. Игнорируя физическую и духовную неотесанность Альдонсы и обожая ее воображаемую идеальность, Дон Кихот никогда не превратит коровницу в бессмертную Дульсинею. Так называемая рыцарская любовь, все еще широко практикуемая, не понимает «смысла любви», то есть преображения реальной женщины в представительницу Вечной женственности, достойную стать одной половиной божественного «андрогина» [ВС 7: 29]. Какие бы формы ни принимал фетишизм, он всегда противостоит идеалу андрогина, воистину полноценного человеческого существа. Истинная любовь, ищущая сокровенный смысл любви, всегда включает *всю* Другую *(всего* Другого): тело, душу и ауру — идеальный свет, содержащий ее божественный образ и будущую бессмертную форму. Истинный любовник любит свою реальную и идеальную возлюбленную, пытаясь слить их воедино в воплощение безупречной красоты. Следовательно, подлинный смысл любви — создание живого произведения искусства, а также брачный союз художника и его создания. Слияние произведения искусства со своим создателем — высший акт духовного супружества, который через «зачатие в красоте» (Платон) ведет к появлению божественного андрогина. В конце концов эта духовная созидательность, или теургия, придет на смену физическому зачатию и деторождению, как и традиционному безжизненному искусству.

Смысл любви

Первый шаг в художественном и духовном преображении традиционной любви — любви мужчины к женщине и женщины к мужчине — это обоюдная идеализация. Всем известно, что влюбленные в порыве чувств не только приписывают друг другу достоинства и добродетели, которых никто иной в них не замечает, но и буквально видят друг друга «в другом свете», чем их окружение [ВС 7: 26]. Эта идеализация является своего рода эстетической деятельностью и первым шагом в процессе любовного творчества. Окружающие обычно посмеиваются над трогательными «восторгами» влюбленных, полагая, что те живут иллюзиями и скоро отрезвеют. Эта фаза обоюдной идеализации в большинстве случаев и в самом деле продолжается недолго. Вскоре обнаруживается «правда», и влюбленность проходит или принимает иные формы, такие как супружеская верность и разделяемая родителями забота о детях.

Соловьев не принадлежит к тем, кто смеется над «заблуждениями» влюбленных и принимает «возврат к реальности» как жизненную неизбежность. Он, напротив, полагает, что обманывают себя не влюбленные, видя друг друга в начале своих отношений в «розовом цвете», а те, чей пыл остыл. Как Пушкин, Соловьев считает, что «нет истины, где нет любви»[9]. Когда влюбленные пробуждаются от любовных грез, они вовсе не начинают видеть «реальный» облик другого; скорее, у них иссякает духовная энергия, позволяющая сохранять и углублять *творческое* видение другого, разглядеть «образ Божий», вложенный в любимого человека, но скрытый под внешней оболочкой. Продолжать видеть возлюбленную / возлюбленного «очами своей души» [ВС 7: 44] стоит огромного духовного усилия, но великая награда ждет тех, кто сохраняет в своем видении другого истинный его *богоданный* образ. Влюбленный в первой стадии любви — всегда художник, различающий идеальную «форму» своей возлюбленной, какой бы несовершенной ни была ее эмпирическая оболочка. Талант гениального художника — удел немногих, но все люди обладают даром творческой идеализации предмета своей любви, поскольку каждому дано испытывать окрыляющее чувство *влюбленности* до того, как оно будет «сни-

---

[9] Абрам Терц (А. Д. Синявский) цитирует этот афоризм Пушкина в «Прогулках с Пушкиным» (1968, опубл. 1975). Его комментарий к нему уместен и для нашего контекста: «Это правило в устах Пушкина [...] означало, что истинная объективность достигается нашим сердечным и умственным расположением, что, любя, мы переносимся в дорогое существо и, проникшись им, вернее постигаем его природу» [Терц 1993: 45].

жено» в половом акте. В состоянии «влюбленности» любящие выходят за барьеры, расставленные плотским эгоизмом, ограничивающим духовный горизонт человека. Способность идеализировать предмет любви — дар метафизической деавтоматизации восприятия другого. Этим «даром эроса» владеют оба любящих, но творческий импульс сильнее у любящего, между тем как чуткая восприимчивость — главный дар возлюбленной. Их дары не только дополняют друг друга, но и взаимодействуют в процессе создания духовной андрогинности.

Андрогинная любовь сметает барьеры эгоизма, но не требует исчезновения личности. Даже полностью идентифицируя себя с другим, любящие не должны забывать, что истинная любовь требовательна и что «смысл любви» — обоюдное совершенствование. Любящие не обязаны беспрестанно обожать друг друга, прощая друг другу все недостатки. *Созидательный* эгоизм требует, чтобы влюбленный, подобно Пигмалиону, вылепил свою идеальную женщину из «сырого материала» — не мрамора, конечно, а из реальной женщины. Творец-любовник, внутренним взором «увидев» идеальную ипостась своей возлюбленной, устраняет ее реальные дефекты, насыщает «прозаические» ее черты поэзией, ликвидирует «диссонансы» в ее характере. Освобождение от оков эгоизма, не означающее умаление самого себя (принцип всеединства в разнообразии), таким образом, является важным аспектом нового искусства «бессмертиетворчества». Задача влюбленного — в эротическом порыве самозабвенного «альтруизма» осознать «Божий замысел» образа возлюбленной, и в то же время «эгоистически» требовать от нее, чтобы этот образ воплотился в реальность. Как и в философии Федорова, альтруизм и эгоизм утрачивают свое привычное значение по мере их сближения и, наконец, совпадения. У возлюбленной, конечно, то же право на требовательную любовь.

Другой аспект переоценки альтруизма Соловьевым — его отрицание такой традиционно уважаемой ее формы, как материнская любовь. Альтруистическая материнская любовь зачастую ведет к тому, что мать жертвует своей собственной уникальной индивидуальностью ради детей, а также легче мирится с мыслью, что они идут на смену ей и их отцу, мирясь таким образом с собственной смертностью. Она не борется с уродливым природным законом, согласно которому каждое новое поколение исчезает с лица земли, часто даже из памяти своих детей. Влюбленный, напротив, никогда не может смириться со смертью — ни своей возлюбленной, ни собственной. Он не альтруист, как самозабвенная мать, и не (невольный) эгоист, как неразумный ребенок, а человек, не принимающий формулировку «все люди смертны» [ВС 7: 30]. Конечно, без материнской любви сейчас не обойтись, и так будет, пока мир остается таким, каким был всегда, то есть мирится со сменой поколений. Только эротическая любовь в своей высшей одухотворенной форме способна выйти за границы воспроизводства смертоносной жизни через рождение смертных и преобразовать его в бессмертное существование андрогина.

Любовник-творец, выполняющий задачу высшего «жизнебессмертиетворчества», то есть занимающийся не романтизацией своей жизни, а созданием бессмертного андрогина, должен, естественно, и сам слиться со своей идеальной ипостасью. Эротическая и обоюдно обожествляющая любовь — это осуществление принципа «зеркало зеркала». Влюбленные, вступая в союз, ведущий к бессмертию, взаимно отражаются друг в друге, чтобы получить полное знание как друг о друге, так и о себе. Союзы двух людей одного пола или союзы неравноценных личностей (таких, как мать и дитя) не ведут к созданию андрогина, не могут достичь этого эффекта «равноправного в различии». Только полное знание и подлинный гнозис полного человеческого существа достигает бессмертия (см. [Иванов 1971: 109]). Итак, истинно преобразующая любовь — гетеросексуальная; ее духовная «энергия», основанная на слиянии зеркальных противоположностей, похожа на возникновение света. В стихотворении З. Гиппиус «Электричество» (1901) подобный процесс изображен следующим образом:

Две нити вместе свиты,
Концы обнажены.
То «да» и «нет» — не слиты,
Не слиты — сплетены.

Их темное сплетенье
И тесно, и мертво.
Но ждет их воскресенье,
И ждут они его.
Концы концов коснутся —
Другие «да» и «нет»,
И «да» и «нет» проснутся,
Сплетенные сольются,
И смерть их будет — Свет [Гиппиус 1999: 111].

Рождение Света здесь — это и есть рождение андрогина. А в стихотворении Н. Гумилева «Андрогин» (1908) его рождение представлено так:

Тебе никогда не устанем молиться,
Немыслимо-дивное Бог-Существо.
Мы знаем, Ты здесь, Ты готов проявиться,
Мы верим, мы верим в Твое торжество.

Подруга, я вижу, ты жертвуешь много,
Ты в жертву приносишь себя самое,
Ты тело даешь для Великого Бога,
Изысканно-нежное тело свое.

Спеши же, подруга! Как духи, нагими,
Должны мы исполнить старинный обет,
Шепнуть, задыхаясь, забытое Имя
И, вздрогнув, услышать желанный ответ.

Я вижу, ты медлишь, смущаешься... Что же?!
Пусть двое погибнут, чтоб ожил один,
Чтоб странный и светлый с безумного ложа,
Как феникс из пламени, встал Андрогин.

И воздух — как роза, и мы — как виденья,
То близок к отчизне своей пилигрим...
И верь! Не коснется до нас наслажденье
Бичом оскорбительно-жгучим своим[10] [Гумилев 1988: 130].

---

[10] Божественный Андрогин Гумилева является «предтечей» андрогинного блоковского Христа в «Двенадцати». Последний, конечно, бессмертен, красив и осыпан снежным жемчугом — деталь, отсылающая к «алмазу» Соловьева. Блоковский Христос, этот «Божественный алмаз», является также противоположностью земной любви Ваньки и Катьки.

Конечный «смысл любви» в обоих стихотворениях — сменить «тесные объятия» «оскорбительной» земной любви с ее мгновенным экстазом плотского соития творимой тайной полного преображения. Последняя совершается путем великого подвига любящих, жертвующих своим земным обликом и бытом для преобразования «двух ограниченных и смертных существ в одну абсолютную и бессмертную индивидуальность» [ВС 7: 28]. Их подвиг состоит в том, чтобы в ходе «видимого восстановления образа Божия в материальном мире» [Там же: 27] стать светом духовности в образе андрогина, побеждая страх и сомнения, всегда сопутствующие опыту дотоле неслыханной и невиданной новизны.

Богоподобный андрогин — существо, которое «в полноте своей идеальной личности» не может «быть только мужчиной, или только женщиной», а должно быть «высшим единством обоих», говорит Соловьев [ВС 7: 24]. Обожествляющая любовь не ведет к гермафродитизму; ее результат — скорее «невообразимо чудесное Бог-Существо», то есть духовный андрогин, каким его представляет Гумилев в вышеприведенном стихотворении. В нем преодолен самый глубокий разрыв в природно-человеческом мире — пропасть между полами. В этом изначальном разделении человечества — первичный источник несовершенства; все прочие разломы, разъединяющие человечество, — следствие этой первой трещины [ВС 7: 24]. Логично, что реинтеграция падшей природы начинается с создания гармоничного андрогина, сочетающего в себе духовные черты мужского и женского начал.

Три подвига искусства

Как поэт и любитель мифологии, Соловьев возрождает историю о Пигмалионе. Тот, как известно, рассматривал эмпирических женщин как искажения женственности. Поэтому он создал прекрасное произведение искусства — статую «Галатея», — влюбился в нее, и превратил ее, с помощью Эроса и богини любви Афродиты, из мрамора в живую Возлюбленную. Пигмалион в поэзии философа — теургический творец жизни, но не только он в греческой мифологии совершает подобный подвиг любви. В стихотворении Соловьева «Три подвига» (1882) мы встречаем художника, которому предстоят задачи потруднее пигмалионовской. Соловьев предупреждает своего героя, скульптора, как и Пигмалиона, что истинный подвиг далеко не закончен оживлением статуи: «У заповедного предела / Не мни, что подвиг совершен». Что же еще должен совершить истинный художник?

За оживлением мрамора должны последовать еще два героических подвига — умерщвление Персеем дракона смерти и бесстрашное нисхождение Орфея в Аид ради воскрешения своей возлюбленной Эвридики. Истинный любовник, по Соловьеву, — не только Пигмалион, Персей и Орфей, но художник-воин, который совершает все три подвига и триумфально завершает подвиг Орфея, возвращая ему Эвридику. Рассмотрим «требования» философа к художнику, который оставил создание безжизненных произведений искусства для искусства и творит вместо этого реальнейший, вечно живой образ возлюбленной:

Когда резцу послушный камень
Предстанет в ясной красоте
И вдохновенья мощный пламень
Даст жизнь и плоть своей мечте,
У заповедного предела
Не мни, что подвиг совершен,
И от божественного тела
Не жди любви, Пигмалион!
Нужна ей новая победа:
Скала над бездною висит,
Зовет в смятенье Андромеда
Тебя, Персей, тебя, Алкид!
Крылатый конь к пучине прянул,
И щит зеркальный вознесен,
И опрокинут — в бездну канул
Себя увидевший дракон.
Но незримый враг восстанет,
В рог победный не зови —

Скоро, скоро тризной станет
Праздник счастья и любви.
Гаснут радостные клики,
Скорбь и мрак и слезы вновь...
Эвридики, Эвридики
Не спасла твоя любовь.
Но воспрянь! Душой недужной
Не склоняйся пред судьбой,
Беззащитный, безоружный,
Смерть зови на смертный бой!
И на сумрачном пороге,
В сонме плачущих теней
Очарованные боги
Узнают тебя, Орфей!
Волны песни всепобедной
Потрясли Аида свод,
И владыка смерти бледной
Эвридику отдает [Соловьев 1974: 70–71].

Конечно, художник, совершающий все три подвига, принимает и четвертый подвиг целомудренного эроса — вечной влюбленности и любви без соития. Как предупреждает Соловьев «умных чертей», которые всегда ищут «подхода» к совершенной красоте, чтобы ее осквернить, и нашли его в земной красоте Афродиты, в образе Вечной женственности такого «подхода» они не найдут. Путь к «божественному телу» идеальной красоты закрыт — грубо физической половой любви больше не будет[11].

---

[11] В эссе «Жизненная драма Платона» (1898) Соловьев прославляет греческого философа как создателя концепции «зачатия в красоте» и «рождения прекрасного андрогина». Сам создатель платонической любви, однако, по мнению Соловьева, не совершил тех «подвигов», о которых поэт говорит в своем стихотворении. Он стал «фетишистом», поскольку не смог преодолеть антагонизм между духовной и физической сферами, не сделав неизбежных выводов из собственных предпосылок. Эрос Платона не «перекидывал мост» между земной и небесной сферами, и эта неспособность сгладить противоречия дуализма стала «жизненной драмой» философа. «Мост — основной элемент его понятийной архитектоники», — пишет о Соловьеве Ф. А. Степун [Степун 2012: 46].

Кто спасется?

Программа обожествления человека у Соловьева, в отличие от федоровской, сосредоточена скорее на индивидууме, чем на коллективе. Однако спасение от смерти и у Соловьева предназначено не только для избранных, но для всех. В мире восстановленной Софии никто не будет умирать. Спасители спасут всех. Естественно, что одна-единственная пара вечно влюбленных не может сама по себе победить всемогущую смерть. Не смогут этого и несколько таких пар, и даже целая элита избранных. Даже если бы некая духовная элита осуществила «полное одухотворение и бессмертие» [ВС 7: 51], она отвергла бы такое изолированное от всех блаженство, если бы все остальные по-прежнему остались смертными и несовершенными. В противном случае они не были бы духовной элитой.

Однако Соловьев, как и Федоров, идет дальше. Даже если бы появилось целое поколение бессмертных андрогинов, оно не смогло бы жить в безмятежной гармонии, постоянно помня о своих мертвых предках, лишенных реального бессмертия. Подобно федоровскому общему делу, соловьевская «эротическая утопия» предполагает, что бессмертие — удел всех или никого. Ни чисто духовная загробная жизнь, ни земное бессмертие для одного поколения не являются приемлемыми вариантами бессмертия — ничто, кроме «воскресения, т. е. абсолютной полноты жизни, вмещающей в себе все, что было» [Брюсов 1975: 228]. Более того, понятие «*все*, что было», безусловно, включает все ныне падшее, несовершенное и страдающее мироздание, поскольку «наше перерождение неразрывно связано с перерождением вселенной, с преобразованием ее форм пространства и времени» [ВС 7: 52].

Задачи совершенствования человека и совершенствования природы неразрывно переплетены: только спасенная природа («в ней есть душа», как утверждает Ф. И. Тютчев), вернувшая себе чудесную красоту Софии, будет физически и нравственно способна возвращать мертвых, которых она некогда поглотила и растворила в своих стихиях. Чтобы довести до совершенства всю Вселенную, необходимо преобразовать ее нынешнюю материальность («вещественное бытие», [ВС 7: 53]) в своего рода «нематериальную материю» («вещество невещественное» [Там же: 55]). Только такое вещество искоренит все противоречия и конфликты, столкновения и катастрофы, постоянно терзающие человечество сегодня. Эта трансформация уничтожит две основные формы смертельной непроницаемости: непрозрачность времени, которая препятствует сосуществованию прошлого и настоящего, и непрозрачность пространства, мешающую сосуществованию двух тел в одном и том же месте [Там же: 53]. Только прозрачные время и пространство, создающие пронизанную светом вселенную, допускают истинную сизигийность [Там же: 57–58], в которой принцип положительного всеединства в разнообразии реализуется в слиянии «реального» и «реальнейшего» (realia и realiora). Такая прозрачность возникнет в результате постепенного взаимопроникновения материи и света, земной любви к зримой красоте и небесной преобразующей любви. Этот прозрачный, но все же видимый и реальный мир, созданный андрогинным человечеством, и есть София, воссозданная в ее полной, разнообразной и первозданной красоте. Таким образом, искусство жизнетворческой любви одерживает победу над Демиургом материальности, соперником Бога, который однажды соблазнил его возлюбленную. София возвращается к своему истинному Возлюбленному при содействии человечества, осознавшего подлинный смысл любви.

Реорганизуя природу и самое себя, бессмертное человечество также создаст общество, которое представляет собой истинную универсальную церковь-невесту, достойную своего жениха — Иисуса Христа. Союз церкви с Христом, как и воссоединение Софии с творческим Логосом, следует считать «андрогинным», то есть основанным на принципе разнообразия в гармонии, по которому строятся как отношения между частями, так и отношения между каждой частью и целым. Эти отношения основаны на согласии, взаимном принятии и любящем взаимодействии всего андрогинного человечества. Во вселенной, Церкви и обществе, где правят должные природные, общественные и индивидуальные структуры, где реальное и идеальное слились на всех уровнях, не может быть дезинтеграции, а следовательно, и смерти.

В «программе спасения» Соловьева мало говорится о соблазне сексуальности, который сопровождает эрос, каким бы возвышенным ни был последний. В поэзии Соловьева, однако, нередко появляется мотив «грешного пламени» земной любви. Противоречия между падшей Мировой душой и Софией в ее первозданной чистоте, между все еще «шевелящимся» хаосом (Тютчев) и желанной гармонией, между реальностью и идеалом нередко вызывали у философа едкий смех, а иногда даже «непристойные» шутки. Ирония, насмешка над самим собой и «богохульство» в моменты отчаяния характерны для поэта Соловьева, но, конечно, исключены из философии. В трудах же Федорова мотив искушения отсутствует, как и вообще любая психология, допускающая, что внутренние конфликты могут быть трудноразрешаемыми проблемами. Неудивительно, что Соловьев стал философом символистов, а Федоров — вдохновителем послереволюционных утопий.

Тем не менее их сферы влияния не следует строго разграничивать. Вдохновленные как наукой, так и религией, оба имели последователей во всех литературных лагерях. В гибридное время Серебряного века и пламенного утопизма 1920-х годов вся интеллектуальная атмосфера была «каменоломней», где каждый брал, что ему было нужно для его мечтаний о мире без смерти. Об этом свидетельствуют произведения, представленные в следующих пяти главах.

Дорога в будущее казалась ему более короткой <...>, чем это было на самом деле.

В. Я. Кирпотин

Глава 6

Максим Горький. «Исповедь»

М. Горького часто называли «романтическим реалистом» (ср. название книги Р. Хэра: «Романтический реалист и консервативный революционер» [Hare 1962]). Можно пойти дальше и назвать его «утопическим реалистом», поскольку в его произведениях открыто говорится о высокой вероятности воплощения утопий, утверждается, что «сказка станет былью», что возможны «реалистические чудеса», и вообще «доказывается» что все мечты человечества могут стать явью, если воспользоваться правильными средствами для претворения высокого общественного идеала в реальные факты. Эстетика Горького основана на ницшеанских концепциях, воспринятых через призму доморощенной философии богостроительства. Согласно этой утопической «псевдорелигии» [Kline 1968], человеку необходимо выйти за границы своего теперешнего, ограниченного «я» и утвердиться в осознании себя как «сверхчеловеком», так и частью будущего «сверхчеловечества» посредством «творческой переоценки ценностей» [Sesterhenn 1982: 212]. Литература в его концепции имеет важную моделирующую функцию созидательного (само)преображения. Она должна быть «неиссякаемым источником мечтаний, которые дают человеку надежду и веру в будущее», отвергая воспроизведение «унылой реальности» [Там же].

Будучи приверженцем героического, возвышенного романтизма-утопизма, Горький часто прибегает к жанрам легенды, мифа и сказки либо напрямую, либо отсылая к ним как к подтекстам [Шустов 1978: 115]. Героические персонажи ранних произведений Горького служат залогом будущих чудесных событий, воплощением сказочных героев, которые *заставят* будущее стать «сказкой»[12]. Коренное изменение действительности, которое писатель считал обязательным, состояло в превращении разрушительной и стихийной природы в послушное и сознательное пространство, готовое считаться с человеческими нуждами и желаниями. Эта управляемая природа не будет таить в себе смертоносных сил и необратимых катастроф, а сама история превратится в чудесную сказку, тем самым перестав быть историей. Раннее произведение Горького «Девушка и Смерть» (1892, опубликовано в 1917 г.) уже намекает, что старая ведьма Смерть не так непобедима, как ее рисуют, и что ее можно перехитрить, как это часто случается в сказках[13]. И хотя Горький позже становится бóльшим реалистом

---

[12] Жизнь самого Горького также нередко описывалась по шаблонам этих жанров и в конце концов приобрела черты «легендарной мистерии» [Clowes 1987: xi], включавшей, в частности, миф о том, что он помогал «всему прогрессивному человечеству побеждать смерть» [Иванов 1960, 8: 370–371]. Вс. В. Иванов, писатель, (временно) близкий к Горькому, рассказывает, как в 1935 году встретил безнадежно больную цыганку, которая была убеждена, что поправится и будет жить вечно, если ей посчастливится встретить Горького. Она полагала, что он «будто большое колесо, с него смерть, как вода, скатывается» и что он нашел «вечный корень» бессмертия [Там же: 556]. Эта история больше походит на литературную выдумку, чем на реальный факт. Иванов, по-видимому интересовавшийся Федоровым, в цитируемых «Воспоминаниях» намекает на то, что нередко по-гётевски смешивает «поэзию» с «правдой».

[13] Произведения Горького цитируются по двум собраниям сочинений: 30-томному 1949–1955 годов (СС) и 25-томному 1968–1976 годов («Полное собрание сочинений. Художественные произведения»; ПСС), с указанием тома и страниц.
Прослушав сказку «Девушка и Смерть» в чтении Горького в 1931 году, Сталин восхитился ею и высказал мнение, что «эта штука сильнее, чем “Фауст” Гёте» [СС 1: 497]. А. М. Мясников приписывает высокую оценку Сталиным этого юношеского произведения горьковскому «солнечному оптимизму» и нежеланию бояться смерти [Мясников 1953: 51–53]. По свидетельству Вс. В. Иванова, Горький жаловался на то, что «вожди были пьяны» и явно издевались над поэмой (см. [Быков 2016: 81]).

и явных сказок уже не пишет, цели, намеченные в ранних произведениях, остаются в силе. Вооружившись «неопровержимыми» доводами науки, Горький теперь видит научный путь к осуществлению того, что предсказывали сказки и религия. Еще в период увлечения богостроительством писатель в фейербаховском духе заявлял, что хотя религия — ложь, ее идеалы и цели положительны и осуществимы. Прежде чем обратиться к богостроительской прозе автора, а именно к повести «Исповедь», в которой все чудесное научно объяснимо и все же чудесно, рассмотрим сказку «Девушка и Смерть», а также ее философское дополнение — поэму в прозе «Человек».

«Девушка и Смерть» (1892/1917) и «Человек» (1904)

В поэме-сказке «Девушка и Смерть» Девушка — олицетворение жизненных сил, возрождения и любви; она не боится Смерти и тем самым ее *нравственно* побеждает. Девушка так храбра, потому что знает: весна обязательно победит зиму — время Смерти. Действие сказки происходит весной, когда Смерть не очень ревностно относится к своим обязанностям, а род человеческий с особой остротой ощущает свою причастность к вечному ходу жизни (см. [Красунов 1978: 127]), забыв на время, что человек как индивидуум — эфемерное создание. Девушка влюблена и со всей полнотой ощущает себя частицей бесконечной череды поколений. Любовь, как известно, ведет к продолжению рода и побеждает если не саму смерть, то, по крайней мере, страх смерти надеждой продлить себя в потомстве. Любовь, однако, в какой-то мере борется и с самой смертью: она, например, противостоит войнам и их подстрекателям — царям. Именно царь, побежденный на поле битвы, увидев, как счастливая молодая женщина ласкает своего возлюбленного, приговаривает ее к смерти, чтобы она стала такой же несчастной, как он сам. Олицетворение торжествующей любви и вечного возрождения, Девушка, однако, боится орудия слепой смерти, царя, еще меньше, чем самой Смерти с ее «пустым черепом» [СС 1: 27].

Смерть — существо не только глупое, но, к счастью, и дряхлое: дряхлость заставляет ее ценить «каждую минуту» [Там же: 28], ибо она чует, что «жить» ей остается совсем немного. Бог тоже, по-видимому, считает, что Смерть должна *умереть*. Об этом свидетельствует приснившийся Смерти пророческий сон, в котором Бог говорит «отцу смерти» Каину и «предателю божьего сердца, Христа» Иуде, что их простит тот, чья сила «победит навеки силу смерти» [Там же: 25]. Иисус Христос или, в фейербаховской терминологии, Сердце Господне, пытался победить смерть, но не сумел сделать этого. Одним стремлением к бессмертию, которое провозглашал Христос, смерть не одолеть. Человеческому роду хорошо известно, что все умирают, несмотря на провозглашенную Христом победу над смертью. Однако Бог, очевидно, предполагает, что явится Спаситель, который победит смерть не на словах, а на деле. Это будет новый «Сын Человеческий», обладающий истинной силой спасения, не просто человек, а *Человек*, то есть умственная элита пневматиков, которая, неустанно двигаясь «вперед и — выше!» (это восклицание повторяется в поэме «Человек», [ПСС 6: 35–42]), неотвратимо приближается к всеведению и полной власти над природой. Когда-нибудь в эту элиту войдет все человечество; «хочу, чтоб каждый из людей был Человеком!» [ПСС 6: 41, 460] — провозглашает автор. Собирательный образ Человека в одноименной героической поэме Горького, таким образом, является ответом на надежды Бога, Девушки и всего смертного человечества.

Человек, понимаемый таким образом, борется со смертью с помощью интеллекта и знает, что победит ее, между тем как Девушка из сказки только бросает храбрый, но не решающий и не окончательный вызов смерти. Можно сказать, что если Девушка остается последовательницей фейербаховской концепции Христа как Сердца Господнего, то Человек уже продвинулся в своем развитии к ницшеанскому марксизму и утопическому богостроительству[14]. Любовь только учит человека преодолевать *страх*

---

[14] Обобщение мнений критиков об интересе Горького к Ницше см. в [Sesterhenn 1982: 198–212; Clowes 1988] и [Günther 1993]. Э. Клюс видит в Горьком «священника ницшеанства» [Clowes 1988: 180]. Чехов по прочтении поэмы

смерти, предлагая бессмертие через потомство, но не уничтожает ее. Разум, родоначальник науки, уничтожает смерть как явление. В его борьбе с природой Человеку помогает Мысль, его единственный друг: вместе они изучают «феномен» смерти, чтобы, поняв ее «уязвимые места», уничтожить ее. Девушка заключает своего рода временное соглашение со Смертью, получив ее позволение на продолжение рода. Смерти тем не менее придется остаться «санитаром природы», освобождающим мир от слабых и старых людей. Да и любовь, как бы ее ни прославляли, проявляет себя не только как сила добра. Так, Смерть щадит Девушку (Любовь), потому что еще не совсем готова «выйти в отставку» и боится, что ей нечем будет «жить на свете, если люди целоваться бросят», то есть если иссякнет источник, питающий Смерть, — смертный род человеческий. Только когда теперешняя любовь станет истинной Любовью без «естественного» своего последствия в деторождении и превратится в «полную мудрость» *(целомудрие)* в духе Федорова, Смерть умрет от голода вместе с ее возлюбленным, Сатаной. Исчезнут препятствия на пути к брачному союзу верной Любви и гордой Мысли, и Иисус Христос, Сердце Господне, сможет простить своих врагов Иуду и Каина.

Старуха Смерть в самом деле предпочла бы отдохнуть от своих многочисленных обязанностей и вместо того завести роман с Сатаной. Ей надоело выполнять поручения царей-империалистов, постоянно убивающих множество молодых бойцов на полях битвы, множа ее без того нелегкую работу. Старуха Смерть в горьковской сказке почти вызывает симпатию: у нее хоть и недоброе, но все же не лишенное чувств «сердце». Человек в одноименной поэме, однако, считает смерть своим непримиримым врагом, «черной загадкой» [Там же: 38], которую надо разгадать во что бы то ни стало. Это представляется вполне возможным, поскольку

«Человек» отозвался о ней как о «проповеди молодого попа» (см. [ПСС 6: 464]). Датскому журналисту А. Киркебю писатель напоминал «семинариста» или «добропорядочного английского священника в галстуке» [Хьетсо 1997: 202]. Несмотря на «поповскую» внешность писателя и постоянную готовность «проповедовать», он явно предпочитал Прометея любому традиционному образу Христа (см. [Wolfe 1967: 52]).

и в поэме «Человек» смерть, какой бы ужасной она ни была, не отличается ни умом, ни прозорливостью. Она пока по-прежнему выступает в роли необходимого старьевщика, собирающего «отбросы» — всех тех, чей земной срок истек, — однако заодно с ними ей по слепоте случается прихватывать с собой и полных жизни, талантливых людей [Там же: 38]. Но настанет время, когда понятие «человеческие отбросы» исчезнет — и надобность в смерти отпадет. Люди будущего обретут безграничную жизнеспособность и бесконечный творческий талант, и тогда смерть утратит свою единственную полезную функцию и сделается излишней. Когда Человек станет «подобен тем богам, что Мысль (его) творила и творит» [Там же: 42], он сможет победить смерть. Поэтому Человек и Мысль «ревниво» [Там же: 38] изучают ее; выяснив ее слабости, они уничтожат извечную Убийцу.

Когда Человек достигнет бессмертия, Мысль будет ему уже не единственным другом. В борьбе с Необходимостью Человек должен опасаться лишающего целеустремленности Чувства, сосредотачивая всю свою силу воли на Мысли, направляя ее на достижение великой цели. Но когда бессмертие будет обретено, исчезнет и классический конфликт сердца и разума[15]. Девушка и Человек, Любовь и Мысль смогут слиться воедино, когда Мысль выполнит заветное желание Любви. Это желание — не производство потомства, а бессмертие, и когда эта цель будет достигнута, произойдет и окончательная эмансипация женщины, и слово «баба» исчезнет из словаря, как и вся традиционная роль «слабой и умственно недоразвитой женщины». Как подмечает Матвей, герой «Исповеди», уже в его время есть женщины, у которых «человеческого» больше, «чем женского» [ПСС 9: 269].

На этой стадии горьковского творчества никаких конкретных путей решения этой проблемы не предлагается, если не считать таковыми утверждения, что со смертью будет бороться неустрашимая Любовь и что изучать ее будет бесстрастная Мысль. Впоследствии писатель, все больше увлекаясь последними открыти-

---

[15] Р. Зестерхенн видит конечную цель горьковского богостроительства в примирении чувства и разума в новом идеальном мире, см. [Sesterhenn 1982].

ями науки, стал вводить в свои произведения конкретные программы спасения, как ему казалось, на безошибочной научной основе[16]. Одновременно он высказывал мысли, в которых заметно «безусловное одобрение некоторых... идей» [Сухих 1978: 13] Федорова. Горький был знаком с сочинениями Федорова, однако невозможно точно установить, когда он впервые прочитал их. Его реакция на философию общего дела документально фиксируется с конца 1910-х годов и находит явное отражение в его последнем крупном произведении — незавершенном романе «Жизнь Клима Самгина» (см. [Сухих 1980: 160–168]). Однако думается, что писатель начал интересоваться Федоровым гораздо раньше и что его с самого начала особенно занимал «проект» воскрешения мертвых. По крайней мере, основания для такого предположения дает очерк «Кладбище» из книги очерков «По Руси» (1913)[17].

---

16 В последние годы своей жизни Горький делается настоящим «фанатиком» науки, видя в ней гарантию разрешения всех своих федоровских упований. Так, в 1934 году Горький писал харбинскому последователю Федорова Н. А. Сетницкому, что он, «как материалист», считает, что борьба со смертью — задача, требующая «экспериментального исследования». Он добавил, что знает, что советское правительство поддерживает такого рода эксперименты в исследовательском институте ВИЭМ (Всесоюзный институт экспериментальной медицины), в котором изучаются «жизнь, работа и изнашиваемость человеческого организма» [Зильберштейн, Тагер (ред.) 1963: 544]. Сетницкий, возможно частично уже убежденный в том, что федоровское дело вправду осуществляется в СССР, стране коллективного труда, получив подтверждение этому от Горького, в 1935 году вернулся в Советскую Россию, где через два года был расстрелян. Возвращение Горького в Советский Союз, несомненно, объясняется и его желанием способствовать работе ВИЭМ и другим научным изысканиям по «улучшению» человека. Эпиграфом к введению своей книги «М. Горький — пропагандист науки» М. М. Юнович ставит цитату из Горького: «Науке, исследующей “материю” — верю и люблю ее, как поэзию» [Юнович 1961: 3]. Автор приводит и многие другие дифирамбы Горького всемогущей науке и ее источнику, человеческому разуму, например: «Дерзновенному величию разума человеческого — нет предела, а у нас разум этот растет с неимоверной быстротою и количественно и качественно» [Там же: 95]. О вере Горького в науку также см. [Бялик (ред.) 1964].

17 Этот цикл, написанный между 1912 и 1917 гг. и публиковавшийся в 1915, 1918 и 1923-м, начинается с известного рассказа «Рождение человека» и заканчивается историей убийства, напоминающего убийство Каина (чье

«Кладбище» (1913)

В очерке «Кладбище» Горький рассказывает историю из своей юности, когда он в 1890-е годы странствовал по Руси. Однажды он заснул на кладбище, где часто находил убежище от безобразия городского мира, изуродованного пагубным воздействием современной промышленности и вековечной «скотской» похотью его обитателей. Внезапно он был разбужен стариком, неподалеку от него бившим каблуком в землю. Незнакомец объяснил, что спас спящего от змеи, ползущей к нему, чтобы его ужалить. И действительно, в траве извивалась умирающая змея, но это был всего лишь безвредный уж. Хотя рассказчик и был рассержен на своего непрошеного защитника, в действиях которого не было ни малейшей необходимости, они разговорились. Далее в рассказе следует их обмен мыслями или, точнее, изложение идей старика. Они, как и вся его личность, несомненно, навеяны образом Федорова и духом его философии.

Черты Федорова можно усмотреть, например, в раздражительности старика, сочетающейся с добротой и склонностью к игре слов. Его шишковатый череп также указывает на Федорова, о котором вспоминали, что у него был «могучий, спереди обнаженный череп, на котором мускулы и жилы вздымались буграми» [Остромиров 1928: 11]. Подобно Федорову, старик по фамилии Хорват[18] глубоко раздосадован безразличием и пренебрежением к мертвым, которое он наблюдает на российских кладбищах. Они должны быть местами, где зарыты «*клад*ы» (*клад*-бища), а на самом деле превращены в места «обиды и *позора*» (*позор*-ища; [ПСС 14: 236]). Особенно раздражают Хорвата традиционные

преступление, как утверждалось в сказке «Девушка и Смерть», породило смерть). Основная идея цикла в том, что русский народ, как социалистическое сверхчеловечество, должен начать «строить Бога» и осуществить мечту Иисуса Христа о человеческом бессмертии. Примиряя Федорова с Ницше, Горький создает своего рода «ницшеанский федоровизм».

[18] Эта фамилия, возможно, дань увлечению Федорова панславизмом. Философ, например, придавал большое значение тому факту, что Коперник, который «произвел переворот в астрономии», был славянином.

надписи на надгробных камнях, где все покойные без исключения по православному обычаю названы «рабами Божьими» [Там же: 235]. Вместо безличной надписи «раб Божий», стирающей специфику личности и низводящей ее до *«раба»*, он предпочел бы видеть символические свидетельства свершений и достижений умершего, его достоинств, талантов и прочих присущих только ему черт. Далее он предлагает вниманию своего молодого собеседника набросок проекта [Там же: 238], согласно которому нынешние места позорного забвения и признания всемогущества смерти превратятся в «книгу живота» [Там же: 238]. Хорват хотел бы, чтобы надлежащие учреждения во всех городах и селах следили за деятельностью каждого своего жителя и чтобы на кресте над могилой каждого покойника записывались «все дела его и все заслуги, пусть они ничтожны» [Там же: 239–240].

Проект старого мудреца имеет явное сходство с идеей Федорова о «создании музеев на кладбищах» [НФ 1: 48]. Федоров тоже предлагает регистрацию «деяний» [Там же: 49] и их символическое изображение на могилах. Цель всего его музейного проекта — преобразование современного кладбища в учреждение, где торжествует «апофеоз просвещения» [Там же: 604]. Это значит, что следы деятельности умерших сохраняются и что их останки изучаются с целью возможной реконструкции, ведущей к воскрешению мертвых тел. Провинциальный адепт философии и проекта бессмертия, с которым Горький якобы встречался во время скитаний по Руси, не сомневается, что «смертью смерть всеконечне погублена бысть» [ПСС 14: 235]. Иначе говоря, он верит, что смерть таит в себе ключ к своему собственному уничтожению. Поэтому изучать смерть следует именно на кладбище. Старик, чья голова напоминает пасхальное яйцо [Там же: 240], верит в пасхальное обещание воскресения мертвых, или, в данном случае, в их воскрешение, и полагает, что места захоронений — это «клады разума, сокровища поучений» [Там же], которые помогут расшифровать «механизмы» действия смерти. Таким образом, он разделяет точку зрения Федорова, что кладбища — места «изучения темной, разрушительной силы» смерти [НФ 1: 612], которой противостоит единое человечество. Рекомендуя жить «теснее», он, по-видимому, говорит о федоровском общем деле, и его вера столь сильна, что он заражает оптимизмом и своего слушателя.

Молодой Горький-рассказчик внезапно «видит наяву», как белые камни заброшенных могил краснеют, заливаемые «теплой кровью» и «красной живой влагой» [ПСС 14: 242] заходящего солнца, — действие происходит вечером. В этом видении, как кажется, содержится обещание, что захороненным мертвецам однажды будет произведено некое «переливание крови», которое сделает былью легенду о воскрешающей Христовой крови евхаристии, как и сказку о живой и мертвой воде. В философии Федорова таинство причастия занимает центральное место: он рекомендует, чтобы на стенах церквей и соборов появились фрески, на которых изображены приводимые к причастию «черепа и скелеты» (см. [НФ 1: 609]). Автор «Кладбища», кажется, видит такие фрески наяву. Кстати, и А. А. Богданов, в то время единомышленник Горького, возможно, был вдохновлен подобной мыслью. В утопическом романе «Красная звезда» (1907), действие которого происходит на Марсе, автор показывает, как марсиане практикуют переливание крови и для продления жизни, и ради укрепления братских отношений. Богданов лично проверял свою теорию о пользе переливания в созданном им Институте переливания крови (1926), где он заразился туберкулезом от больного донора и через две недели умер.

Видение будущей Пасхи с подлинной Евхаристией, которая будет не только «предвестием» и символом, как теперешняя, введенная Сердцем Божьим — Иисусом Христом, очевидно, оказало глубокое воздействие на юношу из очерка «Кладбище». Встреча с Хорватом (то есть «встреча» с Федоровым, или личная, в Румянцевской библиотеке, или мысленная, при чтении его трудов) дала ему понять, что жизнь имеет смысл, если ставить себе возвышенные цели. Ведь старик угадал, что змея, подползавшая к юноше, спящему между двух могил, таила в себе реальную угрозу, пусть это был только уж. В книге Ницше «Так говорил Заратустра» змея, заползшая в глотку спящему, символизирует «великое отвращение» к миру, который стал для героя лишь «гнилью, костями и развалинами прошлого» [Ницше 1990, 2: 159].

Уж, подползший к спящему, вероятно, олицетворяет то же самое состояние души. Таким образом, Хорват, может быть, убил не ужа, а удушающее *taedium vitae*[19], охватившее молодого рассказчика, посетителя кладбищ. Возможно, старик также помог ему избавиться от некоторых внушающих пессимизм мыслей Ницше, таких как идея вечного возвращения. Если принять ее, надо принять и то, что все — даже низкое, ужасное и отвратительное — неминуемо должно возвращаться. При вечном возвращении придется и умирать снова и снова. Горький, конечно, не разделял всех идей Ницше — его вера в вечный прогресс противоречила идее вечного возвращения.

Предположение, что Хорват освободил рассказчика от пагубной идеи вечного возвращения, основано на следующем. В какой-то момент беседы Хорват рисует в воздухе «широкий круг» и спрашивает своего молодого слушателя, что это может, на его взгляд, означать [ПСС 14: 234]. Тот отвечает, что это «смерть». Тогда Хорват говорит, что «смерть побеждена», и пускается в рассуждения о человечестве, преодолевающем смерть. Так ницшеанский круг вечного повторения переходит у Хорвата в восходящую линию прогресса, которая неминуемо приведет человечество к осуществлению всех его мечтаний, включая воскрешение мертвых и упразднение смерти. Хорват, как и Федоров, видит будущее бессмертие, возникающее из праха прошлого, и молодой рассказчик, проникнувшись этой идеей, спасен для жизни, посвященной вечному восхождению («вперед и выше») — восхождению, которое, по законам логики, должно увенчаться победой над смертью. Смерть расценивается всеми смертными как величайшее зло человеческого бытия, и из этого, как у Федорова, следует, что победа над ней — именно та цель, которая может объединить все человечество без исключения.

Рассказчик в очерке «Кладбище» со временем превращается во всемирно известного писателя Горького, а под конец жизни в «родоначальника социалистического реализма». Он также делается основателем множества литературных и научных учре-

---

[19] Taedium vitae (*лат.*) — «отвращение к жизни». — *Примеч. ред.*

ждений и изданий, таких как журнал «Наши достижения». В контексте нашей темы интересно отметить, что этот журнал, вероятно, был задуман как некая «книга жизни». «Каждый человек, сделавший нечто социально полезное, должен (был) найти свое имя на страницах этого журнала», — заявляет Горький [Шумский 1962: 88], возможно рассчитывая, что этот журнальный реестр позитивных деяний в конечном счете послужит делу воскрешения. «Уроки» Хорвата — Федорова продолжали оказывать влияние на всестороннюю деятельность Горького, никогда не перестававшего верить в им самим созданную «религию» богостроительства. Вопрос о том, как он, защитник не только жизни, но и человеческого бессмертия, в советское время мог превозносить строительство Беломорканала как «перековку классового врага» и объявить, что если «враг не сдается, его уничтожают», выходит за рамки настоящей работы. Мы обращаемся к более гуманному плану «спасения человечества», нашедшему выражение в богостроительской повести «Исповедь».

Исповедь (1908)

Эту повесть принято считать литературной квинтэссенцией горьковской идеологии богостроительства, ранее отразившейся в романе 1907 года «Мать» (см. [Bryld 1982; Sesterhenn 1982, 238–264]) и в значительной мере оставшейся кредо писателя до конца жизни. Как и очерки из более поздней книги «По Руси» (1913), «Исповедь» сочетает новые истолкования Евангелия со сказочными элементами, популистские мифы о всемогущем народе с марксистско-федоровской версией ницшеанства, в которой выдающиеся вожди наподобие Данко и яркие художники вроде самого Горького руководят массами. «Стихийный» народ и более сознательный пролетариат совместно (в этот период Горький еще не относился к крестьянству безоговорочно отрицательно) способны осуществить общее дело «творимой сказки».

Богостроительство охватывало широкий спектр идеологий XIX века — в первую очередь романтизированный марксизм, но также и символистские идеи о Третьем Завете, завете женской ипостаси Святого Духа. По мнению датского критика М. Брильд, Ниловна, героиня «Матери», — это видоизмененный вариант женской ипостаси Святого Духа в соответствии с религиозными воззрениями Мережковского о Третьем Завете [Bryld 1982: 29]. Даже соловьевская софиология могла послужить частью «феминистского» аспекта богостроительства, так же как и идеи Федорова. Правда, уже последователи идей Р. Оуэна возвышали роль женщины до такой степени, что Эмма Мартин[20], например, выступала с лекцией «Святой Дух. *Ее* природа, предназначение и законы» (см. [Taylor 1983: 146]).

Как показывает само название новой «религии», богостроительство предполагает некую конструирующую деятельность. Федоров рассматривал архитектуру как *ars artium,* по крайней мере в тех случаях, когда речь идет о строительстве *собора* во всех тех основных значениях, которые он вкладывал в это понятие, — как храма, паствы и гармонии космоса. Богостроительство также стремится к формированию Нового мира как человеческого сообщества, тем самым как бы реализуя слова Христа о своем теле как о заново воздвигаемом храме [Hagemeister 1989: 86]. И это гармоничное сообщество, составляющее как бы архитектурный ансамбль, должно посвятить себя строительству сверхздания новой вселенной — «храма будущего». В таком космосе человечество сможет беспрепятственно перемещаться, завоевывая свое «новое небо»[21].

---

20 Мартин Эмма (1811 или 1812–1851) — английская общественная деятельница, социалистка, последовательница утопического социализма Р. Оуэна (1771–1858), выступавшая за права женщин. — *Примеч. ред.*

21 Как показал А. Л. Тейт [Tait 1986], А. В. Луначарский в своем учении о новом человеке-строителе примирил ницшеанский индивидуализм с марксистским и федоровским коллективизмом, поручив творческому (но не элитарному) человеку теургическую задачу: строительство сверхчеловечества. Заветы богостроительства продолжали влиять на советскую интеллигенцию и после запрета, наложенного на него Лениным. Так, Е. Толстая-Сегал усматривает явно федоровские черты в «материалистической религии Пролеткульта», основатели которого были бывшими богостроителями [Толстая-Сегал 1981: 242].

В «Исповеди» показаны только самые первые фазы «строительства» богоподобного коллектива, только семена будущего всемогущего коллективного бога. На этих начальных фазах совершается слияние ума и силы, личности и народа. Повесть в известном смысле обращается к классической для XIX века проблеме лишнего человека и решает ее, превращая нерешительного интеллигента Матвея в человека, способного просвещать народ и помогать ему осуществить его же сокровенные желания. Как интеллигент нового, неакадемического типа, он движим теми же чаяниями, что и народ, и принимает ответственность за выработку этих чаяний. Он выразитель сознания стихийных масс, а они, в свою очередь, дают ему энергию и жизненную силу, которых ему прежде недоставало. Нам предлагается симбиоз, в котором нет ни эксплуатации, ни обмана, ни эгоизма, ни альтруизма, а только равная польза для всех.

«Разрешив» проблему лишнего человека, Горький в своей повести отмечает прежние неудачные попытки на этом поприще, например фиаско подпольного человека Достоевского, который не смог найти выход из своей «затравленности» в самом себе. Исповедующийся герой горьковской повести Матвей — тоже подпольный человек, который, в отличие от своего предшественника, порывает с эгоцентризмом и использует свое критическое отношение к миру на благо ближних[22]. Присутствует здесь и полемика с «Исповедью» Л. Н. Толстого (1894). Горький показывает, как Матвей освобождается от плена собственного «я», открывая свой внутренний мир окружающим его людям, между тем как в «Исповеди» Толстого процесс исповедания порождает

Организаторы культа «вечно живого» Ленина также придерживались богостроительских убеждений федоровского толка (см. главу 1 данной книги).

[22] Начало «Исповеди» вызывает в памяти первые фразы «Записок из подполья». Это отметил профессор Брайан Хоровиц (Brian Horowitz, Tulane University), поделившийся со мной своим наблюдением в личном разговоре. Ср.: «Я человек больной... я злой человек. Непривлекательный я человек» [Достоевский 1973, 5: 99]. «Исповедь» начинается со строки: «Я — крапивник, подкидыш, незаконный человек» [ПСС 9: 221].

эгоцентризм и жалость к самому себе[23]. Решительно отвергая индивидуалистическую культуру дворянства, повесть Горького объявляет основой человеческого всемогущества братский коллективизм.

Старый мир

«Старый мир» горьковской «Исповеди» [ПСС 9: 217–390][24] — это мир социальной и экономической несправедливости, взаимного недоверия и пагубного отсутствия единства, одним словом, мир «небратских отношений». В нем доминируют центробежные силы, и держится он только на авторитете иерархии тиранов, чья власть зиждется на «злых законах» (362). Эти законы утверждают несправедливость, называя ее правосудием и наказывая тех, кто обнаруживает обман. Но факт остается фактом: то, что пытаются выдать за управление, — не что иное, как «грабеж» (240), а так называемая работа на адских заводах — это «работа вечная»,

---

23 Марксистский критик В. Л. Львов-Рогачевский рассматривал «Исповедь» Горького как ответ на толстовскую «Исповедь». Особо он отмечает контраст между «ужасом смерти» у Л. Н. Толстого и «радостным опьянением человечностью» [Львов-Рогачевский 1913: 86] у Горького. Но и горьковское произведение ему не слишком нравилось, поскольку критик предполагал, что «недавний буревестник превратился в революционного Луку», предлагающего «романтический наркоз» [Там же: 99] вместо проектов активного преобразования жизни. Однако «Исповедь» Горького, как и все его произведения, отвергает толстовское «непротивление злу» (как и «смирение» Достоевского), призывая взамен к политической активности и теургической трансформации жизни. По-видимому, религиозная терминология и символика повести заставили критика подозревать, что Горький отказался от «идеологии дела» и что «толстовец» Лука в пьесе «На дне» стал его новым идеалом. В целом современники-модернисты встретили повесть Горького положительно, вероятно видя в нем близость к их собственной идеализации народа. О горьковском отношении к символистам и их влиянии на его творчество см. [Brown 1988: 227–238].

24 Далее «Исповедь» цитируется по этому изданию с указанием страниц в скобках.

оплачиваемая «ежедневным голодом» (369). Власть «злых законов» распространяется и на неписаные законы повседневной жизни. Они требуют, чтобы люди жили как звери, ведя постоянную войну всех против всех («зверская свалка», 268), в которой выживают только сильнейшие, чтобы люди стремились к чувственным наслаждениям как к высшему смыслу жизни и чтобы они жили в лучшем случае ради ничтожных личных целей своего маленького семейного круга. Достойно сожаления, что жена рассказчика счастлива оттого, что стены ее дома отгораживают ее от других людей (245). Это мещанское понимание счастья в собственном *мирке* (слово Федорова) указывает на корень зла всего старого мира — отсутствие родства с остальным человечеством.

Один из «просветителей» Матвея в переломное время его жизни, заводской учитель Михайла, объясняет ему, как это произошло. Падение человечества началось, когда «первая человеческая личность оторвалась от чудотворной силы народа, от матери своей, и сжалась от страха перед одиночеством и бессилием своим в ничтожный и злой комок мелких желаний, в комок, который наречен был — "я"» (354). Эта порочная разобщенность, ставшая фактом истории, особенно недавней, и сделала возможной эксплуатацию человека человеком. Именно на эгоистическом индивидуализме основан «грех торговли» (281), когда деньги служат средством «подкупить судьбу» (246), а хитрые и сильные богачи становятся правителями Старого мира. Мудрый шутник *(скоморох)* Мигун смеется над Старым миром и бранит рассказчика за (временную) приверженность отжившим ценностям: «Эх, Матвей, хорош ты был дитя! А стал книгочей, богоед и, как все земли нашей воры, строишь божий закон на той беде, что не всем руки даны одной длины» (244). Чтобы достичь успеха в Старом мире, человек должен не только красть, давать взятки и заниматься шантажом, но и стать «богоедом» — отрицателем божественного начала в мире — и «книгочеем», объясняющим мир, вместо того чтобы его изменять.

Матвей — подкидыш, взятый в дом приказчика Титова, по-видимому, с целью подкупить Бога. Грех стяжательства, полагает Титов, должен быть ему отпущен за то, что он «бескорыстно» приютил сироту. Когда после многих лет, проведенных в молитвах за спасение души приказчика, Матвей хочет жениться на дочери Титова Ольге, будущий тесть вынуждает его обманывать крестьян, предлагая Ольгу в качестве награды за удачное мошенничество. Матвею предстоит узнать, что многие поступают так же, как Титов. Позднее, странствуя по России, он не единожды столкнулся с тем, как люди пытались подкупить Бога, как они были готовы торговать даже счастьем своих детей, чтобы разбогатеть, поскольку материальный успех — единственная по-настоящему почитаемая ценность в Старом мире. Хуже всего то, что нет никакой надежды на перемены. Заводской учитель Михайла гадает, ждет ли детей, которых он учит, лучшая доля, нежели непосильный труд и пьянство. И хотя он верит в пользу воспитания и образования, он опасается, что «войдут они в то же темное и узкое русло, в котором мутно протекают дни жизни их отцов» (359). Он опасается, что в Старом мире детям не дадут воспользоваться ими и вместо этого превратят их «в рабочий скот». Размышляя вслед за Иваном Карамазовым о доле безвинных детей в «страшном мире», Матвей не может понять, чем «заслужили дети тяжелую обидную жизнь, которая их ждет» (365). Матвей вынужден признать, что в Старом мире — мире безжалостной эксплуатации — детская «живая красота будет потоптана жадностью» (359).

К невинным жертвам жадности Старого мира можно добавить и Землю. Она наделена несравненной красотой, но осквернена заводами вроде Исетского металлургического, куда попадает Матвей. Эти заводы-вампиры «сосут ее дни и ночи, задыхаясь от жадности» (367), оскалив «красные зубы» (355). Они питаются «огненной кровью» (367) Земли, то есть ее расплавленными металлами, в то время как владельцы заводских «орудий пытки», промышленники и другие «владыки» мира, в традиции Куприна («Молох») поклоняются чудовищным идолам наживы. Им безразлично, что труд, это мощное средство преображения мира, вместо созидания служит пожиранию, перевариванию и извержению «плоти» Земли. Вырывающая из ее «тела» «длинные живые полосы» (367), «обжирающаяся» фабрика является эмблемой

Старого мира, который роет могилу сам себе. Рассказчику эта картина внушает страх: «Вижу в этой дикой работе нечто страшное, доведенное до безумия. Воющее чудовище, опустошая недра земли, копает пропасть под собой и, зная, что когда-то провалится в нее, озлобленно визжит тысячью голосов: скорей, скорей, скорей!» (367) Перспектива капитализма, копающего себе могилу, конечно, имеет и положительную сторону, поскольку открывает возможность после его полного провала создать Новый мир братской солидарности на пустом посткапиталистическом пространстве.

Всепроникающая разобщенность Старого мира не только благоприятствует жадности, ненависти, эксплуатации, неравенству и взаимному недоверию, социальными проявлениями которых являются капитализм, насилие промышленности над природой и классовый антагонизм, но порождает также самовлюбленность и крайний индивидуализм. Во всяком случае, так происходит в высших классах, которые располагают неограниченным досугом, способствующим развитию подобных качеств. Нигде у людей нет больше свободного времени, чем в монастырях, поэтому монастырская жизнь, хорошо знакомая странствующему Матвею, проникнута порочным себялюбием, полностью заменившим всякую «любовь к ближнему». В Савватеевской пустыни, например, Старый мир представлен как бы в миниатюре: здесь царят оживленная торговля, лицемерные благочестивые речи и скрытая чувственность. Многие монахи этой обители обречены на изнурительные битвы с самими собой. Изолированные от остального мира каменными стенами своих келий, проводящие слишком много времени наедине с собой, эти монастырские жители погружены в бесплодную борьбу с греховными соблазнами. В результате некоторые из них («лучшие умы» монастыря) строят целые философские системы из одних лишь мелких личных переживаний, вместо того чтобы стремиться к достижению братских отношений с теми, которых они называют своими братьями.

Именно так обстоит дело с богатым аристократом и бывшим офицером, принявшим постриг, — отцом Антонием, в образе которого соединились опошленный вариант Ставрогина из «Бесов» Достоевского и также весьма опошленный толстовский отец Сергий, а может быть, и сам Л. Н. Толстой[25]. Антоний демонически красив, откровенно эгоистичен и поглощен тривиальными размышлениями о своих отношениях с женщинами. Для этого законченного солипсиста другие люди — не более чем «стадо бешеных свиней, с разной быстротой бегущих к пропасти» (301). Считая, что окружающие его люди неинтересны, Антоний посвящает львиную долю своего времени противостоянию женщине-соблазнительнице. Развлекаясь красивой «словно новая игрушка» любовницей, он размышляет о том, как природа «берет нас в злой и тяжкий плен» (305), используя женщину как «сладчайшую приманку» (303). Очевидным образом разделяя идеи Л. Н. Толстого и Федорова о сексуальности как препятствии на пути к Спасению, Антоний приходит к выводу, что, не будь полового влечения, «может, человек и бессмертия достиг бы» (303). По-видимому, он считает, что его собственная тяга к женщине не поддается обузданию, поскольку не делает никаких шагов, направленных на обретение бессмертия, предпочитая временные удовольствия плоти вечной жизни. Его теории о сексуальном воздержании как пути, ведущем к вечной жизни, — не более чем философское кокетство. Во всяком случае, его рассуждения о том, что мешает человеку преодолеть свои желания, столь же недальновидны, сколь нежизнеспособны.

Половое воздержание не есть ключ к бессмертию, хотя сам Антоний и другие монахи Савватеевской пустыни часто повторяют эту библейскую мысль, на которой изначально и строилась монашеская жизнь. Однако, как они сами наглядно показывают своим поведением, безбрачие, наоборот, сосредоточивает внимание человека на сексуальности. Во всяком случае, говоря словами Федорова, воздержание, даже соблюдаемое, остается лишь пассивным аскетизмом, не будучи ни «активным целомуд-

---

[25] Б. Вольф допускает, что одним из прототипов отца Антония, охотно поддерживающего «непристойные разговоры о женщинах», послужил Л. Н. Толстой [Wolfe 1967: 43].

рием», ни сублимацией сексуальной энергии для достижения созидательных целей. Скорее можно достичь сексуальной чистоты, если рассматривать мир и тело как «вещественную тюрьму» (363), которая должна быть преобразована в процессе одухотворения материи. Бессмысленно насиловать человеческий организм, заставляя его делать то, к чему он не способен в настоящее время, — разумнее постепенно изменить его, как и всю остальную материальную действительность. Спасение обретается в цельности всех стремлений, о чем говорил и Соловьев, цельности, при которой человек воспринимается как существо одновременно духовное и телесное и ищется высшее единство этих двух начал. Абстрактные мечты Антония о бессмертии путем аскезы (путь, который он никогда не рассматривал всерьез) основаны на индивидуалистических идеях, оторванных от действительности и потому неосуществимых. Солипсисты не могут спасти даже самих себя, не говоря уже обо всем мире. Только человечество, вновь обретя свое родство и потенциал совместного преобразующего труда, сможет изменить лицо изуродованной природы и общества, разъединенного «хаосом разобщения» (322).

Демиург

В течение многих веков Евангелие проповедовало, что человечество — единая семья, но эта доктрина не оказала заметного влияния на реальную жизнь, по крайней мере в ее современном обличье. Возможно, братство и вправду было обычным явлением в первые века христианства, однако сейчас во всех сферах общества преобладает фатальный недостаток родственных отношений. По иронии судьбы именно христианство во многом предопределило эту разобщенность, допуская сосредоточенность на внутреннем мире человека, поощряя замкнутый опыт индивидуального религиозного переживания и всяческую «мистику». Таким образом, христианство допустило распад единого образа Бога на бесчисленные отдельные образы (идолы), в большинстве своем непривлекательные. Матвей сожалеет, что «у каждого свой бог и каждый бог не многим выше и красивее слуги и носителя своего» (322). В Старом мире каждый создает идола по своему образу и подобию, будь то охваченный страхом протопоп, чей бог «ликом темен, сердцем гневен» (263), или добрая, но ограниченная матушка Февронья, вылитая Коробочка из «Мертвых душ» Гоголя: ее бог — строгий, но справедливый мелкий помещик, добренький барин (271). И сам Матвей создает для себя идола — в данном случае бога для «умных», для немногих избранных, подобных ему.

К несчастью, люди отождествляют своих причудливых идолов с «единственным истинным божеством» официальной религии, облекая их в церковные облачения и обряды. Это создает иллюзию, что все поклоняются одному и тому же богу православной церкви. Когда же им попадается иначе «одетый» идол или когда они понимают, что идолы других народов отличаются от их собственных в каком-либо важном «богословском» отношении, они, не доверяя людям иных вероисповеданий, начинают подвергать их гонениям, клеймить еретиками и язычниками.

Подобное ослепление свойственно даже образованным и интеллигентным людям; в самом деле, простой человек может ближе подойти к истине, чем «ученый». Так, старый церковный сторож Власий, воображающий себя языческим божеством Велесом, по существу, прав — он, во всяком случае, понял, что каждый создает свое собственное божество себе по душе. Власий просто сделал и следующий шаг, отождествил себя со своим идолом. Человек и есть тот бог, которого он создает или выбирает для себя из множества уже имеющихся. Однако божество, созданное «для личного пользования», не может подходить многим, тем более всем. Поэтому бог, которого построит новое человечество, должен быть принципиально иным: богом, соединяющим всех в единую семью. Только «необъятный бог» (271) заслуживает того, чтобы быть истинным божеством для человечества, решившего сплотиться вокруг общего дела. Общее дело положит конец разногласиям и вновь сделает человечество единым телом, как это было прежде, во времена ранних христиан или даже еще раньше. Разумеется, всеобщее единство, которое предстоит обрести в будущем, будет выше того, каким обладали *«материнские массы»* во время оно. Новое единство человеческого рода будет скреплено не только примитивным инстинктом и субъективным чувством, но и логическим разумом, а разум стоит за общий идеал и всечеловеческое великое дело.

Церковь возразит, что именно она дает единого беспредельного Бога для всеобщего почитания и что именно она борется с идолопоклонничеством. Однако она упускает из виду некоторые важные обстоятельства, прежде всего то, что предлагаемое ею истинное божество, как и все прочие боги, не более чем мысленное представление. Матвей задает себе фейербаховский вопрос, «с неба ли на землю нисшел господь» или с земли на небеса «вознесен силою людей» (371), и ответ ясен: бог создан людьми. Церковь игнорирует и то, что даже это мысленное представление ныне утратило силу («Бог умер»), как бы великолепны ни были одеяния, в которые его по-прежнему облачают православные священники. Отрицая, что Бог — лишь создание человека, Церковь предлагает обязательный образ всемогущего и всеблагого Отца, допуская тем самым теологические несуразности, которые наносят вред ее же делу. Провозглашая, например, что всемогущее и любящее божество заботится о человечестве как о своем любимом творении, Церковь разрушает религию, поскольку свидетельства противоположного накапливаются со скоростью снежной лавины. Проблема теодицеи сильно обострилась в ходе истории по мере накопления неописуемых жестокостей; да и частная жизнь почти каждого отдельного человека свидетельствует не в пользу существования официального «доброго и всемогущего Бога-Отца».

Матвей, например, долго и искренне верит в догматы традиционного христианства, но его вера рушится, когда доктрина сталкивается с реальностью. Поначалу он полагал, что всеблагой Отец, о котором говорят в церкви, проявит большой интерес ко всем его, Матвея, начинаниям. Он ожидал, что тот заметит его активное участие в церковной службе, его почитание икон и любовь к литургии. Он верил, что церковный Бог обратит внимание на его (спорадические) попытки помочь крестьянам в их тяжбе против его приемного отца, а потом тестя, оценит его трудолюбие и супружескую верность. Однако горький опыт убеждает его, что Богу нет до всего этого никакого дела. Более того, он позволяет умереть любимой жене Матвея — ограниченной, но хорошей женщине, а потом допускает и смерть его невинных детей. Всего за несколько дней божество, которое он любил, в чью доброту и всемогущество верил, лишает его жизнь всякого смысла, то ли подвергая его беспричинному наказанию, как нового Иова, то ли отказываясь защитить его от собственного же врага — дьявола. Лишь гораздо позже Матвей начинает понимать: Бог не наказывает его за проступки и не отдает в руки дьявола по той простой причине, что Бога — как и дьявола — нет вне человеческих представлений. Люди еще не «выстроили» своего коллективного бога братства. Матвей в конце концов понимает, каким глупцом он был, ожидая награды и наказания от воображаемого образа Отца, который он сам измыслил, и тоскуя по отцовской любви.

Не стоит забывать, однако, что Церковь некогда имела истинное божество в виде прекрасного идеала — Сына Человеческого, отдавшего жизнь «за други своя». В первые века христианства у Церкви был Бог, объединявший людей благой воли в единое тело — Христа. Однако этот «прекрасный Христос» был позднее поглощен своим авторитарным Отцом и раздроблен на бесчисленных идолов, в результате чего Церковь лишилась иконы для поклонения, вдохновляющей всех верующих. Пришло время упразднить все демиургические обломки Старого мира и его Церкви и начать поиски истинного Бога, который мог бы объединить все человечество в общем деле.

Осознав все это, Матвей решает отыскать образ бога, который соответствовал бы реальной жизни. Эти поиски нового образа для безоговорочного поклонения не означают, по мнению Матвея, что традиционная религиозная символика должна быть упразднена. Матвей ценит красоту литургии, особенно литургическое пение, так же как его ценили его первый приемный отец Ларион и друг Лариона Мигун. Однако пришла пора «выстроить» из «народа-богоносца» (Достоевский) народ-богостроитель. Воскрешение прекрасного Христа будет подобно рождению Человека, а *труд* народа-богостроителя подобен *родам*, в результате которых будет произведен на свет новый Христос. Когда сказанное в Евангелии будет правильно понято, Христос снова станет вдохновлять людей, которые больше не позволят церковникам обманывать себя ложными догмами. Перенеся «пастыря-брата» на небеса, тем же самым отнимая его от земли, Церковь ясно высказала и продолжает высказывать жажду власти и недоверие к людям. Но при всем желании властвовать, Церковь не способна создать образ общего для всех Бога — а это единственный верный способ завладеть умами и сердцами людей. Церковь безнадежно устарела; она все еще пребывает во временах Ветхого Завета. Похоже, она не сознает, что божественное «самодержавие» было сведено на нет божеством Нового Завета — бого*человеком* Иисусом, братом всех людей. Этот демократический бог был убит и теперь должен быть не только воскрешен, но и дополнен материнским аспектом божественной сущности Святого Духа. Почитание этой женской ипостаси приведет к желанному синтезу диалектических противоположностей религии в эпоху Третьего Завета (как предполагает М. Брильд; см. выше). Не исключено, что Горький в этот период увлекался символистской образностью, включая представление о женственной сути Святого Духа.

Эра богостроительства, однако, еще не наступила, в частности из-за того, что авторитарная Церковь фактически уничтожила «живого человека» (338) на русской земле. Особенно незавидная участь постигла скоморохов и других «шутов божиих» (338), которые поддерживали традицию смеха, иронии и критических вопросов (то есть, с точки зрения православной церкви, «дьявольского» умствования). «Шуты божии» помогали народу отличать истинные жизненные идеалы от ложных. Провозгласив абсолютным властителем безжалостное и непривлекательное божество, Церковь создала мишень для насмешек непочтительных скоморохов и не без успеха внушила людям недоверие ко всякому «абсолютизму», в частности воздвигающему непреодолимые барьеры между сферами божественного и человеческого. По канонам старой веры Бог был всем, а человек ничем (это отмечал, в частности, Фейербах, а после него Ницше); парализующий эффект этой доктрины очевиден. Но подобная вера изжила себя. Настало время поддержать новое поколение непочтительных шутов, которые высмеяли бы напыщенного Бога-Отца, преуспевшего в фальшивых чудесах (подобных тому, что описано в начале повести) и иных мистификациях. Настало время восстановить в правах прекрасного Бога разума и любящего Сына своей Матери, близкого к человеку, вдохновляющего его на подвиг самому стать Богом. Этот Бог, поощряющий прекрасный идеал гармонического совершенства для всех на земле, стал бы «всеобъемлющим Богом земли» (342).

Церковь говорит не только о Боге, но, может быть даже чаще, и о дьяволе, поскольку это очень удобная выдумка. Являясь выражением непостижимого зла, дьявол создает атмосферу неуверенности и страха, побуждая людей обращаться к Церкви, в лоне которой только и можно обрести спасение от него. Изображение зла как иррациональной и могущественной силы, которой не умеет противостоять даже Бог, — такой же обман, как представление о дьяволе как о постоянном соблазнителе человека. Это хорошо понимает добрый и проницательный дьячок Ларион. По его мнению, зло происходит вовсе не от дьявола, так как он просто «образ злобы [человеческой], отражение духовной темноты» (227) и остаток «скотского» в человеке, отчего и рисуется «рогат и козлоног» (228). Короче говоря, нет никакого Князя тьмы, изо всех сил препятствующего созданию царства добра на земле. Нет и всеблагого Отца, обязанного заботиться о своем стаде. Не божье дело — устраивать жизнь человека; к этому выводу приходит со временем Матвей с помощью Лариона и Мигуна (и Федоров согласился бы с ним в этом вопросе). Позаботиться о себе — это общее дело всего человечества. Человечество должно само заслужить свое спасение и вполне на это способно, поскольку никакое иррациональное зло ему не мешает. Для человечества настало время отвергнуть как ложное церковное божество с его парализующей властью, так и столь же фальшивый злой дух, якобы призванный препятствовать людским усилиям. Человечество должно создать собственного «прекрасного Бога», следуя вдохновляющему представлению о будущем идеальном Человечестве как о выстроенном Боге.

Смертное человечество

Но как же такой «темный» народ, как русский, сможет на практике слиться с Божеством великого Разума, с Человеком Человечества, как того требует богостроительство? Сможет ли народ «униженных и оскорбленных» осмелиться на большее, чем искать защиты от ужаса смерти у Церкви с ее утешительной ложью о посмертной «жизни вечной»? В начале поисков нового Бога Матвей сомневается в этом. Он вспоминает «духовное косноязычие», «трусливую жадность» (343), как и «робость и растерянность» простых людей (342), и отказывается верить богостроителю Иегудиилу в том, что они могут построить Бога из своего недоброкачественного «материала». Не видит он и многочисленности богостроителей в других слоях общества. Скитаясь в поисках всенародно приемлемого Бога, Матвей повидал так много людей всех классов, в чьих душах «как в печной трубе, черно, и всегда страх там посвистывает — даже и в тихую погоду свистит» (318), что коллективное богостроительство кажется ему неосуществимым. Спасение, конечно, не может изойти от представителей имущих классов, большинство которых в состоянии мыслить только в таких понятиях, как «личная собственность», «*моя* выгода» и «*моя* жизнь». От этих людей плоти придется отказаться: из них получатся скверные строители. Строительство всегда коллективное дело. Непригодные для построения божественного Человека индивидуалисты, однако, встречаются во всех слоях общества.

Гилики, или люди плоти

Однажды Матвей в своих странствиях (после смерти жены и детей) сталкивается со стариком, который так бурно радуется при встречах с новыми странниками, что становится ясно: его не отпускает страх одиночества. Матвей со временем узнает, что старик даже больше одиночества боится смерти и, считая смерть «слепой», старается постоянно находиться в толпе, дабы смерть прошла мимо него, прихватив с собой кого-нибудь другого. Этот человек кажется пародией на Л. Н. Толстого, признававшегося в своей «Исповеди» в таком же неуправляемом страхе смерти. Странник, с которым столкнулся Матвей, был внезапно поражен ужасом смерти, пережив что-то вроде «арзамасского ужаса» Толстого (см. его «Записки сумасшедшего», 1884). Он рассказывает Матвею, как в один прекрасный день, когда все вокруг, казалось, сулило счастье, он понял, что неизбежно должен умереть, если не теперь, то позже. После кончины своей больной жены он собирался вновь жениться и наслаждаться жизнью, но вдруг до него дошло, что если жена умерла, то и он может заболеть и умереть. Преследуемый навязчивой мыслью, что «человек вроде как по жердочке над пропастью идет» (316) — похожий образ есть и в толстовской «Исповеди», — он передает свою собственность сыну и отправляется странствовать по Руси, твердя всем, что смерть всемогуща и что даже Христос не смог избежать ее.

Одна из самых неприятных черт этого мелкобуржуазного «Толстого» — жалость к самому себе. Когда он представляет себе, что его может одолеть болезнь, которая «начнет понемножку грызть» (317) его (как это случилось с толстовским Иваном Ильичом), слезы жалости к себе текут по его щекам. Этот «ничтожный и злой комок желаний» явно готов продолжать жить в любом образе, хотя бы как «комарик» или «клопик» (318). Таким образом, он разделяет позицию «толстовца» Луки из пьесы Горького «На дне», утверждающего, что «ни одна блоха — не плоха» [ПСС 7: 120]. Озабоченный исключительно судьбой своей смертной плоти, он напоминает также подпольного человека Достоевского (в понимании Горького), которого не волнует, что происходит в мире, — лишь бы он мог «пить чай», когда ему захочется. По существу, все плотски ограниченные люди погружены в такой паразитический эгоизм, мешающий общему делу и представляющий серьезную опасность для богостроительства: подобные «бесстыдники» (318) могут отговорить людей присоединиться к богостроительскому делу. К сожалению, представители этой категории гиликов многочисленны.

Егор Титов, ставший после доброго пьяницы дьячка Лариона приемным отцом Матвея а потом его тестем, характеризуется всезнающим мудрецом Иегудиилом как «жадный клоп» (338). Хотя Иегудиил никогда не встречал Егора, он видит его насквозь и безошибочно помещает в категорию кровососущих паразитов. Титов действительно печется о своем благосостоянии, обирая как крестьян, так и своего барина, но ему нужна не только материальная обеспеченность. Он хочет, так сказать, духовно подстраховаться и с этой целью берет в свой дом Матвея, предполагая, что мальчик сможет подкупить бога молитвами о его душе, запятнанной многими грехами. Многогрешный Титов не любит праведников за то, что они своим примером показывают: добродетель осуществима и грехов можно избежать. Титов живет в страхе перед своим богом, предполагая, что тот похож на него и однажды отплатит ему с процентами за его грехи, прежде всего за то, что «был до женщин удивительно жаден» (242).

По существу, все женщины в деревне — девиц он не трогает, боясь сложностей, таких, как уличение в отцовстве, — побывали наложницами Титова (242), чаще всего по принуждению. Поэтому вполне возможно, что Титов и есть родной отец Матвея. Когда дитя находят, вокруг него кругами ходит «дымчато-серый кот». Через несколько лет Матвей поселяется в доме Титовых, где имеется дымчато-серый *старый* кот (233). Титов называет Матвея своим милым сыном, а когда тот объявляет, что хочет жениться на его дочери, он отвечает: «В сыновья ко мне — прямой путь для тебя» (246), добавляя, что этого, вероятно, хотел сам бог. Повидимому, в его словах скрыта ирония (будущий зять и так его сын) и попытка самооправдания. Если Титов — отец Матвея, значит, он допускает кровосмешение, оправдывая его Божьей волей.

Монастырская жизнь может показаться попыткой освободиться от бремени плоти, но, как уже было отмечено, только усугубляет его. Отец Антоний — не единственный раб плоти в Савватеевской пустыни. Так, монах Миха, преследуемый плотским желанием, подобен «медведю на цепи» (275): он тяжко трудится в своей напоминающей ад пекарне, чтобы избежать неистовства собственной плоти. Будучи одержим женщинами, он ненавидит их и даже создает из своей навязчивой страсти квазитеорию об их роли в жизни человечества. При этом, сам того не подозревая, он пародирует утонченного Антония. По мнению Михи, Христос был распят за то, что его родила женщина, да и сам он относился к женщинам слишком дружественно (275). Будучи не в силах совладать со своей плотью, Миха прибегает к мастурбации, вызывая отвращение у случайно увидевшего это Матвея. Похожий на медведя монах, который едва ли прибегнул бы к такому разрешению своей проблемы, будь он женат, оказывается жертвой порочной религии, загоняющей человека в тюрьму собственного тела. Мастурбация — сексуальное проявление навязанного Церковью требования полового воздержания.

Монастырская жизнь с ее нереализуемым идеалом полного аскетизма основана на лицемерном допущении дуалистического христианства, будто плоть — явление низкое и даже вовсе излишнее, несмотря на то что Бог сам создал ее. Однако чем больше Церковь на этом настаивает, тем больше она поощряет зависимость от плоти даже у самых смиренных своих сынов. Свидетельство этому — печальная история монаха Мардария. Нареченный в монастыре потенциальным святым, Мардарий вроде бы достиг свободы от земных оков. Он проводит все время в гробу в темной землянке, принимает пищу лишь четыре раза в неделю, утверждает, что простил всех некогда причинивших ему зло, и вообще соблюдает все монастырские правила, будучи, очевидно, сам не прочь получить «чин» святого. Его аскеза кажется неподдельной, поскольку Мардарий совершенно безразличен как к окружающему миру, так и к самому себе. На самом деле Мардарий не так равнодушен к миру, как кажется. Однажды он умоляет Матвея принести ему корку хлеба тайком, чтобы братия или многочисленные бесы, населяющие его келью, не украли ее у него. «Какая красота в “подвиге” его?» (290) — спрашивает себя Матвей и заключает, что этот живой труп — не святой, а лишь жертва монашеских амбиций. Мардарий проводит последние дни своего земного существования в мыслях о корке хлеба, а не о манне небесной. Монастырь заставил Мардария стать гиликом, моря его голодом.

Антоний — иной представитель людей плоти. Этот претенциозный декадент вполне вписывается в данную категорию, хотя принимает позу высшего существа. Шелковые простыни, изысканные вина и редкие издания эротических книг, однако, не могут скрыть, что он ведет жизнь серого обывателя. Тускла и его философия, в соответствии с которой Бога нет, а «строительство» его — бред. Антоний, конечно, не верит в чудо коллективного преображения. Даже «естественное чудо», то есть преображение человечества посредством совместных трудовых и умственных усилий, не привлекает его. По его мнению, природа всегда будет безжалостным и непобедимым врагом человека, а знание доступно людям лишь как частичное самопознание (304). Вступив на сократовскую тропу «самопознания» (Федоров назвал бы это болезненным самоанализом), отец Антоний так и не стал полезным членом человеческого сообщества или хотя бы интересной личностью[26]. В окончательной оценке Матвея Антоний не более чем «кладбищенский поп» (304), поющий бесконечную погребальную песнь. Что до его внешнего блеска, то это всего лишь «фольга вместо золота» (304). Он и его «игрушечная» любовница — всего лишь одушевленные куклы-автоматы, которые не могут понять, что дух на самом деле сильнее, чем плоть. Сластолюбец Антоний крайне удивлен, что Матвей остается равнодушным, когда он показывает ему свою миловидную любовницу обнаженной. Его приводит в ярость, что человек, которого он считает гораздо ниже себя, духовно свободнее и благороднее, чем сам порабощенный женской плотью Антоний. Он не может постигнуть, что кто-то искренне отвергает фальшивое кредо Савватеевской пустыни, состоящее в том, что «злая жадность до женщины» (293) неизбежна, что поэтому, если женщины нет под рукой, можно тайком даже заниматься скотоложством и что обжорство и лень — нормальные явления, как и ссоры из-за денег при дележе братской кружки. Антоний прекрасно вписывается в стаю «каркающих кладбищенских ворон» (293), которую представляют собой монахи.

Все же Матвей, временно очарованный красавцем Антонием, задается вопросом, не может ли этот человек оказаться его отцом.

---

[26] Федоров подвергал критике сократовский афоризм «познай себя», утверждая, что он неизбежно оборачивается призывом «познай только себя», то есть пагубным эгоцентризмом [НФ 2: 41].

Эти размышления, по-видимому, связаны с его наивным детским желанием иметь отца «из господ»; мысль, что его приемный отец может быть и его настоящим отцом, не приходит ему в голову. Все еще не свободный от «подпольных комплексов», Матвей тоскует по исключительности и полагает, что аристократическое происхождение дарует человеку многие достоинства, недоступные народу. Почтение Матвея к аристократии не совсем лишено основания: ведь когда-то народ выбирал представителей этого класса своими правителями. Однако аристократия изменила своей исторической миссии, забыв о своем долге перед народом и нацией, создав все расширяющуюся пропасть между собой и массами. Единственное ее наследие, которое теперь может предложить Матвею отец Антоний, это пустая, чисто формальная религиозность и изощренная порочность в духе модернистского декаданса, унаследованного от «русского де Сада» — Достоевского.

Несмотря на не красящее его стремление к классовой исключительности, Матвей не принадлежит к прогнившей и умирающей аристократии. Антоний ему не отец, еще менее — духовный отец. Делец Титов также не может быть ему духовным отцом, хотя велика вероятность, что он его отец биологический. Матвей в душе не купец, пытающийся подкупить Бога и других «кредиторов», и он не склонен к разврату, как неустанный женолюбец Титов или сам себя ублажающий «медведь Миха». В конце концов Матвей прекращает столь характерные для плотского Старого мира поиски биологического отца, решив, что он будет сыном своего народа, а не одного человека. «Исповедь» говорит о том, что придут времена, когда биологические корни станут маловажными, поскольку все люди объединятся в одну большую семью, живущую в мире, ставшем домом для всех.

Психики, или люди души

Категория психиков среди персонажей «Исповеди» представлена духовно и физически хрупкими людьми, слишком кроткими и слабыми, чтобы противостоять злу несправедливости. Типичный пример — две женщины в доме Титова. Ни жена, ни дочь даже не помышляют восстать против домашнего тирана. Настасья Васильевна, жена Титова, — миловидная, но вечно хворающая женщина, чье слабое здоровье, вероятно, служит физическим выражением постоянно испытываемых ею душевных страданий. Об этом говорят и ее всегда печальные глаза. Ольга, дочь Титова, столь же слаба духовно и столь же смиренна. Когда Титов, вначале настроенный против брака Ольги с Матвеем (возможно, подозревая или зная, что тот его внебрачный сын), запрещает ей выходить за него замуж, она мгновенно подчиняется, только слезы выступают на глазах и «маленькая синенькая жилка» начинает биться на ее шее (246).

Ольга — хорошая жена для Матвея, она по-настоящему любит и жалеет его, понимая, что он одинок. Однако, удерживая его в четырех стенах их уютного дома, она препятствует его участию в каком бы то ни было общественно полезном деле и мешает ему обрести себя. Мелкобуржуазный индивидуализм Ольги особенно резко проявляется, когда она становится матерью и хочет «свить гнездышко для птенцов». Возрастающее и взаимное отчуждение супругов длится до самой смерти Ольги и связано с ее погруженностью в заботы о материальном благополучии своей семьи. Смерть Ольги знаменует ее окончательное подчинение законам природы, а страх перед «опасностями» жизни усиливает ее суеверность и фатализм. Во время второй беременности она убеждает себя, что ей суждено умереть, после чего действительно умирает, избежав таким образом трудноразрешимых конфликтов и сложных проблем жизни.

Несколько более сильной личностью является проститутка Татьяна — женщина, не утратившая чувства человеческого достоинства и солидарности с другими людьми, несмотря на свою унизительную профессию. Ее встреча с Матвеем — не сексуальный, а дружеский контакт двух людей, и это возвышает их встречу над обычными «животными отношениями» полов. Сила Таньки в ее честности и нежелании обманывать других. Она презирает лицемерие и не любит жаловаться на судьбу. И все же Танька принадлежит к жертвам жизни в Старом мире и никогда не сумеет изменить свою судьбу. Она не способна к бунту, ищет скорее утешения, чем перемен, и находит его там же, где и все кроткие и слабые, — в лоне Церкви. «Добрая блудница», она без труда примиряет свою искреннюю религиозность с проституцией и ходит в церковь не только для обретения душевного покоя, но и для того, чтобы найти новых клиентов.

Самый привлекательный психик среди персонажей повести — приемный отец Матвея, предшествовавший Титову, дьячок Ларион. Он заботится о найденыше не потому, что подозревает, что это его ребенок, и не надеясь на награду от Бога за доброе дело, но потому, что обладает «женским сердцем», «до всех ласковым» (221). У него высокий, но звонкий голос, и он служит заупокойную службу с подлинным артистизмом. Его вера — еретическая в лучшем смысле этого слова. Так, споря со старообрядцами своего прихода, он утверждает, что дьявол — это не более чем «скотское в человеке» (228), «отражение духовной темноты» (227), и защищает свои взгляды с поистине огненным темпераментом — под стать своей ярко-рыжей шевелюре. Его друг Савелка Мигун придерживается тех же взглядов.

Однако Ларион не принадлежит к тем, кто изменяет порочные законы бытия Старого мира. Примечательно, что он больше ладит с животными, чем с людьми, поскольку «человека лаской не накормишь» (222). Хотя этот факт говорит не в пользу человеческой природы, а скорее в пользу Лариона и животного мира, ясно, что ему не хватает силы духа, характерной для истинного пневматика. Добрый дьячок — запойный пьяница, один из тех, кто предпочитает бежать от жизненных проблем, а не решать их. Тем не менее интуитивные прозрения Лариона весьма ценны, и Матвей многое черпает из них. Так, Ларион рассказывает мальчику о Христе — «дитяте, ослепительном красотою своею» (228), любящем людей, и тем самым дарит Матвею божественный образец, достойный воссоздания. Рассказывает он и о том, что «люди снова ищут Бога» (228), тем самым наводя на мысль о божественных задатках человека. Он учит думать о Боге не как «о нерукотворной иконе», а как об образе, который надлежит создать руками трудящихся масс. Возможно, Ларион, этот интуитивный богостроитель, предвидит время, когда русскому народу больше не понадобится искусство оплакивания мертвых — и те панихиды, которые он так любит, станут чудесной мелодией для бессмертного человечества, а не утешением для смертных, скорбящих об умерших.

Пневматики, или люди духа

Ницше, отмечая, что животные отличаются от людей тем, что не умеют смеяться, закрепил свою мысль остроумным выражением «звериная серьезность» (нем. *tierischer Ernst*); наш герой-рассказчик Матвей согласен с ним. Его вариант «скотина не смеется» (369) менее изящен, но суть его афоризма близка людям духа — все они хлебниковские *смехачи*, знающие, что смех обновляет мир[27]. Пневматики «Исповеди» высмеивают священных коров и столпы общества, трафаретные истины и фальшивые верования прошлого. К этой по-хорошему дерзкой категории людей относится Савелка Мигун, друг Лариона. Хотя он, как и Ларион, пьяница, его порок не столько бегство от жизни, сколько веселый протест против мещанства. Есть что-то люциферовское в старом шутнике *Мигуне* с его «воровскими развеселыми глазами», *мигающими*, словно «две темные звезды», и «сухим языком, шевелящимся, как у змеи» (224, 226). Савелка принадлежит к древнему братству прозорливых *скоморохов*, враждебных церкви Демиурга. В прошлом они нередко пробуждали людскую память и совесть, «сея своими шутками правду» (348). И вот вновь пришло для них время послужить правде — ведь они снова появились, эти просветители народа. Савелка — не просто милый и безобидный балагур, потешающий людей, но и наблюдательный критик своего окружения, в том числе и своих

---

[27] Неологизм «смехач» взят из знаменитого стихотворения В. Хлебникова «Заклятие смехом» (1910). Р. Кук считает, что это стихотворение — не просто гимн радости, но попытка уничтожить нелепый Старый мир волшебством смеха. См. [Cooke 1980].

друзей. Он не боится «обидеть» их, говоря правду, и беспощадно насмехается над юным Матвеем за то, что тот погряз во лжи титовского дома. Ведь задача истинного шута — не ублажать людей, а быть «занозой».

Одна из главных мишеней смеха пневматиков — эгоцентризм. Веселый шут и пророк богостроительства Иона, он же Иегудиил (под его ногами «гудит земля», «толкая их дальше» (310)), сразу почувствовал в Матвее эгоцентрика и понял, что это качество мешает ему слиться с народом. Поэтому он решает сыграть над ним шутку. Сначала Иегудиил льстит самолюбию Матвея: говорит, что встречал его раньше и запомнил, потому что у него приметное лицо. Но потом убеждает его, что видел все же кого-то другого, похожего на него, но «кривого», и был тот человек «самолюб неестественный» (336). Иегудиил, конечно, все время говорит о Матвее, намекая на то, что тот, несмотря на отсутствие внешних недостатков, внутренне деформирован, так как болезненно поглощен собственной персоной и особенно спасением своей уникальной души[28]. Матвей в этот период жизни и в самом деле очень занят своей персоной, поэтому он еще не истинный «боголюб» (338), то есть не настоящий народопочитатель и богостроитель.

Иона-Иегудиил разыгрывает окружающих, чтобы помочь им разобраться в себе; он учит и проповедует с той же целью. Он — поп-расстрига, ставший сначала богоискателем, а теперь — богостроителем. Для Матвея он даже некто вроде ангела Иеговы в библейском рассказе об Иакове, и Матвей, подобно Иакову клянется, что не «отпустит» Иону (347), пока тот не разъяснит ему Истину. И Иона дарует ее Матвею. Она состоит в том, что русский народ обладает безграничными возможностями, чтобы изменить свою страну и мир, и сможет это сделать, если сплотится вокруг иконы достойного бога-идеала, нового *народного*

---

[28] Возможно, Иегудиил так легко распознал проблемы Матвея, поскольку его создатель Горький тщательно изучал исповедальные записки «подпольного человека», признающегося: «Я, например, ужасно самолюбив. Я мнителен и обидчив, как горбун или карлик» [Достоевский 1973, 5: 203].

Христа, и «построит» его в общем деле. Старый шут и мудрец доказывает свою правоту, приводя примеры из русской истории, — фактически, преподает Матвею развернутый урок. Рисуя картины чудесных деяний русского народа на протяжении многих веков, он объясняет, что все материальные и культурные ценности сотворил именно народ, а не «белая кость», которая только «шлифовала» созданное народом (344). Эти подвиги народа — и не только на Руси, но и во всем мире — были совершены вопреки, казалось бы, непреодолимым трудностям, например сопротивлению растленного высшего класса, претендующего на ведущую роль. Иона избегает иррациональных догм, которые надо вдалбливать тем напористее, чем менее они правдоподобны. Зато он опирается на убедительные и правдивые свидетельства и факты. Он отвергает романтический «наркоз» иррациональных религий («опиума для народа»), поскольку знает, что «правда горит все ярче» (339) и в конце концов распространит свой светоносный огонь на все человечество. Поэтому Иона имеет полное право рассердиться, когда Матвей пытается опровергнуть его доводы и чернит достоинство русского народа-чудотворца своим неверием в его силы. Подобно Хорвату в очерке «Кладбище» и как мудрец федоровского толка, Иона гневается благородным гневом, когда обнаруживает равнодушие к очевидным фактам. Он ведь предлагает Матвею поддающееся проверке знание (своего рода *гнозис*), а не слепую веру, как проповедники демиургических религий. На прощание он говорит Матвею, своему новому и уже почти убежденному ученику: «Всем составом гляди! Сердцем и духом! Разве я тебе говорю — верь? Я говорю — узнавай!» (349)

Иона — земной, простой и непосредственный человек, хотя и не лишенный положительного лукавства, — это своего рода апостол Петр богостроительства. Учитель Михайла, следующий наставник Матвея, — не апостол, а скорее «ангел», или даже «Михаил-архангел» [Wolfe 1967: 44]. Он «видно, не этого грязного куска земли» (351), а почти в буквальном смысле эманация Света из мира будущего. Голубые глаза Михайлы, будто в подтверждение его «родства» с небесным светом, *лучатся* (349), и ему дорог образ Христа — «юного Бога» (348). Когда Михайла идет сквозь лес в окружении своих школьников, он и сам напоминает прекрасного юного Христа — или же Алешу Карамазова среди дорогих ему мальчиков, хотя как богостроитель Михайла стоит выше героя Достоевского. В своей белой рубахе он напоминает Матвею «белую парусную лодку» (358). По-лермонтовски мятежный Михайла, в отличие от своего индивидуалистического и романтического предшественника, обретает покой от жизненных бурь в творческом богостроительстве. Эта светозарная личность относится к тем, кто возвышает свою плоть «над грубою корою вещества» (Соловьев) деятельным целомудрием (говоря словами Федорова) и приближается к чудесному, но естественному преображению своей плоти силой мысли.

Проблема пола, очевидно, не самая главная из тех, что волнуют этого целомудренного человека, посвятившего себя делу. В отличие от «медведя Михи» и прочих монахов Савватеевой пустыни, одержимых мыслями о женщинах, «архангел Михайла» не подвержен необузданным порывам половой страсти, так как сублимировал их в «теургическую» деятельность. Так «медведь Миха» может превратиться в архангела Михаила в процессе чудесной метаморфозы, в основе которой лежит не выхолащивание, а, напротив, усиление мужской творческой активности. Архангелы, как известно, не слюнтяи, а воины.

Матвей — наиболее сложный персонаж повести, и он сам осознает противоречия своего характера, не скрывая в своей правдивой исповеди мучительных конфликтов души. По ходу повести он претерпевает трансформацию из эгоцентричного маловера в человека, который сливается со своим народом, созидающим всеобщего Бога, из вечно неудовлетворенного богоискателя в бесстрашного богостроителя-революционера. В этом *Bildungsroman*[29] Матвей вначале введен в заблуждение стремлением к зажиточной и спокойной жизни и в еще большей мере эгоцентричностью, присущей людям души. Лелея свои подлинные и воображаемые обиды, он представляет собой тип подпольного человека, сосредоточившегося на своей душевной боли. Как и его

---

[29] Bildungsroman (*нем.*) — «роман воспитания». — *Примеч. ред.*

предшественник у Достоевского, он полагает, что страдания возвышают его над другими людьми. Явно намекая на «Записки из подполья», Иона и Михайла говорят о Матвее как о «мыши» (343), которая нежно любит свои «болячки» (354) и роет «норку в земле» (354), чтобы наблюдать мир из своего тесного и темного уединения. Правдивые слова Ионы и Михайлы задевают «больной зуб» (341) в душе Матвея, и он скрежещет *зубами*, когда Иона говорит ему, что «боль души» — не более чем самоудовлетворение (духовная мастурбация). Со временем Матвей, однако, преодолевает свой эгоцентризм и, сделавшись сторонником новой истины коллективного богостроительства, стерев границу между своим «я» и народом, становится пневматиком.

В конце повести Матвей также поймет, как преодолеть еще один тайный душевный порок — страх. Индивидуалист — это всегда «дрожащая мышь» из подполья, поглощенная своей единственностью и боязнью потерять свое уникальное «я»; естественно, что все подпольные люди боятся смерти. Матвей в начале своей богостроительской фазы испытывает страх перед преследованиями полиции, тюремным заключением и пытками. Но, слившись с коллективом, он начинает понимать библейское изречение, гласящее, что «совершенная любовь изгоняет страх» (1 Ин. 4: 18). Так он постепенно созревает до понимания своего призвания, до момента, когда мгновенное озарение преобразуется в длительное просветление. Матвей слышит голос, который спрашивает его, почему он «боится жандармов, а не Бога» (373), и вскоре после этого начинает бесстрашно разговаривать с людьми, завоевывая души все новых учеников. Он становится тем, кем раньше отчаянно хотел быть, но не мог, — харизматичным вождем и богостроителем, как Михайла. Потеря мелкой эгоцентричной личности парадоксально означает для Матвея ее истинное обретение в крупном, коллективном масштабе. Испытав второе рождение как пневматик, он покидает подполье своей больной души, чтобы найти свое подлинное «я» в коммуне социалистов-богостроителей, объединяющих свои возвышенные мечты с деяниями активного добра.

Христина — женщина новой духовности

В одном из монастырей, где останавливается Матвей, он встречает молодую монахиню, которая просит его стать отцом ее ребенка. Она хочет покинуть монастырь, куда была помещена против своей воли, и мечтает исполнить свое самое заветное желание — снова обрести счастье материнства (первого ребенка у нее отняли). Несомненно, эта молодая женщина по имени Христина принадлежит к числу подлинных пневматиков в «Исповеди». Отвергая типичную женскую долю в Старом мире — быть жертвой мужчин, презирающих достоинство женщины, — она смело нарушает границы, навязанные условностями, лицемерием и традициями. Добиваясь от Матвея физической близости, она действует не как блудница, а, скорее, предстает чистой сверхженщиной ницшеанского толка, которая беременеет не оттого, что уступила похоти, а потому, что *желает* дать жизнь новому и, быть может, высшему человеческому существу. Ее смелое, вызывающее поведение наводит Матвея на мысль, что она действительно могла бы родить необычное дитя — свободного сына от свободного полового союза. Он начинает также подозревать, что Старый мир столь свирепо преследует незаконнорожденных детей из-за того, что боится, как бы они не унаследовали мятежный дух своих гордых матерей. Возможно, Христина или другая отважная и свободная женщина и в самом деле сможет произвести на свет нового Христа (чье внебрачное рождение также не было результатом плотского вожделения) или Избавителя, который освободил бы человечество от капиталистического угнетения. Когда женщина перестанет быть объектом унизительной похоти и освободится от эксплуатации, вынуждающей ее заниматься отупляющим, непосильным трудом, она, наверно, снова сможет рожать «спасителей жизни» (330). Гордые женщины — потенциальные богородицы, способные дать жизнь богостроителям. Христина, отважная женщина, рожающая сына исключительно по своей воле, кажется, самой судьбой предназначена стать матерью нового «Христа», о чем говорит и ее имя. Монашка и мать, она как бы воплощенная Мать-Девственница (новая Мария-Богородица). Как и Ниловна из романа «Мать», Христина способна разделить судьбу «великого сына» и напомнить миру, что существуют не только кара и наказание гневного Отца, но и великая материнская любовь к Сыну-Спасителю, а также Сын, отвечающий на это чувство материнской любви. Новая «Троица» будет союзом сердца, воли и дела. Христина также показывает на собственном примере, что в отношениях между полами может иметь место сестринская преданность, а не только соблазн вавилонской блудницы. Христина — целомудренная мать и добрая сестра, которая не потакает вожделению и не выходит замуж по расчету, а выбирает достойного «соучастника тайны», чтобы «воля двух» создала «одного, который больше создавших его» [Ницше 1990, 2: 50]. Горький дает здесь материалистическую версию соития, очерченного Гумилевым в более позднем стихотворении «Андрогин» (1910), в котором женщина предлагает свое «нежное тело» для совместного усилия по созданию божественного (андрогинного) существа.

Христина соответствует и федоровскому контексту. Несмотря на то что Федоров осуждал сексуальность и недолюбливал женщину как соблазнительницу, он с симпатией отзывался о «целомудренной блуднице» Марии Магдалине, которая покаялась в грехах и поверила в свое спасение. Он, без сомнения, не одобрял буржуазное семейное гнездо и, возможно, по личным причинам (незаконнорожденности) относился с терпимостью к «Магдалинам». Сторонник «активного целомудрия», он все же не настаивал на немедленном прекращении всех сексуальных отношений. В отличие от толстовского героя Позднышева («Крейцерова соната»), он считал, что тотальное воздержание было бы самоубийственным для человеческой расы, подобно тому как «пост в смысле полного отрицания питания есть самоубийство индивидуума» [НФ 1: 317; Lukashevich 1977: 71]. Питаться для поддержания жизни простой пищей и искать материнства без животного вожделения — такова модель правильной жизни до тех пор, пока человеческое сознание не начнет руководить природой и не создаст новых способов возобновления жизни. Женщина вполне может духовно сохранять девственное целомудрие, даже будучи матерью [НФ 1: 316]. Так, Христина, которая замышляет половое соитие для рождения ребенка, или, быть может, «сверхребенка», выбирает для этого мужчину, к которому не испытывает полового влечения, но которого считает морально достойным стать отцом ее младенца. Она предпочитает незаконную связь уютному семейному гнезду и рискует своей женской гордостью ради того, чтобы выйти за предначертанные ей обществом рамки. Христину, по-видимому, можно рассматривать как федоровскую и одновременно ницшеанскую «новую женщину». Богостроитель Матвей и воплощающая святой материнский дух Христина в какой-то степени служат прообразом новой расы бессмертных, по крайней мере в том смысле, что они вступили на путь великих перемен. Конечно, в повести не утверждается, что именно от Христины и Матвея будет рожден Человек-Освободитель; просто их пример — знамение нового отношения к половому началу в человеке.

Таким образом, Христина не грешит, а, напротив, выполняет священную миссию. Давая жизнь ребенку сознательно, а не слепо, не проявляя собственнического инстинкта в отношении Матвея (так, она хочет, чтобы он зачал ребенка и с другой женщиной, ее подругой, а сама позднее выходит замуж за другого мужчину, который как бы возлагает на себя роль Иосифа), она достойно представляет беспорочное материнство. В финале повести непорочному материнству воздает славу и религиозная процессия, несущая высоко над головами икону Богоматери (которая в богостроительстве станет иконой Матери Человека). Люди, еще не сознавая этого, в своем почитании Богородицы славят это новое материнство, которое даст человечеству его Избавителя, нового Христа — «ослепительно прекрасного богочеловека» будущего. Этот богочеловек придет облаченный в «огонь пламенной веры» (387), как и подобает в эру Третьего Завета социализма.

Бессмертное человечество

Эра Третьего Завета, конечно, еще не настала. По-прежнему слишком много людей плоти, слишком много тех, кто не отвергает смертность человечества, и слишком мало пневматиков, ищущих образ объединяющего всех Бога-Человека. Поэтому человечество по-прежнему не имеет «одного общего сердца» (384), горящего жаждой бессмертия. Оно, как и прежде, разъедено болезнью индивидуализма (интеллигенция), измучено невежеством и жестокостью (крестьянство), развращено сладострастием и пороками (аристократия) и испорчено культом Мамоны (торговцы и промышленники). Некоторым слоям населения даже угрожает вымирание: это аристократия, балансирующая на краю гибели, и капиталистическая буржуазия, роющая собственную могилу. Интеллигенция, как обычно, разделена на тех, кто пестует свою душевную «зубную боль», и тех, кто несет бремя просветительства. Но есть один класс, где еще жив идеал братства, — это «неученые», как назвал бы их Федоров. Это класс трудящихся города и села, который состоит из простых русских людей, жаждущих новой веры. Он включает всех тех, кто трудится, чтобы воскресить Христа, воскресить его духовно в новом богостроительском Человечестве.

Эти люди на вид убоги и непривлекательны (такими их и видит Матвей до своего духовного возрождения), и «гордый взор» (Тютчев) других классов обнаруживает у них лишь немногие достоинства. Однако именно народ обладает источником жизненной силы, так как, несмотря на все попытки разобщить его, сохранил чувство единства. Народ многочислен, но сохраняет единство не только в определенные моменты, но и от поколения к поколению. Этим он отличается от других групп населения, утративших связь поколений, связь времен. Простые люди уже сейчас «коллективно» бессмертны, поскольку ощущают себя звеньями одной бесконечной цепи. Иона, например, радуется, когда Матвей говорит ему, что он — «воскресший» Савелка, а Ларион и Савелка как бы «возрождены» в самом Матвее и его друге Яше, которые слушают церковные песнопения с тем же восторгом, как когда-то Ларион и Савелка Мигун. Этот дух всеобщего и всем народом осознанного родства, далеко выходящий за рамки семейных ячеек, географических границ и даже времени, столь прочно объединяет народ, что ему свойственны и «перевоплощения», и «воскрешения» умерших. Так что вполне вероятно, что в будущем он в иных, новых формах осуществит древнюю мечту человечества.

Вот почему именно народ станет «тканью», столь прочной, что сама всесильная смерть не сможет «просочиться» сквозь нее. В то время как вышеупомянутый странник, подобно Л. Н. Толстому, страшившийся небытия и сливавшийся с толпой в надежде, что смерть поразит кого-то другого, а не его, способствовал укреплению ее «раздирательной» мощи, народ-богостроитель идет вперед, «как одно тело», частицы которого «плотно прижимались друг к другу» (387). Он выступает против смерти единым фронтом и нигде не позволяет «старухе» разорвать свою неразрывную связь[30]. В этом всеобщем единении — ключ к спасению и отдельного человека, и всего коллектива. Составляя одну «сверхличность» как в настоящем, так и на протяжении веков, синхронически и диахронически, народ надежно защищен от смертоносных сил, и некоторые интеллигенты это понимают. Например, Матвей вспоминает, как во время народного митинга лица толпы слились для него в «единое большое грустное лицо», в лицо Христа (314). Так И. С. Тургенев в известном стихотворении в прозе «Христос» (1878) вспоминает переживание юности в деревенской церкви, наполненной простым народом, особенно тот момент, когда он понимает, что лицо Христа похоже на «все человеческие лица» и что именно поэтому «оно и есть лицо Христа». Такое единение Бога со всеми — матрица бессмертия не только в его коллективной форме, но и в виде бесконечной жизни каждого отдельного члена коллектива. Мистическое соединение таких мгновений создает «народно-теургическую» чудотворную энергию, которая в союзе с научным знанием пневматиков когда-нибудь уничтожит смерть, этого врага человеческого рода. В финале горьковской повести, подавая «знамение» грядущих великих дел, Народ-Спаситель исцеляет парализованную девушку одним объединенным волевым усилием («волей к оживлению»), совершая естественное

---

[30] Для Горького народ бессмертен уже в современном мире благодаря вечному, неиссякающему чувству родства: *род на род* делают *народ* как бы «консубстанциональным» (см. [Kline 1968: 116]).

чудо. Такие чудеса, по словам Матвея, происходят по всей русской земле, поскольку естественные чудеса, творимые волей коллективных сил, повторяемы, подобно научным экспериментам. Ведь и те и другие подчиняются естественным законам, как уже познанным, так и еще не открытым. Всякий раз, когда собирается людской коллектив, объединенный общими сокровенными стремлениями, возникает огромная энергия, способная даже вернуть к жизни умирающую человеческую «материю», возобновить ее, вдохнув в нее душу. По существу, где бы ни «собирались двое или трое» (и, предпочтительно, больше) ради строительства нового Христа, «раскаленные угли пламенной веры» зажигают «костер светло горящих мыслей» (368), мощную энергию великих подвигов.

«Исповедь» не дает нам картины воскрешения мертвецов; повесть ограничивается исцелением одной больной девушки в знаменитом эпизоде, когда люди, собравшиеся для крестного хода, вливают свою жизненную силу в ее умирающее тело. Девушка не мертва, а только парализована, и «чудо» состоит «всего лишь» в том, что она вновь приобретает желание жить, а следовательно, способность ходить (жизнь — движение). Но в описании оживления девушки присутствуют намеки на что-то большее, чем исцеление от болезни. Так, ее лицо описывается как «полумертвое», бледное, как «белый воск» (386, 385), словом, больная выглядит почти как труп. Интересно, что она парализована *четыре* года, — это может быть намеком на пребывание Лазаря в могиле в течение *четырех* дней. Вливая жизненные силы в ее неподвижное тело способом, который можно назвать евхаристическим «переливанием жизни», народ насыщает ее «влагою живой» (388), будто живой и мертвой водой, то есть «воскрешает» ее, совершая нечто похожее на то, что видит рассказчик в более позднем очерке «Кладбище», о котором говорилось выше. Смертельно бледные щеки девушки окрашиваются румянцем, подобно тому как в «Кладбище» белые могильные камни розовеют от лучей заходящего солнца, источника жизни. Могучая «воля людей к воскрешению», «десятки очей», которые «обливали больную лучами» (388) волевой энергии, возвращают к жизни умирающую девушку, воскрешая ее «из мертвых». Не менее чем «несколько сотен энергий» слиты в единый поток, в живую и мертвую воду, столь часто упоминаемую в сказках, созданных самим народом и выражающих его неосознанные, но реальные теургические устремления и способности. Под действием этих лучей жизни парализованная девушка «встает», отвечая на коллективный призыв к жизни окружающих ее людей — ее «ожившее тело» (388) отбрасывает цепи неподвижности-смерти.

Аналогии с библейскими эпизодами воскрешения Христом дочери Иаира (Мк. 5: 22–42) и с воскрешением Лазаря очевидны. Однако чудеса Христа, как утверждали богостроители, были лишь символическими действиями, образно предвещающими будущее осуществление «настоящих» чудес в практике богостроительства. По мере того как строится новый Христос, повторяются и его чудеса, правда, пока еще не совсем «по-настоящему». Стоит отметить и то, что подобно тому, как Христос начинал с «легкого» случая, а именно с воскрешения только что умершей невинной отроковицы, так и народ-Христос начинает свою воскресительную деятельность с девственницы, в которой к тому же еще теплится жизнь. Без сомнения, народ, подобно Христу, со временем перейдет к более трудным задачам и придет в конце концов к реальному воскрешению, такому как воскрешение Лазаря, то есть к оживлению покойника, уже тронутого тлением.

Матвея, ставшего свидетелем этих событий, неудержимо влечет к народу — источнику жизни, и он вносит свою собственную долю жизненной энергии и воли в выздоровление-воскрешение девушки, в его жизнетворный поток. Он присоединяется к коллективному воскресительному усилию не только ради девушки, и даже не во имя собственного спасения, а «для чего-то иного», по сравнению с чем и он, и она не более чем «перья птицы в огне пожара» (388). Иными словами, Матвей участвует в этом «пробном» общем деле ради будущего Дела, в котором сольются не сотни, а миллионы потоков энергии, создав непобедимую силу. Судя по успеху этого эксперимента, всемирное общее дело несомненно победит саму смерть при условии, что народ освободится от цепей своего рабства в Старом мире. Так, в представлении героя рассказа Достоевского «Сон смешного человека» возвращение потерянного рая достижимо при условии свободного единения, когда «все, все, все» захотят этого рая одновременно.

Бого*искатель* Матвей осознает значение увиденного им чуда и — теперь уже бесповоротно — делается бого*строителем*. Он закрепляет свою новую веру, поцеловавшись со случайным прохожим, переполненным, как он сам, радостью по поводу только что свершившегося естественного, но поразительного чуда. Их поцелуй знаменует народную, новую Пасху, означающую начало дела *братотворения*, выражаясь в терминах Федорова. Обменявшись поцелуем, два брата во Христе-Богостроителе вверяют себя новым истинным воскресителям — народу. Народ уже обрел коллективное бессмертие, но еще предстоит добиться и индивидуального бессмертия для каждой составляющей его отдельной личности. И русские люди обретут его: они выйдут за рамки как родового бессмертия, так и бессмертия в «вечной памяти», когда возгласят свой призыв Лазарю вернуться к реальной и настоящей жизни. Это будет призыв присоединиться к жизнетворной революции, посвященной в конечном итоге уничтожению смерти, а не только справедливому распределению материальных благ. Бессмертие всех и каждого — вот цель, которая оправдывает все.

Истинное божество

Однажды старый церковный сторож Власий, рассматривая многочисленные иконы на церковном иконостасе, задается вопросом, кто из них истинный Бог. И сам же отвечает на него, объявив Богом самого себя. Хотя он частично прав в своем «фейербаховском» решении, на этот вопрос можно дать более верный ответ: истинное божество — это сначала всероссийский, а потом и всемирный Христос, которого рабочие люди некогда создали по «собственному образу», а теперь воссоздают, строя истинного Бога. Воссоздание Христа вполне по силам народу —

ведь он всегда строил, создавал, тяжко трудился, таким образом породив русскую культуру и ее бессмертные ценности. Иона объясняет Матвею, что все храмы были построены на «костях» народных (344). Те, кто считает себя элитой, создателем культуры, на самом деле, даже когда пытались служить нации и родине, чаще разрушали ее своими вечными распрями. Рассказывая о подвигах народа, Иона подчеркивает, что класс-спаситель, выстроивший величественный храм русской культуры, не получил за это благодарности, а был послан на Голгофу. Настало время положить конец его вековому распятию эксплуататорами. Народ не должен больше мостить своими костьми великолепные, но порочные города, подобные аристократическому Петербургу; чтобы воскресить себя, ему следует взять в свои руки инициативу осуществления дела. При этом «самовоскрешении» Христос должен быть воссоздан не как кроткий и страдающий Бог, а как торжествующий правитель Вселенной, вседержитель. В трудном деле превращения себя из смиренного богоносца в гордого богостроителя народу нужна помощь, а ее может дать «хорошая» интеллигенция.

Интеллигенция поможет народу стать истинным божеством, когда поймет, что руководить им и учить его значит воплощать и конкретизировать не собственные идеи, а «мысль народа» (371), без всякого снисхождения к «черни» и не считая себя уникальной элитой; это также значит не затворяться в одиночных монастырских или иных кельях абстрактного мышления. Интеллигенты, желающие стать частью созидаемого Божества, должны обрести духовное родство с народом, слиться с его животворным морем, взяв при этом на себя ответственную роль его авангарда. Как показывает путь Матвея, интеллигент может слиться с материнскими массами, внеся в коллектив идею полноценной личности, тем самым содействуя созданию подлинной общности, которая не исключает положительной индивидуальности. Стоит отметить, что когда Матвей еще верил в ложное церковное божество — он любил «своего» бога (то есть себя самого), но не уважал окружающих его людей. Обретя истинного Бога в народе, он слился со своими собратьями и обрел общего бога, поскольку

Истинное божество и народ-богостроитель — это одно и то же.

Народ — пока еще не Бог, но слияние идеального божественного народа с реальным русским народом неизбежно. Главное препятствие — демиургическое, авторитарное, патерналистское божество — рушится. Вместе с ним исчезают и многие другие «недоумения и темные страхи» (387), такие, как парализующее чувство собственного бессилия, собственной незначительности и мимолетности жизни. Если «Бог умер», то это лишь старый бог Старого мира: а новый Бог, который строится из бессмертного народа, становится сильнее с каждым днем. Матвей находит единственного всесильного, всеблагого и бессмертного Бога — народ (390): не индивидуалистичного сверхчеловека (часто таящего внутри себя подпольного человека), а божественное Сверх*человечество*. И «бози инии» (390) — их отныне не будет больше.

Новый мир

Превращение человека в Человека, одинокой «твари дрожащей» в достойную часть Бессмертного человечества, земной «твари» в божественного творца — вот что происходит в теургической и литургической драме создания Нового мира. В этом мире отменены законы как Ветхого, так и Нового Завета — их место занял «иной закон» (315). Его можно назвать «законом труда и творчества» (Заболоцкий), и именно он делает человека истинным повелителем матери-земли — повелителем и одновременно сыном, который заботится о ее благополучии. Все богостроители в «Исповеди» — это также «землестроители», чувствующие, что сама мать-природа тоскует по преображению не меньше, чем ее «дети».

Так, Иона, говоря об истинной религии богостроительства, обращается не только к Матвею, но и ко всей природе. По-видимому, он допускает, что «горы и леса» и все «живое, бодрствующее в ночи» (342) слушают его. Он на равных обращается к животным и даже к насекомым, как это делал святой Франциск, а ночь для этого народного мудреца подобна «старшей сестре» (346). И у Матвея с тех пор, как он пустился в странствия и открылся миру, появляется сугубо личное отношение к природе. Он учится быть кротким ребенком, отдыхающим на «груди» земли, кормящимся ее «теплым и пахучим соком» и чувствующим, как «растет его тело» (334), впитав ее дары.

Испытывая чувство единства с материнской природой, чувство, чуждое тем, кто отвергает ее из-за ее «демократичности», то есть готовности принять в объятия всех своих детей, а не только «избранных», Матвей понимает, что эта мать всех людей преисполнена не только жизни, но и (пока неполного) сознания. Пролетающую птицу он ощущает как «кусок земли», который обрел жизнь, форму и крылья, потому что *желал* обрести их (333). Мир природы, считающийся бессознательным, таит в себе много таких «кусков земли», жаждущих жизни и сознания. Природа — «не то», что мы думаем о ней (как объявил Тютчев в стихотворении 1836 года «Не то, что мните вы, природа...»), а скорее некое неразгаданное «существо», стремящееся к реализации своих возможностей и просящее помощи у своих «детей». Когда-то человек тоже был «куском» материи, возжелавшим обрести высшее сознание. В конечном счете вся материя с помощью божественного Сверхчеловечества обретет то, к чему стремилась испокон веков. В чем бы ни выражалось природостроительство будущего Человечества, ясно одно: недостаточно покоиться на груди матери-земли, как любящее дитя. Человечество должно стать «взрослым» (в федоровском понимании этого слова), то есть уяснить себе, куда направить «огненный поток живых сил» природы. Матвей пока только смутно («как бы сквозь *тусклое* стекло, гадательно») видит цель приложения ее сил, но он знает, что она будет ясна людям иных времен (389), когда все будут видеть «лицем к лицу» (1 Кор. 13: 12).

Скорее всего, этой целью послужит создание мира, в котором не будет смерти. Эта цель теперь кажется нереальной, но к ней медленно, но верно продвигается сама природа. Земля — «поле великих игр людей» (389), игр, которые называются метаморфозами, естественными чудесами и сказками, игр, ставших былью (все они, конечно, основаны на «научной» концепции эволюции, включая большую долю ламаркизма). Все, в чем нуждается Земля для полной самореализации, — это свобода творчества для всех людей. Дать человечеству эту свободу — одна из главных целей богостроительской народной революции. Богостроители будут вместе двигаться «вперед и выше» в новом крестном ходе — поступательном движении народных масс, поворачивая историю к «празднику красоты и правды» (390). Именно такой праздник, а не Страшный суд должен стать кульминацией творческой созидательности Бессмертного человечества. Конечно, эта великая цель встретит сопротивление со стороны тех, кто вовлечен в беспринципную торговлю всем и вся. Будет нелегко привить чувство родства миру «горестного одиночества» (355), где каждый существует сам по себе, но шествие, направляемое «огненной птицей» (386) «Святого Духа народа», нельзя остановить. Будущие поколения выстроят Бога из человека, а Бог не Бог, если он не дарует всем счастье вечной жизни.

После вышеупомянутой ночи экстатических видений и прозрений Матвей понимает, что Земля — это «чаша», наполненная «ярко-красной, неустанно кипящей, живой кровью человеческой» (390). Он также понимает, что в ней — тайна истинного Причастия (ср. «Кладбище»). Словом, Земля — будущий Эдем в космических масштабах. Вполне возможно, что миссия нашей планеты — принести жизнь в другие миры космоса, как уже предполагал Федоров. Она, несомненно, «не последняя» среди небесных тел и занимает достойное место в «пространстве между звезд», и поэтому она «гордо смотрит» в космические дали и глубины «очами океанов своих» (390). Она, быть может, станет матерью нового космоса; с ее помощью, возможно, «создастся *храм*» (370) той космической гармонии, о которой мечтал Федоров. Во всяком случае, «на празднике красоты и правды» прозвучит гимн, прославляющий подлинное единение матери-земли и ее дитяти — Человечества, которое она произвела на свет в долгих муках и которое завершило великое дело «возвращения сыновнего долга», освободив ее от всех разрушительных сил, включая страшное могущество смерти.

Горьковская философия бытия как жизнетворчество, то есть как созидание нового человека и нового мира, а также мысль о спасительности «красоты» в повести «Исповедь» вписывается в эстетику Серебряного века. Выражения вроде «дитя ослепительной красоты», «прекрасный бог», и «красота красот» (то есть Христос) повторяются в повести много раз; кроме того, в ней дается положительная оценка «творческой» любви без вожделения. В «Исповеди» в духе символистской эстетики провозглашается, что «красота спасет мир», совсем по Достоевскому, которого высоко ценили символисты. Однако горьковское понимание спасительности красоты все же является социалистическим вариантом этой идеи, вариантом, в обязательном порядке подразумевающим материализм и атеизм. Повесть нашла положительный отклик у многих символистов, например у Блока, (см. его статью «Народ и интеллигенция»), но были и критические отзывы. Так, соратник Мережковского Д. В. Философов выразил надежду, что Горький «наконец, выйдет из пеленок религии Луначарского — богостроительства» [Философов 1909: 104]. Тем не менее «конструктивный» оптимизм Горького, возможно, оказал известное влияние на его современников-модернистов и до некоторой степени разделялся ими. Так, в трилогии Сологуба «Творимая легенда», о которой пойдет речь в следующей главе, провозглашается активный оптимизм, который, как и горьковский, не видит для человечества преград на пути к совершенству. Не исключено, что Триродов, главный герой сологубовской трилогии, отчасти срисован с Горького, который в годы, когда писалась «Творимая легенда», жил в эмиграции на итальянском острове Капри; герой сологубовской трилогии также эмигрирует после революции 1905 года в некое государство южных островов. В меньшей степени «демократ», чем Горький, Сологуб отводит центральное место в деле преобразования мира скорее творческой *личности*, чем создающему чудеса коллективу. Индивидуум Триродов — друг, но не часть коллективного народа. Он творит ради всего рода человеческого и его будущего, основанного на всеобщем родстве, но занимает отдельное место среди людей не как «поэт, презирающий чернь», а как «демократический король», исполняющий по отношению к вверенным ему гражданам законы страны. Как известно, сходство часто подчеркивает различия, и Горький не случайно относился к трилогии Сологуба с враждебностью и даже отвращением [Cioran 1979: 18]. Каковым бы ни было взаимодействие двух произведений и отношения их авторов, Сологуб в трилогии отходит от своей обычной очарованности смертью и не восхваляет ее как верный способ бегства от скудной нашей земной жизни, как в более ранних произведениях. Напротив, он объявляет Смерти войну, что и демонстрируется в следующей главе.

Когда науки и искусства будут действовать одною и тою же силою, самые земли сделаются небесами.

Н. Ф. Федоров

Глава 7
Федор Сологуб. «Творимая легенда»

Трилогия Ф. Сологуба «Творимая легенда» (1907–1914), первоначально называвшаяся «Навьи чары», свидетельствует о новой, «оптимистической», то есть положительно теургической фазе в развитии творчества Ф. Сологуба (Тетерникова). Новое название подчеркивает, что человек-артист — мастер своей жизни и может превратить «навий» мир реальности в живое произведение искусства. Автор, который в более ранних своих произведениях изображал существующий мир как «зверинец», где «плененные звери» томятся в зловонных клетках[1], в «Творимой легенде» пересматривает свои прежние пессимистические позиции. «Здесь» земной реальности и «там» других миров уже не представляют собой непримиримые противоречия. Теперь Сологуб показывает созидательную силу людей, перебрасывающих мост через пропасть между тем, что есть, и тем, что должно быть. Выстроенная по принципу зеркальных противоположностей, которые в конце концов достигают синтеза через *conjunctio oppositorum*[2], трилогия применяет алхимическую формулу превращения «низкого в высокое» (неблагородных металлов в благород-

---

[1] См. стихотворение 1905 года «Мы — плененные звери...» [Сологуб 1979: 414].

[2] Conjunctio oppositorum (*лат.*) — «единство противоположностей».

ные) к миру сему, в результате чего земные «зверинцы» должны превратиться в райские сады природы и искусства.

В знаменитых строчках, открывающих роман, рассказчик заявляет: «Беру кусок жизни, грубой и бедной, и творю из него сладостную легенду, ибо я — поэт. Косней во тьме, тусклая, бытовая, или бушуй яростным пожаром, — над тобою, жизнь, я, поэт, воздвигну творимую мною легенду об очаровательном и прекрасном» [Сологуб 1972, 1: 3][3]. Эта декларация отражает не эскапистскую эстетику «искусства для искусства», а теургическую программу, согласно которой «Творимая легенда» имеет двойную эстетическую функцию: во-первых, показать на конкретных примерах, каким образом совершается данная трансмутация, а во-вторых, утвердить образцовые схемы и модели созидательного преобразования жизни, с помощью которых легенды могут стать реальностью во всем мире. Литература должна вдохновлять на федоровское самосоздание и соловьевское «дульцинирование»[4] грубой Альдонсы в совершенное проявление Вечной женственности. Как и все прочие искусства, она имеет целью создавать модели Нового мира, демонстрируя, как творятся реальные легенды.

Чтобы создавать произведения искусства не только эстетически привлекательные, но и являющиеся проектами, требующими воплощений, художник уже не может оставаться только художником. Он должен покинуть свою «башню из слоновой кости» и приобрести конкретный жизненный опыт. В идеале образец художника — это ренессансная личность масштаба Леонардо да Винчи, которой «не чуждо ничто человеческое». Д. С. Мережковский изобразил такого «образцового» художника в своем ис-

---

[3] Все цитаты даются по репринтному изданию «Творимой легенды», вышедшему в Мюнхене в 1972 году (т. XVIII–XX Собрания сочинений, Санкт-Петербург: Сирин, 1914). Три части трилогии обозначены цифрами (1, 2, 3) и приводятся в тексте в скобках рядом с номером страницы.

[4] Сологуб использовал контраст между простой деревенской Альдонсой и изысканной Дульсинеей из любимого им романа Сервантеса «Дон Кихот» в собственных целях «дульцинирования» — преобразования жизни (слово «дульцинирование», как и его антоним «альдонсирование», — неологизмы Сологуба, смысл которых он объясняет в статье «Искусство наших дней». — *Ред.*).

торико-биографическом романе «Леонардо да Винчи», входящем в трилогию «Христос и Антихрист» (1890–1905). Но сологубовский Триродов даже превосходит героя романа Мережковского разнообразием умений и талантов. Он — (ал)химик, поэт, педагог, политик, садовод и конструктор космического корабля, а в конце концов становится еще и королем. К тому же он ведет богатую и разнообразную личную жизнь как муж, отец, вдовец, любовник и жених (такова последовательность смены его ролей по ходу повествования). Как соратник мятежников и революционеров, он многому научился во многих сферах жизни, включая механизмы политики. Вооруженный многосторонними знаниями и талантами, в высокой степени постигший гнозис (особенно в том, что касается сущности жизни в Старом мире, управляемом Демиургом), Триродов поставил себе целью преобразовать действительность, заменив безрадостные факты старой жизни воплощенной легендой. Настало время придать конкретную форму платоновским идеалам истины, добра и красоты, которые веками бытовали в мифах и легендах, поддерживавших страстное стремление человечества к миру, где реальность и мечты сливаются воедино. Говоря по-сологубовски, пришла пора воплотить в жизнь землю Ойле, озаренную звездой Маир[5].

Предлагаемая здесь интерпретация «Легенды» как произведения, несущего теургическое послание о положительном жизнетворчестве, не является единственной. Большинство критиков-современников и в этом более позднем произведении по инерции подмечало только типичные для раннего Сологуба признаки «декадентства» и пессимизма. Р. И. Иванов-Разумник, например, рассматривает эту книгу как типичное выражение сологубовского эскапизма и как попытку «запереться от мира действительности» [Иванов-Разумник 1971: 56], спрятавшись «за стенами «творимой легенды»« [Там же: 58]. К. И. Чуковский воспринял «Легенду» как мрачное торжество всемогущей смерти и назвал Триродова «господин Смерть, Смерть в котелке и с галстуком»

---

5 См. стихотворный мини-цикл Сологуба «Звезда Маир» [Сологуб 1979: 217–219]. Расшифровку этих названий предлагает О. Ронен [Ronen 1968].

[Чуковский 1969, 6: 360]. Как уже отмечалось выше (глава 6), Горький отвергал роман, видя в нем «непристойную смесь порнографии и политики» (см. [Cioran 1979: 18]). Мнение, что «Творимая легенда» — порнографический и упадочный роман, было широко распространено.

Но были и более благосклонные отзывы — особенно те, что шли из «демократического» лагеря. Так, Ю. Спасский считал трилогию «оригинальной эстетической утопией» [Спасский 1983: 321], а Н. Чужак обнаружил в ней позитивную эскапистскую идею: лучше творить чудеса и легенды, чем искать смерти [Чужак 1983: 228–229].

Более поздние критики в большинстве своем распознали теургическую позицию, занимаемую Сологубом в «Легенде». Й. Хольтхузен, например, отдает должное герою трилогии за его попытки активно вмешиваться в жизнь, но полагает, что тексту недостает убедительности, из-за чего преобразование реальности в романе так и остается «бледной мечтой» [Holthusen 1972: IX]. Дж. Калбусс рассматривает Триродова в ряду персонажей позднего творчества Сологуба, которые «посвятили жизнь улучшению судьбы человечества», но, к несчастью, в конце концов впали в уныние и потеряли интерес к делу [Kalbouss 1986: 193]. С. Рабинович отмечает «бесспорный оптимизм», пронизывающий трилогию [Rabinowitz 1980, 124], а Э. Бристол видит ее суть в том, что «созидательное сознание способно изменить условия жизни» [Bristol 1979, 41].

Мистический и магический аспекты трилогии также были замечены. Так, Л. Силард и П. Барта интригующе трактуют ее в духе розенкрейцеров и каббалы, видя в качестве структурной основы текста трехступенчатый путь посвящения в тайну, пройденный Данте. Поскольку подобное прочтение одобряет «такой подход, когда волшебство может оказывать активное влияние на реальную действительность, столь близкий художникам и экспериментаторам» [Силард, Барта 1989: 70], оно созвучно и другим «теургическим» прочтениям, включая и мое[6].

---

[6] Подробно об откликах тогдашних критиков см. [Baran 1982].

Большинство критиков оценивает «Легенду» ниже, чем более ранний роман «Мелкий бес» (1907), мотивируя свое мнение тем, что трилогия слишком эклектична и сочетает темы, которые принято считать несочетаемыми (например, черную магию и партийную политику). На это можно возразить, что трилогия вносит коренные изменения в сам жанр романа, предлагая его дальнейшую гибридизацию (жанр романа ведь всегда был «всеядным») — гибридизацию, вытекающую из теургической эстетики. Произведения искусства, призванные преобразовать мир, неизбежно создаются из сырья столь же разнообразного, сколь и материал самой жизни. Нелепая система школьного образования в царской России, придворные интриги и мелочная полемика партий в странах Западной Европы — все это «грубые куски реальности», из которых сотворят легенды художники, изучающие искусство алхимических превращений. Впрочем, уже Хольтхузен назвал трилогию одновременно и сатирой и утопией.

Какова бы ни была художественная ценность «Легенды», она предлагает увлекательный теургический проект — сделать мир таким прекрасным, чтобы уродливая смерть не нашла в нем места. Правда, к моменту завершения романа в нем лишь подготовлена «сцена для легенды» [Barker 1969: 205], но не показана сама реализованная легенда; однако начало все же положено — пример подан, образец для подражания показан. Так или иначе, в романе нет темы капитуляции перед смертью, как уверяли Чуковский и другие современные критики, видевшие в нем лишь торжество небытия. Нет здесь и триумфа «жизни». Эти две модальности существования отменяют друг друга в высшем синтезе бессмертия, которое не является ни жизнью (поскольку не имеет временных границ), ни смертью (которая лишь вечный сон). Триродов не «император могил» и не «профессор разложения», каким видит его Чуковский [цит. соч.: 122], он и не «мечтатель» и не солипсист, каким видит его Иванов-Разумник [цит соч.: 75]. Скорее он теоретик и практик попыток упразднить смерть как явление, и захватывает он корону земного королевства лишь для того, чтобы приступить там к делу преображения смертных людей в бессмертные существа. Как поэт и ученый, теург и алхимик, педагог и инженер, Триродов знает, что, когда науки и искусства «будут действовать одною и тою же силою, и самые земли сделаются небесами» [НФ 2: 347][7]. Вооруженный обширными знаниями и художественным видением совершенной красоты, Триродов намеревается преобразить бедную землю в небесную Звезду, следуя предписаниям коперниканской астрономии, как сказал бы Федоров. Некогда мечтавший о звездах, подобных звезде Маир, он теперь готов сделать из Земли прекрасную звезду, которая была бы и реальной, и идеальной.

Старый мир

Старый мир в «Творимой легенде» представлен в двух ипостасях. Одна из них — скучный городок Скородож и его окрестности. Это пространство — микрокосм России, а более конкретно — современной автору России бурного периода 1905–1906 годов. Другая ипостась Старого мира — прекрасное островное государство королевы Ортруды, названное Соединенными Островами и символизирующее Западную Европу[8]. В «Каплях крови»,

---

7 По мнению Л. Келер, Триродов — «воскреситель» в федоровском духе [Koehler 1979: 94]. Его воскресительная деятельность, конечно, имеет и другие источники, например упоминаемые в трилогии научно-фантастические книги Г. Дж. Уэллса и, как предполагает Хольтхузен, фантастические произведения Э. А. По, не говоря уже о богатой традиции оккультизма того времени (см. [Rosenthal 1997]). М. Хагемейстер отрицает наличие федоровских элементов в «Легенде» на том основании, что в основе романа лежит скорее магия, чем проективное наукообразие [Hagemeister 1989: 216]. Г. В. Флоровский характеризует федоровское «общее дело» как «странный религиозно-технический проект», в котором «хозяйство, техника, магия, эротика, искусство сочетаются в некий прелестный и жуткий синтез» [Флоровский 1935: 405]. Эту характеристику «дела» можно применить и к поэтике Сологуба в трилогии.

8 К. Л. Роббинс считает, что Объединенные Острова — это «в действительности Петербург, столица российской монархии» [Robbins 1975: 174]. Хольтхузен, в свою очередь, предполагает, что государственное устройство Островов содержит намек на «конституционные монархии Запада» [Holthusen 1972: vii]. Поскольку Петербург для России был Европой в миниатюре, эти две

первой части трилогии, действие разворачивается в Скородоже. Во второй части, озаглавленной «Королева Ортруда», события происходят главным образом на Островах. Оба места действия вновь появляются в третьей части «Дым и пепел», где эти противоположные, но в чем-то схожие миры уничтожаются, освобождая место для синтеза, который будет осуществлен в общем деле создания Нового мира. Возглавлять этот мир будет Триродов как король Островов Георгий I, который победит Дракона Зла. Следуя предписаниям алхимии и холистическим принципам романтической натурфилософии *(Naturphilosophie)*, «Легенда» предлагает грандиозный *magnum opus*[9], в котором два мира, одновременно отражающих друг друга и противостоящих друг другу, «сочетаются браком» и объединяются в новую, высшую («андрогинную») структуру. Неудивительно поэтому, что одна и та же категория — Старый мир — представлена в двух контрастирующих ипостасях. Живописные Острова Ортруды и скучный Скородож, казалось бы, имеют мало общего, о чем говорит сам рассказчик, утверждая, что Острова «не серая, не мглистая страна», подобно «нашей милой Родине» (Скородож). Наоборот, это «далекий край», где мы найдем «синее море, голубое небо, изумрудные травы» (2: 3) и прекрасных женщин. Между тем у этих миров все же есть общая основа. Россия и Европа представляют два лика Януса. В России существуют оазисы новаторской и прекрасной культуры, а королевство Ортруды пусть и купается в лучах теплого солнца, но не свободно от темных сторон. В конечном счете это признает и сам рассказчик, замечая, что Острова Ортруды — это «все еще страна не обрадованная» (2: 4). Здесь «к воплощениям стремятся утопии» [Там же], но они еще не реализованы. Острова подвержены несчастьям, которые не так уж существенно отличаются от скородожских. И там, и здесь «мяте-

---

точки зрения не исключают друг друга, но определение Хольтхузена, наверно, точнее. Ведь «спор с Европой» является немаловажной частью противопоставления Островов и Скородожа в «Творимой легенде» — спор, который, однако, может разрешиться синтезом.

9 Здесь: «великий труд» (*лат.*). — *Примеч. ред.*

жи, социальные конфликты, националистические беспорядки, цинизм и общий моральный упадок» [Holthusen 1960: 34]. Это сходство коренится в одной и той же фундаментальной проблеме — бессилии творческой мечты.

В Скородоже мечты презираемы с незапамятных времен. Большинство его обитателей ни во что не ставят мечтателей, художников и прочих «сумасшедших», низводя их до положения изгоев. Скородож погряз в косном быту, и видения идеальной красоты не посещают его жителей — эти «мертвые души», которые вполне довольны своим убогим прозябанием. Острова, напротив, с давних времен были погружены в прекрасные мечты. Их культурная традиция — непрерывная легенда, создаваемая всем населением, включая простой народ. Это положение дел, однако, незаметно, но верно меняется, поскольку прекрасная культура легенд, мифов и фольклора, песен и обрядов, господствовавшая в прошлом, все более напористо вытесняется бездушной пародией на культуру — цивилизацией. Королева Ортруда пытается утверждать значимость былых ценностей, но, так как ее власть ограничена конституцией, она, подобно легендам прошлого, низведена до положения красивой декорации. Ее романтические идеалы все менее согласуются с «реальными проблемами» сегодняшнего дня. Поняв это, Ортруда ищет убежища от реальности, все глубже погружаясь в мечты и грезы. Она начинает мечтать ради самой мечты, но такие оторванные от жизни грезы не имеют преобразующей силы. Они не вдохновляют на создание мифов и легенд, возрождающих культуру, но знаменуют упадок некогда подлинных ценностей. Ортруда, это воплощение гибнущей культуры, устраняется от реальности и закрывает глаза на опасности, угрожающие ее прекрасной стране. Она не замечает угрозы, исходящей от вулкана на острове Драгонера. Однако именно в результате извержения этого вулкана Острова вскоре окажутся погребенными под «пеплом и дымом», повторяя судьбу Помпеи и Геркуланума и многих других древних культур. Ортруда забыла, что сама Природа предупреждает людей о роковых изменениях, и ее невнимание к знакам опасности на острове Драгонера подтверждает, что ее связь с истоками жизни и питаемым ими искусством прервалась. Страна Ортруды, по-видимому, обречена стать «самым дорогим кладбищем», как называл Европу Иван Карамазов, — но кладбищем.

Итак, и Россия (Скородож) и Европа (Острова) поражены духовной болезнью, главным признаком которой служит то, что ни здесь, ни там не создаются мифы, вдохновляющие людей на подвиги. Презрение к фантазиям и их воплощению, к искусствам, присущее Востоку Скородожа, и упадок культуры на Западе Островов — вот в чем главные причины духовного и физического распада Старого мира в сологубовской «Легенде». Пока на Западе мечты вновь не станут животворной силой, а на Востоке не начнут относиться к ним более чутко, Скородож так и останется некрополем — городом мертвых душ, а Острова окончательно превратятся в кладбище, причем в такое, которое никому не «дорого».

Дезинтеграция Запада проявляется в самом его геологическом и физическом облике. Острова — это остатки погибшего континента, распад которого достиг стадии нарушения сейсмического баланса. Вулкан на острове Драгонера изрыгает дым и пепел, «сигнализируя» о пробуждении Дракона Смерти. География Скородожа совершенно иная[10]. Город стоит на суше, посреди огромной равнины, здесь нет ни опасных вулканов, ни других геофизических особенностей[11]. Похоже, что удел этой бескрайней и незыблемой равнины — безопасность и скука и что, кроме скуки, ей ничего не угрожает. Однако и Скородожу грозит разрушение,

---

[10] Федоров подчеркивал гористый и «эродированный» профиль европейского ландшафта [НФ 1: 169], по его мнению повлиявший на опасную склонность к разъединению и раздроблению на Западе. Философ противопоставлял его русской континентальной равнине — «котловине» [НФ 1: 213]; ей угрожали иные, но также значительные опасности. Окруженная «океаническими» странами с «бойкими» нациями, из которых бойчее всех Англия (см. [НФ 1: 211–215]), она, полагал Федоров, со всех сторон открыта для нападения. Русско-японская война закончилась в 1905 году победой Японии, что, очевидно, способствовало восприятию России как «осажденной».

[11] Топографию Скородожа можно было бы назвать «смердяковской». Говоря о недостатке в мире такой веры, которая могла бы двигать горы, Смердяков замечает, что и самих гор в *Ското*пригоньевске нет. И в Скородоже, где люди часто ведут себя *по-скотски*, отсутствуют и вера, и горы.

так как земля этого края вдоль и поперек изрыта глубокими оврагами, а воздух пропитан пылью, которую образует открытая ветрам почва. Воздух буквально насыщен пылью — она носится по дорогам, кружится среди рыночных лотков, оседает на деревьях. Вездесущая пыль превратила город в сплошную обитель серости, где «качаются серые ведра на сером коромысле на плече серой женщины в сером заношенном платье» (1: 143). Эта серая картина — не только пейзаж, но и состояние духа. Метафизическая скука и физическая эрозия земли — два проявления духовной скудости края. Скородож — это «тело», распадающееся от духовной засухи. «Начинался город, серый тусклый, скучный, какой-то разваленный и бессильный, — грязные задворки, чахлые огороды, ломаные плетни, бани и сараи, шершавыми ежами торчащие невесело и некрасиво» (1: 222) — вот Скородож. Город настолько безжизнен, что даже его обитатели появляются на свет не из материнского чрева, а встают из могил городского кладбища.

Два эпизода из «Легенды» в стиле *danse macabre*[12] проводят отчетливую параллель между мертвецами, погребенными на кладбище, и мертвыми душами — жителями Скородожа. В первом эпизоде Триродов и его сын Кирша наблюдают, как мертвые встают из своих могил и отправляются в сторону города, очевидно намереваясь там поселиться, или, по крайней мере, погостить. Для них это не составит труда, поскольку «жизнь живых в этом городе мало чем отличалась от горения трупов» (3: 134). Действительно, порядки в городе и на кладбище очень схожи — одна и та же строгая иерархия социальных слоев и четкие социальные границы. Среди мертвецов есть надменные аристократы, лицемерные священники, хитрые крестьяне, толстые торговцы, грубые солдаты и накрашенные кокотки — все как в Скородоже. Мертвые, несмотря на то что пора добиваться выгод в борьбе за существование для них прошла, несмотря на общее для всех прозябание, лишены каких-либо братских чувств (как и в рассказе Достоевского «Бобок», 1873). Зато они исполнены сословной спеси, фанатизма и нетерпимости и агрессивно защищают свои мнимые со-

---

[12] Danse macabre (*франц.*) — «пляска смерти». — *Примеч. ред.*

словные и групповые интересы, совсем как обитатели Скородожа. Неудивительно, что одни и те же «мертвые слова» звучат и среди мертвецов, и среди жителей Скородожа (1: 119), слова, которые служат смерти и препятствуют бессмертию. Например, когда «аристократический труп» настаивает на своем «священном праве собственности» (1: 118), он рассуждает в точности как городские архиреакционеры и черносотенцы Кербах и Жербенев. Ни они, ни уподобленный им мертвец не понимают, что все они отстаивают лишь право на владение своими могилами, в которых одни уже тлеют, а другие вскоре будут тлеть. Все собственнические инстинкты служат смерти, о чем мог бы им поведать рассказ Л. Н. Толстого «Много ли человеку земли нужно?» (1886), если бы они хоть иногда читали. Когда другой усопший дворянин вопит: «Вешать! Пороть!», он так же прославляет смерть, как по-своему это делает молодцеватый полковник, гордо заявляющий, что «положил свой живот за веру, царя и отечество» (1: 119). Лучше бы он положил жизнь «за други своя» в войне против смерти.

Те же «мертвые слова», проникнутые фальшивым патриотизмом, слышны и в городе, жители которого уверены, что существующий порядок вещей непоколебим, а безмятежное спокойствие и тяжелый сон являются непреложными ценностями. Городские мелкие буржуа крайне возмущены, когда их будит среди ночи цоканье копыт казачьих лошадей. Их беспокоит не то, что казаки рыскают по улицам в поисках подлинных и воображаемых революционеров, а только потерянный час сна. В унисон возмущению городских буржуа звучит голос мертвого крестьянина, который жалуется на «новые права — покойников тревожить» (1: 120), когда его заставляют покинуть «свой кусок земли» — могилу. Обыватели всех социальных слоев хотят только одного: наслаждаться «вечным покоем», подобно уже умершим физически.

Впрочем, иногда скородожцы, по крайней мере высшие слои города, приходят в движение и даже устраивают балы. Танцуют они хорошо, так как танец — это повторение одних и тех же движений без заметных вариаций. Танцевальные па поэтому удаются им гораздо лучше, чем сложные и непредсказуемые движения и внезапные изменения направления, которые имеют место в жизни. Именно на одном скородожском balle macabre[13] мы встречаем прекрасного танцора и важного государственного деятеля маркиза Телятникова — дряхлого старика в корсете и с «деревянной походкой» (3: 127). Вскоре становится ясно, что это аллегорическая фигура, олицетворяющая послепетровскую русскую псевдоисторию высших классов. Об этом свидетельствует не только его поразительный возраст (в 1905 году ему 160 лет), но и его биография. Маркиз (его титул был получен в короткий период фавора в правление императрицы Екатерины Великой) сыграл важную роль в подавлении пугачевского бунта и участвовал в войне с Наполеоном. Впоследствии он сделал блестящую карьеру, занимая разнообразные министерские посты. Стоит упомянуть, что не только его титул, но и имя с отчеством — французские: он носит «карамзинское» имя Эраст Эрастович, и, конечно, иностранная, западная культура ему гораздо ближе, чем родная русская[14]. Маркиз считает себя последователем Вольтера (3: 130), но, увы, его просвещенность весьма поверхностна. У него репутация развращенного крепостника, а его нынешняя миссия в городе — подавлять даже малейшие проявления свободолюбия. Маркиз — плоть от плоти «скотского» Скородожа, пусть даже его блестящая карьера проходила в изысканно-цивилизованном Петербурге.

Короче говоря, Маркиз воплощает аристократическую и элитарную культуру, позаимствованную на Западе, которую насаждал на Руси Петр I и которой Екатерина II старалась привить «изысканность и утонченность» Франции[15]. Эта западная куль-

---

[13] Balle macabre (*франц.*) — «бал мертвецов».

[14] Эраст — имя соблазнителя Лизы в «Бедной Лизе» (1792) Н. М. Карамзина. В «Истории одного города» М. Е. Салтыкова-Щедрина одного из глуповских градоначальников зовут Эраст Грустилов. Этот сентиментальный «друг Карамзина» прославился мягкостью, учтивостью и резким повышением налогов. По мнению В. Леттенбауэра, в «Истории одного города», а также в «Господах Головлевых» и в «Сказках» Щедрина Сологуб нередко находил «зерна своей прозы» [Lettenbauer 1958: 167].

[15] Для Сологуба Петр I был «зловещий гений», «первый и увенчанный бессердечный чиновник», «творец табели о рангах...» [Дикман 1978: 36].

тура внешнего лоска так и не пустила в Скородоже — России корней, но зато преуспела в разделении нации на культурную верхушку общества и презираемую «черную кость» (ср. 1: 119). Естественно, что эта плохо усвоенная культура вскоре стала проявлять симптомы упадка и теперь изжила себя. Маркиз умирает на балу от перенапряжения и после смерти мгновенно превращается в «кучу серого песка», доказав тем самым, что он подлинное порождение пыльно-серого Скородожа. Его странная «кончина-испепеление» напоминает смерть мистера Вальдемара в мрачно-гротескном рассказе Э. А. По «Правда о том, что случилось с мистером Вальдемаром» (см. [Holthusen 1960: 49]). Непосредственная причина его смерти — пение сентиментальных романсов своим умершим друзьям (3: 140). Вся мертвая культура искусственно приближенной к Западу России, соединившая сентиментальность со звериной жестокостью, готова, подобно маркизу, рухнуть в любой момент в роковом для аристократии 1905 году. Пение романсов мертвому прошлому не сможет спасти Россию от распада. Для того чтобы Скородож не превратился в «кучу серого песка», требуется нечто большее.

В отличие от Скородожа, Острова Ортруды, как уже отмечалось, имеют древние культурные традиции, которые творчески поддерживаются всем населением Островов. Эти традиции восходят к «эллинской мудрой любви ко всему прекрасному, любви к человеческому радостно-сильному телу» (2: 6). Природа и культура неразрывны на Островах, где человек ощущает себя частью природы, а южная природа вдохновляет созидательную деятельность человека. Даже в школах для бедных в царстве Ортруды все еще присутствует это органично интегрированное природно-культурное наследие. Эти школы, подобно музеям Островов, открыты для всех желающих. Они напоминают федоровские школы-музеи — в них также теоретические знания соединены с экспериментами, эмпирикой и искусствами, ведущими к «практике». Родители и родственники школьников могут посещать уроки, когда им заблагорассудится, и эти личные контакты создают крепкие узы между поколениями (см. [НФ 1: 48–52]). К сожалению, эта подлинная культура во время романного действия уже приходит в упадок, особенно в высших классах, претендующих на роль ее главных носителей, и ныне сохраняется практически только в среде простого сельского народа.

Именно благодаря «образованным» классам богатая культура Островов все более подпадает под влияние бездушной цивилизации, которая разрушает классическое греко-римское наследие прошлого. В обществе островитян наблюдается измена гуманизму, упадок нравов и духовное обмеление, символом которых служит растущая деградация королевы. Ортруда некогда была олицетворением и Дульсинеи, и *belle Dame sans merci*[16], и древней королевы лунных грез Лилит, первой жены Адама, короче говоря — королевой всех легенд, созданных в прошлом ее народом[17]. Но теперь это не так, ее легендарная слава осталась в прошлом.

Частично виноват в этом прискорбном упадке культуры муж Ортруды, немецкий принц Танкред, связанный родством со многими североевропейскими королевскими домами (может быть, и с русской царской семьей). Несмотря на прекрасную внешность, романтическое имя с благородным значением («умный советчик») и древнюю родословную, он представляет другую, новую, «современную» Европу. Он воплощает ее меркантильно-империалистический дух и фривольность *belle époque*[18] — два проявления цивилизации, исходящие от «великих развратителей», как считал Федоров [НФ 1: 314], — Англии и Франции.

---

16 «Прекрасная безжалостная дама» (*франц.*), персонаж одноименной баллады Дж. Китса (1819), в свою очередь позаимствовавшего заглавие у французского поэта XV века А. Шартье. — *Примеч. ред.*

17 Хольтхузен рассматривает Ортруду как архетипическую Лилит, чье царство — «волшебство ночи» и «молчание могилы» [Holthusen 1960: 28]. Он также указывает, что многие имена в романе (например, Астольф), возможно, позаимствованы из «Неистового Роланда» Л. Ариосто. Эта связь с текстом, оказавшим определяющее влияние на европейскую литературу, подкрепляет символическую функцию Ортруды как носительницы и воплощения западной культуры начиная с эпохи Возрождения.

18 «Прекрасная эпоха» (*франц.*), условное обозначение периода европейской истории между последними десятилетиями XIX века и 1914 годом. — *Примеч. ред.*

Это Танкред приносит на Острова дух империалистических завоеваний и банальную философию memento vivere[19]; он же поощряет презрение к искусствам и наукам, несущим знание о путях к бессмертию. Отчуждение между мужем и женой символизирует разрыв между культурным прошлым Европы и ее нынешней бездушной цивилизацией. Постоянная неверность Танкреда в браке с Ортрудой знаменует пренебрежение к эстетическому наследию всей Европы (ведь в красоте Ортруды воплощена многовековая великая история искусств), пренебрежение, характерное для современной меркантильной и колониальной Европы.

Лицемерно клянясь в любви своей Ортруде-Дульсинее, Танкред на самом деле предпочитает более конкретные удовольствия с земными Альдонсами. Ни в коей мере не романтический Дон Жуан, мучимый страстью и ищущий свой идеал, а скорее красивый *viveur*[20], напоминающий персонажей из оперетт Ж. Оффенбаха, он сеет разврат среди женского населения Островов. У него множество любовниц, принадлежащих ко всем классам общества, и сердце Танкреда «жаждущее измен» (2: 63), делает его, по существу, посланником Змия на Островах, которые он сумел превратить в «испорченный Эдем» [Robbins 1975: 134]. Тропинка, петляющая, как «ленивая змея» или «хитрый уж», среди «странных цветов» с «багряными огромными пастями» (2: 25), по которой гуляет Ортруда в начале второй части трилогии, показывает Острова как порочное царство бодлеровских «цветов зла». Искушение Змием и падение человечества в однажды счастливом Эдеме — вот драма ныне беспрерывно разыгрывающаяся на Островах, население которых стремительно теряет свою прежнюю непосредственную и невинную жизнерадостность.

Этой замене страсти похотью во многом способствовал Танкред. Знаменательно, что вулкан на острове Драгонера начал изрыгать удушливый и возбуждающий чувственность дым как раз в день помолвки Ортруды с Танкредом. Помолвка эта закре-

---

[19] Memento vivere (*лат.*) — «помни о жизни».

[20] Viveur (*франц.*) — «прожигатель жизни».

пила союз Змия-Дракона, похоти и смерти. Вожделение без любви подчиняет человека падшей природе, а смерть окончательно закрепляет ее победу уродством разлагающейся плоти.

Возвышенный и непорочный культ Эроса, некогда царивший на Островах, не только вытеснен дешевой фривольностью Танкреда, но и извращается изнутри. Ортруда, отвергнутая мужем, предается болезненному поиску острых ощущений как гетера, соблазнительница невинных, и даже подстрекательница к убийству. Охватившее ее истерическое садистское стремление к разрушению и саморазрушению заражает всю культурную элиту страны. Повсюду появляются лжепророки и садомазохисты, мистики и нимфоманки, юные самоубийцы и сумасшедшие «творческие личности». Помрачение ума, постигшее королеву Островов Ортруду, охватывает даже простой люд: поскольку она — воплощение народных мифов, ее болезнь поражает и творящий мифы народ. Духовную деградацию Ортруды замечает и Дракон смерти, который теперь только и ждет благоприятного момента, чтобы начать свои губительные действия. Как гласят легенды об Ортруде, она — *belle Dame sans merci*, но теперь не только ее поклонники, но и она сама обречена на гибель. Дракон неусыпно стережет ее «волшебный грот»[21].

Безошибочный признак упадка царствования Ортруды — ослабление ее магических чар. Она, когда-то умевшая повелевать природой с помощью древней магии, теперь не в состоянии предотвратить извержение вулкана — это выясняется, когда она поднимается на его вершину, чтобы «уговорить» его не разрушать Острова. Она утратила свою волшебную силу, подобно тому как культура Островов потеряла свою созидательную мощь. Вместо победы ее ожидает смерть, не украшенная никакой романтикой, — наоборот, кончина Ортруды описывается в сугубо натуралистическом ключе. Ее прекрасное лицо, став восковым, искажается гримасами предсмертной агонии: «нижняя челюсть отпала и опять замкнулась с резким стуком зубов» (2: 386). Ее

---

[21] Пер. В. Левика; в оригинале баллады Китса «elfin grot» — «эльфийский грот». — *Примеч. ред.*

угасание сопровождается массовыми смертями вокруг, и вместо прежней красоты ее Островов мы видим лишь «страшные картины агонии задыхающегося города» (2: 381). Триумф слепой природы над красотой человеческого тела и достижениями культуры человечества, созданными в течение веков, — отнюдь не возвышенное зрелище. Декадентский культ «искусства для искусства», сменивший древний, жизнеутверждающий культ «красоты для жизни», породил хаос и уродство[22]. Ортруда оказывается недостойной возвышенной *Liebestod*[23], любовно-смертного экстаза, которым увенчалась легендарная жизнь королевы Изольды. Давно предав любовь, доводя иных из своих все чаще сменяющихся любовников до самоубийственного отчаяния и жертвуя «капли благородной крови» на алтарь своей безжалостной любви (2: 269), Ортруда в конце концов умирает банальной и некрасивой смертью[24].

Замещение культуры цивилизацией неизбежно опошляет историю. Последняя перестает быть свершившимся мифом и становится банальной политикой. В псевдодемократической Европе политика, в свою очередь, сводится к изматывающей борьбе фракций. Историческая и политическая дезинтеграция накладывается на геофизическую эрозию Островов, еще больше отдаляющую их граждан друг от друга. В области политики Танкред организует тайный заговор с целью свергнуть Ортруду с престо-

---

22 Э. Филд предполагает, что «возможно, смертью Ортруды Сологуб указывает на то, что эротическое и чувственное начала являются ложной альтернативой мерзости обычной жизни» [Field 1961: 347]. С. Рабинович согласен с Филдом в этом нетипичном взгляде на Сологуба как *не*декадента (см. [Rabinowitz 1980]).

23 «Смерть в любви», буквально — «любовь-смерть» (*нем.*). Так именуется сцена смерти Изольды в опере Р. Вагнера «Тристан и Изольда» (1859). — *Примеч. ред.*

24 В романе есть и пародия на Тристана — немец Карл Реймерс, который сперва из карьерных соображений притворяется, будто любит Ортруду, но потом, охваченный страстью и отчаянием от ее неблагосклонности, совершает самоубийство. Короткий роман между Ортрудой и чиновником Реймерсом заканчивается *не-Liebestod*. Когда Ортруда приходит посмотреть на могилу своего мертвого поклонника, это посещение не приносит ей ни просветления, ни преображения.

ла. Каким бы номинальным ни было ее правление, оно все же мешает Танкреду осуществить его имперские планы, которые он безуспешно пытается маскировать высокопарно-патриотической риторикой.

Риторика, к которой прибегает Танкред, чтобы скрыть от Ортруды свои авантюрные планы, столь же высокопарна, сколь лицемерна. Так, он произносит речи о своем стремлении «освободить вечный Рим», объединив «латинские страны Старого и Нового света» (2: 227) вместо того, чтобы начать колониальную войну без всяких «предисловий», как ему бы больше всего хотелось. Но за словами Танкреда не стоит габсбурговская объединяющая идея «Священной Римской Империи германской нации». Он заурядный авантюрист, желающий развязать войну ради рынков и экономических выгод. Танкред хочет сделать Острова такой же могущественной державой, как островные Англия и Япония — два «океанических» государства, которые, говоря словами Федорова, идут по пути разрушительной эксплуатации природы и проповедуют идеологию, чуждую «делу» [НФ 1: 211–214]. Планы Танкреда по завоеванию латинского мира заведомо несбыточны, но одних его замыслов достаточно, чтобы содействовать финансовой и политической коррупции, провоцировать интриги и вызвать братоубийственную гражданскую войну в королевстве Ортруды.

Танкред — политический дилетант, опереточный империалист. Более искусен в сфере политики лидер буржуазии премьер-министр Виктор Лорена. Он ведет хитрую, но не мудрую политику по принципу «разделяй и властвуй», которая приносит его классу краткосрочные выгоды, но не решает проблем, стоящих перед страной. Охраняя интересы буржуазии, он натравливает республиканских повстанцев на роялистов, однако такая тактика не может предотвратить ни революционных взрывов, ни извержений вулканов. Лицемерие — отличительный признак политики Лорены, зиждущейся на страхе перед новизной, выжидании и фальшивых компромиссах.

В цивилизованной Европе развита промышленность, следовательно, на Островах имеется и многочисленный пролетариат. Он эксплуатируется, но все же имеет своего представителя в парламенте. Лидер пролетариев — фанатичный и язвительный Филиппо Меччио[25]. Вместе с социалистической партией он постепенно обретает власть в среде пролетариата за счет своих союзников-анархистов, возглавляемых Бареттой. Выдающийся народный оратор Меччио вдохновляет массы, особенно женщин, зажигательным энтузиазмом и бескомпромиссной верой. Он мог бы стать освободителем Островов, но его партийная программа, провозглашающая единство рабочего класса и счастье для всех людей только этого сословия, вызывает сомнения. Вряд ли Меччио — социальный теург, избранный историей, и вот почему.

При всем своем уме Меччио — ограниченный человек, прямая противоположность «широкому» человеку Возрождения, такому как Триродов. Если уж обращаться к той эпохе, то он фанатичный Савонарола, который никогда не найдет общего пути с Леонардо да Винчи. «Иезуит», искренний сторонник концепции «цель оправдывает средства», Меччио под покровом своей риторики преследует сомнительные цели. В его понимании социализма отсутствует синтезирующее, гармонизирующее и исцеляющее измерение, а его эстетика, если она у него вообще есть, служит политическим целям. И хотя он говорит об этике и эстетике как о «сестрицах» (2: 337), ясно, что Меччио — утилитарист, отвергающий высокое искусство ради государственной пропаганды. Сам выбор обращения — «сестрицы» — указывает на его склонность к псевдонародной слащавости. Он действительно борется за справедливость, но только для своей партии и своего класса, разделяя современные идеи классового антагонизма. Однажды он встречается с Ортрудой, чтобы обсудить с ней положение страны, но ее красота и ум лишь на мгновение покоряют его. После встречи он размышляет: «Нет мира между ними и нами, и никогда не будет. Если же они в минуту сентиментального размягчения заговорят о примирении, — что ж! Мы воспользуемся этим только для того, чтобы выиграть время.

---

[25] Имя «Меччио» ассоциируется с русским словом «меч». Филд предполагает, что под вымышленным Меччио подразумевается реальный Ленин [Field 1961: 343].

А время за нас» (2: 341). Анархист Баретта говорит Меччио, что тот «стоит на ложной дороге», пытаясь заменить старый порядок новым, который «значительно лучше, но той же, по существу, породы» (304–305), но Меччио не интересует его точка зрения. Зато он хорошо знает, чего хочет сам: «иезуитского социализма», в том смысле, в каком понимает этот термин Достоевский (см. «Легенду о Великом инквизиторе»). Меччио, Танкред, а также глава церкви Островов кардинал Пуельма в равной мере мечтают возглавить «Римскую» империю, как и все Великие инквизиторы, будь они представителями социализма, империализма или церкви. О кардинале речь пойдет впереди.

Пролетариат есть и в Скородоже, но он лишен всех гражданских прав. Его лидеры не могут открыто обратиться к народным массам и вынуждены проводить подпольные собрания. И все же социалистические идеи добрались и до скородожской провинции; и здесь кипят политические страсти. Повсюду вспыхивают забастовки, на нелегальных митингах звучат призывы к мятежу. Малочисленная кучка скородожских интеллигентов обычно поддерживает рабочее движение. Их круг жаждет новой жизни, предполагающей единство с народом. Так, может быть, как раз скородожские социалисты — именно благодаря своей неискушенности — в большей степени, чем их «единомышленники» на Островах, представляют подлинно объединяющую и несущую бессмертие силу? Быть может, именно им суждено сотворить легенду из прозы Скородожа и объединить человечество для достижения великой мировой цели?

На первый взгляд это кажется возможным. Среди скородожцев, особенно молодых, есть много таких, кто ненавидит старые порядки и «влюблен в мечту об освобождении» (1: 90). Эти молодые люди готовы объединить чувственную любовь с братской любовью к согражданам, испытывая мистическое слияние со всеми и одновременно исключительную любовь к Единственной и Избранной. Такое благотворное слияние эротической и личной и братской любви случается, например, на массовом митинге в пригородном лесу, где невеста Триродова Елисавета *(sic)* произносит вдохновенную речь. Святой Дух обновления нисходит на собравшихся людей, сметая границы между вероисповеданиями, полами и классами, между образованными и неграмотными. Рабочие, студенты, дворяне, интеллигенты, мужчины и женщины, евреи и русские объединяются в единой мечте. Яркое пламя горит в глазах слушателей, и их взоры, «словно скрещенные [...] копья» (1: 92), возносят Елисавету в царство свободы на «щите солидарности»[26].

Но даже эти вдохновенные молодые люди не заняты подлинным делом. Они, например, не понимают, что конечная цель — это тотальное преобразование и человека и природы. Они не осознают, что, пока сохраняется зависимость от падшей, а следовательно, разрушительной природы, подлинная свобода невозможна и человек по-прежнему остается добычей распада и смерти. Поглощенные исключительно общественными и политическими интересами, молодые люди не размышляют над мудростями Шеллинговой натурфилософии и не понимают, что социальная свобода проистекает из свободы космической. Их безразличие и глухота к «внятным в тишине голосам лесной тайны» (1: 90) обрекают на неудачу их усилия освободить человечество. Природа, в свою очередь, безразлична к ним, как и к человеческому миру в целом. Она живет собственной жизнью, отдельной от человека, и будет жить ею до тех пор, пока не откроется некое новое измерение, позволяющее между ними построить мост. Научиться находить общий язык с природой — самая важная задача в любом деле, ставящем своей целью истинное освобождение человечества, поскольку без согласия с природой человечество останется в плену у времени и пространства.

Скородожским социалистам недостает не только применяемой к жизни философии природы, но и истинной эстетики творчества. Они не понимают триродовской концепции Спасения как «творимой легенды» и не способны воспринять возможность

---

[26] Возможно, это собрание в лесу под открытым небом намекает на собрание первой Государственной думы в Финляндии в 1906 году. После ее роспуска около сотни либеральных думцев пересекли финскую границу, чтобы создать и провозгласить за пределами России бунтарский «Выборгский манифест».

создания «новой жизни» из «сочетания элементов, взятых из реальности, и фантастических, утопических элементов» (1: 101). Они не верят в созидательные мечты, и им, к несчастью, не хватает воображения. Это делает их неспособными преодолеть фатальный разрыв между реальностью и идеалом, а ведь только их слияние и может спасти мир. Несмотря на весь свой восторженный энтузиазм, они тоже создания из пыли, о чем свидетельствует один из снов Елисаветы, героини романа. Она видит себя в пыльной комнате, забитой книгами. Длинноволосые социалисты приносят все новые и новые запрещенные книги, которые постепенно так заполняют комнату, что становится трудно дышать. Елисавета задыхается, но не от страха, что окружена нелегальными книгами, а от пыли книжной мудрости и «сухой» теории, которая душит дыхание живой жизни. Скородожские социалисты — слишком «ученые», чтобы понимать живую жизнь, поэтому, говоря словами Федорова, «для них нет доброго, святого ни в прошедшем, ни в будущем» [НФ 1: 604] — есть только «доктрины», зафиксированные в скучных многотомных произведениях и исследованиях. Спасение от смерти, однако, только в творческой теургии, преображающей жизнь посредством красоты. Не догмы, а Дух и Красота спасут мир.

Означает ли вышесказанное, что Острова на Западе до такой степени «пали», что стали лишь бессильной легендой прошлого, а Скородож на Востоке навсегда останется варварской страной, зажатой в тисках духовного нигилизма, разрушающего любовь к творчеству? Суждено ли Островам остаться погребенными под пеплом упадка и все возрастающего бесплодия сердца и ума, а другой стороне — вести унылое подобие существования до окончательного взрыва кровавого саморазрушения? Такой исход не обязателен. Если две эти части мира, столь сходные в самом своем различии, смогут найти способ слиться в единое целое, их история может еще счастливо закончиться. История достигла своего «зенитного часа» (1: 293), своей поворотной точки, за которой — или падение, или торжество. Последний вариант мог бы осуществиться путем синтеза между «лирическим», «буддистским» и вечно мятущимся Западом и «ироническим», «христианским» и статичным Востоком, который неизменно принимает данную реальность, восхваляя ее, каковой бы она ни была, а ныне поддается бессмысленному раздору, который ничего не изменит. Слияние западного «отрицания» с восточным «утверждением» могло бы привести к позитивной трансформации того, что есть, в то, что должно быть, но в данный момент это невозможно.

Приведенные выше идеи и определения звучат в первой части трилогии (1: 292–294), в разговоре между Триродовым, его предполагаемым тестем землевладельцем Рамеевым и Петром Матовым, неудачливым соперником Триродова в борьбе за благосклонность Елисаветы. Сначала в этом разговоре обсуждается Русско-японская война как политическое событие, но Триродов переводит дискуссию на проблемы философии культуры. Определяя сущность буддистского Востока как «отрицание» и «лирику», он утверждает, что Европа впитала эти аспекты в свою культуру, — в этом обстоятельстве он видит причину ее «слабости» (1: 293). Патриотически настроенный Матов утверждает, что единственная в мире страна, верная истинному христианству, — это Россия, и Триродов не возражает. Христианство он характеризирует как «утверждение», «статику» и «иронию» — последнее качество для него очевидно значит принятие противоречий жизни как неизменимой данности (см. Там же). Однако он не согласен с мыслью Матова о неизбежном торжестве христианства над «буддизмом» и взамен выдвигает идею синтеза. Ранее, в другом споре с Матовым, он жалел о том, что Россия упустила возможность «сплотиться с татарами» (1: 97). Иными словами, слияние восточной и западной культур в европейско-евразийском содружестве, т. е. сплав жизнеутверждающей, но варварской России с утонченной, но усталой Европой мог бы создать богатую и жизнеспособную культуру, сочетающую мужскую силу с женским лиризмом[27]. Не следует упускать из виду, что Восток и Запад

---

[27] Дискуссия о буддизме как противовесе христианству, возможно, навеяна мыслями Ф. Ницше. Тот в своем трактате «Антихрист» (пер. В. Флеровой; немецкое название «Der Antichrist» также переводилось А. Михайловым как

не противостоят друг другу как абсолютные противоположности, а, подобно отрицательному и положительному полюсам в электричестве (вспомним стихотворение З. Н. Гиппиус «Электричество», приведенное в главе 3 этой книги), стремятся к обоюдному контакту. Запад (Европа) ищет положительных начал («веры»), а Россия не только слепо принимает законы «данного», но и жаждет обновления. Каждая из сторон содержит в себе значительную долю своего зеркального отражения. Возможно, противопоставление двух миров вернее всего описать через понятия «женское» — «мужское»: мир королевы Ортруды — воплощение «женского», а Скородож — «мужского» начала. В таком случае счастливым разрешением кризиса для обеих сторон был бы «брак». Вместо того чтобы отпрянуть от своего и похожего, и непохожего зеркального отражения, каждый из миров должен вглядеться в него, чтобы исправить собственные изъяны, иными словами, ради самосовершенствования. Таким образом, нет нужды в победе христианства с его «наивно-иронической» верой, что все его противники и нарушители его догматов будут наказаны на Страшном суде, закрывающем книгу Истории. Но не требуется и полное приятие разъединяющего скепсиса и лирической грусти, ведущее в конечном счете к буддистской нирване как высшему из всех духовных состояний. Вместо этого возможна теургическая перестройка Старого мира в Новый мир через *coniunctio oppositorium* (единство противоположностей), которое даст в результате прекрасную «андрогинную культуру».

Чтобы завершить это величественное творение, человечеству, однако, требуется больше знания, точнее, гнозиса, то есть знания о том, как спастись из плена «грубой коры вещества» (Соловьев).

«Антихристианин». — *Ред.*) характеризирует буддизм как реализм и ясность духа, спокойствие и умеренность — качества, которые развиваются в «чрезвычайно мягком климате» [Ницше 1990: 2, 646]. Христианство же, которое, «к стыду» северных народов, распространилось и укоренилось в Европе, отразило «инстинкты подчиненных и угнетенных», пыл «низших сословий» по отношению к «могущественному существу, называемому “Бог”» [Там же]. Ницше подчеркивает варварские корни христианства и видит в этой религии попытку «приручения» [Там же: 647] дикого зверя (внутри человека) восхвалением бессмысленного страдания.

Хранителями истинного знания ныне являются отдельные личности, но как бы исключительны они ни были, они владеют лишь фрагментами этого знания. Только когда все осколки научного, философского и эстетического знания будут собраны воедино, короче говоря, когда все науки и все искусства сольются в полный гнозис, последний обретет преобразующую силу. На этом пути к истинному спасению человечество встречается с серьезным препятствием в лице традиционных религий (в Скородоже — православия, на Островах — католицизма), которые своей косностью мешают любознательным обрести могущественное орудие перемен, науку. «Ироническое» христианство, если воспользоваться термином Сологуба, не желает умственного развития и поэтому всячески укрепляет невежество населения. Оно не желает разъяснения религиозных парадоксов («несуразностей»).

Демиург

Вне зависимости от того, какую из традиционных религий исповедует и превозносит человечество, оно, в понимании и терминологии гностиков, поклоняется ложному богу — Демиургу (2: 232). Как ни назови этого идола — Христом, Яхве, Аллахом или любым другим именем, — он в течение веков прятал от смертных могучую силу знания, тем самым обрекая их на «муки отчаяния» и «духовную нищету» [Там же]. При сотворении мира — а сотворил его именно Демиург — было сделано «немало ошибок» (1: 71), шутливо замечает Триродов[28]. Он шутит, но, по сути, говорит правду. Людям пора перестать быть невежественными «рабами» неумелого Демиурга и проложить себе «путь к тем высотам, где из людей создаются боги, и еще выше, выше, в эфирные области чистой мысли» (2: 117).

[28] Антидемиургическая шутка Триродова имеет ницшеанскую окраску. Ср. слова Заратустры: «Слишком многое не удавалось ему, этому горшечнику, не доучившемуся до конца! Но если он еще мстил своим горшкам и творениям за то, что они ему плохо удавались, — это было уже грехом против *хорошего вкуса*» [Ницше 1990: 2, 188].

Демиург понимает, что человечество, обретшее истинный гнозис, сумело бы превзойти его собственное творчество. Поэтому он решился на тактику запугивания и обмана, чтобы люди так и остались в своем нынешнем жалком состоянии невежества. Божество Старого мира — это мстительный Адонаи (1: 34), изливающий свой гнев на созданное им самим беззащитное человечество, говорящий с ним «демоническими голосами слепо разъяренных бурь», на языке «разрушительной ярости» (2: 116). Недолговечность и смертность человека помогают Демиургу обманывать его. Следовательно, он никогда не позволит людям объединиться в общем деле, чтобы совместными усилиями отыскать ключи к бессмертию, научиться преодолевать силы разобщения и распада и управлять жизнетворными «универсальными энергиями» (3: 61). Чтобы «общее дело» никогда не осуществилось, Демиург не только запугивает свои недолговечные создания, но и заставляет их мучить друг друга. Для этого он внедрил в человеческое естество «жестокую чувственность», а затем перемешал ее «в одном сосуде» (1: 137) с чистым и духовным чувством любви. Это издевательство становится очевидным всякий раз, когда любовь низводится до грубой похоти. Даже такое прекрасное и чистое создание, как юная Имогена, одна из бесчисленных жертв соблазнителя Танкреда, подпав под влияние разбуженной чувственности, опускается до животной ревности «с пеной у рта» (2: 196). До тех пор пока люди не преодолеют свою животную натуру и зависимость от плоти, им суждено оставаться невежественными смертными, как этого желает Демиург.

Во всех религиях Демиурга принято прославлять как благодетеля человечества. Солнце, его эмблема, воспринимается как дарующая жизнь звезда. Но свет «пламенного Дракона» (1: 17) слишком ярок, чтобы быть благодетельным, а его «лобзания» скорее соблазняют, чем возрождают. Солнце, по существу, помощник «древнего змия» (1: 138), который обманул Адама и Еву, обещав им власть «знания». Обещанное им бессмертие обернулось лишь бессмертием рода, непрекращающимся размножением и воспроизводством смертных людей. Как это ни парадоксально, но человечество поклоняется собственному соблазнителю, прославляя его как Бога, так как Демиург, дьявол и змий — одно и то же. Тот, кто создал Адама и Еву из глины и праха, сам же и соблазнил их, чтобы они навсегда остались его рабами.

Безусловно, в грубом и жестоком мире Демиурга есть определенная красота, и в жизни смертных случаются моменты гармонии и радости. Но эти привлекательные стороны жизни — не что иное, как приманки Демиурга, часть его плана держать человечество в плену материи. Наслаждаясь скоротечными мгновениями счастья и красоты, человек склонен забывать, что «златотканый покров»[29] иллюзорной красоты, весны и молодости скрывает ужас зимы, старости и смерти. Даже над скородожским пейзажем иногда встает «обманчивое сияние» гармонии [Holthusen 1960: 19], заставляющее некоторых почитателей данной нам природы поверить, что сотворенный мир вправду «хорош», как говорит в Книге Бытия Демиург, восхваляя себя и сотворенный им мир. Один из таких «обманутых» — Петр Матов. Обольщенный «золотою свирелью Аполлона» (1: 34), он верит в «торжествующую гармонию» этого мира. Этот искатель мимолетных гармоний — верный сын православной церкви, которого пленяет ее архитектурное и литургическое великолепие. Он также верит в ее доктрины, хотя они и «ветшают с каждым тысячелетием» (2: 117). Неспособный на понимание вечности и всеобщности, этот враг истинного Бога и истинного гнозиса разделяет все заблуждения своего века.

Православная церковь Скородожа, как и католическая церковь Островов, — демиургические учреждения. Их доктрины несколько различаются, но обе утверждают, что человек должен примириться с существующим порядком вещей. Обе церкви заявляют, что материальный и материалистический Старый мир — «хорош», и не обращают внимания на все «насмешки» существования, которые доказывают обратное. Христианство во всех своих раз-

---

[29] См. стихотворение Ф. И. Тютчева «День и ночь» (1839): На мир таинственный духо́в, / Над этой бездной безымянной, / Покров наброшен златотканый / Высокой волею богов.

новидностях — «ироническая» религия, которая принимает мир таким, какой он есть, и не борется с его «шутками» над человеческим родом, считая наградой воображаемое посмертное блаженство после всех земных издевательств. И православные, и католические священники благословляют людей на погоню за земными благами, накопительство и даже грабеж. Так, католическая церковь поощряет империалистические планы Танкреда по созданию мировой империи всех латинских наций, уверяя, что это завоевание во славу Господа, но при этом прекрасно зная, что истинная цель этих планов — накопление награбленных богатств и обретение с их помощью мирового господства.

Церковь Островов — это явно церковь Великого инквизитора из «Легенды», рассказанной Иваном в романе Достоевского «Братья Карамазовы». Ее кардинал монсиньор Фернандо Валенсуэло Пуельма родственен этому персонажу: он, например, заявляет, что простые люди «по своей психике подобны детям» (2: 284) и поэтому должны управляться властью Церкви. Как и Демиург, которому он служит, кардинал не хочет, чтобы люди стали «взрослыми», — он предпочитает, чтобы они оставались послушным «стадом» несовершеннолетних (2: 183), никогда не ставящим под сомнение существующий порядок вещей. Пуельма не исключает вожделение как средство сохранить покорность людей природе и ее «богоданным» законам. Поступи он иначе, он нарушил бы закон Демиурга. Хотя кардинал и питает отвращение к наготе и порицает Ортруду за ее культ обнаженного тела, этот «князь церкви» не возражает против чувственности и даже порока, лишь бы сохранялась внешняя благопристойность. Он сторонник плодовитости в браке, семьи и продолжения рода, но борется с прелюбодеянием и проституцией более на словах, чем на деле. Все это совершенно логично, ибо он слуга Змия. Его «чувственно-алые губы» и неискренняя змеиная улыбка (2: 279) говорят сами за себя.

Восточная ветвь христианской церкви — православная церковь Скородожа — мало чем отличается от западной католической. Она, возможно, более простодушна, более откровенно проникнута чувственностью, более наивна в своей суетности, но и она поклоняется Змию-дьяволу. Богатство монастыря, находящегося в окрестностях Скородожа, свидетельствует о том, что материально-плотский аспект существования ему дороже, чем духовное преображение. Хотя и считается, что монастырь — место уединения и молитв, «внимание [посетителей] странно обращалось на вещи, на прочные постройки, на клобуки и шелковые рясы монахов, на кружки для сбора денег у ворот и у дверей, на вкусные запахи из пекарен и кухонь» (3: 86). Так чувственность и материализм вкупе с политикой превращения человечества в послушное стадо объединяют две ветви церкви, одинаково стремящиеся к тому, чтобы не допустить сомнений в незыблемости мирового порядка, установленного Демиургом.

Сходство церквей подтверждается тем, что епископ Пелагий из скородожского монастыря приводит те же аргументы, что и кардинал Пуельма, когда объясняет Триродову необходимость телесных наказаний: «Молодости свойственна опасная наклонность заноситься и мнить о себе высоко. Даже о Боге забывает легкомысленная юность. В телесном же наказании дана человеку вразумительная мера его сил. Указывается, что не все ты можешь, что хочешь» (3: 100–101).

В монастыре часто пускают в ход розги. Наказания розгами применяются и к виновным, и к невиновным, чаще всего к последним, поскольку наказание наиболее эффективно, когда оно немотивированно. В этом отношении монахи подражают Демиургу, который внушает своим созданиям, людям, иррациональный «страх Божий», наказывая их «розгами» несчастий, болезней и смерти, независимо от фактической вины или невиновности.

Триродов считает, что монастырский быт слишком проникнут мирскостью (3: 97). Это мнение вызывает гнев Петра Матова, постоянного оппонента Триродова, особенно в религиозных вопросах. Хотя Матов поклонник Аполлона, бога языческого преклонения земной красоте, ему мила и красота монастыря; подобно автору «Воскресших богов» Д. С. Мережковскому, он сочетает в себе любовь к язычеству с любовью к христианству. Действительно, христианские храмы — эстетически привлекательные произведения архитектуры; однако Триродов, гностик, ценящий духовную красоту, считает, что в скородожском монастыре слишком много материальной чувственности. Так, находящаяся в монастыре прекрасная «чудотворная» икона испорчена дорогим и безвкусным окладом (3: 87), а рядом с ней помещена тарелка для сбора пожертвований (89). Даже благочестие имеет раздражающе физическую сторону: оно будто зависит от выставленных напоказ смердящих ран и измеряется степенью зловония, которое распространяют вокруг себя блаженные калеки. Лелеют ли плоть или умерщвляют, она играет в монастыре слишком заметную роль. Мирясь с подверженной распаду плотью, церковь как бы объявляет, что не намерена бороться с материальным миром во имя его преображения. Ей и не пристало бороться с ним, так как она проповедует догму духовного посмертного воскресения после второго пришествия Христа и Страшного суда. По существу, распятый Христос, каким его изображает церковное искусство, не уничтожает смерть, а только подтверждает ее власть.

Совершенно логично, что в обмирщенной скородожской церкви Христос, хотя по-прежнему претендует на роль защитника слабых и обездоленных, оказывается весьма «бонтонным» и однажды даже наносит визит Триродову. Как светский человек (хотя официально его царство «не от мира сего»), он вручает хозяину визитную карточку: «Князь Эммануил Осипович Давидов». Манеры гостя, заявившего, что он сын Иосифа (Осипа) из дома царя Давида, весьма изысканны, что вполне соответствует аристократической родословной: этот Христос вполне *comme-il-faut*[30] и удобно вписывается в атмосферу литературного салона. Как и Триродов, он писатель, но в ином жанре и стиле. Любимый жанр князя — сказки, которые позволяют ему обращаться к «неизбежному преображению мира посредством чуда» и «победе над оковами времени и над самой смертью» (1: 298). В этих сказках о посмертном чудесном Спасении, которое не требует ни малейших усилий, кроме покорности Демиургу и соблюдения обрядов его церкви, князь предлагает «морковь воскресения» как противовес «палке смерти» своего грозного Отца.

---

[30] Здесь: «соответствующий правилам светского приличия» (*франц.*).

Не исключено, что князь жалеет человечество. Вполне вероятно, что он благородный обманщик (каким видел его Ренан), желающий успокоить обреченных на смерть людей, очередной князь Мышкин, который всем сочувствует, но при этом не прочь войти в высшее общество. В его глазах «великая усталость и страдание» (1: 297), но никакое личное благородство, внешняя привлекательность и жалость к смертным, пусть даже непритворная, не могут скрыть вредоносности его «сказок». Они «прельщают слабых» (1: 300), возбуждая надежду на спасение в несуществующих райских сферах[31]. Триродова эти «сказки» не впечатляют. Слабому человеку нужна не жалость, а поощрение к подвигу. Почитатель Люцифера, Бога истинного знания, Триродов распознает конечную цель Демиурга во всех его трех ипостасях: держать смертных в смиренном послушании. В беседе с князем он едко замечает, что ни одна из его очаровательных сказок не спасла ни одного из чистейших земных созданий, а именно тех самых детей, которых, князь якобы так любит. «Вы любите детей, — иронизирует Триродов. — Это и понятно. Ангелоподобные создания, хотя иногда и несносны. Жаль только, что мрут они уж очень на этой проклятой земле. Рождаются, чтобы умереть» (1: 299). Это высказывание Триродова, вдохновленное Иваном Карамазовым, разоблачает неискренность или, в лучшем случае, бессилие князя, его неспособность уничтожить зло.

Все это значит, что Демиург крепко держит человечество в своих руках. Его создания охвачены страхом, порабощены похотью и погружены в бездействие, убаюканные иллюзорными надеждами на спасение в несуществующих небесных сферах, увлекательно описанных его сыном Иисусом Христом / князем Давидовым. К счастью, есть люди, которые поняли тактику Демиурга и способны разъяснить своим соплеменникам истинное положение вещей. Задача распространения гнозиса ложится на

---

[31] Нарисованный Сологубом портрет князя Давидова, возможно, вдохновлен «Жизнью Иисуса» Э. Ренана, где чудеса, творимые Христом, классифицируются как «сказки». Ренан подчеркивает обаяние и любезность Христа, тем самым наделяя его *салонными* качествами, даже желанием «пробиться» в высший свет с помощью необоснованных претензий на царский титул «сына Давида».

подлинных художников, людей, которые в состоянии вдохновения чуют истинного Бога Света. Они знают, что такое творческая свобода и что Демиург ею не обладает, поскольку связан детерминистскими законами материи. Художники, когда они создают свои легендарные миры, свободны от железной необходимости. В мгновения вдохновенного творчества истинные художники подражают самому созидающему Духу, источнику Света, Люциферу. Участвуя в процессе надмирного созидания, они знают, что власть Демиурга не может длиться вечно: «Дракон Небесный смеялся в багряно-голубой вышине, словно он знал, что будет. Но он не знал. Только творческая мечта поэта прозревает неясно дали незаконченного творения» (2: 307). Мир — это незавершенное творение. Это «творимая легенда», где Демиургу можно приписать лишь примитивную закладку материального фундамента красоты, венец которой еще предстоит создать художникам, вдохновляемым Светом Духа — началом, стоящим выше материальной и темной сферы Демиурга. Эти художники — люди, подобные Триродову, которые, утверждая принцип свободного творчества, учатся преодолевать кажущиеся незыблемыми законы материального мира. Однажды эти законы будут опровергнуты, в том числе и тот, что гласит, будто любая форма в конце концов распадается, а бесформенность, апофеозом которой являются распад и смерть, неизбежно пребудет вовеки. И это будет достигнуто не чтением сказок, но благодаря знаниям, усилиям и вдохновенному видению мира как «реальной легенды». Закон необходимости будет побежден художниками и влюбленными, которые поймут, что «смысл любви» не в том, чтобы осушить чашу вожделения, а в создании возвышенного человеческого существа — бессмертного Андрогина.

Смертное человечество

Человек живет в тени знания о смерти. Он сидит на «чертовых качелях», которые качаются в направлении от надежды к отчаянию и обратно, и их движение неизбежно заканчивается падением наземь[32]. Так будет продолжаться до тех пор, пока люди не перестанут с ужасом и благоговением взирать на того, кто толкает эти качели, — на дьявола, то есть опять-таки того же Демиурга. Спрашивается, почему человечество принимает как должное такое бессмысленное существование? Ответ один: оно боится свободы, которой не знает, и поэтому предпочитает независимости «спокойствие и даже смерть». Такое отношение к «опасной свободе», как правило, характеризует людей, наслаждающихся радостями смертной плоти, какими бы мимолетными они ни были. Они живут мгновением, сегодняшним днем, бесцельно и бездумно, как звери, — только многие из этих зверей «угнездились в городах» и отрастили «стальные когти» (1: 13) орудий и машин.

Гилики, или люди плоти

В Скородоже в самом деле живут «волки, лисицы, коршуны» и другие «хищные» звери, а также домашние животные (1: 13). Полицейский, который, «погано осклабясь» при виде легко одетой девушки, обнажает «зелень и желтизну своих кривых зубов» (1: 255), — самое настоящее животное, хотя едва ли хищное (у тех зубы получше). Таковы и жандармы, производящие обыск в доме Триродова, — алхимик превращает их в «громадных клопов» (3: 170). Эта метаморфоза в духе Овидия и Кафки не столько изменяет их внешний облик, сколько разоблачает их клопиную суть. Но в мире Скородожа звери — это не только жандармы и полицейские. К ним можно отнести и многих других представителей мелкой буржуазии, да, пожалуй, и прочих сословий.

В среде школьных учителей, например, присутствует по-кроличьи пугливая госпожа Кроликова, которую змееподобная госпожа Дулебова при каждой встрече заставляет «помертветь от

---

[32] В известном стихотворении Сологуба «Чертовы качели» (1907) [Сологуб 1979: 347–348] каждое движение человека «вперед» сводится на нет равноценным движением «назад» до тех пор, пока это бессмысленное движение не заканчивается падением наземь качелей и смертью качающегося.

страха» (1: 276). Есть и более грозные «звери»: так, школьный инспектор Шабалов, до приезда в Скородож всю жизнь обитавший в «глухих лесных местностях» (1: 262), похож на медведя. Погромщик Нил Красавцев также зверь — сама его фамилия напоминает о красоте, а самые опасные хищники нередко красивы. На «идеологической» почве и потехи ради он убивает беззащитную старую еврейку, исходя из того, что евреи приносят вред России. В этом хищнике сильно развит стадный инстинкт, который велит ему освободить свою «территорию» от «чуждых элементов» иных пород. Его жертвы, также по законам животного мира, ощущают себя «естественной» добычей и мирятся со своей ролью жертв: «Широкий нож, блестя в вечерней мгле, поднялся в широко размахнувшейся руке и вонзился в старую. Она быстро и тонко взвыла, — опрокинулась, — умерла. Еврей (муж старухи. — *А. М.-Д.*) в ужасе убежал, оглашая ночной воздух тонкими воплями. Дети завыли. Хулиганы с хохотом ушли» (1: 184). В этой и во многих других сценах город Скородож изображен как «лес», где правят законы животного и звериного мира.

Скородожцы, однако, гораздо опаснее настоящих лесных обитателей. В отличие от последних, они, например, могут создать псевдоидеологию, наподобие той, которой придерживается черносотенец и погромщик Красавцев. Они также полагают, что руководствуются законами морали: так, вышеупомянутый полицейский ни минуты не сомневается, что легко одетые девушки всегда безнравственны, зато его посещения борделей в порядке вещей. Едва затронутые культурой «животные», населяющие этот город-лес, всегда находят оправдание даже самым «скотским» своим поступкам. Сама их жестокость нередко порождается сентиментальностью, а переход от приторной чувствительности к агрессивности почти незаметен:

> Большой красный джин разломал сосуд с Соломоновою печатью, освободился и стоял за городом, смеясь беззвучно, но противно. Дыхание его было гарью лесного пожара. Но он сентиментально кривлялся: рвал белые лепестки с гигантских маргариток и хрипло шептал голосом, волнующим кровь юных: любить — не любить — изрубить — повесить (1: 181).

Ложная чувствительность в сочетании с похотью и ханжеством плюс насилие под маской патриотизма служат благодатной почвой для «деятельности» людей плоти: изнасилований, убийств, поджогов.

Большинство «плотских» в Скородоже безобразны не только внутренне, но и внешне. Поедая грубую пищу, поглощая крепкие спиртные напитки и предаваясь похоти, они вскоре начинают демонстрировать признаки телесного разложения, а смерть венчает этот процесс распада своим смрадным тлением. Зубы скородождцев рано портятся, кожа обвисает, и все тело — редко мытое — дурно пахнет. Это недостойное человека уродство — внешний признак отсутствия внутреннего духовного, эстетического чувства. Лишенные способности ценить прекрасное, скородожцы склонны разрушать красоту во всех ее проявлениях — они бессознательно ненавидят то, чего им не хватает. Они не понимают, что таким образом они уничтожают себя самих, ибо красота — сила, которая «спасает мир». Поскольку бессмертие зависит от создания совершенных и поэтому нетленных форм, разрушение прекрасного — это всегда шаг назад на пути к бессмертию. Кража и уничтожение чудотворной иконы из скородожского монастыря наглядно показывают отсутствие эстетической восприимчивости у «вещественных людей».

Чудотворная икона в скородожском монастыре — шедевр не столько религии, сколько искусства. Она в самом деле творит чудеса. Но не потому, что обладает мистической силой, а потому, что сама по себе — произведение искусства, образец идеальной красоты. Однако банда воров и вандалов уничтожает «скорбный <...> лик» (3: 113) Богоматери, испытывая при этом акте разрушения глупую радость. Совершенное ими кощунство, конечно, не бунт против традиционной религии, а лишь проявление «животной» грубости в сочетании с невежеством и пренебрежением к красоте, а следовательно, к самой жизни. Поскольку жизнь не может существовать вне формы живого существа или художественного произведения, тот, кто не чтит форму, так же безразличен к жизни, как к красоте. Вандалы, разрубившие на куски прекрасную икону, логичным образом переходят к уничтожению живой плоти. Они убивают члена своей шайки Молина так же легко, как убили бы моль. Молин, принимавший участие в уничтожении иконы, в каком-то смысле именно «моль» — легковесное, ничтожное создание. Скородожцы не только не способны ценить красоту: к знанию и образованию они тоже относятся со страхом и ненавистью, тем самым лишая себя еще одного источника бессмертия. Соответственно, школы в Скородоже дают ученикам минимум знаний, заменяя их набором клише, служащих укреплению стадного инстинкта. Скородожских детей учат, что они живут в «лучшей стране на свете», что их религия «самая лучшая» и что у них «лучший» в мире монарх (см. 1: 289). В этих лозунгах нетрудно распознать хорошо известную формулу «самодержавие, православие, народность». Эти патриотические «аксиомы» обращены к слепой групповой солидарности (но не к духу общего дела); они притупляют желание перемен и новизны. Если человек живет в лучшем из миров, зачем искать что-то другое? Обучая детей Скородожа по этому своду правил, педагоги делают все возможное, чтобы их ученики остановились в своем развитии на ступени сугубо плотского и стадного человека. Песня, которую разучивают в школах Скородожа, хорошо иллюстрирует царящий здесь духовный климат (1: 274):

Что за песни, что за песни
Распевает наша Русь!
Уж что хочешь, хоть ты тресни,
Так не спеть тебе, француз.

Вице-губернатор Скородожа и губернии Ардальон Борисович Передонов — типичный скородожский гилик. В предыдущем романе Сологуба «Мелкий бес», где он был главным героем, рассказывается о том, как Передонов совершил убийство и попал в сумасшедший дом. Потом его выпустили оттуда и повысили в должности до вице-губернатора. Это демонстрирует присущую людям плоти крепкую жизненную хватку; в самом деле, они столь же бессмертны как вид, сколь эфемерны как личности. В «Мелком бесе» Передонову, по крайней мере, «хватило здравого смысла, чтобы сойти с ума» в этом абсурдном мире[33]. Но, научившись в желтом доме, куда его привезли в предыдущем романе, приспособляться к безумной действительности, в «Легенде» он уже лишен и этой последней спасительной черты и теперь является органичной частью скородожской правящей верхушки. Будучи одним из столпов общества, он всеми силами поддерживает тлетворную атмосферу, в которой протекает жизнь этого некрополя. Когда Триродов в беседе замечает, что авторитет власти должен иметь «разумные основания», Передонов выкрикивает в ответ: «Разумных оснований захотели? Власть опирается на силу — вы это слышали?» (3: 156) Передонов, этот раб вещественного мира, отстаивает приоритет грубой силы над несущим свет разумом, «жизненных фактов» над созидательной и преобразующей идеей, невежества над гнозисом. В соответствии с таким пониманием власти он угрожает отправлять в Сибирь детей, которые часто смеются. Смех подрывает власть Передоновых, а смех, исходящий от невинных созданий, носит особенно подрывной характер, лишая короля его воображаемых одежд, как в сказке Андерсена «Новое платье короля» (1837). Скоморохи, хлебниковские *смехачи* и бесхитростные детишки — отнюдь не желанные гости в передоновском городе, который определенно продолжает традиции города Глупова, описанного Салтыковым-Щедриным в «Истории одного города»

Рядом со скотоподобными скородожцами даже самые закоснелые обыватели Островов кажутся бесконечно более утонченными. Они читают газеты, сидят в кафе и говорят о политике. У них даже есть свой премьер-министр — «серый кардинал» Лорена. Однако, как и всех людей плоти, их легко распознать по отсутствию души и духа. Если скородожские гилики — «бездушные твари», то люди плоти, живущие на Островах, — «бездушные марионетки». Так, члены ученой комиссии, которых отправляют исследовать геологическое состояние вулкана на острове Драгонера, — просто роботы. В соответствии с полученными инструк-

---

33 О «страданиях» Передонова в непонятном ему мире, управляемом Демиургом, см. [Masing-Delic 1978].

циями они не обнаруживают никаких опасностей, угрожающих острову, и, без сомнения, их слепота способствует окончательной катастрофе. Эти роботы не только ведут себя одинаково, они даже выглядят и одеты одинаково. Сходство сказывается и в их нравах. Каждого из ученых профессоров сопровождают при отплытии жена и два молодых приват-доцента — один красивый, а другой безобразный. И в каждом случае красивый юноша остается с женой профессора, а уродливый уезжает вместе с ним. Жители Островов хотя и не столь неотесанны, как скородожцы, но так же предсказуемы[34].

Как уже говорилось выше, Островам угрожают постоянно растущие материализм и бездуховность. Древняя культура вытесняется механической цивилизацией, а возвышенный эрос — опереточно нарядной, но вульгарной чувственностью. Под воздействием вулкана, который в виде летящего пепла испускает «маленьких демонов», островитянами овладевает желание «совершать зло» (2: 261). Одна из жертв Танкреда, юная невеста Имогена, считает свое падение результатом демонического влияния вулкана-дракона, изрыгающего пепел, — и, возможно, она права. Именно «дух земли», поднимающийся из ее потаенных глубин, все крепче приковывает островитян ко всему земному, уплотняя некогда духовную культуру. При ближайшем рассмотрении разница между островитянами и скородожцами не так уж велика: и те и другие легко поддаются вожделению и другим соблазнам. И здесь и там посланники Демиурга, будь то «маленькие серые демоны» или «мелкие бесы», пробуждают инстинкты, недостойные человека. Невелика разница между охваченным похотью человекообразным скотом из Скородожа, шарящим под лифом девицы в общественном месте, и пресыщенным бонвива-

---

34 Эти ученые «марионетки», не обнаружившие никаких признаков опасности на Драгонере, напоминают ученых, которые, по словам Федорова, не смогли распознать «вулканической силы», действовавшей во время землетрясения на Мартинике (привлекшего всеобщее внимание символистов), и поэтому частично ответственных за последовавшее бедствие [НФ 1: 406]. Философ осуждает их как ученых, которым не обязательно иметь «ни сердца, ни воли, а один только ум» [Там же: 249].

ном с Островов, начинающим ритуал соблазнения комплиментами на балу.

«Уплотнение телесности» на Островах возглавляет принц Танкред, Змий, который на данном этапе истории рано или поздно проникает в любой земной рай. Этот «празднично прекрасный принц» (2: 131) полностью посвятил себя приобщению женщин к похоти — плотской замене любви. Конечно, сам Танкред видит свою погоню за юбками в благородном свете: самодовольство — типичная черта гиликов. Он даже отождествляет себя с чистейшим из рыцарей — Дон Кихотом (ср. 2: 52; 2: 63). Между ними в самом деле есть нечто общее: и Танкред, и Дон Кихот склонны к «фетишизму» в соловьевском понимании этого слова, но если Дон Кихот поклоняется чисто духовному проявлению женственности, Танкред ценит только плоть. Оба любят часть за счет целого, внося свой вклад в общую фрагментарность культуры, каждый своим «фетишистским» способом. Подобно ламанчскому Рыцарю печального образа, Танкред любит Альдонс мира сего. И хотя он отлично видит, что они не Дульсинеи, он так же слеп к действительности, как сервантесовский рыцарь. Если последний не видит грубости Альдонсы и принимает ее за Дульсинею, то Танкред не замечает духовной красоты своей Дульсинеи, Ортруды, и видит в ней просто «второсортную Альдонсу»; хуже того, он не понимает, что некоторые Альдонсы желают стать Дульсинеями, тем самым уже возвышаясь над собой. Так, одна из любовниц Танкреда, наивная и доверчивая учительница, которую и вправду зовут Альдонсой, самоотверженно служит делу революции (предполагая, что и Танкред революционер, и не подозревая, что он из королевского дома и муж Ортруды). Ее благородный идеализм и полное бескорыстие не мешают принцу с легкостью предать ее и равнодушно взирать, как ее ведут на виселицу. Танкреду не нужны женщины, стремящиеся выйти за рамки, предопределенные им, по его мнению, «законами природы».

Смерть Альдонсы — не исключительное событие в череде любовных интрижек Танкреда, поскольку его любовь всегда в некотором смысле смертельна. Будучи любовью лишь к смертной плоти, она длится только «несколько сладких минут», а «потом опять тоска, и дым, и пепел» (2: 218). Танкреда не интересует неповторимый бессмертный образ возлюбленной, о котором писал Соловьев в статье «Смысл любви»; он не стремится совершенствовать красоту этого образа в зеркале обоюдного созерцания. Таким образом, он раздробляет дарующую бессмертие силу подлинной любви на мимолетные ощущения, на «части мелкие как сор» (2: 175). Этот «вечно изменчивый» (2: 131) принц меняется лишь для того, чтобы повторить самого себя, и, таким образом, служит скуке вечного возвращения.

Танкред полностью одобряет обычай начинать флирт «ударами ладонью по спине», а заканчивать убийством — обычай, который, как он слышал, нередко соблюдается в Скородоже. В этом случае, считает Танкред, смерть устраивает все к лучшему: убийца освобождается «от обузы» — предмета бывшего вожделения, а жертва «от всего зараз» (2: 186). Даже если считать, что Танкред предлагает свою «формулу любви» в шутку, она передает самую суть его философии эроса: наслаждаться и отбрасывать, превращая мгновение в меру всех вещей, а смертную плоть в средоточие всего существования. Неудивительно, что Танкред не способен на создание легенд, а только на глупые авантюры.

Правда, иногда, успешно соблазнив новую жертву, Танкред испытывает исступленный восторг «творимого счастья» (2: 167), но «счастье» — не тот материал, из которого творятся легенды, по крайней мере, если определить это чувство как «сладкие мгновения». Танкред не созидатель, а причина распада и двигатель разрушения. Он в своей стихии, когда разжигает войны. На войне, как и в любви, он «распоряжается» телами, с легкостью отправляя их на смерть. Но и завоевания не приносят ему славы. Танкред не получает трона, которого домогается, а когда он, пусть и смертью храбрых, погибает на поле битвы, жители Островов тут же забывают его. Трон переходит к человеку с творческим воображением, создателю легендарной реальности, истинному рыцарю Альдонсы *и* Дульсинеи — Триродову. Он даже внешне напоминает Рыцаря печального образа, но, в отличие от Дон Кихота, видит действительность, как она есть. Только трезвое видение мира дает возможность творцу взять сырой материал иллюзорной жизни и превратить его в подлинную мечту (ср. [ВС 7: 28–29]), в *realiora* истинной реальности.

Психики, или люди души

Категорию «людей души» лучше всего представляет Ортруда с ее воздушной красотой и хрупкой душевной организацией. В начале жизни и своего царствования она олицетворение прекрасной Дульсинеи, но завершает свой жизненный путь развратной гетерой. На путь упадка и смерти она вступает потому, что, поддавшись разочарованию и горечи, ищет утешение в гедонизме. Не желая углубиться в творческую деятельность, на которую она способна, она все глубже погружается в порок и «недеяние», которые неизбежно ведут к самому пассивному из всех возможных состояний человека — смерти. Ортруда слишком подвержена «женским» слабостям, таким как покорность судьбе, которая иногда сменяется бесплодным бунтом; она обладает гнозисом, но не знает, как его использовать.

Так, она знает, что материальный мир — тюрьма, в которой томится плененный в ней Свет, что плоть порабощает Дух и что Демиург обманывает человечество, препятствуя его просветлению. Она знает также, что человек должен стремиться «от зверя к божеству» (2: 313) и что верный способ такого преобразования — сублимация грубой сексуальности в утонченную энергию обожествляющей любви. Однако она не умеет отстаивать свои идеалы. Так, Ортруда основала школу, где мальчики и девочки ходят обнаженными, «как первые люди в раю» (2: 313); она надеется, что нагота, которая постоянно на виду, приведет вместо грубого вожделения к абсолютному целомудрию, к восхищению человеческим телом, подавляя желание «пользоваться» им. Эта бесстрастная любовь к плоти освободит людей от власти Дракона: они перестанут смотреть на тело как на «сосуд похоти» и будут воспринимать его как живое произведение искусства. «Пречистое» человечество сможет уподобиться тем «небесным образам», о которых поет гётевская Миньона: «...где силам неба все равно, / ты женщина или мужчина, / но тело все просветлено»[35]. Зная все это, Ортруда, однако, сразу же сдается, когда ей объявляют, что ее школа нежелательна.

Обыватели Островов считают школу Ортруды безнравственной. Ее закрывают по приказу кардинала, сладострастного лицемера Пуельмы. Этот слуга Демиурга не понимает, что «земной рай не в прошлом, а в будущем человечества» (2: 313) и что школа Ортруды помогает его созданию. Не понимает он и того, что этот рай будет защищен от нового грехопадения, поскольку его чистота будет не следствием невинности или незнания, а результатом сознательного выбора. Безвольная королева не борется за свое «детище», а отдает его в руки кардинала-фарисея. Но самое главное — она сама предает свои идеалы и сама начинает вправду вести ту безнравственную жизнь, которую ей приписывали обыватели и ханжи. Ее философия эроса теперь и в самом деле принимает формы безнравственного «непротивления соблазну». Ортруда отдает себя во власть сладострастия, хотя муки и угрызения совести придают ее эротическим излишествам некоторый оттенок духовности. Тем не менее она теряет «нравственный ориентир» и становится жертвой низких импульсов, порой даже побуждая близких ей людей к убийству и самоубийству. Эти импульсы представлены в негативном свете: в «Легенде» нет прославления эротического садизма или садистского эротизма, в котором обвиняли роман некоторые его критики (например, М. Горький); скорее, в нем указана их опасность. Так, любовная интрига Ортруды и юного пажа Астольфа кончается «каплями крови». Когда они прогуливаются в подземном гроте под замком, его стены в электрическом освещении кажутся кроваво-красными, а стекающие по ним капли воды производят впечатление, будто «капала тяжелая кровь какого-то каменного чудовища» (2: 260). Под влиянием этого кровоточащего и жаждущего крови чудовища, легко определяемого как Дракон

---

[35] «*Und diese himmlischen Gestalten, / sie fragen nicht nach Mann und Weib*» (И.-В. Гёте «Миньона». Пер. Б. Пастернака). — *Примеч. ред.*

Смерти, Ортруда требует в подарок «капли крови» от своего возлюбленного. Она подстрекает мальчика к убийству соперницы (за любовь Танкреда) и вознаграждает его за это преступление чувственными усладами, в которых «капли крови» маркируют пик экстаза. Ортруда явно действует вопреки своим принципам и нраву, и ее уход с пути истинной любви ведет к самоубийству юноши и ее собственной смерти. Их обоих убивает каменное чудовище — Дракон Смерти, он же Демиург (ср. примеч. 115).

Ортруде, как уже сказано, не хватает силы воли, необходимой для воплощения легенд. Показательно, что она, несмотря на несомненный талант к живописи, не заканчивает свои картины. Она, например, не знает, как дописать картину, на которой изображены «грезящий Адам» и «первозданная дева» в тот момент, когда Ева призывает супруга к «неведомым ему творческим совершениям» (2: 317). Одна из причин — ее неудачи в выборе моделей. Она пишет Адама с Астольфа, а Еву — со своей близкой подруги Афры. Но Астольф — Адам, не желающий покинуть свой остров грез и цепляющийся за свою Лилит — королеву Ортруду. Его страшит призыв Евы к действию, и он бежит в смерть, совершает самоубийство в надежде, что, умерев, он сможет грезить вечно. Афра под пагубным влиянием Ортруды тоже становится «мечтательницей» и поэтому не может служить моделью для подлинной Евы — воплощения активности. Картина Ортруды остается незавершенной, и это говорит о том, что ни ее искусство, ни ее жизнь не могут стать действенной теургией. Ее искусство — не более чем бегство от скуки, красота в башне из слоновой кости, а ее жизнь — эгоцентрическая сосредоточенность на себе и своей грусти.

Погружаясь в свой внутренний мир, Ортруда не в силах создать синтез противоположностей. Как слишком женственная женщина, после измен Танкреда она отвергает активное мужское начало и устраняет его из своей жизни. Ее любовь к юноше Астольфу и девушке Афре свидетельствует о том, что она ищет скорее собственные отражения, нежели дополняющую ее противоположность. Напуганная грубой мужественностью супруга, она уходит в свой красивый, но слишком нежный, женственный мир, оставляя на долю менее утонченной Елисаветы, невесты Триродова, исполнить подлинный «смысл любви» — создание бессмертного Андрогина, рожденного разнополой любовью. По Соловьеву, оба пола должны участвовать в создании бессмертного человечества. Поэтому лиричная Лилит вынуждена уступить практичной Еве, самовлюбленная Ортруда — волевой Елисавете. Адам должен проснуться от грез и приступить к делу преображения мира, и только Ева может вдохновить его на этот подвиг. Лилит — жена Адама в его сновидениях, но в живой жизни его спутница — Ева.

Триродов знает это. Его первая жена напоминала лунную Лилит (или даже «была» ею) и, не сумев приспособиться к реальности, умерла после родов. На смену ей пришла Елисавета, принадлежащая к залитому солнечным светом миру действия. Оставив бесплодные мечтания, Триродов покидает свою башню из слоновой кости, прекращает жить исключительно в мире утонченных грез и вступает в мир Евы. Было бы, однако, неверно расценивать Елисавету как двойника Евы. Настало время появиться новому типу женщины: это не хрупкая Лилит, не требовательная Ева, а новое сочетание энергии и утонченности, силы воли и красоты. Елисавета стремится стать больше чем женой и матерью — она хочет быть возлюбленной своего мужа в соловьевском понимании этого слова, то есть его музой, другом и соратником, короче говоря, сотворцом легенд.

Елисавета, девушка из Скородожа, которая становится невестой Триродова, на первый взгляд кажется неподходящим выбором для поэта. С ее любовью к солнечному свету и радостной готовностью принять огненные поцелуи небесного Змия, она кажется творением Демиурга. Любимый цвет ее — желтый, и вся она яркая и земная. С другой стороны, ее достоинства — сила воли и ум (1: 8). Эти черты, характерные для пневматиков, позволяют ей выйти за пределы приземленности. Она готова отказаться от традиционных ролей, «предназначенных» Еве, — соблазнительницы, жены и матери. И в равной мере она желает возвысить своего «Адама», то есть избранного ею мужа, до более благородного назначения, чем быть добытчиком и производителем потомства. Это она ясно дает понять своему первому пылкому поклоннику Петру Матову, который хотел бы видеть ее именно в традиционных ролях жены и матери. Отвергнув его предложение и роль «Первой невесты» (ветхозаветной Евы), она делает выбор в пользу того «великого и свободного единения», которое освободит человечество от власти вожделения и приведет его к «новой земле и новому небу» (1: 40), где, как обещано Откровением, не будет больше смерти.

Елисавета, новая женщина, оставляет прошлое позади и готова встретить «буйное дерзновение возникающего» (1: 41), а именно строительства-созидания нового прекрасного мира и творения легенды. Этот мир будет создан *новым* мужчиной и *новой* женщиной, объединенными *новой*, прекрасной, нечувственной, но все же эротической любовью, в которой нет места вожделению. Елисавета не выходит замуж за Петра Матова, а выбирает Триродова; их союз основан не на желании удовлетворить половую страсть и слепую тягу к продолжению рода, а на стремлении вдохновлять друг друга на «подвиг» (ср. [НФ 1: 321]). Их брак также основан на соловьевском понятии сублимации эротической энергии в художественный акт, где возлюбленный предстает Пигмалионом, создающим живое произведение искусства, а возлюбленная — восприимчивой Галатеей. Вместе они заняты искусством искусств: достижением совершенства для бессмертия.

Выходу Елисаветы за рамки традиционной роли Евы, несомненно, способствует влияние на нее ее женской противоположности — лилитоподобной Ортруды. Эти две женщины не знают друг друга и никогда не встречаются, но связаны мистическим узами: они видят друг друга в сновидениях, в которых их личности сливаются воедино. Они представляют собой два полюса «вечной женственности» — поэтическую хрупкость и жертвенную отвагу (Лилит и Орлеанскую деву). Чтобы стать совершенством, вечная женственность должна сплавить в себе эти два полюса своей сущности в единый синтез. Елисавете, обладающей силой и самодисциплиной, которых нет у Ортруды, удается достичь этого синтеза, и их слияние маркирует важный шаг вперед в эволюции человечества от смертных к бессмертным. Она Альдонса, становящаяся Дульсинеей, той Дульсинеей, которую предала Ортруда-Лилит. Но своим достижением Елисавета во многом обязана Ортруде. Она бесконечно обогатила себя слиянием с эмоционально утонченной и изысканно прекрасной королевой, одарившей ее качествами, которых она изначально была лишена. Окончательное слияние двух женщин происходит в эпизоде «Легенды», который можно назвать «кентаврическим». Однажды, гуляя в лесу вблизи Скородожа, Елисавета встречает двух молодых и красивых оборванцев, которые пытаются ее изнасиловать. Они напоминают мифологических *кентавров* в скородожском варианте: когда они борются с «лесной нимфой» Елисаветой, пытаясь овладеть ею, их страстные стоны звучат как «ржание» (1: 217); их «зверино-крепкие» зубы и налитые кровью глаза также указывают на их «кентаврическую», мифологическую суть. Несмотря на свой ужас, Елисавета постепенно приходит в возбуждение от этого нападения. Когда она видит «капли темной крови» (1: 218) на плече одного из мужчин, она почти уступает низкому животному инстинкту, которым коварный Демиург наделил человека. В какой-то миг ей уже хочется, чтобы красивые парни ее изнасиловали, она уже готова поддаться и познать «сладкое» вожделение Евы в Эдеме (или в Аркадии). Но она преодолевает этот порыв и не позволяет себе упасть на землю, к которой клонят ее насильники. Она сохраняет, говоря словами Федорова, вертикальность бессмертия и отвергает горизонтальное положение похоти и смерти. Когда наконец появляются «белые тихие мальчики» Триродова (см. ниже), чтобы спасти ее (218), они с легкостью прогоняют хулиганов. А Елисавета показана как девушка, сумевшая «оказать сопротивление соблазну». Тихие мальчики находят Елисавету такой же «совершенной, как мечта Дон Кихота» (2: 220). Так «земная» Елисавета достигает безупречной красоты Дульсинеи, не теряя отваги Орлеанской девы-воительницы и внося свой вклад в бессмертие Вечной женственности. Эра языческой древности прошла; прошла и эра ее возрождения; началась совсем новая эпоха.

Преображению Елисаветы из Альдонсы в «новую» Дульсинею способствует главный герой трилогии, Триродов. В отличие от Танкреда, равнодушного к жизни и смерти «Альдонс», он надеется увидеть во плоти новую женщину новой эры. Триродов знает, что такое плотская страсть, — об этом свидетельствует его роман с чувственной Алкиной. Та хотела бы, чтобы он «алкал» ее тела и поддался плотскости, но он научился обуздывать эти инстинкты. Поэтому он может стать наставником Елисаветы, направляя их обоих на путь спасения. В одном из эпизодов романа «ночная очаровательница» нашептывает Елисавете, чтобы она пошла к Триродову и предложила ему себя в качестве «забавы», стала бы его «рабою», «вещью в его руках» (1: 244). Она подчиняется этому голосу, выходит из дома «нагая», надеясь на встречу с ним, — и находит Триродова в саду усадьбы ее отца. Перед «непорочною луною» (1: 245) они обмениваются страстными любовными клятвами, объединяющими их в одну чету, но тело Невесты остается «несмятым» и чистым. Образуя свой андрогинный союз, Триродов и Елисавета утверждают «святость пола», отвергая при этом его «физические проявления» [Matich 1979: 173].

Вероятно, определенную роль здесь играют идеи Чернышевского о любви и «новой женщине», как бы идейно далекой ни казалась утопия последней главы романа «Что делать?» (1863) от утопии «Легенды». Но, как и Вера Павловна из романа Чернышевского, Елисавета из вполне заурядной девушки становится все более «божественной» по мере того, как избавляется от уз прошлого. Как и Вера, Елисавета проходит цикл исторического развития роли женщины, представленного в четвертом сне Веры Павловны. В этом сне женщина вначале предстает «рабыней» мужчины, потом его драгоценной «игрушкой» [Чернышевский 1969: 345] и в конце концов равноценным ему человеком и даже «богиней» [Там же: 350][36]. Как мы видели, Елисавета тоже меняет несколько ипостасей: последняя из них — королевская, но будущий статус ее «божественности» несомненен.

---

[36] Интерес Сологуба к творчеству писателей гражданского направления уже отмечался исследователями (см. [Дикман 1978: 8–9]). «Легенду» можно рассматривать как ответ автора на дидактический роман Чернышевского «Что делать?» (1863). В пику автору-радикалу, ставившему материалистические науки и социалистическую мораль выше искусства и теургии, в трилогии Сологуба делается упор на синтез искусства, (новой) религии и «настоящей» науки. Оба автора, однако, явно разделяют «феминистские» взгляды на роль женщины в «новом мире» и растущее значение этой роли.

Очередной вехой в духовном развитии Елисаветы, то есть в освобождении от земных уз, служит изменение ее отношения к белым детям в усадьбе Триродова. Вначале эти бесстрастные создания чистой красоты, населяющие залитое лунным светом пространство бессмертия, пугают ее, подобно «могильному холоду» (3: 38), но она заставляет себя перебороть страх перед их «нежизненным» бытием. Наблюдая за их тихим качанием «вперед-назад» на качелях в саду Триродова (3: 192), она постигает уроки их символической игры. Она отвергает ритм, посылающий людей вперед к светлым надеждам только для того, чтобы тут же отбросить их назад к горьким разочарованиям, как этого желает Демиург, создавший этот ритм бытия. Елисавета отказывается от «качелей», с монотонной регулярностью перебрасывающих человека от надежды к отчаянию и от отчаяния к надежде, и отныне движется по жизненному пути тихо и бесстрастно, спокойно встречая и *счастье*, и *несчастье*, таким образом обретя внутреннюю свободу, необходимую теургу[37]. Научившись воспринимать бесстрастных и красивых детей как создания, не участвующие в жизненных дрязгах, она приобретает духовную гармонию, необходимую, чтобы разделить с Триродовым его замыслы легендотворчества и все аспекты «инобытия», изложенные в его радикальных проектах.

Пневматики, или люди духа

Если Елисавета — «творимый» пневматик, то Триродов является почти сотворенным с самого начала повествования. Он — Каин с положительным знаком, добрый Антихрист и верный люциферианец. Он враг Демиурга, но при этом не имеет никакого желания убивать послушного Демиургу Авеля (то есть «правильно» верующего Петра Матова и ему подобных) и не поощряет разрушение

---

[37] Возможно, «белые дети» решили отвергнуть «надежду и волнение», выбрав «безнадежность и покой». В стихотворении Е. А. Баратынского «Две доли» (1823) предлагается именно такой выбор.

Старого мира, вместо этого работая как художник-созидатель и ученый-творец над его преображением. В отличие от Меччио, Триродов не лицемер и не «иезуит» и отвергает всякое насилие и всякий обман. С помощью искусств и наук он конструирует в своем имении разные модели нового рая, которые со временем предстоит выстроить в большем, мировом масштабе. Возможно, триродовское имение имеет реальный прототип — Ферне, имение Вольтера, где французский философ построил свой идеальный микромир, конечно в рамках возможного в реальном мире. Триродов, однако, успешно претворяет в жизнь многие проекты научной фантастики. Он, кроме того, вводит в свой микромир идеи, почерпнутые у Ортруды, с которой имеет много общего.

Так, например, он построил школу, где дети учатся побеждать «зверя», живущего в каждом человеке (1: 13), не теряя при этом связь с природой. Они постоянно подвергаются воздействию земной, водной и воздушной стихий, но их также учат, что природу не следует принимать такой, какова она есть, так как человек способен ее облагораживать. При первом же посещении триродовского имения Елисавета и ее сестра Елена сразу ощущают разницу между их, рамеевским, лесом и тем, что растет на земле Триродова. Здесь это лес, «побежденный человеческой деятельной жизнью» (1:10) благодаря ботаническому и архитектурному творчеству Триродова: «высокие сосны обстали вокруг... лужайки так ровно, как стройные колонны великолепной залы» (1: 10) под голубым небом. В этой «зале», созданной и природой, и человеком-артистом, поют и танцуют счастливые дети, руководимые прекрасными девушками. Здесь небо примирилось с землей, поскольку жар «пылающего Дракона» смягчен покровом деревьев, а хаос и неразбериха Старого мира регулируются созидательной эстетикой. Результат всего этого — «новые небеса», освещаемые Солнцем Духа, а не пылом похоти[38].

---

[38] В. Ф. Одоевский в фантастическом рассказе «Два дни в жизни земного шара» (1828) говорит об окончательном союзе Земли с Солнцем, чей «непалящий жар» подобен «огню вдохновения» [Одоевский 1977: 222; см. также. Levitsky 1988: 76]. Триродов, похоже, тоже мечтает о таком «непалящем» Солнце».

Многосторонняя деятельность Триродова направлена в конечном счете на создание бессмертных форм. Как художника его отталкивает уродливое искажение формы, вызываемое смертью; как гуманист он не может смириться с сопровождающим смерть страданием, а как ученый он знает, что мертвые ведут подземное существование, лелея «темную мечту» об освобождении и воскрешении (1: 239). Триродов — революционер, который понимает, что подлинная свобода придет только тогда, когда мертвые будут освобождены из своих подземных темниц и выпущены из келий гробов. Подобно горьковскому Человеку из одноименной поэмы, Триродов изучает смерть под всеми возможными углами. Его имение, которое местное население называет «Навьим двором», примыкает к обширному скородожскому кладбищу (описание которого словно позаимствовано у Федорова), и это соседство позволяет ему поддерживать тесный контакт с мертвецами через подземные ходы и во время ночных бодрствований. Вот почему он знает, что кладбищенская трава пахнет «тихой мечтой» усопших (1: 239) об освобождении; они буквально по капле вливают в траву свое желание вернуться на земную поверхность. Петр Матов, конечно, утверждает, что это желание уже исполнено через воскресение князя Давидова (Христа), что души усопших находятся «на небеси», но «факты» противоречат подобным высказываниям. На кладбище «спали сторожа, как мертвые, и мертвые спали, сторожа бессильно свои гробы» (1: 240). Иными словами, никакие «трепещущие стражи» (Мф. 28: 4) не были разбужены — ни тогда в древнем Иерусалиме, ни теперь в Скородоже; ни здесь, ни там не были сдвинуты надгробные камни, и никакие мертвецы не были возвращены к жизни. Рассказ князя Давидова о его победе над смертью — не более чем утешительная евангельская сказка[39].

---

[39] Как отмечает Х. Баран [Baran 1979–1980], Сологуб очень ясно высказывает свою разочарованность христианским воскрешением в стихотворении «В день воскресения Христова» (1905). В нем описано, как на Пасху поэт приходит на кладбище и обнаруживает, что все склепы открыты. Однако они лишь источают «смрад могильный», а кладбищенские могилы тихи и безмолвны, и «мертвый лик Эммануила / опять ужасен и нелеп» [Сологуб

Триродов, однако, не допустит, чтобы мечта мертвых оставалась лишь мечтой. Он изучает смертность как преходящее состояние человека и проводит эксперименты по воскрешению, уже добившись некоторых успехов. Триродов — ученый люциферовского толка, смело бросающий вызов Демиургу, художник-жизнетворец и антихристианский святой Георгий, собирающийся наконец добить Дракона Смерти. Успешно воскрешая мертвых, хоть и в скромном масштабе (только недавно умерших детей, не желавших жить на горестной земле), он уже сейчас представитель будущего Бессмертного человечества, хотя сам, очевидно, все еще остается смертным.

Бессмертное человечество

Фамилия «Триродов», возможно, пародически связана с христианским догматом о Святой Троице [Holthusen 1972: viii][40]. Герой трилогии поклоняется истинному Отцу — Люциферу, сам является подлинным «Сыном Человеческим» (в отличие от сноба князя Давидова) и берет в жены женщину, призванную стать воплощением Святого Духа. Эта теургическая троица, состоящая из нового мужчины и новой женщины, объединенных в любви к Отцу Света, сделает реальным однажды обещанное библейским Богом пресуществление, но оно произойдет эстетическим, научным и теургическим путем, а не с помощью обманной церковной магии.

1979: 315]. Способность Триродова чувствовать запах травы на кладбище, где он проводит свои эксперименты, и его знание, что этот запах «несет» мечту о воскрешении, выглядят совсем по-федоровски. В «Философии общего дела» предполагалось, что воскресители мертвых будут наделены такой тонкой чувствительностью, что им станут «доступны не трав лишь прозябание, но и молекул и атомов всей вселенной движение» [НФ 1: 420]. Триродов обладает такой сверхчувствительностью, возможно, благодаря белым детям, которые знают много тайн природы.

[40] Силард и Барта предполагают, что фамилия «Триродов» восходит к орфическим и пифагорейским мистериям, возрожденным Данте [Силард, Барта 1989: 78]. Возможно, здесь уместно упомянуть и «трижды величайшего» Гермеса Трисмегиста.

Согласно философии Федорова, Троица — идеальный синтез неоднородного единства и плодотворного разнообразия. Философ подчеркивает, что помимо Отца и Сына должна быть и Дочь. Он не одобряет «безжизненную, монашескую, платоновскую или платоническую» Троицу, но настаивает, что женский «дух любви» должен быть включен в ипостась Святого Духа [НФ 1: 77]. Триродов с этим согласен, и, овладев искусством превращать неорганическую материю в органическую, а распавшуюся — в слитую, он полагается на поддержку своего сотворца Елисаветы в деле успешного окончания истинного пресуществления.

Федоров полагал, что химия будет уделять особое внимание переходным фазам трансформации материи [НФ 1: 217], и сожалел, что эти фазы недостаточно изучены, особенно в прикладной работе, при сборе фактического материала на месте. Кладбища — это те места, где постоянно происходит трансформация мертвой материи в живую, подлинные «лаборатории» для проведения исследований человеческого бессмертия. Триродов, в отличие от большинства ученых, хорошо понимает это и поэтому покидает научно-исследовательскую лабораторию, сделав своей экспериментальной и испытательной площадкой само кладбище. Смерть легче всего изучать именно на кладбище, где погребенные томятся в неволе своей земляной тюрьмы. Может быть, роль Елисаветы здесь — регистрирование вибраций, исходящих от умерших и вызванных их стремлением к воскрешению. В федоровском общем деле это задача женщин, но у Триродова, возможно, это скорее функция «тихих» детей.

Другой важный аспект воскрешающей работы Триродова — сбор научных данных. Он знает, что «проклятие для всякой человеческой мудрости» (3: 35) в ее ограниченности. Один человек не в состоянии собрать все нужные данные для разрешения даже единичной проблемы, не говоря уже о бесчисленных всечеловеческих и космических задачах. Когда человечество будет объединено единым делом и станет сообща собирать все релевантные существующие факты, оно овладеет полнотой знания или, выражаясь современным языком, полной базой данных. Тогда у него будет не только единая цель и общая воля, но и полное знание.

Когда-нибудь все отдельные человеческие воли сольются в «единую волю» и «поднимутся перпендикулярно» (1: 300) над горизонтальным царством смерти, победив его. Такой вертикальной общей воли, слитой в поток преобразующей энергии, пока не существует. Смерть по-прежнему могущественна, и Триродов может спасти только тех, кого легче всего воскресить, — невинных детей.

Категория существ, поддающаяся воскрешению, — это невинные дети, много страдавшие от рук взрослых. Как и все человечество, несущие на себе печать рождения и дурной наследственности (в богословской терминологии «первородный грех»), сами они, по крайней мере, не способствовали усугублению своего падшего состояния. Они, например, не запятнаны половой активностью. Невинность сама по себе не делает человека бессмертным (и девственницы умирают, на что уже указывал Соловьев), но в «Легенде» она служит определенной защитой. Неразвращенные тела могут противостоять физическому разложению, по крайней мере некоторое время. Триродов пользуется этим, воскрешая мертвых детей, пока их еще не тронуло разложение. В эпизоде воскрешения Егорки дается достаточно подробное описание методов Триродова.

Эти методы не содержат никаких чудес. Триродов не верит в чудеса, о чем он категорически заявляет князю Давидову («нет чуда, не было воскресения, никто не победил смерти»; 1: 295). И хотя князь произносит пламенные слова о своей фантастической победе «над оковами времени и над самой смертью» (1: 298), знания Триродова о «многих силах, расторгающих узы пространств и времен» (3: 35), намного превосходят фантазии князя. Одна из сил, контролируемых Триродовым, — энергия «атомов», которая высвобождается при разложении мертвых тел и хранится в природе, пропитывая ее. Он знает, как использовать эту энергию для воскрешения, перенося ее из резервуара природы в недавно умершие тела «одному ему знакомым способом» (1: 237). Направляя эту энергию и собственную волю к воскрешению на недавно умершего от истязаний мальчика Егорку, он пробуждает его от мертвого сна (ср. [НФ 2: 186]).

Прежде чем начать воскрешать детей, Триродов вкладывал свою творческую энергию в сочинение стихов. Обратившись к высшему искусству жизнетворчества, он становится не автором прекрасных стихов, не отцом смертного существа, а воскресителем ребенка, создав, таким образом, «поэму», которая будет жить не как текст, а как бессмертное «белое дитя».

Пробудив мертвого мальчика Егорку с помощью энергии «атомов», высвобождающейся при распаде органической материи и сохраняющейся в природе, Триродов переходит к следующему естественному и логичному шагу: посылает своих помощников — белых детей, составляющих «отряд» воскресителей, — выкопать гроб Егорки и открыть его. Благодаря этим конкретным действиям Егорка смог покинуть могилу: «гроб раскрылся так же просто, как открывается дом» (1: 240). Чтобы спасти Егорку, ангелам нет нужды спускаться с небес, как в театре или в сказках князя Давидова. Гвозди, вбитые в гроб, не вылетают сами по себе, как на иконах, а извлекаются руками. Егорке помогают подняться из гроба и выйти из могилы дружеские руки воскрешенных ранее. Поучительно сравнить рассказ князя о том, как он спустился в ад и отпер ворота, с впечатлениями мальчика о том, каково это — быть мертвым. По словам Егорки, его поглотил «пламенный мрак» и он испытал адскую боль (1: 239). Нет необходимости изобретать Ад, так как ад — это быть мертвым, и покойники хорошо это знают.

Следует отметить и еще одно расхождение в рассказах князя и воспоминаниях маленького Егорки. Князь утверждает, что тело и душа после смерти разделяются, — Егорка обнаруживает, что это не так. Душа не находит благословенного убежища, возносясь в горние сферы, чтобы забыть там свои смертные останки. Мертвым приходится испытывать «состояние смерти» во всей полноте физического распада и душевных мук.

Испытав настоящий ад и естественное воскрешение, Егорка понимает, что обязан своим бессмертием не князю. Когда он произносит заклинание «три жировика, три лесовика, три отпадшие силы» (1: 239), направленное против Троицы, он знает, что оно поистине чудодейственно[41]. Антихристианский аспект его воскрешения проявляется и в такой детали: о Егорке все время говорят как о «спящем в могиле» (1: 246), что вызывает ассоциации с литургическим пасхальным песнопением о Христе, который «смертию смерть попрал и *сущим во гробех* живот даровал». Не божественный Христос, а человек — теург Триродов — спасает мертвых, не *спящих* в своих гробах, а ждущих и жаждущих воскрешения. Егорка, то есть маленький Георгий, вступает в битву со смертью вместе со своим тезкой Георгием Триродовым.

Триродов воскрешает своего маленького *друга* способом, предложенным Федоровым. Спасая *друг*ого Георгия, он как бы демонстрирует, что спасти другого, *друга* — то же самое, что спасти себя (*другого* «я»; см. [НФ 2: 24]. Оба Георгия вместе побеждают Дракона Смерти благодаря духовной дружбе и взаимному отождествлению, сражаясь с врагом как один человек, оставив в стороне самозваные божества, подобные князю. Когда все человечество станет единым святым Георгием, сражающимся с Драконом, смерть будет окончательно повержена. М. Хагемейстер замечает: «Воплотив мечту в реальность, человечество в своей совокупности становится единым художником, для которого весь мир служит сырьем в создании земного рая» [Hagemeister 1989: 108]. Триродов и Егорка демонстрируют, что не только все живущие, но и все мертвые могут слиться в «единого художника».

Воскрешенный Егорка присоединяется к белым детям в триродовском имении и разделяет с ними их бессмертное существование. Эти воскрешенные создания нематериальны, но не бестелесны. Конечно, химический состав их тел отличается от того, которым обладают живые, в той же степени, в какой, если пользоваться соловьевской аналогией, разнятся химические со-

---

41 Слово «жировик» из заклинания, которое произносит воскрешаемый Егорка, согласно словарю В. И. Даля, может обозначать «домового», то есть существо языческое. Может быть, в триродовском мире кладбища, то есть «дома мертвых», нуждаются в своих «домовых». Фамилия Егорки — Антипов; греческое имя «Антип» может быть истолковано как «противник». Антихристианская направленность триродовского «воскрешения» очевидна.

ставы алмаза и обычного угля. Эти создания, как бриллиант, пронизаны светом, который делает их полупрозрачными и освобождает от силы земного притяжения. Но они не бестелесные ангелы. Белый ребенок Гриша, например, оставляет едва заметные следы ног на пыльных скородожских дорогах (1: 221), но может и парить над землей, поскольку, подобно другим белым детям, способен «и бескрылый летать» (1: 226). Свобода от всех земных оков и есть то «небесное» блаженство, которое вкушают белые дети на Земле.

Свобода от внешних ограничений ведет к внутренней свободе от страстей. Воскрешенные дети не подвластны постоянным колебаниям между крайностями земных желаний и отчаяния неудовлетворенности, надежды и разочарования, свойственными качающимся на «чертовых качелях» живым людям. Движение маятника, бросающего смертных из одной эмоциональной крайности в другую и обратно, не распространяется на детей и не выводит их из состояния отстраненности от всего обывательски-житейского. Освободившись от слепой воли к жизни посредством смерти, убившей в них все желания, и воскрешения, избавившего их от мук отчаяния, они приобщаются к чисто эстетической, но живой форме бытия [см. Holthusen 1960: 30, 54]. Они «совершенны, как произведения высокого искусства» (3: 168–169). Искусство — сфера, где все эмоции очищены, поскольку не связаны с конкретными целями и задачами (на это указывали и Кант, и Шопенгауэр, внимательно прочитанные Сологубом). Их безучастность не означает потерю личности. Каждый из детей — личность, носящая свое имя, например Егорка или Гриша, и обладающая выраженными чертами характера, как, например, упрямая девочка с «бездонными» черными глазами, любимое слово которой — «нет» (1: 227). Егорка даже намеревается навестить свою жестокую мать, которая, очевидно, не заметит, что он изменился, так как этого не будет видно. Эти «сверхдети» знают, «что должно совершиться» (1: 169), поскольку наделены сверхчувственным восприятием, и способны понять «чудеса леса» и многое другое, «все, чего нет в дневном, земном, темном мире» (1: 226), но они не безучастны к земной реальности. Однако они и не являются ее частью, так как живут за занавесью времени, висящей между двух деревьев в триродовском лесопарке, в мире, где сияет «странно-ясный свет» будущей реальности (1: 224). Это четвертое измерение «невремени» преобладает в имении Триродова, что сразу чувствуют сестры Рамеевы (Елисавета и Елена) при первом же посещении имения.

Будучи бессмертными произведениями искусства и науки, но при этом и реальными личностями, белые дети — предвестники мира воплощенной легенды. Они — первые порождения будущего человеческого совершенства (подобно блоковскому белому Христу в поэме «Двенадцать»), указывающие путь в Новый мир. Но они все же не конечный продукт теургического созидания. Их негативное совершенство, основанное на том, что они не жили в полном смысле этого слова, не является окончательным идеалом Бессмертного человечества. «Легенда» подчеркивает позитивное совершенство возвышенного, сублимированного эроса, противопоставляя его негативному совершенству отрицания жизни. Для лиричных белых детей характерно предпочтение отрицающего «нет» утверждающему «да» (1: 227, 241). Порожденные отчуждением, никому не принадлежащие, белые дети отрицают реальность, которая принесла им столько страданий. Восприимчивые к зову из инобытия в пространстве естественных чудес — имении Триродова, — они и здесь дома и не дома, так как ожидают прихода «сотворенной легенды». Они все еще ждут своего окончательного воскрешения или конечного воплощения в идеальном мире, которому они смогут сказать безусловное «да». Эта легенда будет создана не ими, маленькими страстотерпцами. Окончательное совершенство человечеству и природе принесут идеальные возлюбленные, объединенные возвышающей андрогинностью. Когда Триродов возвращается к себе, свершив свой воскрешающий труд у могилы Егорки, он думает одновременно о своей недавней победе над смертью и о своей любви к Елисавете. Эта любовь наполняет его радостной уверенностью в том, что жизнь можно изменить. Его захватывает «гордая мечта» о «преображении жизни силою творящего искусства» (1: 242). Искусством из искусств, однако, является искусство любви, а этим искусством не могут овладеть белые дети, никогда не знавшие эротического чувства. Активная, возвышенная и возвышающая любовь дает конечный ключ к бессмертию. Егорка, воскрешаемый Георгием Триродовым, — исток будущего Георгия Триродова, который будет чист, но при этом духовно силен и способен на возвышенные чувства андрогинного возлюбленного.

Прежде чем более подробно остановиться на сологубовском идеале бессмертного Андрогина, следует упомянуть еще один аспект научно-практической деятельности Триродова, связанный с воскрешением, — его увлечение фотографией. Триродов — страстный фотограф, и его любимый предмет изображения — красивые обнаженные женщины. Его первая жена, его любовница Алкина и его невеста Елисавета — все они позировали ему. Те, кто знает об этом его занятии, не одобряют его. Однако интерес к фотографированию красивых женщин — не проявление эротомании. Фотография — «письмо светом», и она служит делу бессмертия, как и портретная живопись, но более «научно». Фотографируя любимых женщин, Триродов фиксирует их личность, получая научными методами световое изображение со следами их «ауры». На таком светописном портрете (3: 40) их реальное присутствие ощущается сильнее, чем на портрете, написанном кистью.

Возможно, влюбленный Триродов, занимаясь фотографией, пытается поймать ту ауру, о которой говорил Федоров, подчеркивая, что важно уловить «лучевые образы отцов» [НФ 2: 274], часто ускользающие в космос. По-видимому, Триродов стремится запечатлеть такой «световой образ», в данном случае возлюбленных женщин. Стоит также упомянуть, что герой фантастической повести И. С. Тургенева «Клара Милич» (1883) Аратов, платонический возлюбленный героини Клары, использует ее стереоскопическую увеличенную фотографию, чтобы вызвать подругу из области смерти раньше, чем самому вступить в нее. Возможно, Сологуб, как и Тургенев, разделял мнение спиритов, что фотография в состоянии «выявить» духовную, световую, внутреннюю форму человека. «Спиритическая фотография» привлекала даже Конан Дойла, хотя его герой Шерлок Холмс мыслил вполне эмпирически.

В любом случае, фотография — ценное средство увековечения, регистрирующее как детали внешности, которые не может передать живопись и которые так легко предает забвению человеческая память, так и внутренний световой образ, скрытый под телесной плотью. Женщины, ставшие в романе «фотомоделями» Триродова, чувствуют, что их фотографии служат их увековечению. Алкина, например, настаивает на том, чтобы ее сфотографировали, так как опасается, что иначе Триродов не будет вспоминать о ней (см. 1: 110). Елисавете кажется убедительным желание Триродова видеть ее «всегда» (3: 39), и она даже принимает от него в подарок большую фотографию его первой жены в обнаженном виде, по-видимому догадываясь, что и этот световой образ служит той «вечной памяти», которая никого не забывает. Фотография, это «дивное ремесло, столь близкое к искусству» (3: 40), как и многие другие, подвластные Триродову, демонстрирует, что всякий раз, когда науки соединяются с искусствами с целью преображения действительности, они вносят важный вклад в «сотворение легенды».

Сколь бы ни были многообразны в трилогии формы борьбы со смертью, главная дорога к будущему бессмертию все же лежит через возвышенную эротическую любовь. Преображение человека-животного в андрогина-пневматика с помощью сублимированной эротической энергии — это процесс, который следует рассматривать как своего рода химическую трансформацию. В статье «Смысл любви» Соловьев говорит, что только в химическом соединении двух существ, однородных и равнозначительных, но всесторонне различных по форме, создается «новый человек» — не бесполый ребенок, а духовно «двуполый» Андрогин. Подобный процесс происходит в церкви во время таинства пресуществления, когда, пользуясь описанием, данным Сологубом, «холодная материя» преобразуется в «истинное Тело» и «в истинную Кровь» (3: 89). В церкви это таинство так и остается символическим актом, но пневматики Нового мира должны воплотить его в жизнь.

Задача истинно и взаимно любящих — превратить этот символический ритуал в действительность, наполнив реальным содержанием слова об «истинном Теле» и «истинной Крови». По опыту собственного любовного союза Триродов знает, что таинство может быть превращено в высокую реальность. Его возлюбленная Елисавета не «веточка» (ср. 1: 211), как другие женщины, а сама «таинственная роза» (3: 169) бессмертного совершенства, по крайней мере в зачатке. Именно Елисавета, а не тихие дети совершенное живое и бессмертное произведение искусства, созданное Триродовым — и природой. Их любовь — «творимая красота» (1: 235) и «высокая мечта о красоте», то есть творческий акт создания Андрогина, подлинного образа Божия в человеке, совершенного *подобия* божества. Елисавета и Триродов, в отличие от Ортруды и Танкреда, полностью понимают и теперь реализуют на практике соловьевский «смысл любви». Союз их «воистину» создан для бессмертия. Король Георгий I и его королева Елисавета, которые совместно будут править Островами, могут стать и духовными прародителями новой породы бессмертных людей, существующих в мире, где утопии уже не только стремятся к осуществлению, а стали реальностью. Во всяком случае, дело начато, порог пройден.

Еще раз сравнивая Триродова с Леонардо да Винчи из второй части трилогии Мережковского «Воскресшие боги», мы можем сказать, что Триродов завершит свое и живое и бессмертное произведение искусства — Елисавету, между тем как Леонардо лишь создал великолепную картину «Мона Лиза». Эта картина осталась незавершенной не только потому, что модель умерла до того, как ее портрет был закончен, но и потому, что итальянский художник любил свое искусство больше, чем его реальную модель, живую женщину. Вспомним королеву Ортруду, которая, подобно Леонардо, не умела доводить до конца свои картины, потому что недостаточно сильно верила в жизнетворчество. Триродов завершит свое произведение искусства за них обоих, осуществив переход от искусства к созданию бессмертной жизни.

Союз Триродова и Елисаветы и их слияние в совершенном образе Андрогина — это не только их заслуга: он основан на предшествовавшем и одновременно протекающем синтезе. Так, Елисавета, как мы уже видели, достигает высшей женственности, соединив свою земную натуру Евы с лирической сущностью Лилит-Ортруды. Вероятно, она позаимствовала что-то и от несчастной Альдонсы, повешенной по вине Танкреда, — ее готовность жертвовать собой и «за други своя», и за возлюбленного. Триродову также требуются дополнительные качества, и он получает их в синтезе с другими персонажами, включая своего антипода — фривольного Танкреда. Они противостоят друг другу как типы плотского и духовного человека, но в чем-то и соприкасаются. Оба так или иначе воздействуют на окружающий мир благодаря своей созидательной воле, и хотя обольщение невинных — низкая форма теургии, «празднично прекрасный» принц Танкред может кое-чему научить и Триродова, а именно как раз «праздничности»; тому нужна хоть капля этого качества. Триродов и Елисавета должны не свести к нулю свое земное начало, а слить воедино реальное и идеальное. «Пифагоров треугольник» над домом Триродова (см. [Силард, Барта 1989: 78]) с цифрами 3, 2, 1 (1: 18), возможно, символизирует его концепцию «Новой Троицы» и переход от разобщающего многообразия к возрастающей гармонии и высшему единству в человеке, к совершенному Андрогину. Ева, Ортруда и Альдонса становятся Елисаветой-Дульсинеей: все они, вместе взятые, и есть высшее Единство. Юноша Астольф, страстный поклонник Ортруды Карл Реймерс и вероломный Танкред сливаются в Триродове — Дон Кихоте, который сражается не с ветряными мельницами, а с подлинным Драконом. Каждая синтезированная триада, в свою очередь, сливается с дополнительной триадой, что позволяет, например, Триродову слиться с одним из своих женских дополнений — Ортрудой (*Ортр*уда и *Трир*одов фонетически связаны, так же как *Трир*од*ов* и *Т*анк*ред*; см. [Силард, Барта 1989: 79]). Поступательное движение вверх, к Красоте, — это движение от многообразия к гармоническому единству в многообразии, единству, кульминационной точкой которого станет новое человечество, демонстрирующее общую объединенную волю, на которой зиждется Вселенная («Единая миродержавная Воля», 3: 16).

Возможно, сменятся еще несколько *родов*, прежде чем будет достигнута эта окончательная гармония. Фамилия Три*родов* может (помимо всего прочего) означать несколько смен поколений, необходимых для завершения общего дела создания бессмертной красоты. Эта фамилия может также подразумевать многие поколения, которые уже ушли из жизни и когда-нибудь будут воскрешены совместными усилиями единого рода человеческого, стремящегося утвердить *родство* каждого с каждым. И чувство родства растет, несмотря на все вышеописанные беды и трагические события. Как бы ни обманывались в своих ожиданиях юные скородожские революционеры и сколь бы превратно ни понимали истинные цели настоящего революционного дела, их действия выражают стремление к единству. Несмотря на все свидетельства обратного, будущую гармонию можно, по меньшей мере на мгновение, увидеть уже в настоящее время. Одно такое мгновение уже упоминалось — миг пламенного энтузиазма в скородожском лесу, когда личная и общественная любовь сливались в одну мощную силу. Нечто подобное происходит и во время политических волнений в Скородоже, когда юные энтузиасты революции, слитые в «одну великую семью», на миг заставляют всех поверить, что «нет пределов дерзающей воле» (3: 194). Однажды, когда юные бунтари поймут, что их цель — создание совершенной и вечной красоты, а не эфемерных политических партий, когда не станет больше ограничений для их «дерзостной воли» и энергии, тогда мир и станет легендой.

Пока, к сожалению, большая часть человечества не доверяет подобным утопиям. У Триродова множество врагов, и они действуют, как велит им их склад ума: разрушают его имение, этот прекрасный оазис посреди скородожской пыльной пустыни. Но даже если Триродов не сумел осуществить свой план спасения в собственном городе (нет пророка в своем отечестве), он, вероятно, сумеет сделать это в Королевстве Соединенных Островов, принадлежавшем раньше Ортруде. Здесь легенды еще совсем недавно парили над землей и ждут своего воскрешения. Здесь Триродов наверняка станет благожелательным освободителем своей новой страны, который объединит всех для всемирного дела.

Истинное божество

Единая воля, объединяющая все и всех, — это «великий Дух», имя которому — «Светозарный» (2: 116). Из-за демиургических искажений истины Люцифера нередко ошибочно принимают за эдемского Змия. Между тем, как уже было отмечено, Люцифер означает «светоносный», а не «соблазнитель». Это дух, который открыл человеку, что тот может стать «подобным Богу», если последует по пути света и гнозиса. Люцифер, в отличие от Демиурга, не боится человека и не видит в нем своего соперника, а наоборот, зовет его «выше, выше» к «тем высотам, где созидаются боги» (2: 117), а также «в эфирные области чистой мысли» (Там же). Постоянно расширяющиеся «горизонты мысли» дают подлинное знание (гнозис), и вооруженное им человечество сможет совершить то, чему препятствует Демиург с помощью догматических церквей.

Хотя церковь отвергает Люцифера, который «опасен», потому что ничего не скрывает и никогда не лжет, это не значит, что она не сохранила никаких истин с тех давних времен, когда шли споры о том, где найти источники истинного знания, на котором следует строить веру. Сквозь обман традиций, ложную магию таинств и надувательство церковных ритуалов иногда просвечивает нечто подлинное. По сути, подлинным является, например, «святейшее Таинство» (3: 89) пресуществления. Участникам этого таинства дается возможность понять, как «наитием движущего миры Духа отдельные частицы холодного вещества приобщались Единой, Вселенской Жизни и претворялись в истинное Тело и истинную Кровь» (Там же), т. е. дается верное обещание, что человек может создать ту одухотворенную бессмертную материю, из которой формируются бессмертные боги, с помощью особой энергии. Выражаясь языком науки, эту энергию можно назвать радиоактивностью или отыскать подобный подходящий термин для силы, преображающей вещество в эту лучезарную материю. Научная терминология важна, поскольку указывает на возможность исследования феномена и обретения контроля над ним, в противовес церковному лексикону, не поощряющему к действию и исследованию. К счастью, свой князь и свои пророки есть не только у догматических церквей, но и у Люцифера гностиков всех времен. Ортруда — его последовательница, а Триродов — его пророк, теург и, возможно даже, «возлюбленный сын». Триродов — положительный Антихрист, антагонист князя Давидова, и, следовательно, истинный спаситель. Хотя Триродов в конце концов и становится королем, он не делает выбора в пользу царства «мира сего», но принимает земную власть только для создания подлинной легенды. Триродов понимает, что единственное разрешение конфликта между царством «мира сего» и царством «не от мира сего» — создание реальной легенды, или синтез двух царств. Вот почему он тянется не к короне всемирной власти, а к «венцу волхвов», свитому из роз, возможно точно такому же, каким увенчан андрогинный Христос у Блока в «Двенадцати» (ср. [Силард, Барта 1989: 77–78]).

Кем бы ни был Триродов — Христом или Антихристом, — его превосходство над князем Давидовым наглядно продемонстрировано в мотиве соперничества. Приехав в Скородож, Эммануил Осипович Давидов объявляет о намерении навестить свою невесту, и у Триродова закрадывается подозрение, что он имеет в виду Елисавету. Он вспоминает, что она когда-то восхищалась князем. Однако его опасения, что она может предпочесть ему князя, лишены оснований. Елисавета теперь — новая женщина, отказавшаяся от роли Евы, и ее больше не интересует «неожиданный гость» (1: 301). Это отсылка к тому месту в Библии, где говорится о неожиданном пришествии Христа, — Апокалипсису, устрашающему грешников и несущему радость праведникам (2 Петр. 3: 10). Сологуб, как и Федоров, не мог смириться с апокалиптическим концом мировой истории. Елисавета, духовная прародительница нового человечества, выбирает на перекрестках истории Люциферову дорогу свободного самосовершенствования, отвергая наказание Демиурга за недоступную рассудку вину грехопадения. Она не Мария Магдалина, смиренная и кающаяся, а гордая новая женщина, которой предназначено быть Женой, облаченной в (непалящее) солнце, и Золотой розой — воплощением женского совершенства.

Новый мир

Новый мир — это сотворенная легенда. Как говорилось выше, Триродов отвергает эскапистские решения солипсизма, а взамен изучает и анализирует пороки существующей действительности для их исправления. Только однажды он поддается соблазну бежать от проблем, вместо того чтобы решать их. Он приглашает Елисавету отправиться с ним на «блаженную землю» Ойле (3: 40), и оба идут в комнату на вершине башни триродовского имения, где он когда-то писал декадентские стихи, уводящие из жизни в мир бесплодных грез. Здесь они пьют таинственный напиток, который переносит их на планету прекрасной мечты, и там они находят райский мир, напоминающий тот, что описан у Достоевского во «Сне смешного человека». Обитатели Ойле невинны и счастливы. Они не боятся смерти, потому что не сознают самих себя. Но самосознание и знание (3: 46) приходят и в этот рай, открывая противоречия бытия, которые невинность не в силах ни различить, ни преодолеть. Мечты сменяются иронией, обнаруживающей их лживость: «чудеса», подобные спасению от смерти, никогда не сбываются в мирах пассивного бездействия. Добровольная смерть представляется единственным выходом из этой «иронической» ситуации. В какое-то мгновение Елисавета и Триродов готовы поддаться искушению бежать в вечно лирическое царство смерти, но преодолевают его, решив возвратиться к убогой земной реальности. Иначе говоря, они выбирают федоровскую дорогу путешествия в иные миры — не с помощью дурмана, но благодаря «естественным средствам перехода» [НФ 1: 285].

Триродов теперь всерьез приступает к работе по строительству космического корабля для реального перехода в иные миры. Этот корабль в то же время представляет собой миниатюрную модель Нового мира, которым станет когда-нибудь Земля.

На корабле имеется полусферический сад, который можно считать вторым Эдемом, но превосходящий первый Эдем, неподвижный, заземленный и сугубо природный. Триродовский сад покрыт куполом, который выглядит как «второе, малое небо»

(3: 50) и, очевидно, похож на евангельское «новое небо»; оно должно защитить новый рай от огненного взгляда небесного Дракона, фильтруя и ослабляя его слепящие лучи. Таким образом, экипаж и пассажиры космического корабля защищены от апокалиптического, смертоносного Зверя.

В саду Триродова мы находим пышную растительность и деревья, сгибающиеся под тяжестью плодов, но в нем нет места одному дереву — дереву Смерти. В отличие от Эдема, который был всего лишь природным раем, и в отличие от извращенного «потерянного рая» Ортруды, уничтоженного пороками цивилизации, в микрокосме космического корабля — Новом мире Триродова — «соединились искусства и науки» и создана вторая природа. Она получила «надстройку» культуры, и поэтому свободна от своих естественных недостатков, но не утратила при этом прежнего очарования.

Короче говоря, Триродову удалось создать корабль, который может покидать пределы гностической сферы *хеймармене*, или Необходимости, упраздняя несущие несвободу и смерть законы земного притяжения (3: 62). Он способен освободить команду и пассажиров корабля из тюрьмы законов материального мира и перенести их в сферы, где совершенный баланс энергий создает вечное жизненное равновесие (противопоставленное застою вечной повторяемости) и, следовательно, бессмертие. Космический корабль Триродова представляет собой полный триумф созидательной воли над «чарами смерти» («Навьи чары» — такое название первоначально планировал Сологуб для всей трилогии), победу бессмертной свободы над смертоносной необходимостью.

Федоров полагал, что древнеславянское слово *навь* (труп, мертвец) и греческое слово *наос* (лодка) происходят от одного корня. Лодки в Древней Греции и других приморских странах использовались для перевозки мертвых к их последнему месту упокоения. Путешествия, предпринятые мореплавателями этих стран в надежде открыть новые земли, можно рассматривать, по мнению Федорова, как попытку проследовать по стопам умерших предков с конечной целью спасти их [НФ 1: 103]. Если Сологубу было известно об этих предполагаемых этимологических связях или доводилось читать этот проникнутый поэзией фрагмент «Философии общего дела», его движущийся Эдем можно рассматривать как новый «корабль жизни», пришедший на смену древней лодке смерти.

Хотя космический корабль Триродова способен достичь сфер совершенной гармонии, царства Света и вечного существования (плеромы), его создатель все же не отправляется в космический полет. Он предпочитает сначала преобразовать земную реальность, начать осуществление своих грандиозных планов по спасению родной Земли. Преобразование должно начаться здесь, на Земле, и постепенно охватить космические сферы. Триродов одно время подумывает о покорении Луны, царства грез и родины Лилит, но решается начать с Земли, хотя он уже размышлял о том, как создать на Луне атмосферу, нужную человеку в его теперешнем облике. Однако он останавливается на преобразовании прозаической Земли, намереваясь когда-нибудь соединить ее с поэтической Луной. Он верит, что в будущем не только Земля и Луна, но весь созданный Демиургом космос сольется с Люциферовой бесконечной Вселенной света. Настанет день, когда астрономия и архитектура, в федоровском понимании этих терминов, сольются в небесном храме вечной гармонии — и Вселенная станет *Сотворенной* Легендой.

Вот он — Христос — в цепях и розах...
А. Блок

Глава 8
Александр Блок. «Двенадцать»

В последнем крупном произведении А. А. Блока, поэме «Двенадцать» (1918), этом противоречивом гимне Октябрьской революции 1917 года, как почти всегда в поэзии Блока, противопоставлены обыденное и подлинное, *realia* и *realiora*[1]. Но в «Двенадцати» эти противоположности синтезируются или, по крайней мере, приближены к возможности синтеза[2].

В знаменитом стихотворении «Незнакомка» (1907) реальное полностью сливается с идеальным, но только в затуманенном алкоголем воображении поэта и только пока длится опьянение. При этом, хотя поэт и проникает в иной мир через «темную вуаль», отделяющую его от нашего, воображаемый синтез происходит на «дальнем берегу» — в мире, отстоящем далеко от

---

[1] *Realia* — «реальное»; *realiora* — «реальнейшее» (*лат.*). Отсылка к лозунгу *a realibus ad realiora*, «от реального к реальнейшему» (где под «реальнейшим» подразумевается идеальное), выдвинутому Вяч. И. Ивановым в статье «Две стихии в современном символизме». — *Примеч. ред.*

[2] Поэма цитируется по Собранию сочинений в 8 томах (1960–1963), т. 3, с обозначением страниц. Другие произведения Блока цитируются по тому же изданию (включая дополнительный т. 9), с обозначением тома и страниц. Споры вокруг поэмы были удачно суммированы В. Маяковским: «Одни прочли в этой поэме сатиру на революцию, другие — славу ей» (Маяковский «Умер Александр Блок»; см. [Pyman 1972: 271)]. Более детальный обзор рецепции поэмы можно найти в [Пайман, 2005]. О. П. Смола дал подробный обзор прижизненной критики «Двенадцати» [Смола 1993: 130–250].

здешнего и теперешнего. Но в «Двенадцати» соединение двух планов бытия может произойти в любой момент, и не только поэт, но и народ может стать частью «реалиора» благодаря недавним историческим событиям. Октябрьская революция перебросила мост между двумя реальностями. Это обстоятельство позволяет двенадцати апостолам-красногвардейцам поэмы, в свою очередь, сыграть роль мостов к новому человечеству. Стало реальным и появление Христа, подлинного сверхчеловека и победителя смерти, как его называл Соловьев. Но в снежных вьюгах финала поэмы скрывается, быть может, не только соловьевский, но и горьковский богостроительский и ницшеанский Христос — человекобог, «построенный» людьми, и «танцующий, увенчанный розами» сверхчеловек. Блок, как уже говорилось в главе 6, положительно относился к «Исповеди» Горького и, по крайней мере в определенные периоды, к ее автору и его единомышленникам. А ницшеанский дионисизм появился в поэзии Блока еще во время «Снежной маски» (1907).

В отличие от Незнакомки, появившейся «на дальнем берегу», Христос пришел «оттуда», чтобы проявить себя в этом мире. Он — Тот, кто призван вести человечество от убогой реальности через бездну революционного «апокалипсиса» к волшебным далям *realiora*. Он совершил переход с того берега на этот, чтобы указать путь. Посланник гнозиса, несущий добрую весть о том, что люди станут «как боги», он шествует в царство *realiora*, увлекая за собой в область Света своих пока еще темных и грубых мужиков-апостолов.

Блок хорошо понимал, что его поэма не свободна от теологической двусмысленности: он, по собственным словам, «к сожалению» назвал «идущего впереди» апостолов-красногвардейцев «Христом», а не другим именем (3: 628–629), то есть Антихристом. Очевидно, он не мог полностью отказаться от старой шкалы ценностей, несмотря содержащуюся в поэме радикальную «переоценку ценностей», которую он позже сформулировал в статье «Крушение гуманизма» (1919, опубл. в 1921 году). Кем бы в конкретном идеологическом смысле ни был Предводитель Двенадцати с его гностической аурой, старообрядческим именем (*Исус*, а не *Иисус*) и римско-католическим (розенкрейцеровским?) «белым венчиком из роз», — это Спаситель, показывающий дорогу «вперед и выше», пусть не совсем в духе богостроительства, но все же предполагая некое богоподобие народа-творца (в лице красногвардейцев-апостолов).

Блоковский *Исус Христос* обещает своему народу и своей стране (как тютчевский Христос, он избрал «своим» пространством Россию), что переход в иное онтологическое измерение возможен сейчас и «здесь», в России, так как «апокалипсис наших дней» в виде Октябрьской революции произошел именно в ней. В результате три негативных аспекта программы спасения уже утратили свою силу, а позитивные начали воплощаться в жизнь. В описываемом в поэме Петрограде 1918 года Старый мир если и не уничтожен, то все же безвозвратно разрушен вместе с его марионеточными «столпами общества», в том числе с главной марионеткой — царем, этим «мини-Демиургом». На смену традиционному христианскому смирению и жалости даже к «самым малым» прежнего мира пришли чувство человеческого достоинства, самоуважения и доверия к собственной силе. Ведь одержана большая победа: люди плоти — «мещане» всех классов и «буржуи» — потеряли власть и общественное значение, а «людей души» или перевоспитывают, или уничтожают. Правда, и в лагере победителей есть те, кому нелегко дается уничтожение Старого мира. К ним принадлежит красногвардеец Петруха — его слабость в том, что он страстно любит «недостойную» Катю, плоть от плоти Старого мира, и, может быть, любит ее даже больше, чем великую революцию. Его перевоспитанию и преображению посвящен сюжет поэмы. Товарищи Петрухи, кажется, уже поняли истину Нового мира и играют по отношению к нему роль учителей. Зная или, по крайней мере, «чуя», что они служат «мостами» к сверхчеловечеству, товарищи Петрухи убеждают его на своем языке, что все «древнее прошло» (2 Кор. 5: 17) и что он, несмотря на потерю любимой Кати, должен участвовать в их общем деле.

В конце поэмы апостольский коллектив в богостроительском духе воскрешает Христа, доказывая, что Человек выше своих богов и, следовательно, потенциально сам есть Божество. Это осознание богоподобной сути человека указывает на подлинно универсальный характер нового Евангелия, так как боги меняются в зависимости от религии и истории, а человечество, осознавшее свою суть, везде одно и то же. Это также указывает на то, что само Время совершило решительный скачок вперед. Теперь воскрешение Христа открывает новую эру во всемирном масштабе, ибо воскрешает истинного Христа. Положено начало смелому эксперименту, чьи зачинатели, подобно библейским апостолам, сперва не полностью осознают смысл собственных действий, но тем не менее делаются освободителями всего мира. В стихотворении «Скифы», написанном вскоре после «Двенадцати», также провозглашается универсальная применимость русского эксперимента; поэт призывает все человечество объединиться в общем деле полного переустройства действительности:

В последний раз — опомнись, старый мир!
На братский пир труда и мира,
В последний раз — на светлый братский пир
Сзывает варварская лира!

В поэме «Двенадцать» энергия, высвобожденная динамикой истории, столь велика, что «невозможный» прыжок в эру Третьего Завета кажется очень и очень возможным. Время потеряло диахроническое измерение: прошлое уничтожено (хотя по-прежнему цепляется за настоящее и даже тщетно пытается проникнуть в будущее), а будущее проецирует себя «назад» в настоящее, вклиниваясь в него с «другого берега». Эта необычная синхрония придает убедительность поэтическому предсказанию Соловьева, согласно которому власть времени и пространства обречена на уничтожение: «Ты владыками их не зови» («Бедный друг! истомил тебя путь...», 1887). В метельном вихре распадающейся материи разрушающий конечность времени Христос, воскрешенный собратьями, зовет человека в царство, где больше нет смерти. Ниже будет рассмотрена цепочка событий, ведущих к этому новому бытию, где все «будет иначе» (Гиппиус).

Старый мир

В блоковской поэме погибший Старый мир, судорожно цепляющийся за свое существование, сосредоточен в одном из самых развращенных городов России — в Петрограде, бывшем Санкт-Петербурге, столице старой империи. Старый мир — это также деревенская Русь, «кондовая, избяная, толстозадая», при этом иронически называемая «святой» (350). Судя по этой характеристике, русская деревня остановилась в своем развитии на какой-то растительно-животной стадии и была населена не действующими, а прозябающими людьми. Вот для чего нужно «пальнуть бы пулей» (350) в инертную, бездумную и лицемерную Святую Русь — чтобы пробудить ее от сна в излюбленных ею мягких пуховиках. Но в первую очередь «пули» грозят самому Петрограду, где безнравственная праздность правящих классов выродилась в разнузданную развращенность и испорченность его населения.

В Петрограде пока еще остались буржуазные особняки и просторные квартиры («етажи»; 354), равно как и множество кабаков и борделей, работающих как в «доброе старое время». По улицам бродит целая армия проституток, и сам город превратился в гигантский бордель, открыто предаваясь разврату. Так было всегда, но ныне это происходит открыто и на глазах у всех. Проститутки промышляют повсюду: в публичных домах, кабаках и экипажах городских извозчиков. Так «сукин сын» и «буржуй» Ванька обнимает и «заговаривает» Катьку в летящем вскачь экипаже, украшенном «електрическим фонариком» (351), признаком «шика». Подобное, несомненно, происходило и раньше (хотя в более утонченных формах), но разврат старой столицы в теперешнем Петрограде стал наглее, чем когда-либо; его жители как бы предчувствуют грядущую гибель всего прежнего уклада жизни и предаются «пиру во время чумы». С другой стороны, жизнь в Петрограде стала более демократичной — проститутки низших классов, жертвы эксплуатации и разврата бывших высших классов, начали требовать, чтобы им стали платить по установленным тарифам.

Коммерческо-техническая цивилизация, вытеснившая в Старом мире подлинную культуру, создала эмоциональный климат, в котором любовь стала «товаром»: похоти предаются походя, но со всеми удобствами. Петроград, таким образом, остался верен привезенной с Запада «бордельной» культуре, служащей удовлетворению физических потребностей тех, кто может за это платить. Этот город всегда был местом заемной развращенности[3]. До революции любовь Катьки, героини «Двенадцати», можно было купить за шоколад «Миньон» и кружевное белье, а теперь ее обольщают атрибутами «шикарного разврата» — (т. е. пошлой похоти — *poshlust*[4]). Бывший Петербург обольщает таких, как деревенская девушка Катька, — наивных, доверчивых, склонных потакать собственным слабостям, доводя их до духовного, а зачастую и физического разрушения[5]. «Толстоморденькая» Катька обречена на гибель, как и «толстозадая» деревенская Русь, родина Катек, приехавших в столицу, чтобы найти «счастье». Параллель между «толстоморденькой» (351) Катькой и «толстозадой» (350) Русью указывает на их символическую карнавальную связь (см. [Гаспаров 1977: 125]). Судьба проститутки Катьки — это в каком-то символическом смысле и судьба старой России. Такое

---

[3] Отрицательное отношение к западной «дряхлой» (3: 97) цивилизации недвусмысленно выражено в статье Блока «Крушение гуманизма» (1919). В ней западная цивилизация характеризуется как жалкие остатки живой и глубоко «музыкальной» культуры, которая была в гармонии с волей истории и стихиями природы, но, к несчастью, поддалась разрушительным силам индивидуализма и поверхностного материализма (см. 6: 93–115). Потеряв свою душу, современная Европа повторяет путь медленной гибели Древнего Рима. В ответе на анкету Союза деятелей художественной литературы «Что сейчас делать?» (1918) Блок указал на то, что «Римская империя существовала еще около пятисот лет после рождения Христа. Но она только *существовала*, она раздувалась, гнила, тлела — уже мертвая» (6: 59).

[4] Эта межъязыковая игра в духе «народных этимологий» приводится В. В. Набоковым в книге «Николай Гоголь». Трактовку электричества как «обманного» света лживого города можно найти в «Невском проспекте» Гоголя. См. [Топорков 1985: 101, 112].

[5] Сходный типаж — Катя Маслова из «Воскресения» Л. Н. Толстого. Может быть, и Катька, подобно Катюше, была соблазнена каким-нибудь дворянином, отдыхающим летом в деревне.

утверждение правомерно, так как Россия в творчестве Блока постоянно представлена женским образом — она, как известно, была названа «женой» поэта в цикле «Родина» (3: 249). В революционной поэме «Двенадцать» она показана жертвой своего прошлого, Катькой, соблазненной чуждой ей культурой. Что же общего в судьбах Катьки и Руси, испорченных чуждыми для них влияниями и соблазнами?

Катька, наивная деревенская девчонка в большом городе, захвачена желанием «пожить» и жаждой «красивой жизни», которые толкают ее на путь проституции. Сначала она «обслуживает» офицеров — представителей высших классов (352), но они вскоре уходят на войну, и на ее долю остаются мещане, а после войны и совсем простой люд. К последней категории относится ее теперешний поклонник — страстный Петруха, который, по всей видимости, дезертировал с фронта Первой мировой войны и теперь состоит в Красной гвардии. Катька, однако, не ценит своего простоватого обожателя, ведь она уже привыкла к порокам и удобствам Старого мира. Она бросает Петруху и сходится с пошлым, но пригожим солдатом Ванькой, которого Петруха считает «буржуем», ожидающим возвращения Старого мира. Этот предатель своего класса и нарождающегося Нового мира водит Катьку по кабакам, катает ее на извозчиках-лихачах и платит за любовь керенками. Петруха, в отчаянии от Катькиной измены, решает вместе со своими одиннадцатью товарищами убить «Иуду», некогда входившего в их братство. Они преследуют Ваньку, продавшего за керенки интересы класса-избавителя, но вместо предателя поражают шальной пулей Катьку, и она умирает.

В символическом плане история Катьки прочитывается следующим образом: невинная, но склонная потакать своим слабостям старая Россия уступает обольщению западной городской цивилизации, сущность которой сводится к «проституции» того или иного рода. Простые люди, однако, по-прежнему любят Россию, даже «испорченную, и отдают ей весь пыл революционной любви. Но она отвергает подлинную любовь, напуганная угрозой насилия: ведь Петруха не раз поколачивал Катьку, на ее теле остались шрамы и царапины как напоминание о «возлюбленном», а Россию также нередко «избивал» любящий ее народ, например в революции 1905 года и во время недавних событий. Теперь ее страшат лишения и беспорядки, которые, говоря языком большевиков, «неизбежно» сопутствуют резким политическим переменам. Вот почему любовь народа к России обратилась в «святую злобу» (349), направленную прежде всего на «недобитых» буржуа и на разного рода «Ванек». Преследуя этот враждебный класс и его менталитет, революционный народ, однако, ненароком уничтожает и всю старую Россию. Оказывается, что эту «шлюху» было достаточно легко убить: всего нескольких пуль хватило, чтобы покончить как с толстощекой Катькой, так и с толстозадой Русью, несмотря на кажущуюся прочность (кондовость). Века растления привели к внутреннему умиранию общества, которому суждено завершить свое существование подобно Катьке — как «падаль на снегу». Накануне окончательного исчезновения этой России, агонизирующий Старый мир в последний раз шествует мимо читателя «Двенадцати» и наблюдательного бродяги, упоминаемого в поэме, во всей своей неприглядности.

В первой главе поэмы показана «пляска смерти» старой России. Ею руководит Смерть, представленная здесь беспощадным ветром, который «косит» (348) обитателей умирающего мира, гуляя по улицам Петрограда. Естественно, ветер убивает их своей «косой» не в реальном смысле, а лишь заставляет их падать в снежные сугробы и поскальзываться на коварном льду, что выглядит весьма «комично» в глазах зрителей — народа, — собравшихся на улицах Петрограда. Фарс, в котором ветер сбивает с ног и толкает обывателей в сугробы, карнавально-комически предвосхищает их скорую и реальную смерть. Старушка, жалующаяся на плохие времена и обилие сугробов на улицах, совершенно права, восклицая: «Ох, большевики загонят в гроб!» (348) Но виновны в ее близкой смерти не большевики, а те порядки Старого мира, которые привели его к разрушению.

Родственность слов *сугроб* и *гроб* подчеркнута их соседством в полной рифме, намекающей, что сугробы — это «преддверье» гробов для «бывших» жителей (348). Обитатели Старого мира валятся в сугробы, но, по сути, падают в собственные гробы и могилы, как правильно понимает упомянутая старуха, участница «плясок смерти» обреченных людей. Плотские люди, неспособные преодолеть зависимость от телесных потребностей, конечно, не могут воспарить в мир, где правит Дух великих перемен. Они подчиняются силе земного притяжения — ницшеанскому *Geist der Schwere*[6], или, по Федорову, тяге горизонтальности. Неспособные на пламенный бунт и парение, они смиряются со «стеной» (то есть необходимостью), о которой говорит подпольный человек. Они не могут представить себе царство свободы, где человек подчиняется велениям духа, освободившись от требований плоти и материи. Они бредут по краю жизни и смерти нетвердой походкой и совершенно «справедливо» теряют равновесие и валятся наземь в соответствии с рекомендацией Заратустры, гласящей, что тех, кого нельзя научить летать, следует научить «быстрее падать» [Ницше 1990, 2: 151].

Люди плоти, танцующие свои «пляски смерти» на краю могилы, потеряны в мире, где нет больше богатых и бедных, правителей и угнетенных, собственников и эксплуатируемых, образованных и «темных». Так, поп, у которого когда-то брюхо «крестом сияло на народ», теперь «невесел» (348), так как уже не может запугивать бедных и необразованных. Уже известная нам старушка также сетует на то, что из-за революции «всякий раздет, разут» (347), но не понимает масштабности недавних событий.

Отживающий свой век Старый мир тем не менее предается иллюзиям и верит, что он еще выживет. Он заявляет об этом, провозглашая якобы демократическую программу частичной реставрации старых порядков под лозунгом «Вся власть Учредительному Собранию!» (347), начертанному на большом матерчатом плакате, протянутом через улицу в первой главе поэмы. Но «Учредительное собрание» не решит вопросов времени, так как его лозунги предлагают лишь буржуазную, не истинно народную псевдодемократию. Вот почему «дикий, добрый и свободный дух бури», который «смеется» над всем, что недостойно жизни

---

[6] Geist der Schwere (*нем.*) — «дух тяжести». — *Примеч. ред.*

[Ницше 1990, 2: 214], относится к плакату с должным презрением, «рвет и мнет» его, как он того и заслуживает (349). Трещины в здании Старого мира слишком широки, чтобы их можно было заделать умеренными лозунгами Учредительного собрания. Петроградская Коробочка, старушка, жалующаяся на большевиков и советующая пустить плакат на портянки, в сущности, совершенно права, несмотря на свою наивность. Этот плакат только и годится на то, чтобы стать материалом для портянок — или цирковым, балаганным, карнавальным реквизитом.

Матерчатый плакат и веревка, натянутая между зданиями, в одном из которых, по-видимому, расположен бордель, и в самом деле создают балаганную атмосферу (см. [Гаспаров 1977: 112]). Эта атмосфера связывает Петроград «Двенадцати» с городом, который посещает Заратустра у Ницше. Здесь тоже «множество народа собралось на базарной площади» в ожидании развлечения — выступления канатного плясуна. Воспользовавшись очередной возможностью воздействовать на народ, Заратустра обращается к толпе со словами: «Человек — это канат, натянутый между животным и сверхчеловеком, канат над пропастью». Канатный плясун начинает представление, но падает, застигнутый врасплох более ловким соперником, опережающим его [Ницше 1990, 2: 8–13]. Аллегории Заратустры и символические события на базарной площади, возможно, послужили подтекстом для сцен из первой главы «Двенадцати», где на улицах и площадях также разыгрывается веселый спектакль похорон Старого мира. Если так, то напрашивается мысль о невозможности появления Сверхчеловека в мире, управляемом Учредительным собранием, этим цирком раздора, а не «собирания». Другая импликация, по-видимому, состоит в отвержении прошлого. Канатоходцев, которые падают, следует хоронить, что и делает Заратустра с неудачливым первым акробатом. В «Двенадцати» человечество Старого мира, как и тот акробат, созрело для похорон: на сцену выходят новые люди, ожидающие обновления мира. Эти карнавальные сценки в обоих текстах содержат насмешку над Старым миром, а смех — мощное оружие, способствующее разрушению старого и торжеству нового.

Итак, Старый мир скоро превратится в прах, который будет развеян по ветру. Тем не менее его еще рано предавать окончательному вечному забвению. Хотя Старый мир было легко разрушить, он еще цепляется за разные «учредительные собрания». Дух приземленности исчез не совсем. Даже двенадцать красногвардейцев, представляющих Новый мир, ощущают силу земного тяготения, когда огромные «пуховые» (356) сугробы мешают их мерному шагу «вперед и выше» по новой траектории времени, ведущей в мир, где времени уже нет. Яркий символ ужасающей цепкости Старого мира — паршивый пес, появляющийся в двенадцатой главе. Опасный самой своей паршивостью, он трусливо, но настойчиво преследует двенадцать красногвардейцев. Его смердящие болячки источают яд гниения и одной лишь своей непосредственной близостью могут заразить здоровый Новый мир. Как отмечал Ленин, разрушить Старую Русь было легко, но похоронить ее труп значительно труднее. Одно из зол старой России, с которым еще предстоит побороться, прежде чем его похоронить, — это культ Демиурга.

Демиург

Как и все демиурги, фальшивое божество «Двенадцати», то есть Бог русской православной церкви, пользуется формулой Великого инквизитора из романа Достоевского «Братья Карамазовы»: «чудо, тайна и авторитет». Скрываясь за «золотым иконостасом» (356), за которым якобы происходят великие мистерии, Демиург и его служители — толстопузые попы — внушают простому народу веру в разные «чудеса». «Катька-дура» (351) — как раз из тех, чья вера не требует ни малейших обоснований. Она целиком принимает «рабскую» религию Демиурга, поэтому вполне естественно, что ее смерть сопровождается литургическим «Упокой, Господи, душу *рабы* твоея» (355). Катька, как и все верующие, — *раба* православного Демиурга и никогда не оспаривает его притязания быть и всеблагим, и всемогущим. Даже Петруха не свободен от веры в религиозную «магию» и в минуту слабости обращается к церковному «Спасу», но его товарищи тут же одергивают его: «От чего тебя упас / Золотой иконостас?» (356) По отношению к традиционной религии это ключевой вопрос, на который существует единственно «правильный» ответ: религия Старого мира никогда никого ни от чего не спасала, не спасает ныне и не спасет во веки веков. Бог с иконостаса и его священники — мнимая опора для слабых и кротких, таких как Катька и забитая старуха, пекущаяся о портянках и взывающая к «матушке-заступнице» (348). Пассивное принятие своей «судьбы», потакание собственным слабостям и самоуничижение — типичные женские «добродетели» (читай: унизительные недостатки), поощряемые демиургической религией.

Женоподобным почитателям Демиурга (обоего пола) недостает как физической, так и умственной самодисциплины. Религиозность Катьки не менее искренна, чем ее самозабвенная отдача чувственным утехам. В этом отношении она целиком дитя Демиурга, чья религия сосредоточена вокруг культа золотого тельца — не случайно в церквах старой религии все из золота: иконостасы, и кресты, и купола, и прочее, — и на «прославлении» грехопадения или, вернее, поддержании чувства греховности и раскаяния у верующих; на этом только и держится власть церкви. Катька — вечная Ева: она не способна противиться демиургическим «уговорам» и после своих «падений», по всей вероятности, отправляется в церковь. Как всегда, Демиург и дьявол по сути одно и то же. В традиционных религиях принято считать, что они враждуют между собой, но на самом деле они поддерживают друг друга.

В «Двенадцати» Катька дает себя «уговорить» если не самому Змию, то его представителю в Петрограде — вульгарному Ваньке. Глагол *заговаривать*, характеризующий речи Ваньки в сцене обольщения Катьки, имеет магический и гипнотический оттенок (см. [Hackel 1975: 82]). Ванька окружен демонической аурой, несмотря на всю свою посредственность и пошлость, а может быть, именно благодаря им. Этот дешевый, но умелый соблазнитель, духовно ограниченный и самодовольный *черно*усый «красавчик», олицетворяет буржуа, которые «заразили» Россию низменными ценностями плоского материализма и опошлили ее духовный облик. В «Двенадцати» мещане по духу (всех классов) с их неисправимой телесностью и ужасающей жизненной цепкостью — воистину бесовские порождения. Дешевый и коварный Ванька — бездушная кукла *«ванька-встанька»*: получая в ходе классовой борьбы удар за ударом, он (и его класс) вновь поднимается как ни в чем не бывало. Его способность к выживанию кажется даже «сверхъестественной».

На протяжении всей поэмы двенадцать красногвардейцев угрожают убить Ваньку, но на наших глазах это им не удается. Уже во второй главе красногвардеец Петруха, бывший любовник Кати, провоцирует Ваньку: «Мою, попробуй, поцелуй!» (350), называет его «сукиным сыном» и буржуем (350). Но когда Ванька на самом деле «целует» Катьку, это сходит ему с рук. В шестой главе в него стреляют все двенадцать красногвардейцев, но погибает Катька. В восьмой главе Петруха вновь угрожает Ваньке, обещая «выпить кровушку за зазнобушку» (355). Однако и на этот раз угроза оказывается нереализованной.

Дело в том, что Ваньку не так легко убить: категорию людей, типичным представителем которых он является, уничтожить очень трудно. Сама по себе бесплодность попыток убить Ваньку не столь важна. Он не умрет, даже если его убьют как отдельную личность. Его бесчисленные двойники продолжат плодиться по той простой причине, что в нем нет ничего уникального. Ванька воплощает демоническое бессмертие повторения и механического воспроизведения, которое противостоит бессмертию неповторимой совершенной личности. Ванька — это примитивный шаблон, пригодный для массового воспроизводства, и именно в качестве дешевого продукта он по-настоящему опасен для творимого Нового мира. Если новое послереволюционное человечество всерьез стремится к созданию соловьевского уникального андрогина, то Ваньки этого мира должны быть устранены — иного не дано[7].

---

[7] Признавая, что его ненависть к *«буржуа»* дошла до «какого-то патологического и истерического омерзения», которое «мешает ему жить», Блок записал для себя формулу «экзорцизма»: «Отойди от меня, сатана, отойди от меня,

Ванька — один из «чрезмерного множества людей» [Ницше 1990, 2: 32], и, как все безликие его представители, он обладает удивительной способностью маскировки. Так, Ванька — это и спрятавший нос буржуй из первой главы (355), чья родословная, по-видимому, восходит к безносому майору Ковалеву из гоголевского «Носа» (1836), и, в самом буквальном смысле, «сукин сын» (как называет его Петруха), то есть тот самый шелудивый пес, который так навязчиво преследует апостолов революции в двенадцатой главе. Этот жалкий пес — образ старого мира — «содержит» в себе Ванькину «вечную пошлость», точно так же, как в «Фаусте» Гёте черный пудель «содержит» в себе «ядро» Мефистофеля[8] (ср. [Эткинд 1977: 106]). Рифма «пес / Христос» также связывает Ваньку с «вечным антагонистом» Христа, с Мефистофелем-дьяволом. Блок и сам подтвердил такую трактовку, сделав 29 января 1918 года пометку в записной книжке: «Я понял “Фауста”. “Knurre nicht, Pudel”»[9]. Спрятавшись под собачьей шкурой, жалобно скуля, Ванька ловко защитил себя от штыков красногвардейцев. Они, хотя и раздражены его преследованием, не пытаются избавиться от пса, обманутые его кажущейся ничтожностью. Ванька, этот трусливый обыватель и вульгарный соблазнитель, прекрасно замаскировался под обличьем жалкого пса и, несомненно, если потребуется, найдет новые маски.

Демиургу — божеству материального мира — поклоняются в обществе, проникнутом материализмом капиталистического типа. Он желает, чтобы человек был прикован к земле и порабощен вожделением к ненужным вещам; более всего ему нужно внушить человеку, что тот всего лишь несчастный смертный, которому

буржуа, только так, чтобы не прикасаться, не видеть, не слышать; [...] гнусно мне, рвотно мне, отойди, сатана» [7: 328]. М. С. Петровский видит в этой ненависти типично интеллигентское и аристократическое отношение к буржуазии [Петровский 1987: 226].

8 *Des Pudels Kern* (*нем.*) — буквально: «ядро пуделя»; отсылка к ставшей крылатой фразе из гётевского «Фауста». Поняв, что под обличьем черного пуделя скрывается Мефистофель, Фауст произносит: «Das also war des Pudels Kern!», в переводе Б. Пастернака — «Вот, значит, чем был пудель начинен!» — *Примеч. ред.*

9 «Не ворчи, пудель» (*нем.*) [Блок 9: 387]. — *Примеч. ред.*

закрыт путь в сферу человекобожеского. Демиург, понимая, что, несмотря на умелое сопротивление его земного наместника — Церкви, образ истинного Бога, будущих сверхлюдей, уже начинает вырисовываться, делает все от него зависящее, чтобы затемнить икону грядущей породы бессмертных людей — икону сверхчеловеческого Христа. Так, в десятой главе он вызывает снежную бурю, создавая такой хаос, что двенадцать красногвардейцев едва видят друг друга «за четыре за шага» (356), не говоря уже о Христе, ведущем их к великой цели. Коварный Демиург пользуется их духовной простотой (неспособностью узреть истину в образе «шествующего впереди») и слабостью их плоти. Зная о физической и духовной усталости Двенадцати, хитрое божество преходящего мира устилает их путь пуховыми сугробами (356), соблазняя их лечь в их холодную мягкость, отдохнуть навеки и прекратить движение к яркому будущему и человекобожескому статусу; однако такой отдых — «напрасен» (ср. [Блок, 1: 74]), и Двенадцать не поддаются соблазну.

От двенадцати красногвардейцев зависит, восторжествует ли в очередной раз буржуазный Демиург или наконец Истинное божество. У них есть выбор: либо последовать за взметнувшимся снежным столбом, который, подобно огненному столпу Ветхого Завета, выведет их из пустыни Старого мира к бессмертию Нового, либо дать затянуть себя в снежный круговорот, который увлечет их в «преисподнюю» [Bergsträsser 1979: 168]. Хотя они ослеплены кружащимся снежным хаосом, который наслал Демиург, Двенадцать делают правильный выбор: следовать за снежным столбом-столпом, скрывающим их Спасителя. Они продолжают маршировать «державным» шагом вперед к цели, хотя и не понимают еще, за кем идут и какова его — и их — цель. Правда, их преследует и сбивает с пути «неугомонный враг» мещанства, который никогда «не дремлет» (356). Одураченные, в последних главах поэмы они принимают своего предводителя за врага революции, или же Христа старой Церкви и старой веры. Раз за разом они стреляют в икону их будущего бессмертия, предполагая, что он им враг. Но, сколько бы в него ни стреляли, Идущий впереди остается «невредим» (359), как и подобает образу истинного Бога.

Смертное человечество

Смертное человечество — это обреченные люди плоти, танцующие свой неуклюжий *danse macabre* в первой главе поэмы. В конце концов их пляска увязнет в раскинувшихся вокруг них «снежных сугробах», и «снежный прах» (353) забвения похоронит тех, кто поддерживал власть смерти на земле. Большинство обреченных на гибель — женщины или женоподобные мужчины, то есть люди, лишенные героического и волевого начала.

Гилики, или люди плоти

Из представителей отживающего человечества Старого мира первой в карнавальном *dance macabre* первой главы поэмы появляется уже хорошо известная нам суетливая старушка, озабоченная понапрасну потраченным «огромным лоскутом», из которого вышли бы хорошие портянки «для ребят» (347). При всей доброте и сострадательности, она тем не менее всего лишь «курица», не сознающая, что в героический век ее мелкие заботы смешны. Красногвардейцы вступили в революционную армию, чтобы «буйну голову сложить» (351) ради великого Дела, а не для того, чтобы держать ноги в тепле. Возможно, Ванька или другой солдат буржуазного Временного правительства, возглавляемого Керенским, оценил бы озабоченность старушки, но красногвардейцы в своих «рваных пальтишках» не думают о физическом комфорте и первыми посмеялись бы над ней. Возможно, конечно, что под словом «ребята» старушка подразумевает нуждающихся детей, которые были бы рады портянкам. Однако, поскольку «ребятами» названы красногвардейцы (в третьей главе), скорее всего, старая «курица» говорит именно о солдатах. Возможно, она мать какого-нибудь трусливого маменькиного сынка вроде Ваньки.

Следующий представитель «плотских» — разочаровавшийся в революции интеллигент-писатель. Он кажется идеалистом, озабоченным судьбой России, но «глас народа» (близкий к авторскому голосу) ироничен по отношению к «витии» (348), который не осмеливается говорить громко из страха, что его услышат. Да и речи его фальшивы. Как и сердобольная старушка, он не способен видеть вокруг ничего, кроме разрушения материальных ценностей. Возможно, он оплакивает нечто более высокое, чем портянки, например сетует на поругание картинных галерей, архитектурных памятников и библиотек. Однако и он слишком погружен в материальный мир, чтобы понять, что в данный момент происходит духовное возрождение России. Парадоксальным образом оно свершается под знаменем философского материализма, но это «воистину» возрождение духовных начал. Подобно многим интеллигентам того времени, литератор думает, что является свидетелем «гибели России», но сам со своим трусливым поведением и длинными «артистическими» волосами (348) напоминает еще недавно модных декадентов. Этот женоподобный представитель буржуазной культуры оплакивает прошлое, в то время как история вступает в бесконечное Будущее. Он забывает, что «дворец, который можно разрушить, — уже не дворец» [Блок 6: 16], что священны лишь те ценности, что не поддаются разрушению, — как Христос «Двенадцати», который от «пули невредим»[10].

Затем появляется еще одна женоподобная мужская фигура: «долгополый» (348) и, предположительно, длинноволосый поп. О том, что это человек плоти, красноречиво свидетельствует его «брюхо». Культ, которому он некогда служил, был сосредоточен на ублажении утробы, и именно на его «брюхе» некогда «сиял» золотой крест, свидетельство его приверженности как к золотому иконостасу, так и к золотому тельцу. Это явления одного порядка, сколько бы Церковь ни утверждала, что отстаивает духовность и враждебна к «тельцам». «Товарищ поп» из первой главы — живое доказательство плотского материализма Церкви; теперь, однако, источник его «духовности» иссяк и он «невесел».

---

[10] В отрицании Блоком материальных ценностей есть нечто от нигилизма. Так, Писарев придерживался мнения, что то, что можно сломать, надо сломать (см. [Коротков 1976: 136]).

Он трусливо пробирается «сторонкой» (348) через сугробы, сокрушаясь, что танец вокруг золотого тельца сменился пляской смерти. Конечно, он не подозревает, что Святой Дух обновления спустился на русскую землю, создавая «новую религию».

А вот, словно марионетки из кукольного театра, на рыночной площади появляются две барыни, над которыми в духе карнавального веселья потешается рабочий народ, наблюдающий шествие персонажей Старого мира по Петрограду. Эти куклы — женщины не только по половому признаку, но и по характеру и складу мыслей; характерно, что их реакция на революционные события выражается главным образом в жалости к самим себе — чувстве еще более унизительном, чем просто неуместная в революционное время жалость к другим. Понятно, почему ветер, носитель Духа, презирает этих изнеженных дам из высших слоев общества, оплакивающих утраченные предметы роскоши. Одну из них он безжалостно валит с ног. Она «бац — растянулась» (348), тем самым не выдержав своеобразной «проверки на вертикальность», производимой косящим ветром. Привыкшая к удобствам земного благополучия, она вскоре сделается частью родной ей стихии земли, как бы толпа карнавальных зрителей ни «поощряла» попытки поставить ее на ноги («тяни, подымай»; 348), и та же участь ожидает ее подругу в роскошном каракуле.

Кажется, только один представитель Старого мира способен стойко держаться перед лицом смерти, не покоряясь революционной буре. Это буржуй, непоколебимо стоящий на перекрестке Истории и постистории. Спрятавши нос в воротник, эта демоническая фигура без лица не падает под натиском ветра, а продолжает стоять прямо и неподвижно, ожидая, что́ принесет будущее. Он может позволить себе ждать: безликость делает его незаметным. При этом, обладая собачьим «нюхом», он может «учуять», откуда дует ветер. Не мирясь с тем, что прошлое на самом деле прошло и не вернется, он рассчитывает на то, что рано или поздно раздадутся голоса, требующие портянок и меховых шуб, сытного хлеба и золотых крестов, и тогда он сможет снова «высунуть нос» и показать свое буржуйское лицо. Конечно, о ходе его мыслей ничего не рассказывается, но можно определенно утверждать, что в «Двенадцати» человек поставлен перед необходимостью отринуть зависимость от материального мира, если хочет узреть мир Духа. Он должен научиться отказываться от потребностей смертной плоти, если хочет достичь преобладания духа над телом и богоподобного бытия. Он должен понять всю опасность, кроющуюся в выжидающей фигуре буржуя, и препятствовать выполнению его надежд и ожиданий.

Психики, или люди души

Во времена кризисного обновления мира многие люди души, особенно женского пола, несут в себе даже большую, чем гилики, опасность для людей духа, по крайней мере для тех, кто активно борется за Новый мир. Дело в том, что этих часто обаятельных людей можно сильно полюбить, несмотря на их слабости и пороки. Так, Петруха горячо любит проститутку Катьку, несмотря на ее прошлое, когда она «с офицерами блудила» (3: 352), и на ее теперешнюю измену ему с «сукиным сыном» Ванькой (350). В чем же состоит привлекательность Катькиной «душевности»? Ведь на первый взгляд Катька со своей любовью к шоколаду «Миньон» и серым гетрам кажется законченным человеком плоти; однако, несмотря на свою разнузданную жизнь и приверженность Демиургу, она, в отличие от «кукол» Старого мира, в сущности, человек души. Катька, несомненно, любит роскошь, но она не удовлетворена только этим. Ей более свойственно страстное жизнелюбие и любопытство Евы, нежели поиски грубо плотских удовольствий; она скорее порождение стихии огня, чем земли и плоти. Вспоминая о ней, Петруха пользуется «огненными» эпитетами — здесь и «огневые очи», и «пунцовая родинка» (354), и убивает он ее «сгоряча» (354). Огонь, пожирающий любовников и разжигающий порочные и разрушительные страсти, несомненно, негативная сила. Однако в этой стихии также заложены возможности очищения и искупления. Именно внутренний огонь Катьки спасает ее от окончательного разложения, и под гнилой оболочкой проститутки сохранилась здоровая сердцевина «народной женственности». То же самое можно сказать и о России, высшей ипостаси Катьки. «Удаль бедовая» (354) в Катькиных глазах — это типично русское качество, и оно показывает, что при иных обстоятельствах, в частности при ином общественном положении женщины, Катька могла бы присоединиться к удалой ватаге двенадцати красногвардейцев, вместо того чтобы стать их жертвой. По меньшей мере, она могла бы оказаться в числе проституток, требующих в первой главе профсоюзных прав, или даже избрала бы «фаустовский путь» новой женщины (см. [Блок 7: 324]). Во всяком случае, страсть, которую она разжигает в Петрухе, достигает такой силы, что способна обернуться в революционный пыл и жажду мирового пожара. Страсть Петрухи к одной женщине, страсть, которая «и жжет, и губит» («Скифы», 3: 361), в конце концов находит себе выход в любви ко многим, в страсти разжечь мировую революцию.

По мере того как двенадцать красногвардейцев превращаются в апостолов революции и новых людей Нового мира — а это главная тема поэмы, — они ощущают, что огненная стихия революции ярка и сильна, как эрос, но должна быть направлена к высшей цели. Субъективное и объективное начала сливаются в новой любви, в которую вовлекаются двенадцать апостолов Будущего. Петруха — он же апостол Петр новой веры — демонстрирует, как переосмысление понятия любви ведет к спасительному гнозису.

Пневматики, или люди духа

Пользуясь терминами К. Кларк (см. [Кларк 2002]), Петруха после убийства Катьки переходит от изначального состояния «стихийности» в высшее состояние «сознательности», то есть заменяет повышенную эмоциональность душевности дисциплиной духовности. Эта перемена происходит по мере того, как двенадцать красногвардейцев превращаются из грабителей винных погребов и буржуйских «етажей» в апостолов революции и ее высоких целей.

Обуреваемый страстью и ревностью, Петруха, как и Катька, целиком человек души, но под конец поэмы делается полноценным пневматиком. Если Катька в своей короткой жизни и недлительном пребывании в Петербурге была вечной Евой, то Петруха был ее Адамом, и в качестве такового был так же импульсивен и так же легко поддавался обманам и неге, как его предок в Эдеме. Как и Адама, его толкает на грех женщина, которая, в свою очередь, поддалась «уговорам» (в данном случае черноусого Ваньки). У Петрухи есть и другие «предки», например Стенька Разин[11], чья страсть к персидской княжне затмила любовь к подвигу и отечеству, на что ему указывают товарищи в известной песне. Эти два архетипа из очень разных мифологических сфер связаны друг с другом, как и с Петрухой, одной «женственной» чертой: недостатком силы воли. Именно этот недостаток им следует заменить непоколебимой решимостью. Услышав от товарищей, что он «бабой» стал, Разин сразу прозревает и «взмахом руки» избавляется от этого порока, бросив княжну за борт. Случайно убив Катьку, Петруха *почти* сумел убить *бабу* в себе, но у него духовный возврат к товарищам-воинам продолжается дольше, чем у Разина.

---

[11] Б. М. Гаспаров и Ю. М. Лотман отмечали связь «Двенадцати» с песней о Стеньке Разине «Из-за острова на стрежень» и ее мотивом убийства возлюбленной «как отречения от любви во имя разбойничьего братства и общего дела» [Гаспаров, Лотман 1975: 55]. С. Гаккель тоже указывает в числе подтекстов эту песню на стихи Д. Н. Садовникова [Hackel 1975: 62–63]. Катька, конечно, не персидская княжна, но вызывает похожие чувства в своих любовниках и в самом поэте. Возможно, одним из ее прототипов послужила жена поэта, Л. Д. Менделеева-Блок, которая одновременно влекла и отталкивала Блока своим «гедонизмом» и жизнелюбием [см. Орлов 1971: 641–646]. Нравственная проблема песни о Стеньке Разине, то есть убийство невинного человека за якобы «высшую цель», обсуждалась и во многих других текстах того времени. Так, в поэме В. Хлебникова «Труба Гуль-Муллы» (1921) Разин убивает обольстительную девушку, но она будет воскрешена через акт обратной трансформации [Mirsky 1958: 92; ср. также Lönnqvist 1979: 39–41]. И в других своих произведениях Хлебников объявляет, что человечество сможет вернуть к жизни всех тех, кто был «выброшен за борт» в ходе революционных событий. Персидская княжна в ее разных воплощениях вроде Катьки символизирует тех, кем «пришлось» пожертвовать ради всеобщего Спасения.

После убийства Катьки Петруху охватывают угрызения совести, тяга к «самокопанию» и жалость к себе. За это товарищи справедливо называют его *бабой* и порицают за то, что он выворачивает «душу наизнанку» (354). Замкнувшийся в себе Петруха, оплакивающий крушение своего счастья и по-христиански, то есть фальшиво переживающий «грех» убийства, остается человеком души, чьими действиями руководят настроение и эмоции, а не веления разума и воли, подсказывающие ему его высший долг. Когда товарищи напоминают ему, что «нынче не такое время», чтобы «нянчиться» с ним из-за того, что у него «руки в крови» (356), и сурово критикуют его за то, что он в смятении обращался за помощью к Спасу, он наконец приходит в себя («повеселел», 354) и осознает свои ошибки с точки зрения новой морали. По крайней мере, в одиннадцатой главе он снова полностью товарищ своих товарищей и апостол Новой веры.

И Катька, и Петруха в своей «душевной» фазе — жертвы своей чувственности и чувств: она — ребяческой легкомысленности и любви к «шикарности», он — страстной ревности[12]. Их

---

[12] Если «люди плоти» (гилики) — жертвы желудка, то люди души (психики) — жертвы половых органов. Федоров считал, что оба типа органов должны в конечном итоге исчезнуть [НФ 2: 166]. Свидетельств интереса Блока к философу не сохранилось, но, вероятно, он был осведомлен о его основных идеях, помимо прочего, через священника и писателя И. П. Брихничева, поскольку переписывался с ним и знал его журнал «Новое вино», на обложке второго номера которого в 1913 году был помещен портрет Блока (см. [Hagemeister 1989: 227]). В Христе «Двенадцати», как считал В. Г. Базанов, ощущается связь с идеями Брихничева (см. [Базанов 1981]), одного из идеологов движения «голгофского христианства», которое было создано под влиянием Федорова (см. [Hagemeister 1989: 225]). В трактовке поэтом евразийской темы в стихотворении «Скифы» (1918), может быть, также есть следы федоровских мыслей. Философ утверждал, что европейцы считают русских врагами и называют их «туранцами»; он добавляет, что сам полностью принимает эту кличку, предпочитая ее мнимо-лестной «европейцы». Он предвидел, что те самые европейцы, которые исключили русских из семьи европейских наций, однажды с удивлением обнаружат на своей земле настоящих азиатов. Это вполне может случиться, если русские не захотят больше исполнять свою традиционную роль щита между Западом и «настоящим» Востоком [НФ 1: 204]. В «Скифах» Блок в духе насмешливого смирения

драма готова деградировать в борьбу полов в духе цикла Блока «Черная кровь» (1909–1914), в котором лирический герой после мук «полового рабства» освобождается от «низкой страсти», меняя ее на «лучшую долю» (3: 59)[13]. Пройдя сквозь страсть и страдания, Петруха начинает понимать роковую связь между сексуальностью и смертью и делает важные выводы из своих новых догадок.

Это отнюдь не интеллектуальные прозрения, но, возможно, во времена, подобные послеоктябрьским, правда «доступна только для дураков» (7: 318). Глядя на лежащую на снегу Катю с простреленной головой, Петруха осознает, что всякая плоть, как бы красива она ни была, в конце концов неизбежно закончит свое существование в виде обезображенной «падали» — «падалью» он обзывает свою мертвую возлюбленную (353). Помимо гнева и презрения, это слово выражает новую мысль, проникающую в сознание Петрухи: любая плоть может в одно мгновение превратиться в отталкивающую живых «падаль». Обращаясь к мертвой Катьке с вопросом: «Что, Катька, рада? — Ни гу-гу...» (353), Петруха выражает не столько цинизм, сколько свой ужас перед нелепостью смерти, не позволяющей мертвым издать даже самое примитивное звукосочетание. Как бывший солдат, а теперь красногвардеец, Петруха, конечно, видел смерть бесчисленное множество раз, но она впервые глубоко поражает его: и потому, что жертва — его «зазнобушка», и потому, что это убийство не связано с его «ремеслом» умерщвления врагов. Осознав до конца, что красота не избегает распада, он также понимает, что недостаточно любить эфемерную смертную плоть одного эфемерного

принимает название «азиаты», которым европейские нации «наградили» русских, и представляет себе их реакцию, когда они столкнутся с настоящими азиатами и поймут предупреждение Соловьева о «панмонголизме».

13 В «Черной крови» (3, 54–59) речь идет о борьбе полов в духе А. Стриндберга (Блок в это время проявлял интерес к шведскому писателю). Лирический герой цикла хочет вернуть любимую на «синий берег рая», но та соблазняет его войти в «иной рай», в котором на смену первым восторгам неизбежно приходит «бездонной скуки ад» (3: 55).

существа, Петруха готов обменять «низкую страсть» на «лучшую долю» (3: 59).

Как уже было сказано, Петруха понимает все это не умом — гнозис как бы передается ему самим переломным временем. Мысль, что, любя смертную плоть, человек любит только «мертвечину» [ВС 7: 36] и что «смысл любви» в чем-то ином, медленно проникает в его сознание. Он осознает, что Катька заплатила за свои грехи смертью, как когда-то человечество после грехопадения заплатило за свое ослушание потерей бессмертной плоти и заменой ее на «мертвечину» (Демиург всегда наказывает тех, кого соблазняет). Петруха и называет мертвую Катьку «падалью», поняв, что смерть — потеря активной вертикальности и что «упавшие» теряют контроль над своим телом[14]. Прозревающий Петруха *чувствует* мысль Соловьева, что красота должна быть вне досягаемости для распада и смерти. Он схватывает суть концепции вечной женственности, то есть нетленной красоты, превосходящей соблазнительную красоту земной Афродиты, хотя, конечно, никогда не читал ни Соловьева, ни Гёте[15]. Он отвергает свои «ночки черные, хмельные» (354), понимая, что, по существу, они предвестие непроглядной ночи смерти.

Это отречение делает его новым человеком — революционным Парсифалем (который в одноименной опере Вагнера назван «святым простецом», *durch Mitleid wissend, ein reiner Tor*[16]). Пар-

---

[14] Библейский мотив (грехо)падения и смерти как его следствия пронизывает всю поэму, вплоть до мелких деталей. Так, во время «заговаривания» Кати в санях с «електрическим фонариком» раздается крик лихача «пади» (351), который сливается с возгласом «ах, ах». Хотя «пади» имеет безобидный смысл «уйди с дороги», в контексте «падения» и вместе с восклицанием «ах», это слово, может быть, приобретает и дополнительный смысл.

[15] В стихотворении Соловьева «Das Ewig-Weibliche» («Вечная женственность», 1898) чудесная, но плотская и, следовательно, подверженная разрушению и растлению красота Афродиты уступает идеально-реальной красоте вечной женственности.

[16] «Durch Mitleid wissend, ein reiner Tor» (*нем.*) — «любовью мудрый простец святой» (пер. В. Чешихина).

сифаль не поддается попыткам обольстительной Кундри соблазнить его, спасая ее своим отказом от плотской любви и жалостью к ней и ее судьбе. Не исключено, что и Петруха пожалел мертвую Катьку на снегу, несмотря на циничное «лежи ты, падаль» (353). Во всяком случае, смерть Катьки превращает его из простого бойца революции в апостола Революции. Петруха становится «святым» Петром — краеугольным камнем новой веры, скалой, которую не сокрушат «врата ада» (Мф. 16: 18) и даже демоническая, пугающе живучая, но все же одолимая буржуазия.

Хотя Петруха прозрел истину, ему необходимо время, чтобы полностью усвоить ее. Подобно апостолу, давшему ему свое имя, он трижды предает своего учителя — Христа Революции. Первый раз это случается, когда он поддается жалости к себе (седьмая глава), второй раз — когда взывает к церковному Спасителю (десятая глава), и третий раз — когда его товарищам приходится напомнить ему, что «золотой иконостас» никого ни от чего не спасает (десятая глава). Но каждое отречение от истинного Исуса Христа способствует все большему просветлению Петрухи. В конце концов он освобождается от растерянности и заблуждений и готов к совершенной любви, которая «изгоняет страх» (6: 16; 1 Ин. 4: 18).

Итак, анархист-убийца Петруха теперь на равных входит в сплоченный коллектив красногвардейцев, чье преображение уже совершилось. Эти «стихийные» представители народа, которые во второй и третьей главах разрушали все вокруг, превратились под конец поэмы в дисциплинированных воинов, объединенных общей целью и готовых сражаться за ту Революцию, которая приравнивает человека к Христу. К бывшим анархистам теперь, после их преображения, применим тот же эпитет, что и к их винтовкам, то есть «стальные» (356). Не придавая этой детали чрезмерного значения, все же отметим, что раньше об их оружии говорилось: «винтовок *черные* ремни» (350; курсив мой. — *А. М.-Д.*). Напомним, что черный цвет был цветом анархистского движения.

Переход от «черного» анархизма (и «черных ночек») к «стальной» дисциплине сопровождается преодолением естественных препятствий и стихийных сил на пути освобождения. В этой фазе своего развития двенадцать апостолов новой веры борются прежде всего с собственными врожденными слабостями, а также с окружающей природой в попытке утвердить власть сознания над миром материи. В начале поэмы их «антиматериалистическое» отношение к Старому миру выливалось в разорение и разграбление буржуазных домов не ради приобретения вещей для себя, а ради разрушения Старого мира, загроможденного хламом и скованного чувственностью, мешающими найти истинный путь в сферы Духа. Атакуя «бордельную цивилизацию» Старого мира, потакающую самым низменным человеческим инстинктам (их обычно называют самыми «естественными»), красногвардейцы расчищают путь к Новому миру. Будучи носителями духа, Двенадцать обязаны исполнять «святое» дело разрушения, избавляя человечество от таких препятствий на пути прогресса, как собственнический инстинкт и гуманистический индивидуализм. Но красные апостолы, как уже было сказано, тоже следуют по пути самосовершенствования. На этом пути, по мере продвижения Двенадцати к преображению, женственная душевность индивидуализма заменяется духом общего дела[17]. Стремясь ускорить прибытие мужественной и духовной истории, Двенадцать подвергают и себя, и окружающую их реальность испытанию: им надо решить, что стоит сохранить для Нового мира и от чего отказаться. Их метод проверки можно назвать «испытанием пулями на вертикальность» (ср. первую главу поэмы).

Как мы уже знаем, Катька и Россия не прошли этого испытания. Катька, когда в нее стреляют, «выпадает из саней», оказавшись «картонной куклой», как некогда Коломбина в «Балаганчике» (1906), где действие тоже сосредоточено на проверке ценно-

---

[17] В статье «Интеллигенция и революция» (1918) Блок проводит четкое различие между *душевностью* и *духовностью* (6: 19–20). Он призывает русскую интеллигенцию отказаться от душевности в угоду духовности, иными словами, отказаться от «женскости длинноволосых», разоблаченной в первой главе поэмы.

стей[18]. Да и старая Россия мертва, рухнула от нескольких пуль. Кто и что может выдержать это испытание, эту проверку смертью? Ясно, что не «блудница» и не Русь. Возникает ужасное подозрение: а вдруг только *ванька-встанька*, олицетворение буржуазии, способен сохранить вертикальное положение жизни и избежать «падения» смерти? Но это означало бы, что Старый мир пошлости и «мертвечины» вернется, и вряд ли поэт в то время хотел допустить такую возможность. Можно предположить, что «буржуй на перекрестке», он же Ванька вечной пошлости, не сможет бесконечно выдерживать революционный натиск: в какой-то момент *ванька не встанет* — ведь он тоже не более чем кукла. Единственные персонажи, которые по-настоящему выдерживают «испытание пулями», — это незримый вождь Двенадцати Исус Христос и его апостолы, «державным шагом» (358) перешедшие из мира времени и пространства в ту «даль» (358), где их нет. В конце поэмы красные апостолы все еще «проверяют» Христа, снова и снова убеждаясь, что тот «от пули невредим» (359). Идеал, который он представляет, не может быть уничтожен, поскольку сам по себе является идеей бессмертия. Христос — не очередная картонная кукла из театра марионеток Старого мира, но образ «положительно прекрасного человечества», образ, который призвана воплотить в жизнь Революция, подвергающая все унаследованные ценности суровому испытанию на прочность и сохраняющая только вечное. Думается, еще немного, и Двенадцать поймут, что путь «вдаль» (356) под знаменем Неведомого предводителя — это и их путь.

---

[18] Катька, «вывалившаяся из саней», повторяет мотив Коломбины, «выпадающей из саней» в «комедии дель арте» Блока 1906 года «Балаганчик» (см. [Гаспаров 1977: 110]). Глагол «свалиться», использованный в драме, Блок употребляет также в статье «Интеллигенция и революция», где говорит, что царь «свалился» с престола, таким образом причисляя бывшего монарха к парадигме «падающих кукол».

Бессмертное человечество

То, что выше говорилось о Христе и его «невредимости от пуль», нуждается в уточнении. В какой-то момент и Он падает и умирает, что ранее, насколько мне известно, не было замечено критикой. Однако он встает из мертвых, «смертию смерть поправ», как и подобает Христу. В главах 11–12, марширую через некое новое измерение, двенадцать красногвардейцев стреляют в своего скрывающегося в снежных вихрях и сугробах Предводителя, принимая его «за незримого врага» (356), — и *убивают* его. В этих главах двенадцать бойцов находятся посреди страшной бури; захваченные ею, они не видят друг друга «за четыре за шага» (356), и не понимают, ни куда идут, ни куда следует идти. Их единственными ориентирами являются уже упомянутый снежный столб-столп и красный флаг, мгновениями мелькающий среди снежных вихрей. Но даже эти два ориентира пропадают, когда Христос исчезает в «су*гроб* холодный» (358), то есть «падает», застреленный, и умирает. Кроваво-красное знамя, символ новой веры («кровавая чаша» была символом старой) падает вместе с ним, а снежный вертикальный столб превращается в горизонтальный су*гроб*. Словом, как евангельский Христос, так и Христос «Двенадцати» умирает, убитый теми, что не знают (но поймут), что творят, чтобы доказать бессилие смерти своим возвратом к жизни. Но если библейского Христа воскрешает его небесный Отец, или же он воскрешает себя сам (он и Отец «одна суть»), то в поэме Блока Христа воскрешают его «товарищи» (или «други своя», говоря словами Федорова).

Когда таинственный Предводитель Двенадцати исчезает в снежном заносе, его апостолы (которые еще не знают, что являются таковыми) восклицают в унисон: «Кто в су*гробе*, выходи!..» (358) И несмотря на враждебность этого возгласа — ведь они уверены, что их преследует «неугомонный враг», — Христос «повинуется» и выходит из снежного су*гроба* вместе с флагом, чтобы снова шагать перед ними и указывать путь из холодной пустыни настоящего в светлое грядущее. Христос в поэме «воистину воскресе из мертвых» и теперь, «поправ» смерть, сам навеки «невредим», как будут невредимы и пока еще смертные люди. Евангельские роли Лазаря и Христа как бы меняются местами: Христос-предводитель выходит из снежного (су)гроба, слушаясь призыва «выходи», как некогда Лазарь вышел из погребальной пещеры, когда раздался призыв Христа «иди вон» (Ин. 11: 43). Призыв «выходи!», произнесенный трижды в двенадцатой главе, как и дважды повторенное слово су*гроб*, несомненно, вызывают в памяти библейский эпизод воскрешения Лазаря, эпизод, которому Федоров придавал огромное значение, видя в нем повеление Бога человечеству начать дело воскрешения мертвых. Кроме того, выбор глагола со значением «прятаться» («*хорониться*»; 358) вызывает ассоциации с погребением (по*хоронами*) — Христос, очевидно, «хоронился», чтобы его «товарищи» (други его) разбудили его от сна смерти. Так или иначе, перед нами сцена «воскрешения Исуса» — только в ней не Бог воскрешает Сына своего и не Богочеловек воскрешает самого себя. Наоборот, смертные люди (сторонники Нового мира) воскрешают Бога в богостроительском духе новой веры.

Правда, двенадцать апостолов Нового мира лишь символически совершают акт воскрешения, сами не понимая ни своей новой роли, ни значения всего происходящего накануне наступления бессмертного Нового мира. Но когда-нибудь их символический призыв («выходи!») станет сигналом к подлинному воскрешению. И тогда весь народ и в конечном итоге все человечество претворит свое стремление в гигантскую силу, способную победить смерть. Жертвенная смерть отдельного человека, сколь бы он ни был благороден (исторический Иисус), не может изменить законы природы; братские усилия, направленные на уничтожение смерти (и тех, кто ее поощряет), однако, способны изменить то, что было неизбежностью со времен грехопадения, когда Демиург захватил власть над Землей. Намеки на положительное «беззаконие» уже есть.

Например, в девятой главе показано, что послереволюционный Петроград освобожден от городовых, этих стражей Старого мира. Подобно храброму дурачку Петрушке, герою кукольных представлений, с одинаковой легкостью побеждающему смерть и городового, мудрый простак Петруха и его товарищи из поэмы Блока, действующие в карнавальном театре Революции, упразднили все «старые законы», освободив город от буржуазного надзора. Когда условия для утверждения новых законов, не противостоящих свободе и в конечном счете уничтожающих смерть, созданы, коллективный призыв к Лазарю, о котором говорилось выше, станет сигналом, возвещающим всемогущество человека.

Сила коллективного воззвания к Исусу — в единстве его; для укрепления «новых законов свободы» необходимо братское равенство внутри объединенного человечества, как живого, так и мертвого. Как указывал Федоров, не существует большего неравенства, чем неравенство между живыми, которые неизмеримо богаты, и мертвыми, пребывающими в состоянии абсолютной нищеты. Подлинная революция преодолевает «социальное» неравенство между живыми и мертвыми и укрепляет идею «жизни для всех навсегда». В революционном Петрограде закладывается фундамент истинного равенства: ранее униженные проститутки и презираемые бедняки начинают осознавать свое человеческое достоинство и то, что все связаны чувством братства. Поэтому восклицание «Подходи — поцелуемся!», которое раздается в первой главе (349), не должно быть истолковано как предложение сексуальных услуг, но как приглашение обменяться братско-сестринским «пасхальным» поцелуем, подтверждающим, что все — товарищи в новом Христе.

Слово «товарищ» повторяется в «Двенадцати» восемь раз, как правило, в ситуациях высокой эмоциональной напряженности. Эмоциональность этого ключевого слова усиливается интертекстуальной связью между блоковской поэмой и горьковской лирической сказкой «Товарищ» (1906), действие которой разворачивается в растленном Петербурге. Внезапно в тусклой и унылой столице звучит музыка «простого светлого слова» [Горький, ПСС 7: 163] — слова «товарищ», рожденного событиями 1905 года. Это «жизнетворящее и объединяющее слово» [Там же: 164] превращает «униженных и оскорбленных» обитателей этого города в людей, как, например, в сцене с проституткой, к которой подходит «человек, каких она не встречала до этого дня». Он — по всей видимости, интеллигент-революционер — называет ее «товарищем», навсегда меняя ее самооценку [Там же: 165]. Это слово преображает и одного из городских нищих. Хотя в 1907 году Блок писал о горьковской сказке без особенного восторга [Блок 5: 100], он, по-видимому, не забыл о мотиве «братского сближения» в «священное время» революции — некоей новой Пасхи и нового «христосования». Блок, как уже говорилось выше, относился к творчеству Горького с (амбивалентным) сочувствием, признавая его врожденную талантливость как писателя из народа, но не всегда принимая его склонность к прямолинейному дидактизму.

Ему нравилась «Исповедь» Горького, в которой он видел произведение одновременно народное и художественно полноценное (ср. [Крюкова 1987: 235]); финал этой повести и концовка «Двенадцати» содержат некий богостроительский пафос. Роднит оба текста и мотив крестного хода, символизирующего марш эволюции и истории к триумфальной — и в «Двенадцати» уже внеисторической — Цели. В обоих текстах мы также находим «коллектив воскресителей», возглашающий призыв к «Лазарю» и несущий заряд возрождающей народной воли. Критик и социолог Ю. Н. Давыдов высказал мысль, что у Блока в период написания «Двенадцати» «идея теургического значения искусства начинала перерастать в теорию искусства “жизнестроения”» [Давыдов 1971: 26]. Блок в 1918 году часто встречался с бывшими богостроителями Горьким и Луначарским (которые не забыли свои «ошибки» прошлого и критику Лениным их богостроительства, но остались верными им, хотя и скрывали это). В этом контексте важна запись в дневнике Блока от 26 января 1918 года о том, что Луначарский, прощаясь с ним после собрания Комиссии по изданию классиков, назвал его «товарищ Блок» (7: 322–323; см. [Дикушина 1987: 277]). Блок этому, по-видимому, обрадовался, судя по тому, что специально отметил в дневнике факт «одобрения» его большевиком как «товарища». Поэт в это время также намеревался вместе с К. И. Чуковским стать соредактором книги о Горьком [Вайнберг 1981: 369]. Блок уже после революции 1905 года начал следить за творчеством и деятельностью Горького, хотя и не всегда, но, случалось, сочувствовал ему как «писателю из народа» [Там же].

Возвращаясь к блоковскому Христу, идущему сквозь снежную бурю впереди Двенадцати теперь уже неуязвимым, следует заметить, что с церковным Спасом на «золотом иконостасе» его роднит немногое. Христос «Двенадцати» — это Христос Революции, конечное воплощение самого человечества, идеал, к которому оно стремится. В предводителе Двенадцати нет ничего «сверхъестественного». Сколь бы ни был он совершенен, он не более чем венец длительных процессов биологической эволюции и последующего исторического развития человечества, породивших в конечном итоге поколение, которое совершило революцию и создаст Нового человека, по крайней мере будет «мостом» к окончательному совершенству будущего духовного человечества. На поколение «Двенадцати» была возложена миссия теургической задачи по достижению человечеством совершенства и бессмертия. «Человек» Горького приобретает «товарищей» в блоковской поэме.

Сверхчеловеческого, но не сверхъестественного Христа «Двенадцати», наверно, лучше всего рассматривать не только как по-новому увиденного библейского Христа, но и как идеал, ждущий воплощения. Онтологически его можно понимать как фейербаховскую проекцию человеческих мечтаний о совершенстве, а также как образ сверхчеловека Заратустры или даже как призрак из «Коммунистического манифеста» Маркса в том смысле, что он эманация будущего, видение, которому предстоит стать реальностью. По-видимому, он может быть уподоблен и «эфирному» Христу антропософов, ожидающему своего превращения в реальное божество, «видимое для всех». При этом, в частности, Р. Штейнер видел Второе пришествие как воскрешение «божественного Я» внутри человека [Rosenthal 1980: 118]. Другой источник блоковского Христа как иконы во главе крестного хода можно обнаружить в «Жизни Иисуса» Ренана, книге, которую Блок читал, когда работал над «Двенадцатью» (7: 318). Ренан видел историческую фигуру Христа как личность, которая заставила «род человеческий сделать самый крупный шаг на пути к божественному» [Ренан 2004: 189][19]. Если исторический Иисус Христос благодаря некоему высшему усилию воли сделал такой гигантский шаг к совершенству, то Исус Христос из поэмы Блока на пороге Нового мира завершает его дело окончательного, бессмертного воплощения человека. Каким же будет этот человек?

Он будет свободен от «злого огня» вожделения, как и вообще от любой зависимости от природы; согласно теургии спасения, выдвинутой Соловьевым; он Андрогин, как его представил философ в статье «Смысл любви». Огонь разрушительных страстей превратился у него в сияние библейской Неопалимой купины[20]. Сверкающая и искрящаяся вокруг блоковского Христа «снежная россыпь жемчужная» (359) не сжигает, а только излучает свет, как алмаз в статье Соловьева «Красота в природе», который, хотя и состоит из того же «сырья», что и легко сгорающий уголь, становится «светоносным» в своей новой ипостаси бриллианта.

Когда «низменная страсть» будет покорена, чарующая женственность сможет вновь войти в мужской мир воинов-апостолов. «Двенадцать» убивают в своей душе женственный элемент («бабу») и после этого существуют как бы во всецело мужском мире подвига. Но идеальное человечество не может быть навсегда сведено к одному лишь мужскому началу. Бессмертное человечество признает женщину будущего равной мужчине и создаст условия для высшей, чем только плотская, любви между ними. Любовь будущего будет эротико-эстетической, а не сексуально-детородной, любовью вечно мужественного и вечно женственного, Логоса и Софии. Этот брак воссоздаст то «божественное сходство», что некогда было заложено в человека истинным

---

[19] Образ Христа отчасти вдохновлен внешностью Соловьева, которого Блок однажды видел на похоронах своей родственницы в разгар зимы. Ему запомнилось *шествие* философа через снежную бурю, подобное поступи человека, который «шел впереди». Высокий и худой Соловьев также запомнился ему «силуэтом» (см. статью «Рыцарь-монах», 5: 446–455).

[20] В «Двенадцати» присутствует символика классических четырех стихий: более плотные земля и вода, более легкие огонь и воздух. Под конец поэмы «легкость» торжествует: вода становится летящим снегом, а земля исчезает вовсе — красные апостолы витают над ней, несомые ветром духа.

Божеством Света. Поэтому Катька, наивная «роковая женщина», русская Афродита из народа, не исчезает из «Двенадцати» после своей печальной земной кончины, но возвращается в новой ипостаси вечно женственного. Убитая Катька воскресает в андрогинном Христе «Двенадцати».

Наверно, не следует искать конкретные детали в образе андрогинного Христа, например какие-либо приметы Петрухи. Как свидетельствует Ю. П. Анненков, иллюстратор поэмы, по указаниям Блока он «убрал» у своего изначального Христа все специфические черты, «заменив его прозрачным и бесформенным силуэтом» [Анненков 1991: 68]. В этом силуэте можно увидеть «знак» Катьки, но «знаков» Петрухи нет. Тот ведь еще не слился с Христом в финале поэмы, и ему, по-видимому, предстоит еще долгий путь, пока он и его товарищи-апостолы не настигнут Христа, окончательно поняв, кто он. Силуэт андрогинного Христа, однако, является гарантией того, что когда-нибудь все люди постигнут «смысл любви» и найдут его в андрогинном Христе, который благословляет эту высшую форму любви.

О таких перспективах говорит и образ «бродяги» в первой главе поэмы. Сутулящийся бродяга, которого подзывают к себе проститутки, которые только что провели собрание на тему «тарифов» на их услуги, а теперь хотят поцеловаться с ним (349), — не бездомный нищий, как может показаться на первый взгляд, но скрытый лирический герой поэмы, тесно связанный с самим Блоком. Поэт был глубоко вовлечен в современные ему события и считал своим долгом быть их свидетелем и летописцем. Зимой 1917/18 года он часто бродил по улицам Петрограда, пытаясь осознать глубинное значение исторических событий, которых одновременно боялся, страстно желал и о приходе которых «пророчествовал». В записи от 13 января 1918 года он отмечает, что «бродил, бродил» по всему городу (9: 384), продуваемый холодным ветром. Блок пишет также о нехватке хлеба в городе (9, 383; см. также 6: 58), включая в число недоедающих и себя. Эти подробности сближают поэта с бродягой, стоящим на пронизывающем ветру (3: 349) и разговаривающим с проститутками, в то время как толпа требует «хлеба». Бродяга-поэт разделяет «черную злобу, святую злобу» народа по поводу как былых, так и нынешних несправедливостей.

Этот близкий к народу странствующий поэт в финале «Двенадцати» станет тем, кто зовет «вдаль», предвестником Христа будущего. В январе 1918 года Блок написал набросок драмы об андрогинном Христе, окруженном блудницами, среди которых есть и прекрасная Мария Магдалина. Христос здесь художник, с «женственной восприимчивостью» (7: 317) слушающий изречения народа, этого источника, питающего его искусство. Таким образом, несомненны параллели между Христом в наброске драмы и бродягой из первой главы поэмы «Двенадцати». Они оба обладают «женственной восприимчивостью» (поэма свидетельствует, как чутко ее автор слушал голос народа) и готовы воспринимать гнев и печаль народа как свои собственные. Более того, ни тот ни другой не брезгует общаться с проститутками; Христос драмы общается с ними, как и «бродяга», а Катьку можно рассматривать как своего рода Марию Магдалину.

Чертами сходства отмечены и отрицательные качества блоковских персонажей. Так, Христос в наброске драмы «грешен», а проститутки из «Двенадцати» называют бродягу «беднягой» (349), так как чуют, что он полон сомнений и опасений и не верит в собственную миссию. Этот эпизод, в котором женщины-проститутки подбадривают слабого мужчину, пытаясь помочь ему превратиться из бродяги во вдохновляющего Предводителя, составляет интересную параллель с тем местом поэмы, где мужской товарищеский коллектив призывает Петруху перестать быть «бабой» и стать мужчиной. Эти параллели-инверсии еще раз подчеркивают, что духовное воздействие полов друг на друга, или их «андрогинная связь», является ключом к будущему совершенству людей и их бессмертию. Этот эпизод также показывает, что истинный художник тот, кто ближе всего подошел к идеалу духовной андрогинии. Даже когда он слаб и жалок («женщина» в худшем смысле слова), он вместе с тем отзывчив («женщина» в лучшем смысле). Будучи и мужчиной (в лучшем смысле слова), он творец мощных образов искусства, по крайней мере когда обуздывает свои страсти. Такой поэт-андрогин способен выражать всю гамму человеческих состояний, от униженности женщины (как проститутки) до деградации мужчины (как жертвы социального зла); от женского легкомыслия (жадная чувственность Катьки) до мужского раскаяния (муки Петрухи после убийства). Из этих, как и из прочих, противоречий он создает гармонию искусства.

Короче говоря, истинный поэт выражает широкий диапазон человеческих эмоций — мужских и женских, поэтому, несмотря на все свои недостатки, «бродяга» может говорить за свой народ. Он способен стать гласом народа — этого женственно-мужественного Тела и коллективного Андрогина, жаждущего бессмертия и имеющего на него право, так же как и влюбленные, постигающие «искусство любви» в соловьевском смысле[21].

Однако, если поэту предстоит стать не просто выразителем существующей действительности, а Спасителем своего народа, он должен возвыситься над самим собой, сделавшись той путеводной иконой, которую он сам создал в поэме в образе Христа. Это произойдет, когда он не только создаст образ ницшеанского «будущего человека» *(der Künftige)*, этого прекрасного призрака, «витающего перед нами» и жаждущего обрести «плоть и кости» [Ницше 1990, 2: 43], но и воплотит его как духовный вождь своего народа. Так, запутавшийся современный художник (бро-

---

[21] Слова *бродяга* и *бедняга*, примененные к поэту-наблюдателю, усиливают андрогинную тему «Двенадцати» в том смысле, что их род меняется в зависимости от того, идет ли речь о женщине или мужчине. Б. М. Гаспаров видит в «Двенадцати» несколько «автопортретов» и «самопародий», особенно в образах буржуа и «интеллигента-витии» [Гаспаров 1977: 126]. Есть и более облагороженные автопортреты, такие как «бродячий поэт» («der Vagabund Dichter»; см. [Bergsträsser 1979: 135]). Д. Бергштрассер также связывает образ «бродячего поэта» с лирическим героем Блока в таких стихотворениях, как «Я пригвожден к трактирной стойке...» [Там же: 133]. Другой критик увидел в блоковском бродяге «евангельского защитника падших и угнетенных» и задает вопрос, «не суждено ли этому персонажу стать их предводителем» [Пьяных 1981: 259–260]. В стихотворении «Ты отошла, и я в пустыне...» (1907) поэт видит себя как «невоскресшего Христа», но в «Двенадцати», если М. Ф. Пьяных прав, он станет воскресшим Христом.

дяга) может преобразиться в сознающего свое предназначение будущего Спасителя своего народа — Исуса Христа-Артиста последних строк поэмы.

В наброске драмы об Иисусе Христе Блок задает вопрос: «А воскресает как?» (7: 316) И отвечает на него в «Двенадцати». Исторический Христос, умерший на кресте, мечтая о бессмертии для всех людей, приобретет его, когда человечество научится быть божественными андрогинами соловьевского толка. Это событие, возможно, произойдет в отдаленном будущем, только после длинной череды «дней и ночей» (358), проведенных в неустанной борьбе с природой и самим собой, этим «неугомонным врагом» (353), самым неугомонным из всех. Но новый человеческий вид в конце концов появится, и это будут бессмертные богоравные андрогины, живые произведения искусства.

Формирование этого вида через испытания и очищение — основная тема «Двенадцати», поэмы о *творческой эволюции* под знаком эстетики и теургии. Тему эту символизирует и сама структура крестного хода в заключительной главе. Здесь мы видим людей плоти, — по определению С. Н. Булгакова, *человекозверей*, все еще пребывающих в плену своих животных инстинктов, — их воплощает «паршивый пес» в конце процессии. Промежуточную часть человечества составляют ницшеанские «пневматики-мосты», двенадцать апостолов, перешагивающие через свои жертвы — людей плоти и души, то есть и свои собственные прошлые «я»; и, наконец, «впереди» — сам андрогинный Христос, икона андрогинного человечества. Поэма «Двенадцать», таким образом, завершается на высокой ноте, несмотря на то что некоторые участники процессии (паршивый пес) «не отстают» и пытаются мешать поступательному движению. Однако поэт знает, что его «Спаситель жив», поскольку бессмертие — логическое завершение процессов биологической эволюции и, впоследствии, исторически-художественно-культурной деятельности человечества, включая послереволюционную жизнестроительную теургию.

Истинное божество

Истинное божество мира — будущее бессмертное андрогинное человечество. Оно способно воскресить Христа, создав нового бога-Христа из себя самих, «без имени святого» православной церкви.

Однако человек — не единственная сила, действующая в природе и истории. К парадигме Истинного божества принадлежит, например, «дух музыки» (заменяющий Святой Дух православной церкви), о котором поэт говорит во многих других текстах, написанных в это же время. Именно этот дух стоял у истоков созидательной эволюции и по-прежнему движет миром, создавая все новые метаморфозы. Он некогда витал над «водою» (Быт. 1: 2) в первозданном хаосе и создал космос, а ныне это пронизывающий ветер, который очищает мир, корчащийся в муках обновления, ветер Духа, который «дышит, где хочет» (Ин. 3: 8). Иными словами, это свободно действующая творческая сила, не скованная традицией, законами морали и лицемерной старой этикой.

В отличие от лживого Демиурга, Истинное божество Духа не претендует на то, чтобы быть и милосердным, и всеблагим. Напротив, это насмешливое и жестокое божество — в том смысле, что оно не перестает бросать вызов эволюционирующему человечеству: оно вдохновляет пневматиков, раздувая пламя «мирового пожара» в их крови, и смеется над бездарностью сомневающихся буржуа. Ветер Духа имеет много общего с очистительным горным ветром Заратустры, выметающим «увядшие листья и сорные травы», презирающим «чахлых псов» из трусливой обывательской толпы *(die Pöbel-Schwindhunde)* и смеющимся в лицо «мрачному отродью» ретроградов и пессимистов [Ницше 1990, 2: 214].

Мотив «глумления» над трусливыми и слабыми появляется до «Двенадцати» уже в «Снежной маске», цикле 1907 года, связанном как с ницшеанским, так и с карнавальным смехом над всем отжившим. Героиня цикла, Снежная маска, безжалостно смеется над лирическим «я» за его несмелость, которая вместо бунта ведет его на Голгофу распятия[22]. В финале «Двенадцати» смех Христа, издевающегося над по-прежнему запутанными двенадцатью апостолами и их попытками застрелить его, сливается с воем снежной бури (359). Провокация смехом нужна для достижения совершенства, как нужен глумящийся шут (скоморох), и как нужна вечная заноза в теле, и как нужны все виды ниспровержения самодовольства. Истинное божество мира и космоса — не тот Бог, что дает «несказанный покой» и позволяет душам своих рабов «отойти с миром». Дар истинного бога — это возбудить «волю к власти». Демиург благословляет все виды «рабской

---

[22] «Снежную маску» и «Двенадцать» Блока часто связывают друг с другом на основании свидетельства самого Блока, писавшего, что в работе над поэмой «Двенадцать» он «отдался стихии не менее слепо, чем в январе 1907 года...» при написании «Снежной маски» (3: 474). Эти два произведения, однако, объединяет не только самозабвенное подчинение стихиям, но и прямо противоположная тема — а именно прославление власти человека над стихийным началом. Так, Снежная маска, героиня цикла, утверждает мужественную «волю к власти». Выступая как «Заратустра в юбке», она пытается убедить поэта покончить с приземленным существованием, выйти за отведенные ему рамки, полететь с ней в ее космическую кузницу, где его закалит «снежных вихрей подъятый молот» (2: 217), и стать человеком сильной воли. Поэт, однако, в этом цикле стихотворений не в состоянии возвыситься до таких вершин; сверхчеловеческая любовь Снежной маски для него оборачивается роковой; распятый и исколотый «снежными иглами», он остается жертвенным Христом, ожидающим воскрешения, вместо того чтобы стать торжествующим Христом, воскресившим себя. В итоге прах поэта рассеян над русскими равнинами издевательски хохочущей Снежной маски. Однако даже неудавшийся эксперимент может быть поучительным: безуспешная попытка поэта выйти за уготованные ему традицией рамки в цикле 1907 года позже помогла ему понять свою подлинную миссию: слиться с народом и стать его авангардом. Как предсказывал Брюсов в своей рецензии на этот цикл, поэт скоро «восстанет из мертвых», и это воскресение совершилось, когда он вышел на просторы Родины и слился с народом. В «Песне судьбы» (1908), где поэт снова встречается со сверхженщиной *(Überweib)* Фаиной (см. Wörn [1974: 412]), он впервые пытается выйти «в народ» и делает шаг вперед на этом пути, но в «Двенадцати» совершается его преображение из просто художника в художника-Спасителя. Этот Спаситель-Христос — подлинный Андрогин, а не только сверхженщина (как Снежная маска) или только сверхмужчина, а то и другое. Андрогинный Христос указывает на то, что настало время истинных преображений. Подробный анализ цикла «Снежная маска» см. в [Masing-Delic 1970].

морали», которую нередко называют «гуманизмом». Вот почему символ Истинного божества — кроваво-красный флаг, а не плакат, провозглашающий созыв Учредительного собрания. Истинное божество не в ответе за христианство, которое погасило «религиозный пыл» и вызвало вырождение искусства, лишив таким образом человечество самого главного источника бессмертия (ср. [Ницше 1990, 2: 278; Блок 6: 21]). Напротив, он призывает к переоценке всех ценностей, включая даже сострадание, ранее считавшееся непреложной ценностью. Продвигаясь «державным шагом» вперед к совершенству, Двенадцать, которым «ничего не жаль» (356), даже себя, верны своему взыскательному божеству «в венце смеющегося, венце из роз» [Ницше 1990, 2: 214]. Блоковский Христос в финале «Двенадцати» также появляется «в... венчике из роз», и он тоже, как и ветер Духа, безжалостный насмешник. Несомненно, «венчик из роз» ведет свое происхождение и от тернового венца библейского Христа, который не убоялся безжалостных испытаний и в итоге восторжествовал. Соловьевский Логос тоже не щадил свои неудавшиеся творения, когда занимался «созидательной эволюцией» с целью сотворить совершенную «красоту в природе», и Логос Блока не щадит людей, которые не в состоянии подниматься по ступеням к совершенству. Логос знает, что, если проявлять милосердие к пузатым попам, золотой крест по-прежнему будет устрашать и подавлять невежественных людей. Если позволять длинноволосым сумасбродным интеллигентам декадентского толка беспрепятственно «витийствовать», человечество так и останется обманутым их беспочвенными теориями. Если возобладает жалость к старухам, их «куриные» идеалы принизят грандиозную картину великой Истины. К тому же все эти человеческие, «слишком человеческие» создания, может быть, умрут не навсегда. Призыв нового сверхчеловечества к «Лазарю» (Смертному человечеству), возможно, вернет к жизни даже этих жалких выходцев из прошлого — в новом, более достойном обличии.

Истинное божество «Двенадцати» сочетает в себе черты, предложенные Соловьевым, Горьким и Ницше. Это сочетание может показаться несовместимым гибридом, но дело не в идеологических оттенках, а в главном: в признании творческого начала, движущего земное бытие и направляющего его созидательную эволюцию по пути, определенному человеческим сознанием. В поэме Блока «божеское» играет определенную роль (Соловьев рассматривал теургию как сотрудничество человека с Богом), но человек, осознав, что он имеет право быть по-горьковски «гордым», не менее важен. Революция у Блока — событие, несущее очищение и искупление, а также эстетическое совершенствование, в ходе которого неустанно созидающий Логос стремится устранить все, что искажает прекрасный лик его возлюбленной Софии или совершенного Творения. Красоту порождает дух музыки, неизменно несущий в себе трагедию («диссонансы»), но трагедию со счастливым окончанием. Космический художник через человечество пытается решить задачу создания красоты, которая в самом деле спасет мир. Когда эта конечная цель будет достигнута, восторжествует гармония, а хаос, диссонансы и противоречия исчезнут.

Новый мир

Старый мир уже погиб. Вероломная София возвращается к Логосу в качестве его раскаявшейся возлюбленной, с которой он сможет слиться в акте совершенной любви. Эротическая космология Блока, почерпнутая и у Соловьева, и из личной мифологии, объясняет эротическую тематику революционной поэмы «Двенадцать», но здесь мы видим, конечно, не просто эротический треугольник, а треугольник эротический, космический и божественный. Божье творение, наша Земля, будет спасено от Демиурга, божества убогой материи, и человечество, представленное Катькой и Петрухой, Екатериной и Петром, будет спасено от всех «Ванек». Андрогинное человечество найдет совершенство бессмертия, идя по стопам андрогинного Христа в мире, который является совершенным созданием искусства и природы, полным слиянием мужского и женского начал и идеальным взаимопроникновением духа и материи.

Правда, расставаясь с Двенадцатью и с их предводителем Исусом Христом, мы еще не видим этого мира. Следует помнить, что Логос действует через человека и что конечный исход событий зависит от человеческой инициативы. Иными словами, спасение мира возложено на революционный авангард человечества. В конце поэмы «Двенадцать» исчезли не все опасности. Демонический Ванька, слуга Демиурга, все еще существует, прячась в «паршивом псе». Увенчанный розами, смеющийся над Двенадцатью, предводитель еще не считает своих апостолов достойными слияния с ним. Но образ идеала уже нельзя уничтожить, нельзя загнать в подполье, как это было во времена Демиурга, поскольку он неразрушим — невредим не только от пуль, но и от всех иных видов уничтожения. «Тысячелетнее Царствие... будет не за гробом, не на небе, а на земле (5, 358)[23]. Этот земной рай будет не возрожденным Эдемом или природным раем, который вновь может быть ввергнут в грехопадение, а андрогинным миром окончательного синтеза, миром Третьего Завета, созданным сознательными усилиями в ходе свободной созидательной деятельности человечества, жаждущего совершенной Красоты. Этот Новый мир, когда он наступит, не потерпит нового падения. «Исус Христос» — последние слова поэмы, и в этом залог, что Он победит.

---

[23] Из «письма сектанта», цитируемого Блоком в статье 1908 года «Стихия и культура (5, 350–359). — *Примеч. ред.*

К машинам!
А. Гастев

Глава 9
Николай Огнев. «Евразия»

Николая Огнева (псевдоним М. Г. Розанова, 1888–1938) сегодня преимущественно помнят как автора повести «Дневник Кости Рябцева» (1927). Это свидетельство из первых рук[1] о «реформированных после революции советских средних школах», превращенных в «миниатюрные революционные республики, управляемые учениками» [Struve 1971: 155]. Но в свое время широко известны были и рассказы Огнева: о них писали сочувственные рецензии такие именитые критики, как А. К. Воронский и С. И. Пакентрейгер[2]. Оба видели в этих рассказах ненависть

---

[1] Огнев работал педагогом с 1910 по 1924 год.

[2] Оба эти критика из группы «Перевал» подчеркивают роль творческого воображения в преобразовании современной советской жизни — процессе, который во многом понимается ими как «творимая легенда». Несмотря на неприятие к декаденту Сологубу, они усвоили суть его утопической эстетики, хотя и не признавались в этом. Облекая его призыв «творить легенды» в марксистскую терминологию, Пакентрейгер требует, чтобы литература выполняла «заказ на вдохновение». Цель этого заказа — сделать «всех, всех, всех» сотворцами процесса «воплощения в жизнь» марксовского «призрака коммунизма» [Пакентрейгер 1930: 12–13]. Этот «призрак» сопоставим с «мечтой» Сологуба и, подобно многим другим идеологемам того времени, связывается с надеждой на бессмертие. Литературную генеалогию Огнева обычно ведут от Л. Н. Андреева, А. Белого и Сологуба. Его также считали подражателем Б. А. Пильняка: так, Е. И. Замятин написал о рассказе Огнева «Крушение антенны» (названном в цитируемой статье «Гибель антенны»), что это «лучший из рассказов Пильняка» [Замятин 1967: 202].

к старой России, которую Блок в «Двенадцати» назвал «толсто-задой» [Воронский 1928: 8], но при этом и огромную веру в новую Россию, где «истинными героями современной жизни» стали «воля» и «панактивизм» [Пакентрейгер 1930: 72]. Эти критики определили главную тему творчества Огнева как борьбу нового человека с мертвящими силами прошлого — уже не в мире «“навьих чар”, прекрасных дам и необыкновенных легенд», а в новой реальности, в которой «сама жизнь <...> стала легендарной» [Пакентрейгер 1929: 281]; но «легендарной» она стала не без сопротивления людей из прошлого, цепляющихся за пережитки дореволюционных порядков и ценностей. В восприятии Огнева старая Россия была царством смерти — «трупом» [Воронский 1929, 2: 83], закутанным в саван из снега и льда, в то время как новая Россия побеждала «свист смерти» «кличем антенн», то есть всемогущей техникой [Пакентрейгер 1930: 72]. Но, как уже было упомянуто раньше, этот «клич» был не всем по душе, и в рассказах Огнева 1920-х годов уделяется большое внимание борьбе с реакционерами и нэпманами за то, чтобы достижения революции оказались не напрасными. Интерес Воронского к творчеству Огнева, по всей вероятности, связан с частично разделяемыми ими идеологическими убеждениями и надеждами; известный критик видел подлинную цель революции в овладении «живой и мертвой водой». Его книга воспоминаний «За живой и мертвой водой» (1927) трактует тему надежд на преодоление смерти в федоровском духе[3], хотя он вряд ли был таким же крайним мыслителем-утопистом, как Федоров. Творчество Огнева в очень большой степени посвящено идее упразднения смерти, и именно эта тема особенно привлекала

---

[3] В книге «За живой и мертвой водой» мотив заброшенного кладбища трактуется в очень федоровских тонах. В этом произведении также подчеркивается, что понятие «следов» умерших играет важную роль в восприятии народа: один из персонажей этих мемуаров, сторож кладбища, все бродит по могилам в надежде найти «следы» существования погребенных. Когда его спрашивают, какие «следы» он имеет в виду, он отвечает: «А такие, хотя бы, на двор, что ли, сходили. А то один воздух. Скучно так» (см. [Masing-Delic 1976: 45]).

критическое внимание Воронского[4]. Мучительные попытки автора «исследовать» страх смерти, для того чтобы победить его, и отчаянная надежда на будущую осуществимость спасения от смерти в «стране Советов» в самом деле составляют самый интересный аспект творчества Огнева; именно эта его тематика оправдывает внимательное чтение его рассказов и повестей. Портит многие из них грубая упрощенность в изображении Старого мира в сочетании с вычурной манерностью стиля (чересчур уж «орнаментальным» орнаментализмом), идущей вразрез с прямолинейностью идеологической проповеди, но в «ужасах» Огнева чувствуются неподдельные опасения.

Огнева с его «странным пристрастием к мертвецам, к склепам, к могилам, кладбищам» [Воронский 1928: 5] можно причислить к представителям советской «романтики ужасов» *(Schauerromantik)*, к «советской готике». Это направление служит не только созданию «эффекта ужаса» как такового, но и конкретной политической цели — вызвать отвращение ко всему миру несоветского прошлого и его «пережиткам» в советском настоящем. Все несоветское Огнев отождествляет с кромешным адом, с царством всепобеждающей смерти. Поэтому кладбище в текстах этого автора не просто «страшное место», но и символическое пространство Старого мира. К подобным символическим локусам относятся также болота, населенные ведьмами и водяными, коррелирующими с людьми плоти (гиликами). Самое смертоносное из всех обитаемых мест — это отсталая русская деревня, где правят колдуны-вампиры и попы-трупоеды, стремящиеся извести всех тех, в чьих жилах пульсирует «кровь жизни», тех, кого пробудила к новой жизни советская власть[5].

---

4 Подробно о существенном вкладе Воронского в советскую литературу как писателя и редактора см. классический труд Р. Магайра *Red Virgin Soil* [Maguire 1968], из работ на русском языке [Динерштейн 2001].

5 «Вампир» был излюбленной метафорой эксплуататора у оппозиционных авторов как в царское, так и в советское время. Уже Горький в «Матери» (1906) изображает адвокатов и судей на процессе героя романа Власова как вампиров, которые «жаждут его [Власова] крови, чтобы оживить ею свои изношенные тела» [ПСС 7: 486]. Эти мертвые души Старого мира лишены

Огнев часто рисует гротескные сцены смерти, убийств и насилия, используя их для пропаганды классовых идей; так, в рассказе «Собачья радость» (1927) голодные собаки, которых давно не кормили, загрызают и съедают своего хозяина, старого аристократа, который любил и уважал их больше, чем своих крестьян, так как предполагал в них «существование собачьей души» (1928: 159)[6], при этом явно сомневаясь, что человеческая душа есть в простолюдинах. В другом рассказе персонаж из народа убивает классового врага в неконтролируемом порыве общественно-политического гнева (инцидент происходит во время допроса). Убийство не производит заметного впечатления на присутствующих, а труп в буквальном смысле «выметают» из комнаты две уборщицы, «вооруженные метлами» [Огнев 1933: 223]. Возможно, уборщицы берут пример с Ленина, который на известном плакате 1920 года очищает мир от «нечисти» большой метлой. Такие гротескно-примитивные сцены свидетельствуют о вере автора в то, что кладбище Старого мира будет стерто с лица земли вместе со всеми его «трупами». Обитатели очищенного Нового мира, «люди новорожденные», одержат победу над «несуразными образинами, псиными, свиными <...>», «питающими своим мясом и жирами смерть» [Пакентрейгер 1930: 75].

Однако, чтобы победить смерть, недостаточно уничтожить классовых врагов, этих жирных «носителей смертной заразы». Что же еще необходимо делать? Повесть Огнева «Евразия» (1922) содержит большинство параметров программы спасения и поэтому представляет особый интерес для подробного рассмотрения и для ответа на заданный выше вопрос. Так или иначе эта программа отражена и в других рассказах 1920-х годов, к которым я буду обращаться, если понадобится дополнительный материал.

какой-либо витальности. Они или неестественно бледны (в ожидании «переливания крови»), или неестественно красны (только что «пополнили запас» кровью новой жертвы).

6 «Евразия» и другие рассматриваемых в этой главе рассказы далее цитируются по т. 1 собрания сочинений Огнева «Рассказы» [Огнев 1928] с указанием в скобках страниц.

Поскольку «Евразия» — не очень известное произведение, его пересказ может оказаться полезным, особенно ввиду того, что текст чрезвычайно «остраннен» приемами орнаментализма, такими как хронологическая путаница, резкие сюжетные скачки, сдвиги нарративной перспективы, эллипсисы, графическая организация текста.

Действие повести начинается во время Первой мировой войны. Главный герой, поручик Раздеришин, добившийся признания начальства, извлекает из этого обстоятельства немалую выгоду, в то время как рядовым солдатам империалистическая война приносит лишь невероятные страдания. У Раздеришина есть невеста Валя. В нее влюблен также Арбатов, друг детства Раздеришина, который, в отличие от последнего, не ищет военной славы и карьеры. Наступает время, когда старая имперская Россия, столь охотно вступившая в войну и слепо продолжавшая ее, невзирая на бесчисленные потери, терпит поражение, а Октябрьская революция уничтожает то, что от этой России осталось. Все это, однако, не влияет на имперскую идеологию Раздеришина, окрашенную в скифско-евразийские тона.

Раздеришин — враг британского империализма и мечтает о государстве, объединяющем Восток (Азию) и Запад (Европу) под эгидой воссозданной старой России как соперницы Англии в имперских притязаниях. Вдохновленный этими грезами, Раздеришин после революции отправляется в Турцию, чтобы собрать войска для продолжения военных действий; однако ему удается завербовать только одного турка, готового стать его соратником в замышляемой партизанской войне против Британии. Воображая себя новым воплощением легендарного персидского царя Дария, Раздеришин погружается в навеянные опиумом грезы об обширной скифско-монгольско-персидско-русской империи — Евразии, которой будет править он сам (1928: 112–113). В этих наркотических фантазиях ему видится прекрасная юная «Евразия», вымышленная женщина, в которой соединились черты его русской невесты Вали и влюбившейся в него местной турецкой девушки. Ради нее Раздеришин вместе со своим единственным турецким последователем затевает личную войну против Англии.

Неудивительно, что эта «кампания» завершается крахом. После гибели своего турецкого союзника Раздеришин решает вернуться в большевистскую Россию. Здесь его единственным соратником оказывается бывший помещик Бубнов, отец Вали. Сама Валя, как и молодой Арбатов, принимает сторону Нового мира, и они влюбляются друг в друга, тогда как старик Бубнов по-прежнему всецело принадлежит Старому миру. Потеряв свое имение, он становится священником, но не по зову сердца, а в поисках источника надежного дохода. В рассказах Огнева православные священники, как ни странно, предстают как привилегированный общественный слой даже в советской России начала 1920-х годов.

Бубнов радушно принимает Раздеришина и предлагает ему пищу и кров в большом семейном склепе местных аристократов Грохольских. Здесь Раздеришин хочет отрешиться от воспоминаний о своей евразийской «кампании», но, преследуемый воспоминаниями о своих неудачах и охваченный страхом смерти, который навевает ему обстановка склепа, проводит в алкогольном дурмане ужасную ночь. Пока Раздеришин пьянствует в склепе, бригада рабочих неподалеку бесплатно трудится на субботнике, пытаясь отремонтировать неисправный мотор танка, который, по всей вероятности, участвовал в Первой мировой войне. Без устали проработав всю ночь, рабочая (не военная) бригада наконец восстанавливает танк. На рассвете, взгромоздившись на него, рабочие проезжают мимо кладбища, где провел ночь Раздеришин. Завидев их, пьяный неудавшийся империалист Раздеришин переживает крайне неприятное откровение. Ему вдруг становится ясно, кто подлинные спасители России. Это не бесполезные мечтатели и прочие интеллигенты, грезящие о создании евразийских империй и других фантасмагориях, и не продажные попы вроде Бубнова, а рабочие люди, представители жизнетворящего класса пролетариата. Осознав, насколько бессмысленной и неправильной во всех отношениях была его жизнь, Раздеришин сходит с ума. В чем-то такой исход предопределило и решение Вали выбрать в мужья Арбатова, а не Раздеришина, но основной причиной его духовной гибели служит внезапное осознание ложности своего пути. Он понимает, что подлинную жизнь можно обрести, лишь примкнув к силам революции и к ее носителям, пролетариату. Именно революция создаст подлинную Евразию, где кладбище Старого мира станет лишь бледным воспоминанием страшного прошлого. Обратимся теперь к пристальному чтению рассказа «Евразия».

Старый мир

Старый мир «Евразии» представлен двумя пространствами: полями битвы Первой мировой войны и кладбищем (со склепом) священника Бубнова. В мировой войне участвуют две категории людей: те, кому суждено погибнуть, и те, кто ведет их на бойню и гибель и кому не грозит смерть на поле брани. В число этих немногих входят военачальники, которые смотрят на поле боя как на шахматную доску, а на солдат — как на пешки, обреченные на уничтожение согласно правилам игры. Один из представителей военного начальства, некий генерал Оптик, несмотря на свое «оптическое» имя, на самом деле слеп: подразделения его армии сталкиваются друг с другом, и самоубийственные стычки приводят к существенным потерям[7].

Равнодушно прищуривая «безбровые впадины глаз» (102), наблюдающий за гибелью людей генерал Оптик выглядит не защитником родины, а соратником смерти, пополняющей свои уже бесчисленные легионы убитых новыми трупами (102). Войска, движущиеся через песчаные поля сражений, своей серо-желтой униформой сами напоминают груды песка. Очевидно, именно так видит их Оптик: как существа из праха, чей естествен-

---

[7] Как известно, военная стратегия царской России в Первой мировой войне была плохо организована и координирована. По воспоминаниям одного офицера, во время ночной атаки батальон «двигался вперед без рекогносцировки, просто продвигаясь двумя шеренгами [...], а этого нелегко было добиться ночью на незнакомой местности. Вторая шеренга по мере движения нагнала первую, и батальон потерял восемьдесят процентов своего состава. На следующее утро можно было видеть трупы, лежащие рядами, словно к чему-то внимательно прислушиваясь» (см. [De Jonge 1982: 251]).

ный удел — слиться с песком и с той землей, из которой, по Библии, был создан человек.

В конце концов этот мир бессмысленного хаоса и разрушения гибнет вместе со всеми своими генералами, с готовностью исполняющими жестокие ритуалы убийства и смерти. Старый мир рушится, но, к несчастью, умирает не сразу и не окончательно. Даже в послереволюционной России — первом Новом мире на земле — влачат существование остатки Старого мира, в частности символизирующие его кладбища, на которых попам раздолье, чтобы продолжать свою гибельную церковную деятельность. Кладбище, где верховодит новоиспеченный поп Бубнов, — не только символическое, но и реальное пространство Старого мира, воплощающее и его разложение, и ужасающую цепкость. Глава «Новые ворота» демонстрирует, что Старый мир по-прежнему источает миазмы смерти и даже извлекает из них выгоду.

Заглавие этой части повести указывает на то, что представители Нового мира не понимают, что ремонтировать кладбище Старого мира и поддерживать на нем порядок значит продлевать его существование. Оснащая его «новыми воротами» и используя его по старому назначению — для похорон (а также казней), — представители Нового мира не осознают пагубности своих действий. Дело в том, что на кладбище, находящемся в ведении Бубнова, ЧК проводит и расстрелы, и захоронения, причем действует весьма активно, привозя все новые группы «бандитов-расстрелочных» (115–116). Вряд ли автор осуждает расстрелы «смертоносных» обывателей Старого мира, скорее похоже, что он, не критикуя «работу» ЧК, недоволен тем, что Бубнову разрешают служить похоронный обряд над теми, кого собираются расстрелять, — как будто священник официально является советским государственным служащим. Церковь и ЧК как бы заключили губительный союз, оправдывающий «мистическое» понимание смерти. Смерть, таким образом, вновь — после борьбы с религией в первые годы революции — становится иррациональным понятием, связанным с «религиозной магией». Сама ЧК восстанавливает у людей ощущение значительности, власти и бесконтрольности смерти и, может быть, судя по названию этой главы, даже возрождает у многих старое представление, будто смерть — это «ворота» в иной, быть может, лучший, мир. В действительности же это всего лишь природное явление, которое можно и нужно изучать средствами науки, чтобы потом бороться с ней с помощью техники. Но вести такую борьбу трудно — ведь советская власть допустила религиозные обряды, вероятно, под влиянием недавно введенного нэпа, нового капитализма. Ни то ни другое не должно было проникнуть в Новый мир, но вышло иначе.

Проявляя необоснованную терпимость к Старому миру, ЧК вновь открыла «ворота» к религии. Она даже учредила «кладбищенскую комиссию» (124), с которой сотрудничает Бубнов и его могильщики. Мертвящий дух бездушной бюрократии (еще одно наследие прошлого) смешивается со смертной мистикой отживающего культа; сообща они подрывают жизнеспособность творимого Нового мира. Если Новый мир не одумается, то рано или поздно его отравит запах тления, исходящий с кладбища, несмотря на огромное количество карболки, которое выливают служащие кладбища на место казней и захоронений (116). Кладбище уже кишит «гробовыми мышами», такими как нэповский поп Бубнов[8].

Судя по самоуверенному поведению Бубнова, разложение новосозданного мира действительно ширится, проникая всюду. Эта «вздувшаяся гробовая мышь» (130) использует как свою личную кладовую семейный склеп Грохольских, который, подобно «животу упыря», навис над «бедными простыми крестами» (132). Склеп умершего эксплуататора вполне логично превращается в кладовую для его живого собрата по классу. Так принципы Старого мира находят свое естественное — или противоесте-

---

[8] Чекисты в «Евразии» своими расстрелами «бандитов» поддерживают новую положительную социалистическую законность. Примером для них, несомненно, служит героический «мученик» революции Ф. Э. Дзержинский, возглавлявший ЧК от 1917 г. до своей смерти в 1926 г. По словам Пакентрейгера, он в своих руках «держал не только рычаг карающей машины революции, но и рычаг творческой машины индустрии» [1930: 16], а может быть, и «рычаг истинной гуманности».

ственное — продолжение и развитие в деятельности попа, живущего на доходы, предоставляемые ему его расстрелочной «паствой». Религия, этот «опиум для народа», и экономический вампиризм вновь объединяют свои силы, а Новый мир из-за своей прискорбной нечувствительности к миазмам коррупции ничего не делает для того, чтобы приостановить распространяющееся влияние этого гибельного союза.

Изображение Старого мира в виде кладбища неоднократно встречается в рассказах Огнева. Например, в «Темной воде» (1924) деревенское кладбище становится последним прибежищем для лицемерного попа, его слабоумной жены и их невротического интеллигента-жильца. Эти трое выживают среди ужасов Гражданской войны, поддерживая свое существование производством колбасы, которую они делают из свиней, разжиревших на трупах, выкопанных из могил[9]. Старый мир, таким образом, оказывается организмом, способным бесконечно поддерживать свое существование, как бы питаясь самой смертью. Повесть «Крушение антенны» (1923) содержит вариацию на эту тему. Здесь Старая Русь — не кладбище, а баба-вампир, встающая из могилы. Ночью она поднимается «с овражьего дна, с медвежьих глухих берлог, из-под снега, из-под сугробов, белых этих гробов». Она встает, «шевеля набухлыми, белыми, до полусмерти заспанными буркалами», и танцует «русскую пляску» (1928: 213), которая не по душе рассказчику; она символизирует стихийный Старый мир, где правят силы, враждебные разуму и его достижениям.

---

[9] Вероятно, подобные случаи не были столь уж редки в реальной жизни. Так, некая Алла Рахманова, чьи дневниковые записи о Гражданской войне и начале 1920-х годов были позднее опубликованы в Австрии, пишет, что такой «бизнес» существовал в ее городке, где таинственно исчезали трупы. В дневниковой записи, датированной апрелем 1917 года, читаем: «Раскрыта шайка, выкапывавшая свежезахороненные трупы и скармливавшая их свиньям, которые выращивались для производства колбас» [Rachmanova 1931: 166]. (Подробно об А. Рахмановой и ее творчестве см.: Мандельштам Ю. В. Дневник революционных лет // Статьи и сочинения: в 3 т. Т. 1. М.: Юрайт, 2019. С. 382–386 — *Ред.*).

В мире Огнева, как и в мире Федорова, природа, не контролируемая человеком, слепа и разрушительна. Это «безглазое бескрайнее царство» (1928: 156), не имеющее ни цели, ни смысла. Слепая смертоносная природа — чудовищная *Баба-яга*, которая в своей гигантской ступе перемалывает в пыль все живые существа (1928: 156). Новый советский человек должен вбить кол в могилу вампира — старой Руси, не желающей выйти из своего слепого естественного состояния и положить конец дикой «пляске». Надо отыскать такой кол, который убьет ее навсегда. По существу, он уже найден — это современная техника, которая когда-нибудь пригвоздит слепую природу к ее могиле и создаст новую под контролем человеческого разума.

Демиург

В материалистическом и атеистическом мире Огнева Демиург — исключительно персонификация смертоносных сил природы; несуществующий, он все же очень реален, как смерть и страх смерти. Раздеришину хорошо знаком этот страх. Всякий раз, как он посещает какое-нибудь кладбище, ему кажется, что за ним наблюдают чьи-то «пустые глаза», обладатель которых испытывает злобное удовольствие от его страха (117). Иными словами, пустоглазый генерал Оптик в разных воплощениях следит за Раздеришиным, наслаждаясь его страхом. Таким образом, Демиург, хотя и отсутствует в объективной реальности, властвует в субъективной сфере — в отдельных изуродованных душах обитателей Старого мира. Вот почему он способен принимать множество разных обличий. Раздеришину он иногда представляется Оптиком, а иногда гротескным Дыло, напоминающим гоголевского Вия. Как тот довел Хому Брута до смертельного испуга, так воображаемый Дыло доводит до безумия Раздеришина, вынужденного бодрствовать в компании с мертвецами в склепе, в который его определил поп Бубнов.

Сидя в семейном склепе Грохольских, превращенном Бубновым в кладовую, и поглощая в больших дозах спиртные напитки, Раздеришин замечает доску на стене напротив. На ней выведены имена всех умерших членов семьи Грохольских с указанием дат рождения и смерти. Эти даты содержат любопытную подробность. Целое поколение младших Грохольских, за исключением одного ребенка, умерло в возрасте двадцати трех лет (ребенок умер в три года). Еще одна интересная особенность мемориальной доски — строчка, гласящая «а также Онуфрий Онуфриевич Дыло» (122). Охваченному нервным возбуждением Раздеришину фамилия Дыло, непонятно почему добавленная к перечню умерших Грохольских, очевидно, представляется как бы «фонетическим выражением смерти» (подобно несуществующему имени Лиомпа в одноименном рассказе Ю. К. Олеши). Как будто это имя «божества», которое с садистской иронией обрывает жизнь Грохольских в возрасте двадцати трех лет, не позволяя им продвинуться дальше этого наугад выбранного рубежа. Младенцу из семьи Грохольских смерть дает только три года, как бы забывая поставить перед тройкой цифру два, — иногда она «обнажает» свои приемы, особенно в стилистике абсурда, как в данном случае. Позже мы узнаем, что на кладбище также почиет младенец, который умер в три месяца, — очевидно Дыло бывает «неряшлив» или же играет в какие-то цифровые игры. Во всяком случае, Смерть — под любым именем — издевается над людьми, и не только над младшим поколением Грохольских.

Все более пьянея, Раздеришин вдруг с ужасом замечает, что доска, которую он так внимательно изучал, чудесным образом сдвигается со своего места на стене, открывая высокую груду черепов и костей. Когда черепа начинают весело подмигивать ему, сотрясаясь от смеха (123), он понимает, что Смерть может себе позволить любые «шутки» над любым человеком, зная, что она вечный спутник всех. Она всегда рядом, чтобы сыграть свою страшную комедию в любой момент, не забывая прилепить свою бюрократическую наклейку «а также» на всех смертных, отправляя их к неизбежному месту назначения. Бюрократия и смерть — добрые приятели, о чем свидетельствует созданная новой властью «кладбищенская комиссия».

В конце концов появляется и «сам Онуфрий Онуфриевич Дыло, выше потолка, без головы, без рук, один подрясник» (123). Этот пустой подрясник указывает на пустоту религиозных ритуалов и ненасытность вампирической смерти, как и ее покровительницы, церкви. Дыло — это божество-фантом, используемое церковью, чтобы наполнить вечно голодные поповские желудки. Пьяное видение Раздеришина — демиургический Дыло — явно ненасытный упырь, которого невозможно «накормить», так как он остается «пустым», сколько бы ни проглатывал трупов. А Бубнов — вампир в миниатюре, служащий своему хозяину, пустому сверхвампиру Смерти.

В рассказе «Гибель культуры» (1925) отрицательное влияние демиургической религии на человеческий прогресс выявляет простой, но мудрый комиссар Лев Сарабов, который вступает в воображаемый диспут со своим заклятым идеологическим врагом — Екклезиастом (sic), подвергая нападкам его известное изречение о жизни как «суете сует»[10]. Ветхозаветный Екклезиаст, рассуждает Сарабов, приписывает все события на земле воле случая. Человек «случайно» рождается — и умирает так же «случайно». Он — эфемерное создание, чье дыхание «дым», чье сознание «искра», гаснущая, едва смерть на нее подует. Раз так, нет сомнения, что существование есть «суета сует, все суета» — Сарабов продолжает цитировать Екклезиаста (1928: 279). Екклезиаст с откровенным «цинизмом» отрицает возможность бессмертия человека и даже низводит его дух до «дыма», который рассеется бесследно после смерти.

Игнорируя то, что ветхозаветный Екклезиаст не обязан разделять христианскую доктрину бессмертия души и воскрешения тела, Сарабов насмешливо спрашивает своего «собеседника»: «Где же за гробом бессмертие, вечная жизнь, товарищ Екклезиаст?» — и иронически требует: «Даешь жизнь в раю!» (279) Однако Ек-

---

[10] Отрицая, что может быть что-то «новое под солнцем» (Екк. 1: 9), Екклезиаст выступает как изначальный враг всякой революции, поскольку революция — это «новое», которое сметает все «прежнее» (Откр. 21: 4), открывая простор невиданным преображениям.

клезиаст, по мнению Сарабова, на это не способен. Его «кладбищенская философия» отрицает не только бессмертие души, но и бессмертие памятных деяний, сводя все человеческие достижения к нулю.

Будучи порождением неупорядоченной индивидуалистической культуры старого — в данном случае древнего — мира, Екклезиаст не может представить себе трудовых усилий коллектива на благо не только одного, но и всех будущих поколений — даже «во веки веков», а не на преходящий отрезок времени. Однако его пессимистические доктрины в течение всей истории человечества пагубно влияли на отношение людей к труду и созидательной деятельности; к ним человечество столетиями относилось «наплевательски» (280). Результатом этой доктрины, как и других учений религиозных мыслителей, стала деморализация человечества, которое под их влиянием построило мир «неряшливо» (280). Отчаяние, вызванное недолговечностью и смертностью всего сущего, заставило людей усомниться даже в необходимости планирования жизни и труда. Неудивительно, что никакого общего дела так и не удавалось начать, пока революция не опровергла религиозные «предрассудки». Теперь нельзя вслед за Екклезиастом сказать, будто никто не знает, «что будет после него под солнцем» (Еккл. 6: 12), поскольку научное планирование способно организовать и предсказать будущее. У гедонизма, пассивности и эгоизма больше нет оправдания: им на смену должно прийти полное смысла общее дело, служащее в конечном счете победе над смертью. Сарабов — это советский воин, сражающийся за бессмертие людей, по крайней мере рабочих людей. Впрочем, Федоров, как и Сарабов, не любил Екклезиаста и считал его близоруким распространителем идеи «собачьей жизни ради мгновения» [НФ 2: 465]. Но и независимо от учения Федорова (знал ли Огнев его философию, мне неизвестно), Сарабов исповедует советский «священный милитаризм», направленный на уничтожение Старого мира для того, чтобы расчистить дорогу грядущему Новому миру, в котором человечество мудро и творчески использует свое коллективное всемогущество.

Смертное человечество

Слишком многие люди в Старом мире полагали, что «псу живому лучше, нежели мертвому льву» (Екк. 9: 4). Цепляясь за преходящее, Смертное человечество Старого мира тратило время и энергию на мимолетные удовольствия. Те, кому не нравилась «собачья жизнь», обычно не видели убедительной альтернативы к ней и впадали в самоубийственное отчаяние. Ныне, когда строится новая жизнь, ситуация изменилась и все люди доброй воли могут последовать примеру Сарабова и других строителей советской жизни. Однако некоторым выбор по-прежнему не по силам.

Гилики, или люди плоти

Произведения Огнева источают непримиримую ненависть к «разносчикам болезни смерти» — к плотским людям, «питающим своими мясами и жирами смерть» [Пакентрейгер 1930: 75]. Это в основном представители бывших высших и средних классов. Для аристократов, попов и буржуа вампирический эгоизм, мелкий гедонизм и банальный индивидуализм характерны в гораздо большей степени, чем для пролетариев и сочувствующих пролетариату интеллигентов. В «Евразии» лишенный прав собственности бывший аристократ Бубнов становится служителем «культа» и, отягощенный большинством пороков, присущих людям плоти обеих классовых разновидностей, демонстрирует тесные причинно-следственные связи между этими пороками и смертностью. Накапливая товар в склепе Грохольских, наслаждаясь едой и вином в окружении мертвых, эта «гробовая мышь», вероятно, радуется их «присутствию». Сознание, что он ест и пьет, в то время как «окружающие» лишены этой возможности, даже если при жизни они были «львами», наверняка доставляет ему особое удовольствие. Если предоставить Бубнова и ему подобных самим себе, они не просто построят «новые ворота» в своем кладбищенском царстве, но и возведут целый новый город-некрополь.

Еще один класс, несущий угрозу Новому миру, хотя он сам подвергался эксплуатации со стороны правителей старого мира, — это несознательные и примитивные крестьяне, упорно цепляющиеся за прежний уклад жизни. Во многих рассказах Огнева 1920-х годов крестьяне едва отличимы от своего природного окружения или же буквально представлены «ведьмами», «лешими», «колдунами» и «домовыми». В рассказе «Щи республики» (1922), например, мы встречаемся и с «пожилым лешим Егоркой», и с «Ягой Малявихой», и с маленькой «Кикиморочкой», и наблюдаем их, когда они вступают в контакт с поистине омерзительной категорией не то людей, не то животных — с *мешочниками-мещанами*, в данном случае с героем рассказа — слесарем, а теперь еще и мешочником Петром Ивановичем Борюшкиным. Как известно, эти обыватели-торговцы во время Гражданской войны и в первые послевоенные годы буквально наводняли поезда, очень наглядно демонстрируя, что не все русские люди достойны Революции. Видя «беззубый рот крестящейся старухи» и слыша крики из «кучи грязных пеленок на багровых бабьих клешнях» (137), повествователь с ужасом замечает на лицах этих примитивных созданий, именуемых мешочниками, «звериный оскал засебятины» (137). После встречи с жителями лесов, болот и трясин Петр Иванович поймет, что торговля с крестьянством — гибельный путь. Изрядно выпив, Борюшкин испытывает самый настоящий ужас от их «статуса» леших и кикимор, — хотя он пьян, а может быть, именно поэтому, он отчетливо видит в них «нежить». Убежав из их «избы на курьих ножках», он хочет вернуться к поезду, но не достигает спасительной цели. Поезд «отвергает» его и оставляет позади.

В чем же вина Борюшкина и его спутников-мешочников — в том, что они хотели запастись в деревне продуктами, недоступными им в городе? Ведь все люди испытывают голод и нуждаются в питании. По-видимому, у людей плоти «воля к биологическому существованию» проявляется более агрессивно и открыто, чем у голодных, но дисциплинированных пролетариев. Последние ближе к исполненным достоинства конструкциям, именуемым машинами, которые не требуют пищи беспрестанно и громогласно (хотя и им необходимо топливо для работы). Эти рукотворные изделия оказываются более высококачественными «организмами» в сравнении с плотскими созданиями, вынужденными постоянно угождать своим примитивным биологическим потребностям. Очевидно, поступок городского пролетария Петра Ивановича, возвратившегося к своим крестьянским корням как мешочник, представлен автором как особенно «низкий». Он ведь уже познал правила пролетарской дисциплины и все же не придерживается их.

Поезд, везущий мешочников, несравненно лучше их и других подвластных биологии существ: хотя его пассажиры унижают его самим своим присутствием в нем, он тем не менее остается символом Революции и нового «небиологического» человечества. Тон автора становится лиричным, когда он говорит о поезде. Это — «живой, конечно, организм, но — фантастический, далекий от природы». Это «дракон, обладающий сердцем», прекрасный плод человеческого труда и творчества (1928: 136). Новый человек должен стать таким, как этот поезд: самодостаточным, независимым, начисто лишенным черт того прожорливого животного, каким был человек Старого мира. Рассказ «Щи республики», таким образом, говорит о главном не только социальном, но и философском конфликте своего времени — конфликте между городом, который, несмотря на обилие в нем мещан, все же несет в себе пневматический дух, и биологической деревней, населенной гиликами; между «животным» крестьянством «леших и ведьм» и «пневматическими» партийцами и рабочими. Для раскрытия этого конфликта используется характерный символ того времени: «поезд и путешествие на нем в будущее» [Геллер 1982: 109].

Психики, или люди души

Биологическая сторона жизни в мире Огнева имеет отчетливо негативную окраску. Нежелательна, однако, и излишняя психологическая сложность, по крайней мере, если она проявляется при отсутствии воли и решимости. Гамлетовская болезнь рефлексии может быть таким же препятствием на пути самовозвышения человека, как и животная жадность. Вот почему «поезд революции» катит вперед без тех «людей души», которые не могут решить, какую цену они готовы платить за проезд. Сколько бы колеблющиеся интеллигенты ни утверждали, что они выше материальных нужд, их зависимость от физических потребностей оказывается порой такой же сильной, как у темных крестьян и мешочников. Разница только в том, что психики находят сложные объяснения своей неуемной потребности в жизненных удобствах, — обычно они уверяют, что этого требует их ценная и весьма «чувствительная» умственная деятельность.

Многие люди души принадлежат к *интеллигентам*, не сопричастным правде пролетариата. Нерешительность, абстрактное мышление, старомодная этика, элементарная трусость и слабость воли — вот лишь некоторые из основных пороков, присущих этим «гамлетоподобным» персонажам, обремененным ценностями Старого мира, подчас вопреки собственному желанию. Такой персонаж представлен в рассказе «Темная вода» (1924). Несмотря на все свои возвышенные принципы, этот представитель несоветской интеллигенции не в состоянии выдержать лишения и голод времен военного коммунизма и прибивается к попу и попадье, питающимся мясом свиней, вскормленных трупами с приходского кладбища. Этот слабовольный интеллигент, некогда ратовавший за революцию, а теперь живущий в доме священника, утверждает, что разочаровался в революции из-за вызванных ею всенародных бедствий и из-за того, что и он сам должен был прибегнуть к «патрофагии», чтобы выжить. Однако несмотря на все самооправдания и на то, что он пал так низко, что питается мясом свиней, вскормленных мертвечиной, он в глубине души понимает, что не революция тому виной, а наоборот, он сам предал ее. Он поддался «слишком человеческим» позывам своего «я».

Но как типичный старорежимный интеллигент, он всегда находит оправдание своим действиям, даже «патрофагии». Тяготея к гамлетовской софистике, он утверждает, что в конечном счете «и жирный король, и тощий нищий — только два разных блюда, съедены же они будут оба за одним столом» (1928: 33). Всех в конце концов съест смерть, а для нее нет разницы, поедает ли кто-то трупную свинину, или его самого съедают черви. Лишенный веры в победу человечества над природой и в конечный результат этой победы — бессмертие, этот читатель Шекспира и, наверное, последователь Екклезиаста забывает, что человек — нечто большее, чем пища для червей, и что власть смерти не абсолютна. Интеллигентский индивидуализм мешает ему понять, что революция совершается для того, чтобы решить сверхзадачу победы над смертью, и что эта великая цель не должна замутняться временными трудностями. Поедая мерзкую свинину и утешая себя цитатами из «Гамлета», этот несчастный индивидуалист обрек себя на жалкое существование на кладбище Старого мира — и он тонет в «темной воде» своего собственного нравственного разложения.

Раздеришин из «Евразии» — тоже человек двойственной души, раздираемой противоречиями, как указывает его фамилия. В отличие от гамлетоподобных интеллигентов, он человек действия и имеет ряд других положительных черт; у него в сущности даже «правильные» мысли (например, идея Евразии), но его индивидуалистический подход к деятельности и классовая ментальность мешают ему стать строителем Нового мира. Раздеришин, с одной стороны, предается горделивым мечтам о личных подвигах, а с другой — ненавидит окружающую его новую реальность, совершенно ее не зная. Он полон честолюбивых устремлений, но не в состоянии осуществить и малой доли, поскольку привык рассматривать любое действие как личную инициативу. Вполне логично, что этот романтический индивидуалист кончает сумасшедшим домом, так как мир может быть разумно преображен только коллективным созидательным трудом; только труд может сотворить реальность еще более сказочную, чем сказка. Однако, прежде чем безумие охватывает несчастного Раздеришина, привыкшего, подобно пушкинскому Германну, ставить все на одну карту, он встречается лицом к лицу с истиной.

Его краткое просветление — результат ночи, проведенной в склепе. Пережитое за это время заставило его возненавидеть и кладбищенский мир Бубнова, и самого Бубнова — это живое олицетворение нэпа. Преисполненный ненависти к мертвому миру прошлого, который порождает смерть и поддерживает ее якобы незыблемое существование, он принимает решение объявить этому миру войну. Но как в Турции, так и в Советской России эта война индивидуалиста, конечно, не может привести к желаемому результату. Проиграв «войну с Великобританией», он решает уничтожить смерть в родной стране: взорвать бубновское кладбище последней гранатой, оставшейся у него после «турецкой кампании». Естественно, Раздеришину не удается победить мир смерти, и его попытка уничтожить власть генерала Оптика и Вия-Дыло в одиночку оказывается такой же бессмысленной, как его турецкая кампания за Евразию. Неудача приводит Раздеришина к неверному выводу, что «кладбище не победить» и что всем миром правит чудовищная власть Смерти (1928: 134). Вскоре после своего бессмысленного поступка он получает доказательство своей неправоты.

Под аккомпанемент оркестра, с развевающимися на утреннем ветру флагами мимо кладбища проезжает танк, «переживший» войну и восстановленный коллективом советских рабочих. На броне этой великолепной военной машины восседает трудовой коллектив, который после длительных и напряженных усилий завершил ее «воскрешение», то есть ремонт. При виде этого великого торжества Раздеришина осеняет мысль, что кладбище можно победить только совместным трудом и техникой. Войну против слепой природы следует вести не в одиночку, подобно Раздеришину, и не единичными отчаянными вылазками, а целеустремленным коллективом в ходе неустанного труда. Осознав всю несостоятельность своей прежней индивидуалистической установки, злополучный завоеватель Евразии сходит с ума.

Пневматики, или люди духа

Только пневматики, у которых мысль и действие, природная воля и обретенная самодисциплина, индивидуальные стремления и коллективная солидарность — короче говоря, активность и сознательность — пребывают в полной гармонии, одержат победу над гамлетизмом и утопическим индивидуализмом. В числе пневматиков есть и «новые» женщины. Так, Валя Бубнова находит дорогу к истине, несмотря на клеймо своего происхождения и вопреки тому, что была осквернена Раздеришиным, изнасиловавшим ее, когда она была его невестой. По вечерам она учится метко стрелять (119, 131), по-видимому готовясь к грядущему сражению со Старым миром смерти и врагами Нового мира. В то время как ее отец наживается на смерти, Валя присоединяется к тем, кто объявил ей и ее сторонникам войну. Даже ревнивый и озлобленный Раздеришин вынужден признать, что «женщина — жизнь» и поэтому Валю, как и всех новых женщин Нового мира, «смертью не возьмешь» (131).

Типичный пневматик Огнева — храбрый военный, который не раз встречался со смертью и хорошо изучил ее повадки. Не боясь ее, он готов с ней сражаться. К этой категории принадлежит красный командир Петр Лукич Самоседов, положительный герой рассказа «Темная вода». Он действительно новый человек, даже дважды переродившийся: в первый раз «в грому гражданской борьбы», во второй раз — во «въедливой кипени казарменной политграмоты» (23). Читатель встречает Самоседова, когда тот возвращается в родную деревню после битв Гражданской войны. Дома он обнаруживает, что революция мало что изменила в жизни деревни, и решает удвоить свою бдительность. Внимательно наблюдая за происходящим вокруг, он замечает, что свиней в доме деревенского попа кормят трупами. Самоседов сразу же понимает, какая здесь таится опасность. В грозном разговоре с попом он формулирует свои выводы следующим образом: «учитывая распространимость через свиной элемент покойницкой заразы — поворачивай в сельсовет!..» (39).

Самоседов, однако, понимает, что здесь таится не просто риск заразиться, но еще большая опасность. Объявив, что, «имея в виду революционное сознание» и «непроизводительность труда трупов», им можно «приделать ручку» (38–39), Самоседов, может быть, имеет в виду, что патрофагия недопустима, поскольку внешняя оболочка мертвеца должна быть сохранена по возможности неповрежденной. Ни одна конечность или орган не должны быть перемещены или, тем более, съедены, поскольку мертвецу, может быть, еще понадобятся все его части (как в какой-то степени учит и православие). Если, например, в процессе распада отвалится «ручка», ее можно со временем прикрепить снова с помощью воскресительной науки — ведь человек, как и машина, состоит из частей, которые можно заменить другой «ручкой» и снова смонтировать в целое. Так как слово «ручка» может также означать «рукоятка», не исключено, что Самоседов, понимая человека как машину, которая может «сломаться», предлагает возможность заменить «запчастями» потерянные или загнившие члены тела — руку «ручкой». Следовательно, мертвецов надо оставить в покое вопреки их «непроизводительности»[11].

Сколь бы ни было примитивно представление Самоседова о возможности заменить отвалившуюся руку рукояткой или «ручкой», его план сохранения трупов для будущего «востребования», по существу, федоровского типа. Подобно философу бессмертия, он рассматривает человека как механизм, который можно реконструировать и таким образом вернуть к сознанию и жизни. Хотя необразованный Самоседов говорит о крупных узлах человеческой «машины», а не об «атомах» и «электронах», как Федоров, он точно так же рассматривает «собирание» тела как деятельность по его воссозданию.

Самоседов говорит и о том, что советское государство заменит кладбища крематориями, хотя это как будто противоречит его заботе о сохранении мертвых неповрежденными. Его мечта об увеличении числа крематориев, вероятно, объясняется неприятием «мистических» и негигиеничных кладбищ, где возможны такие чудовищные события, как съедание трупов домашними животными. В урнах с бирками мертвые сохраняются лучше, чем на заброшенных кладбищах, где не ведется никакого учета и единственная идентификации личности — достаточно хорошо

---

11 Самоседов рассуждает в том же духе, что и гоголевская Коробочка, которая размышляла, не могут ли мертвые души «в хозяйстве-то как-нибудь под случай понадобиться». Коробочка, однако, думает об эксплуатации мертвых, которые для нее не более чем товар, в собственных целях, в то время как альтруист Самоседов желает воссоздать и обессмертить их.

сохранившийся труп. По-видимому, именно поэтому Самоседов относится к кладбищам с таким недоверием: с точки зрения сохранения умерших они ненадежны; на кладбище могут вторгнуться свиньи, останки умерших могут быть осквернены расхитителями могил. Крематории отменят кладбища и устранят религиозный мистицизм, порождающий заблуждение, будто захоронение в земле — необходимое условие будущего воскрешения. В крематориях будущего появятся, быть может, «мастерские человечьих воскрешений» (как в поэме Маяковского «Про это»), где по всем правилам науки и гигиены будут воскрешать достойных этого акта и ликвидировать останки тех, кто воскрешению не подлежит. Возможно, и окончательное разделение на «агнцев и козлищ» будет происходить именно в крематории, где не заслуживших спасения представителей Старого мира станут без хлопот сжигать в «адском пламени», а строителей Нового мира — воссоздавать для вечной жизни. Во всяком случае, строительству крематориев в 1920-е годы явно придавали большое значение. Чертежи крематориев, выполненные известными архитекторами того времени, обычно включали и колумбарии, что указывало на стремление в той или иной форме сохранять прах. Например, архитектор К. С. Мельников, спроектировавший саркофаг для Ленина, в 1919 году разработал проект «крематория-колумбария» для масс [Stites 1989: 113][12]. Возвращаясь к Самоседову в рассказе «Темная вода», этот сознательный командир Красной армии, вероятно, перепутал постулаты нескольких теорий бессмертия — автора это, однако, вряд ли смущало; ведь главное, что его герой

---

12 И все же, если кремация считалась столь целесообразной, а горстка праха — достаточной для воскрешения, зачем было сохранять тело Ленина в саркофаге? Возможно, предполагалось, что, так как Ленин станет первым воскрешенным в истории человечества (см. главу 1), надо, по возможности, облегчить этот акт. Других умерших, не предназначенных для великой судьбы Ленина, не обязательно сохранять столь тщательно, поскольку их будут воскрешать позже, когда технология этого процесса будет эффективнее разработана. Умелому воскресителю будущего хватит и праха из колумбариев, чтобы выполнить свою работу воссоздания умерших. Конечно, еще одной причиной его бальзамирования была необходимость сохранить телесную внешность Ленина для тех, кто не видел его в жизни.

страстно интересуется вопросом человеческой бессмертности и действует во имя ее. Может быть, в свои сумбурные высказывания он включил и теории биокосмистов. В апреле 1921 года они основали в Москве клуб под названием «Креаторий биокосмистов», причем неологизм *креаторий* должен был вызывать ассоциации как со словом «крематорий», так и со словом «креативность», то есть способность к созиданию. Биокосмисты были убеждены, «что в начале новой эры биокосмизма все предметы прошлого следует сжечь» [Hagemeister 1983б: 65; 1989: 304], чтобы расчистить место для создания новых вещей и людей.

Несмотря на незнание командиром Самоседовым достижений современной науки, он все же уловил некоторые «правильные» мысли, носившиеся в «идеологическом воздухе» времени. Поэтому он близок тем пневматикам, которые хотели бы сжечь кладбище Старого мира, это место чудовищных и противоестественных деяний, а не подпирать его «новыми воротами». Поэтому, несмотря на наивность суждений, Самоседов относится к достойным представителем пневматиков — строителей Нового мира. Комиссар Сарабов, «собеседник» Екклезиаста, тоже принадлежит к пневматикам, к этой категории.

Бессмертное человечество

Независимо от того, станет ли бессмертие уделом всех или только достойных, оно в пределах человеческих возможностей. В «Евразии» такое предположение высказано, пусть и на языке символов, в сцене, где небольшая группа рабочих добровольно, из любви к своему делу, собралась в субботу, чтобы выполнить «воскресительную» работу. Формально их цель — просто починить неисправный мотор танка, однако здесь кроется нечто большее, чем можно заметить с первого взгляда. Прежде всего, их *двенадцать*. И это число явно не случайно — после «Двенадцати» Блока оно не могло не быть значимым; оно намекает на то, что это не просто рабочие, но апостолы новой веры во всемогущество человеческого коллектива. Это число подчеркивается в тексте повести: «Вот, работают одиннадцать человек, а двенадцатый дожидается конца их работы, чтобы встретить конец торжеством, радостной победительной музыкой» (127). Из этой фразы видно, что, в отличие от блоковской поэмы, некий мистический тринадцатый здесь отсутствует. Вместо «призрака» Предводителя, скрытого в снежных вихрях времени, налицо лишь двенадцатый, человек, ясно видимый всем.

Тем не менее этот человек отделен от рабочих, ремонтирующих танк, — он и сродни, и не сродни Христу Блока. Он музыкант, дирижер оркестра, и поэтому не принимает непосредственного участия в ремонте, но очевидно, что он вдохновлен процессом и ритмом труда над танком; может быть, он и не пролетарий по социальному положению, но этот «начоркестра» созвучен динамике и ритму прогресса и поэтому является неотъемлемой частью рабочего коллектива, хотя и по-своему. Он терпеливо ожидает успешного завершения работы над танком, чтобы вовремя собрать свой оркестр и триумфальной музыкой возвестить миру о результате восстановительного труда. Видимо, Огнев хочет показать, что интеллигент и художник в Новом мире является органической частью коллектива, если он вслушивается в «музыку истории и будущего» (Блок). Он не творит в одиночестве, как это было в прошлом. Одновременно автор показывает, что художник имеет право на «свое пространство» и в Новом мире.

Пролеткультовские круги с готовностью восприняли идею итальянских футуристов о создании «музыки, имитирующей шум машин» [Stites 1989: 159]. «Начоркестра» из повести «Евразия» вполне мог бы стать лидером «шумового оркестра», черпающего вдохновение и инструментовку у «моторов турбин, динамо-машин, сирен, гудков и всякого рода приводных ремней» [Там же: 160]. Вполне естественно, что музыка Нового мира созвучна музыке труда: ведь именно труд спасет мир и принесет смертным бессмертие. Этот художник нового искусства осознает важность прославления труда эстетическими средствами, а также необходимость всеобщего равенства и в сфере художественного творчества. Поэтому он неотделим от коллектива, а его артистический труд столь же неотделим от производительного труда.

Рабочие в рассказе Огнева добровольно трудятся в субботу, что имеет сугубо символическое значение: они работают из любви к общему делу и к тому светлому будущему, которое оно сулит. Федоров подчеркивал важность превращения субботы — дня пассивного отдыха — в день воскресительной деятельности, воскресенье [НФ 2: 7]. Разделяют ли герои повести эту федоровскую концепцию или нет, одиннадцать рабочих и один музыкант на практике превращают день отдыха в день «воскрешения машины» и в конечном счете спасения человечества от смерти. Следует отметить, что ремонтные работы определяются фразой «связанное дело» (127), что ассоциируется с федоровским общим делом. Сильная эмоциональная окрашенность языка, которым описана сцена ремонта, также указывает на то, что речь идет о чем-то большем, чем простая починка мотора, какой бы важной ни была эта работа сама по себе. Только какой-то глубинной, не лежащей на поверхности причиной можно объяснить отчаяние, охватившее рабочих на одном из этапов их труда, когда им стало казаться, что у них ничего не выйдет.

«Времени десять, — бесстрастно отметила мастерская, и стало ясно, что в углах — бездонно, что концов вообще нет на свете, что за воротами — не улица, а бездна, что никогда — никому — не попасть домой» (128).

Этот графически выделенный абзац подчеркивает глубину отчаяния, охватившего рабочих на одиннадцатом часу их труда, — отчаяния, вызванного крушением разбитых надежд на спасение, которого они искали в этой мастерской, а не просто досадой на неудачу в работе. Иначе говоря, эти рабочие — не просто рабочие, а труженики ради общего дела спасения. К чему так сокрушаться из-за невозможности вернуться домой, если под «домом» здесь не подразумевается Эдем Нового мира с новыми небом и новой землей бессмертия? Ремонтируя мотор, они символически реанимируют человеческое сердце. Возрождая к жизни механизм, они предвкушают воскресительную работу над человеческим телом-машиной.

Первоначальная неудача одиннадцати рабочих-апостолов приводит их в минуту отчаяния к неверному выводу, что для преодоления законов инертной материи недостаточно коллективных человеческих усилий и единой воли. Короче говоря, в момент неверия они готовы согласиться с расхожим мнением, будто безнадежно сломанному механизму (мертвому организму) нельзя вернуть движение (жизнь), что существует конечный рубеж, после которого оживление становится невозможным. На какое-то время они смиряются с мыслью, что «связанное дело» может оказаться безнадежным. Как подчеркивается в главе, мотор действительно очень серьезно поврежден. Профессиональный опыт подсказывает рабочим, что успешный ремонт неосуществим. То есть на символическом уровне весь предыдущий исторический опыт отрицает возможность воскрешения человеческого телесного механизма. Не подлежащее ремонту починить нельзя, подсказывает обывательский здравый смысл. Но рабочие, несмотря ни на что, продолжают биться над возвращением «сердца-мотора» к жизни[13]. Внутренняя убежденность в том, что позитивистский, эмпирический опыт ложен, побуждает их действовать вопреки очевидному — и в конечном итоге их «вера в абсурдное» и «федоровское» презрение к позитивистскому практицизму вознаграждается «чудом»: «И вдруг — упруго спрыгнув с пружины напряжения, бешено взвившись в низкий

---

[13] Аналогичный образ сердца-мотора появляется и в других жанрах искусства того времени. В популярной песне 1923 года «Авиамарш», или «Марш авиаторов» (музыка Ю. А. Хайта, слова П. Д. Германа), мы находим строки: «Мы рождены, чтоб сказку сделать былью, / Преодолеть пространство и простор, / Нам разум дал стальные руки-крылья, / А вместо сердца — пламенный мотор». А в фильме Дзиги Вертова 1926 года «Шагай, Совет!» крупным планом снято «пульсирующее сердце машины» [Thun 1973: 193]. Вертов презирал неуклюжего, «подвластного силе тяжести» современника и мечтал о «совершенном электрическом человеке завтрашнего дня» [Там же]. Его, как и прочих художников-авангардистов, вдохновляло также стихотворение А. К. Гастева «Мы вырастаем из железа» (1914), которое после революции стало своего рода «манифестом победоносного пролетариата и его неиссякаемой энергии, направленной на строительство нового мира через освобожденный труд» [Там же: 192]. Это стихотворение входит в сборник «Поэзия рабочего удара», где слово «удар» содержит, среди прочего, символику бьющегося сердца. О Гастеве и его «поэзии заводского цеха» см. [Johansson 1983].

потолок, *ударив*, *ударив* в уши рядом повторных *ударов*, разрывая бездны, провалы, выбрасывая отысканные концы, — стремительно трахнул мотор» (128). (Курсив мой. — *А. М.-Д.*)

На самом деле это «чудо» — не более чем результат напряженной воли, упорного труда и надежной техники — предвещает время, когда человечество повторит эту повседневную промышленную практику как восстановление жизни биологических механизмов. Как и ремонт механизма двигателя, будущий биологический ремонт в «мастерской человечьих воскрешений» будет полностью зависеть от неустанного труда, научных знаний и доброй воли. Только Раздеришины, мечтатели-индивидуалисты Старого мира, полагают, что великие цели достигаются благодаря волшебству, иррациональному порыву и бурным желаниям. Но граната, брошенная Раздеришиным в кладбище Старого мира, не способна победить смерть — только коллективы «апостолов» могут выполнить задачу Спасения. Не фантазеры, а субботние рабочие — вот подлинные спасители человечества.

В финальном эпизоде «Евразии» Раздеришин становится свидетелем торжества рабочих. Сцена эта написана в ключе, который нельзя охарактеризовать иначе чем «религиозный экстаз» (Федоров назвал бы его «пасхальной радостью»), вызванный приходом всемогущей техники в жизнь народа: «За оградой — на платформе по рельсам, блестящим нестерпимо — броневик, раскрашенный в тигра, а на тигре — трубы, валторны, тромбоны победительной песней — в небо» (134).

Раздеришин полностью осознает значение того, что видит. Он понимает, что новое человечество одержало решающую победу в битве против смертоносных сил природы. Понимает он и то, что все его прошлые сражения были бессмысленны и что танки лучше использовать в войне против «друзей смерти», чем для империалистической агрессии. Нельзя допускать, чтобы людьми командовал слепой генерал Оптик, напротив, надо бороться с ним, давя его бронированным танком, техникой, сохраняющей жизнь. Невозможно отрицать истину, когда раздается «музыка воскрешения»: «И вдруг — чудесное всегда вдруг — певучим пенясь грозным напевом в прозрачное небо — звонкой медью запевая, взвиваясь неровной валторной и трелью барабанной, упадая, вставая, замирая, воскресая, призывом, весельем, твердостью — музыка, музыка!» (134) Конечно, «чудесное вдруг» в советской действительности всегда подготовлено упорным трудом.

Духовно уничтоженный этой музыкой жизни и ослепленный сияющим великолепием «танка-тигра», Раздеришин в отчаянии кричит: «Почему не мы, не мы?!» (134) Ответ очевиден. В его мире истинного «мы» никогда не существовало. В нем всегда было только скопление отдельных личностей, и некоторые из них в одиночку пытались создать различные «Евразии». В глубине души Раздеришин понимает свое бессилие одиночки, поэтому впадает в такую ярость, что бросается на могильщика, стоящего рядом, и впивается ему зубами в горло. Так обнаруживается, по существу, вампирическая натура этого, как и любого другого, индивидуалиста.

Предчувствуют ли одиннадцать огневских механиков, несущих ныне ответственность за мастерскую природы, что когда-нибудь можно будет успешно ремонтировать и возвращать к жизни не только танковые моторы, но и человеческие сердца? Разделяет ли сам автор подобные ожидания? Приравнивает ли он механизм-мотор к органу-сердцу? По-видимому, да. Авторский голос утверждает: «воблы, гайки, копоть» — все, что имеется в мастерской, где ремонтируется танк, — это все «частицы души» (128). Весь мир — материя, которая проявляется не только в кажущейся статике неподвижности, но и в различных видах ощутимой жизненной энергии, движения или «души»[14]. Вот почему можно рассматривать поезд как высший «организм» (который, конечно, можно усовершенствовать далее), а человека — как сырой материал будущей

---

[14] М. А. Бакунин понимал материю как «тотальность, всю лестницу действительных, известных и неизвестных существ, начиная с самых простых органических тел и кончая строением и деятельностью мозга величайшего гения: самые возвышенные чувства, величайшие мысли, героические акты <...>, так же как и проявления органической жизни, химические свойства и действия, электричество, свет, теплота, естественное притяжение тел составляют на наш взгляд <...> проявления действительного мира, который мы называем *материей*» [Бакунин 1987: 525; Kline 1968: 15]. Похоже, что Огнев согласен с его определением.

органической сверхмашины. Как ни оценивать отдельные формы материи, ею движет единство всех явлений и созданий, и это делает возможным и естественным переход из одного состояния в другое, в том числе из неодушевленного в одушевленное. Недостатки организма оказываются поправимыми, а утрата отдельных «членов» и частей — восполнимой. Следовательно, осуществим и переход из смертного состояния в бессмертное. Федоров тоже, в сущности, рассматривал воскресителей как механиков, устраняющих дефекты природного механизма [НФ 1: 284]. Преклонение перед машиной и видение человека как машины были, конечно, типичны для культурного климата 1920-х годов.

Одиннадцать механиков и начоркестра, воскресившие и прославившие танк-броневик, умрут, как и, наверно, их дети. Даже возвращенный к жизни танк когда-нибудь снова «умрет». Но идея оживления бессмертна, а следовательно, эти смертные рабочие уже бессмертны, ведь они закладывают фундамент спасения человечества. По существу, бессмертие — это судьба, которой человечество в конечном счете не может избежать: оно заключено в самой материи, а человек материален. Мудрый Сарабов из «Гибели культуры», отвергая Екклезиаста, «справедливо» утверждает, что каждый отдельный атом и электрон бессмертен. Осознанно или бессознательно повторяя постулаты монистической философии К. Э. Циолковского, Сарабов объясняет своему воображаемому ветхозаветному собеседнику: «Что на Марсе, что на Земле, что в черве, что в человеке — рождается и умирает искра <....>, чтобы снова и снова воскреснуть, разлагаясь в мильярдах, трильярдах видов» (279). Бессмертие рассеянных частиц, конечно, не равноценно бессмертию индивидуальной формы, но дает некоторую гарантию того, что смерти «в действительности» не существует, поскольку бессмертие является материальной основой Вселенной. Задача человека — выстроить личное бессмертие на основе «вечной материи». При этом бессмертие рассеянных частиц совсем не обязательно означает полную утрату идентичности: сознание может расширить свои границы до такой степени, что атомы и внутриатомные частицы могут научиться распознавать друг друга в новых сочетаниях. В конечном счете возможно все.

В частности, и то, что когда-нибудь распознание примет всеобщий характер и это тотальное знание обеспечит полную взаимную идентификацию всего сущего. Или же наука и техника достигнут таких высот, что смогут найти и собрать электроны любого умершего, в каких бы новых телах, стихиях и материях они ни находились, и воссоздать его. Частицы всех умерших могут быть «отсортированы» и распределены. Какую бы форму ни приняло человеческое бессмертие, оно обязательно станет нравственной основой Нового мира.

Истинное божество

Человечество, которое овладеет искусством воссоздавать умершее и обретет полный контроль над бессмертной материей, заслужит право считаться богоподобным. Хотя люди еще не до конца научились обуздывать природу, что стало бы критерием божественности, они борются за то, чтобы достичь этого, и их победа «неизбежна». Необразованный мудрец Сарабов (неученые люди часто подлинно мудры) знает, что «жизнь — и смерть — и борьба — и революция — все частицы единого мирового движения». Он также знает, что это движение «поступательное», что оно идет «вперед — вверх, к солнцу» (280). Дети солнца, люди-боги должны быть вездесущи и властвовать не только на Земле, но и в иных космических мирах. Из этого следует, что бессмертное человечество должно колонизировать Вселенную, как ясно дает понять рассказ «Крушение антенны» (1923). Божественный статус человека будет утвержден тогда, когда он окончательно завоюет звание вседержителя — правителя Вселенной.

Новый мир

В настоящее время Земля все еще пребывает во власти природных стихий, олицетворяемых в рассказе «Крушение антенны» коварной Вилой Злочестой. Эта злая колдунья твердо решила затруднить осуществление «связанного дела», нарушая коммуникации везде, где только возможно. Боясь власти сильного и объединенного человечества, Вила злорадствует, когда ей удается сбить с пути корабли, создать помехи телеграфным сигналам, разрушить антенны, прервать радиосвязь и повредить кабель. Она персонифицирует естественный хаос и распад, мешающий человеку создать всемирную систему коммуникаций, которая усилила бы его власть над природой. Из разговора юной Мары с ее учителем Леонидом Матвеичем следует, что в конечном итоге Новый мир радиоволн, антенн и прочих каналов связи все же одержит победу над Вилой.

Мара хочет постичь смысл жизни, а поскольку у нее нет родителей, спрашивает об этом своего учителя (как и многие огневские пневматики, она сирота, поэтому относительно свободна от *родимых* пятен Старого мира). Цель жизни, отвечает он, способствовать созданию машин, которые полностью освободят нашу Землю. Чрезвычайно важно, чтобы с помощью техники и наша и другие планеты освободились от установленных орбит, символизирующих царство Необходимости, гностическое «хеймармене». Леонид Матвеич говорит своей юной ученице: «Человечество идет к тому, чтобы покорить все силы природы, а главное, преодолеть мировое движение. Ты заметь, Мара, что все, что ни создается, направлено к достижению наибольшей скорости в движении при наименьшей затрате сил». Он добавляет: «Сейчас век машины, а машина — часть души человеческого движения, в противовес мировому» (214). В этом соревновании противостоящих друг другу видов движения «человеческое движение» — сознание и воля человека — должно взять верх над слепым вращением Земли по своей установленной орбите. Техника и ее творцы-механики освободят Землю из космического плена, позволив ей искать «новые небеса», где возможна всекосмическая связь и где люди станут «как боги».

Идея Леонида Матвеича о противостоящих друг другу видах движения — сознательном человеческом движении и инертном земном вращении — могла бы принадлежать Федорову. Философ рекомендовал людям прекратить двигаться вместе с Землей и обрести самостоятельность движения. Им следует из «движимых» стать «движущими», поскольку это изменение вектора движения созвучно с идеей активного воскрешения умерших предков [НФ 2: 249]. В рассказе Огнева движение «вперед к Солнцу» также, по-видимому, связано с идеей бессмертия. «Аргонавты Нового мира» (комсомольцы) найдут «золотое руно» бессмертия[15].

Леонид Матвеич где-то прочитал, что Солнце рано или поздно погаснет. Если Земля к тому времени не освободится из ловушки установленных орбит, она также погибнет. Возможны также внезапные катастрофы и полное разрушение — тогда дело никогда не будет исполнено, поскольку Земля, скорее всего, является «единственной носительницей спасения мира» [НФ 1: 209]. Циолковский тоже подчеркивал, что есть лишь одно решение проблемы охлаждения Солнца — колонизация космоса [Hagemeister 1989: 256–257]. Леонид Матвеич мыслит примерно в том же направлении, и его выводы о том, как обеспечить бессмертие человеческого рода, кажутся созвучными идеям Федорова и Циолковского. Человечество, двигаясь по пути постоянного технического прогресса, сможет создать мощный двигатель и поместить его в недра Земли, превратив всю планету в космический корабль. Цитируя Федорова, Земля станет «первою звездою на небе, движимою не слепой силой падения, а разумом» [НФ 2: 206]. Советские критики Огнева полагают также, что «воля классов, планирующих жизнь» будет вести человечество «вперед, вверх — к солнцу» [Пакентрейгер 1930: 79]; именно благодаря ей будет построен такой мотор-сердце. Став свободной планетой (федоровским *эфироездом*), Земля не будет больше подчиняться «предписаниям» нашего Солнца (215), но сможет продвинуться к иному «Солнцу». Она достигнет таких сфер, где человек свободен настолько, чтобы не быть «в зависимости от рока», вехи которого определены «годовым обращением Земли» [НФ 1: 332]. В космосе «солнечное человечество» полностью опровергнет Екклезиаста, создав нечто

---

15 Огнев явно интересовался мифом об аргонавтах и отождествлял с ними комсомольцев — деятельность комсомола он сравнивал с поисками «золотого руна» (покорением Солнца). См. [Огнев 1928: 232].

неоспоримо «новое под Солнцем», например эфироезд и путешествие в бессмертие.

Леонид Матвеич не сомневается в будущем всемогуществе человека. «Человечество, — говорит он Маре, — идет к тому, чтобы покорить все силы природы» (214). Именно это неизбежное всемогущество объясняет тот исступленный восторг, который вызывает у скромных рабочих из «Евразии» даже такое, как будто небольшое, достижение, как восстановление мотора броневика. Принадлежа к классу-спасителю и будучи движущей силой истории, рабочие и военные, как и другие пневматики, интуитивно чувствуют, что Земля вскоре перестанет быть «кладбищем» для мертвых и умирающих и превратится в свободный космический корабль, несущий всемогущую и бессмертную команду мужчин и женщин в бесконечный космос, свободный от оков времени. «Серебряный дракон» Революции и воскрешенный «танк-тигр» — конкретные и осязаемые знаки будущего повсеместного триумфа разума и его продукта, техники. Когда-нибудь вся Земля станет прекрасной машиной, находящейся под абсолютным контролем человечества, которое, в свою очередь, обретет машиноподобное совершенство и полный самоконтроль. Тогда станут реальностью предчувствия и дерзкие надежды мечтателей, такие как «безрассудное» (ибо индивидуалистическое) желание Раздеришина «победить кладбище» или видение «безумного Орлика» в раннем рассказе Огнева «Безумный Орлик» (1913). Орлик однажды «увидел», как «вздыбятся пласты земли, клочьями полетят кусты во все стороны» и «пошатнется крест» на могиле, в то время как лес «воспоет песню освобождения» (173). Победа над тюремщиком-смертью — конечная цель «связанного дела», начатого Революцией. Поиски «живой и мертвой воды» увенчаются успехом космических масштабов.

Глава 10

Николай Заболоцкий. «Столбцы» и «Торжество земледелия»

Н. А. Заболоцкого принято считать поэтом философского направления, проявлявшим особый интерес к натурфилософии[1]. К русским предшественникам Заболоцкого причисляют Ф. И. Тютчева с его шеллингианской концепцией одушевленной природы и склонного к созерцанию природы Е. А. Боратынского. Подобно последнему, Заболоцкий включал в круг авторов, с которыми ощущал духовное «избирательное сродство», И. В. Гёте, один из романов которого носит именно такое заглавие[2]; поэма Заболоцкого «Торжество земледелия» была названа «социалистическим продолжением «Фауста» [Македонов 1968: 141; Каверин 1980: 323]. Способствовали формированию творческой манеры и мысли Заболоцкого и такие поэты XX века, как футурист-утопист В. Хлебников.

---

[1] Заболоцкого принято считать «поэтом-философом» [Павловский 1966: 171], погруженным в «углубленное раздумье» [Македонов 1968: 3]. Р. Мильнер-Галланд видит в нем философского поэта скорее «познающего типа», чем «изначально выражающего самого себя или имеющего риторические цели» [Milner-Gulland 1981: 389].

[2] «Избирательное сродство» *(Die Wahlverwandschaften)* — третий по счету роман И. В. Гёте, опубликован в 1809 году. Его заглавие отсылает к употребительному в XVIII веке химическому термину. — *Примеч. ред.*

«Новый мир» поэзии Заболоцкого имеет много параллелей с «Ладомиром» В. Хлебникова (1920) и другими его утопическими произведениями. Оба поэта опираются на Федорова, утверждавшего, что совместными усилиями человечества можно «убедить» слепую природу отказаться от «ненужного» явления смерти. И тот и другой рассматривают это явление как «классовое»: «Барышня Смерть» исчезнет, когда лицом к лицу столкнется с миром, где все привилегии сословного общества упразднены и где больше нет места паразитизму. В построенной на фольклоре пьесе Хлебникова «Ошибка смерти» (1915) Барышня Смерть с ее *двенадцатью* постоянными гостями собрались, как обычно, на вечеринку, но тут внезапно появляется тринадцатый гость, который, по оценке Барышни Смерти, «ужаснее, чем Разин» [Хлебников 1986: 427]. Этот народный революционер легко обводит вокруг пальца декадентствующую, самовлюбленную и развращенную госпожу Смерть с ее свитой из двенадцати гостей-«апостолов». Хитрый гость, не находя свободного стакана в «харчевне мертвецов», убеждает Смерть, чтобы она сняла свой череп и отдала ему как бокал для вина. «Потеряв голову», Смерть слепнет и умирает, а ее жертвы-гости возвращаются к жизни, в том числе актер, играющий Смерть, который, убедившись, что доиграл роль, «подымает голову» и произносит финальную реплику: «Здравствуйте, господа!» [Там же: 428] Смысл этой «карнавальной» пьесы (о «карнавальности» Хлебникова и других футуристов см. [Lönnqvist 1979]) в том, что паразитической Смерти нет места в обществе, где все должны трудиться, чтобы оправдать свое существование, и где суеверный ужас перед ней утрачен.

Первый поэтический цикл Заболоцкого «Столбцы» (1929) иногда воспринимается как сюрреалистическая фантазия, в которой отсутствуют признаки какой-либо последовательной идеологической позиции, за исключением отрицания нэпа (см. [Степанов 1972: 8–11]). Однако, по сути, «Столбцы» уже содержат все основные элементы как философской критики поэтом Старого мира, так и его утопического представления о Новом мире, примиренном с природой и избавившемся как от страха смерти, так и от самой смерти. С самого начала своего творчества Заболоцкий выражает убежденность, что объединенное человечество, посвятившее себя устранению природного зла, такого как голод, засуха, наводнения, эпидемии и смерть, сможет добиться этого. Его последующие поэмы развивают эту тематическую линию. Поэт убежден, что человечество способно искоренить все нравственное и психологическое зло — эгоизм, жадность, пошлость, — по-братски сотрудничая в устранении недостатков человеческой природы.

Оптимизм поэта по поводу будущего уравновешен резкой критикой настоящего. Для него мир нэпа — не что иное, как фатальное историческое отступление, которое может оказаться непоправимым. Во всяком случае, возвращение Старого мира, которое принес с собой нэп, отдалило спасение природы и человечества на неопределенное время. Нэп для поэта — не временная экономическая мера, а позорное предательство, пагубно влияющее на перспективы обретения миром бессмертия.

«Столбцы» Заболоцкого концентрируют внимание читателя на гибели Старого мира, исчезнувшего было после Октября, но вскоре восстановленного новой экономической политикой; лишь временами в стихах «Столбцов», помнящих радостное настроение первых лет революции, мелькает надежда на светлое будущее. Мрачная урбанистическая декорация цикла представляет капиталистический город как Вавилонскую блудницу, где ежедневно предаются идеалы бессмертия, основанные на триаде справедливости, добра и красоты. Здесь корыстное послереволюционное человечество, признающее Новый мир только на словах, но не на деле, отвергает спасение, предлагаемое революцией, и вновь обращается к растленному материализму Старого мира. В более поздней поэме «Торжество земледелия» (1933) вера поэта в человечество и общее дело восстановлена. Заболоцкий изображает в ней зачатки деятельности, вновь ведущей к спасению через коллективизацию сельского хозяйства и совместное владение землей и орудиями труда. Дело, начатое революцией, но преданное при нэпе, вновь восстанавливается в своих правах. Россия, призванная встать во главе спасения мира, наконец возвращается к братскому сотрудничеству, принимая на себя бремя ответственности за разрушение природы, которую, однако, еще можно спасти. В сочетании оба текста представляют собой миф о гибели, происходящей в преисподней современного мегаполиса-некрополя, и о спасении, совершающемся в будущем раю коллективизированной деревни. В «Столбцах» читатель нисходит в адские сферы, зато в «Торжестве земледелия» становится свидетелем «скачка» в царство свободы. В финале «Торжества земледелия» появляются контуры будущего земного рая, в котором антагонизм человека и природы заменяется гармоническим сосуществованием.

Столбцы

[Горожане устраивают] «пир на могилах отцов».

Н. Ф. Федоров

Старый мир

Стихотворения цикла Заболоцкого «Столбцы» содержат уничтожающую критику нэповского Ленинграда[3]. Этот город, хотя официально носит имя Ленина, не следует прогрессивным идеалам покойного вождя революции, но всячески выставляет свою мещанскую суть. Правда, «блистательного» аристократического

---

[3] Все цитаты из «Столбцов» приводятся по изданию Г. П. Струве и Б. А. Филиппова [Заболоцкий 1965] с указанием страниц в скобках. В этом издании представлен оригинальный текст «Столбцов» 1929 года (см. также [Заболоцкий 1995: 118–146]. — *Ред.*). Впоследствии поэт переработал этот сборник, и в последующих изданиях (см. [Заболоцкий 1995: 848]) публиковалась новая версия (согласно «Литературному завещанию» Н. А. Заболоцкого, составленному 6 октября 1958 года [Заболоцкий 1995: 847–848]. — *Ред.*). По поводу несколько загадочного названия сборника А. В. Македонов пишет: «Заболоцкий подразумевал под ним просто обозначение стихотворного текста, печатающегося столбцами. Название сборника подчеркивало жанровую свободу» [Македонов 1968: 47]. По воспоминаниям М. И. Синельникова, поэт вкладывал в это слово «понятие дисциплины, порядка — всего, что противостоит стихии мещанства» [Синельников 1984: 105].

Санкт-Петербурга больше нет, но мещанские кварталы, описанные в произведениях Гоголя и Достоевского, не исчезли, а все еще типичны для города [Филиппов 1965: xxxvii]. Ленинград также по-прежнему не только мелкобуржуазный, но и фантасмагорический город, где ничто не является тем, чем кажется. Притворяясь, будто строит новую жизнь, а в действительности потворствуя древним как мир законам джунглей, он «обогатил» фантазмы прошлого новыми, нэповскими. Претендуя на создание нового человека, он повинуется власти людей плоти. Большинство его жителей принимают такое притворство как данность и вполне удовлетворены своим «корытом» счастья [Филиппов 1965: lv], но есть и те, кому не так легко угодить. Последние стремятся забыть о разбитых надеждах, предаваясь излишнему употреблению алкоголя, но некоторые продолжают надеяться на возвращение революционных идеалов.

Поэт не принадлежит ни к первой, ни ко второй категории. Он, скорее, *бродяга* блоковского типа и, как его духовный брат из «Двенадцати», неустанно изучает жизнь бывшей столицы незашоренным взором, различая горькую реальность под покровом поверхностного обновления. Принимая на себя в нэповском Ленинграде роль «подпольного человека» или ниспровергателя общепринятых ценностей, поэт ставит своей целью высказывать неудобные истины и «несвоевременные мысли». Лучше всего этому служат карикатура и гротеск, которые схватывают самую суть явления, в то время как реалистическое описание, как бы подробно и точно оно ни было, дает лишь поверхностную и потому обманчивую картину. Используя приемы гоголевского гротеска и современных литературных фанасмагорий, поэт срывает маску с якобы обновленного мира и обнаруживает под ней лицо Старого мира, где абсурд является нормой, а норма абсурдом. Несомненно, этим он надеется «разбудить» современников[4].

---

[4] Л. Я. Гинзбург утверждает, что «я» в ранней поэзии Заболоцкого скрыто и проявляется только в отношении автора к действительности: холодной беспристрастности и «отсутствии лирической интонации» [Гинзбург 1984: 156]. По

Так как город «Столбцов» — место, где царствует быт, но законы бытия всеми забыты, — основан на принципах буржуазного индивидуализма, он раздроблен на бесчисленные маленькие микромиры, где преобладает мелкобуржуазный стиль жизни. Эти мещанские *мирки* (по выражению Федорова) вдобавок образуют сложные иерархические структуры. Город можно назвать феодальным с его клаустрофобическими «маленькими кварталами» (46), которые, в свою очередь, делятся на «*царства* узкие дворов» (51), (курсив мой. — *А. М.-Д.*), дома, комнаты («пещерки малые любви», 53) и даже «мышиные норки» (40). Нередко эти микромиры четко разделены барьерами того или иного вида. Заполненные людьми узкие улицы ограничены рядами массивных зданий (39), деревья «под замком» (39), а каналы, подобно рвам феодальных замков, петляя, окружают свои территории (47). Поэту не остается ничего другого, как высмеивать этот принцип матрешки, восклицая в шутливо-патетических тонах:

> О, мир, свернись одним кварталом,
> одной разбитой мостовой,
> одним проплеванным амбаром,
> одной мышиною норой (40)[5].

моему мнению, бродячий поэт «Столбцов», несмотря на внешнюю дистанцированность, все же чрезвычайно ангажирован и полон гнева, который нередко прорывается наружу. Позволяя действительности говорить самой за себя, поэт в мгновения неконтролируемой ярости и бьющего через край негодования не скрывает своих личных оценок. Его постоянная ирония также ясно дает понять его идейное и нравственное отношение к описываемым событиям.

5 Клаустрофобический характер города часто проявляется в «Столбцах». Так, в стихотворении «Офорт» дома названы «городскими коробками», и их трудно отличить от коробок, именуемых гробами (29). Враждебный поэту город сродни раздробленному на части городу Гоголя. В «Петербургских записках 1836 года» (1837) Гоголь характеризует город следующим образом: «Сколько в нем разных наций, столько и разных слоев общества. Эти общества совершенно отдельны: аристократы, служащие чиновники, ремесленники, англичане, немцы, купцы — все составляют совершенно отдельные круги, редко сливающиеся между собою» [Гоголь 1952: 179–180; см. Fanger 1974: 108].

Феодальную атмосферу этого якобы социалистического города еще больше подчеркивает своеобразная внутритекстовая геральдика. Так, мир международного капитала представлен здесь компанией Зингера, чей символ — крылатый глобус — помещен высоко над Невским проспектом (24). Он выражает всемирную власть загнивающего, но все же мощного капитализма, причем, что хуже всего, эта эмблема никого не возмущает и не смущает. Мелкая торговля занимает в иерархии более скромное место, но и она имеет свои «геральдические» знаки, такие как позолоченный крендель на пекарнях (46). Все эти эмблемы фиксируют установившийся иерархический порядок и помогают разграничить конкурирующие друг с другом фракции. В этом городе нэповской торговли, разобщенном соперничеством, идет жестокая борьба за выживание, в которой участвуют даже собаки, подражающие своим хозяевам. Они «грызлись за свой перекресток — кому на часах постоять» (31).

Как и приличествует «средневековому» городу, нэповский Ленинград плохо освещен. Немногочисленные уличные фонари «бескровны, как глисты» (57), они лихорадочно «бредят» и болтаются» (41) в бесплодной борьбе с темнотой. Неудивительно, что «лампа медная в окне, / как голубок веселый Ноев, / — едва мерцает, мрак утроив» (45). Подобно голубю, которого Ной после потопа выпустил из ковчега в мир на разведку, эта лампа слишком рано приветствует зарю послереволюционного мира. Город Ленина мрачен и грязен, несмотря на заливавшие его в 1917 году очистительные водяные и огненные потоки; эти могучие силы прошли через город бесследно.

Источники естественного света тоже слабы. Так, луна — всего лишь «длинное бельмо», а звезды низведены до статуса маленьких «канареек ночи» (45), таких же домашних, как и сами эти птички в мещанских квартирах нэпманов. Неудивительно, что пятиконечная звезда, эмблема яркого Нового мира, заменена тусклой церковной «свечкой-пятериком», которая «через миг погасла» (34). Такой и должна быть судьба света в мире предрассудков, не верящем в просвещение и предпочитающем ему религиозный обскурантизм. Неудивительно, что солнце, встающее над Москвой (древней и новой столицей страны), наполняет старух бывшей столицы, Санкт-Петербурга, «тоской» (33). Мир нэпа полон старух обоих полов, напоминающих старую «наседку» из «Двенадцати» Блока.

Мрачность города связана и с его массивностью. Он построен из тяжелой и непрозрачной материи и загроможден объектами внушительных пропорций. Так, буфет в некой нэповской квартире высится, «словно Арарат» (40), винные рюмки весят по несколько пудов, водопроводные краны «толсты» (41), а окна «могучего» дома — «в каменной рубахе» (41). Весь город — «свинцовый идол» (40), крушащий все хрупкое и утонченное. Неудивительно, что в его центре стоит бронзовый колосс на гранитной скале, памятник Петру I, основателю города, который, согласно многим литературным текстам XIX и XX веков, ночами носится по улицам, чтобы «губить без возврата» несчастных жертв (как в романе А. Белого «Петербург»). Трудно найти изящество и красоту в месте, где даже ручеек напоминает «толстый обрывок слюны» (31), а дым столь плотен, что образует «отрепья» (25)[6]. «Жирные» автомобили (24) и деревья (31) усиливают и без того отталкивающее впечатление грубости и замызганности этого мира, который есть не что иное, как «густое пекло бытия» (55). Мир города слишком материален для того, чтобы пропускать преобразующий свет рациональной мысли.

Общество, населяющее этот город эпохи нэпа, также отличается грубым материализмом, то есть страстью к материальным благам, которые большинством населения рассматриваются как высшая ценность в жизни. Поэтому неудивительно, что «на рынке» в одноименном стихотворении «бабы толсты словно кадки» (35) и что многим по душе «бокалов воркотня» (43). По существу, город охвачен своего рода фетишизмом: владельцы магазинов и уличные торговцы выполняют функцию глашатаев и соблазнителей, завлекая городских обитателей товарами. Мало

---

[6] Согласно Ж. Лакаррьеру, у гностиков постоянное ощущение «столкновения с материей — из-за ее непрозрачности, плотности, компактности, веса; они ощущают ее даже в самых неуловимых проявлениях — дрожании водной поверхности, дуновении ветра в пустыне, мерцании звезд» [Lacarrière 1977: 22]. Поэт «Столбцов» воспринимает материю таким же образом.

кто сопротивляется этому соблазну, напротив, почти все охотно присоединяются к древней пляске вокруг золотого тельца — или, за неимением такового, вокруг пары штанов:

> Маклак штаны на воздух мечет,
> ладонью бьет, поет, как кречет:
> маклак — владыка всех штанов,
> ему подвластен ход миров,
> ему подвластно толп движенье,
> толпу томит штанов круженье,
> и вот она, забывши честь,
> стоит, не в силах глаз отвесть,
> вся прелесть и изнеможенье! (48)[7].

Можно возразить, что острие сатиры здесь направлено скорее на нехватку жизненно необходимых товаров, чем на саму утварь, служащую объектом мелкобуржуазного фетишизма. Однако в целом цикл ясно свидетельствует о том, что поэта угнетает зависимость людей от физических нужд и материальных потребностей: штаны и сапоги для них гораздо важнее пламенных слов мудрости, идеальный Новый мир забыт, когда не хватает хлеба и штанов. Однако самое печальное, по мнению поэта, то, что, получив необходимое, люди плоти распространяют свои желания на излишества, например буфеты «араратских» размеров и прочую «рухлядь».

Фетишистский культ материального обладания в «Столбцах» сопровождается столь же унизительной грубой чувственностью. «Магия» штанов, может быть, имеет место отчасти из-за сексуальных ассоциаций, которые они вызывают у впавшей в экстаз толпы. Во всяком случае, очевидно, что городом управляет похоть. «Мясистые» тела «хрипят «в неутоленной страсти», ища взамен радости «густых сластей», «распуская животы в тарелки» (42). Спиртное поглощается в дионисийских количествах. В буфетах и пивных царствует «бокалов бешеный конклав» (24), там

---

[7] Сходным (фаллическим) образом, очевидно, считается и сапог. Какова бы ни была причина культа сапог и штанов, мораль стихотворения состоит в том, чтобы, выражаясь словами Горького, «не сотворить кумира из сапога, стула или книги» [СС 27: 10].

же коварные соблазнительницы охотно демонстрируют розовые подвязки «у перекрестка гладких ног» (44). «Добропорядочные» девушки столь же, если не более откровенно выставляют себя напоказ, занимаясь проституцией на дому, чтобы завлечь в ловушку брака своих товарищей-мужчин. В грязноватых любовных гнездышках Народного дома будущие невесты и жены обнажают ноги «повыше видимых колен» (54).

В сущности, город кажется одним гигантским борделем, как и в «Двенадцати» Блока. В двусмысленном свете летних белых ночей любовь «стенает» под кустами», «меняя места», и обессиленные любовники толпами бродят по улицам (25). Неудивительно, что летняя ночь к утру «как мел, бела» и вынуждена прилечь. Фаллоподобные кусты угрожающе окружают ее, словно замышляя массовое изнасилование (25) [Björling 1973: 94].

Несмотря на подверженность похоти, этот город нельзя назвать жизнеутверждающим. Под внешним покровом чувственности ощущаются смертоносные течения. «Свадебные пиры» здесь устраивают на могилах предков, и похоть и смерть шествуют рука об руку. От «плодов» летней любви нередко приходится «избавляться» с помощью аборта; подобные «плоды» — правда, давних времен — можно подробно рассмотреть в Кунсткамере, где в стеклянных сосудах хранятся заспиртованные «недоноски» и эмбрионы[8]. Внимательный наблюдатель городской жизни также заметит, что тела обольстительных «сирен», бродящих по городу, излучают холодное мерцание рыбьей чешуи в свете голубовато-серебристой ночи и что «палевые» губы этих «девок» как будто жаждут крови-краски (25). Их «вампирская» любовь опасна и смертельна. Чувственное наслаждение, предлагаемое ими, покупается не только за счет здоровья и жизни, но и ценой бессмертия, которое могло бы обрести человечество, если бы не предало начатое революцией общее дело.

---

[8] Последняя строфа стихотворения «Белая ночь» отсылает к этим экспонатам Кунсткамеры — заспиртованным недоношенным и абортированным плодам. Поэту кажется, будто они стремятся разбить свою стеклянную тюрьму и взлететь в небо, чтобы присоединиться к небесным ангелам.

Однако, к несчастью, это дело *было* предано. Нэп восстановил в правах ценности Старого мира — вот почему вновь властвует вековой закон взаимного поедания. Людоедские наклонности городских жителей отчетливо проявляются в стихотворении «Свадьба». «Мясистых баб большая стая», страдая от сексуальной неудовлетворенности, так как их «лысые мужья» (42) чопорны и скучны, намерена в виде компенсации потешить себя кулинарными изысками и отведать «трупик» цыпленка, описанный в патетических тонах:

Цыпленок, синий от мытья —
он глазки детские закрыл,
наморщил разноцветный лобик
и тельце сонное сложил
в фаянсовый столовый гробик[9].
Над ним не поп ревел обедню,
махая по ветру крестом,
ему кукушка не певала
коварной песенки своей —
<...>
Так он почил в расцвете дней —
ничтожный карлик средь людей[10] (41–42).

«Каннибальская» природа нэповского общества подчеркивается на протяжении всего цикла. Так, в стихотворении «Черкешенка» «в расцвете дней» умирает девочка, которую, подобно бедному цыпленку, «съедает» прожорливая нэпманская публика. Конечно, бесчувственные эксплуататоры не буквально съедают девочку, которая поет песни родного Кавказа на улицах Ленинграда, но она в любом случае оказывается жертвой вампириче-

[9] Образ «столовый гробик» вызывает в памяти строки «где стол был яств, там гроб стоит» из оды Державина «На смерть князя Мещерского» (1779).

[10] До Заболоцкого «вегетарианскую тему» рассматривал Д. С. Мережковский. Его Леонардо да Винчи в одноименном романе называет человека «царь животных, или, лучше сказать, царь зверей, потому что зверство его величайшее»; герой также сожалеет о том, что «мы делаем нашу жизнь из чужих смертей! Люди и звери суть вечные пристаница мертвецов, могилы один для другого...» [Мережковский 1990: 461].

ского общества, высасывающего кровь «униженных и оскорбленных». Сущность мещан, населяющих современный Ленинград, настолько людоедская, что даже патрофагия не вызывает здесь ни возмущения, ни отвращения.

В «Фигурах сна» (45) представлены странные «младенцы» с «большими белыми телами», словно раздутыми от гнилостных газов, — паукообразные и с золотушной кожей. Эти болезненные создания не живут, а спят; во сне, одержимые импотентной похотью, они преследуют призрачных женщин. Однако даже сны требуют определенной энергии, и спящие младенцы нуждаются в питании, которое они получают за счет своего умершего отца, становясь таким образом «патрофагами». Хотя их отца уже нет среди живых («премудрости вкушает сон»), он по-прежнему «гремит стамеской», то есть дарует своим наследникам технику, которую изобрело его поколение и которая по-прежнему обеспечивает поколение ленивых, ничего не изобретших и ничего не изобретающих «младенцев». Они не в состоянии усовершенствовать работу предков и тем более создать что-нибудь невиданно новое. Пролетариат породил импотентов труда — жирных нэпманов. Отделенные от них «черной занавеской» прошлого и смерти, отцы оставили им заветы «труда и творчества» (43), но их чада не знают, что с ними делать. Эти раздутые младенцы олицетворяют поколение, получившее в наследство от истории возможность радикально обновить жизнь по принципам, заданным революцией, но отказавшееся принять на себя историческую ответственность, так и оставшись инфантильными недорослями. Вместо того чтобы строить будущее, оно обратилось назад к минувшему, олицетворением которого стал нэповский быт. Поколение спящих младенцев нэповской лжеистории не способно справиться с задачей борьбы с природой и обретения человечеством бессмертия. Они не оправдали ожиданий своих отцов и обрекли себя на гибель, предпочтя реальной жизни фантасмагорические «фигуры сна».

Мотив символической патрофагии неоднократно встречается в «Столбцах». Так, в стихотворении «Новый быт» появляется еще один «младенец-каннибал-патрофаг». Это внешне здоровый юноша-комсомолец, с виду «новый человек», но по сути своей очередной раздувшийся инфантильный гигант, предрасположенный к вампиризму и каннибализму. Поэт намекает на это, показывая, как «младенец» увеличивается в размерах, в то время как его отец усыхает и уменьшается, — иными словами, жирный комсомолец совершает акт «патрофагии»:

Уж он и смотрит свысока,
(в его глазах два оселка),
потом пирует до отказу
в размахе жизни трудовой
<...>
и вдруг, шагая через стол,
садится прямо в комсомол.
А время сохнет и желтеет,
стареет папенька-отец (33)[11].

Приведенные выше строки несут на себе отчетливый отпечаток идей Федорова, поскольку философ отвергал тот тип прогресса, при котором «блудные сыны» чувствуют себя вправе расти и процветать, похоронив отцов и забыв о них [НФ 1: 19]. Он утверждал также, что дети, отделившиеся от родителей, превращают их в «нечто подобное скорлупе яйца, из которого вышел птенец» [НФ 1: 83]; для пирующего комсомольца его «папенька-отец» не более чем пустая, бесполезная шелуха.

Мысль, что каждое следующее поколение «выталкивает» предыдущее, конечно, не нова. Ее, например, можно найти у Пушкина в «Евгении Онегине» (глава 2, XXXVIII):

Так наше ветреное племя
Растет, волнуется, кипит
И к гробу прадедов теснит.
Придет, придет и наше время,
И наши внуки в добрый час
Из мира вытеснят и нас!

---

[11] Выражение «*папенька-отец*» напоминает манеру Петруши Верховенского издевательски именовать своего отца *мой папахен*. Этот революционер-террорист из «Бесов» Достоевского — типичный представитель поколения, относящегося к «отцам», во всех значениях этого слова, с полным презрением.

У этого образного круга можно выявить и другие интертекстуальные связи: так, слово «младенцы», часто применяемое в «Столбцах» по отношению к инфантильным мужчинам и женщинам эпохи нэпа, возможно, почерпнуто из «Легенды о Великом инквизиторе», рассказанной Иваном Карамазовым. Как известно, инквизитор намеревается превратить взрослых людей, наделенных свободной волей и способностью делать выбор, в счастливых *младенцев*, зависимых от своих отцов-инквизиторов, которые дали им «хлеб» и прописные истины, устранившие все сложное и трудное в жизни [Достоевский 1976, 14: 236].

Инфантильный гигант-комсомолец из «Нового быта» чем-то напоминает и Андрея Бабичева, одного из героев романа Ю. К. Олеши «Зависть» (1927). Бабичев, этот толстяк-гигант эпохи нэпа, производит и потребляет большое количество питательной еды для сограждан, но выказывает свою духовную скудость, впадая в экстаз при виде новоизобретенной колбасы. Все же колбаса — не бессмертное создание искусства, а просто колбаса.

Инфантильных взрослых из «Столбцов» можно сопоставить и с архетипическим гигантским ребенком русской литературы — гончаровским Обломовым. Подобно Обломову, младенцы в «Столбцах» проводят много времени в снах о прошлом (ср. «Сон Обломова» в романе И. А. Гончарова), вместо того чтобы жить и действовать в настоящем. Их любовь к женщине, подобно обломовской, ограничивается одними лишь грезами. Несмотря на обаяние Обломова, контрастирующее с нелепостью младенцев, он, в сущности, такой же «паразит и патрофаг», живущий за счет труда своих предков и не вносящий ничего нового в формы социальной и политической жизни. Проводящий большую часть жизни в горизонтальности — в постели, на диване и иногда на даче на газоне, — постоянно терзаемый скукой, Обломов не делает практически ничего, чтобы бороться с духовной энтропией. С раннего детства он не живет, а прозябает и, хотя еще молод, уже готов погрузиться в объятия смерти. Но если Обломов может отговариваться тем, что паралич воли — единственная возможная реакция на безнадежную общественную ситуацию XIX века, у младенцев из «Столбцов» имелся выбор. Вот почему они сами целиком и полностью ответственны за свой чудовищный и бесплодный образ жизни.

Таким образом, Ленинград эпохи нэпа, провозглашенный городом новой жизни, по существу, является некрополем, населенным младенцами-вампирами, мертвыми душами, людоедами и смертоносными «сиренами». После короткого периода революционного энтузиазма городом вновь правит «свинцовый идол» Смерти, как, впрочем, было всегда с самого его основания на гнилых болотах, где нашли свою гибель многие его строители. В сущности, это огромный «мертвец-город» [Юнггрен 1981: 175], опоясанный водами Леты («подземная вода», 29). В стихотворении «Офорт» (29) представлена насыщенная смертями история города и его сегодняшний распад. Здесь показано, как царь-покойник гордо шествует по своему избранному городу во главе великолепной похоронной процессии, демонстрируя — в который раз — свою непререкаемую власть. Никакие революции не угрожают этому покойнику в «собственном» городе-некрополе, а стол при его дворе не только не скудеет, а, напротив, становится все обильнее. Упоминаемые в этом стихотворении «постояльцы» (29)[12], то есть недолговечные смертные люди Старого мира, обеспечивают царю-покойнику из «Офорта» неистощимый запас «продовольствия». Они также снабжают Харона, перевозчика душ умерших в царство мертвых, непрерывной работой и постоянной зарплатой (медными монетами на глазах умерших). И вряд

---

[12] Юнггрен предлагает разъяснение образа «постояльца»: «человек — гость на земле» [Юнггрен 1981: 174]. Жить — все равно что снимать квартиру, которую придется оставить перед переездом в иную обитель. Интересно, что последователь Федорова А. К. Горский, написавший книгу «Рай на земле» под псевдонимом Горностаев, критикует Достоевского за то, что в «Сне смешного человека» писатель показал идеальный мир без бессмертия, предложив лишь «квартиру в аренду» в большом жилом доме — мире [Горностаев 1929: 28]. Образ аренды, возможно, уходит корнями в гностический миф, где мир — не «дом», в котором можно поселиться навсегда, а лишь «постоялый двор» (см. [Jonas 1934: 101]). Христианство также рассматривает человека как «гостя» на этой земле, но при этом подчеркивает, что каждый должен «возделывать свой виноградник».

ли все это скоро изменится, поскольку люди плоти — подданные Смерти — решительно встали на ее сторону, отвергнув идею бессмертия как противоречащую здравому смыслу. Царь-Смерть, правящий городом-некрополем в «Офорте», в отличие от «Барышни Смерти» Хлебникова, не намерен в ближайшее время терять голову и власть, поскольку его «постояльцы» предпочитают привычное состояние смертности ошеломляющей новизне бессмертия. Даже смерть не так страшна этим человекообразным людям-автоматам, как угроза оказаться выбитыми из привычной колеи и столкнуться с Неизвестным.

Однако можно не опасаться, что город вымрет, поскольку деторождение в среде плодовитых мещан мгновенно заполняет пустоты, образуемые смертностью. Так что похороны можно будет справлять снова и снова. Эта бессмысленная смена поколений, увековечение абсурдного порядка вещей составляет один из наиболее ужасающих аспектов существования в некрополе города, предавшего идеалы революции. Среди многочисленных барьеров и преград, мешающих свободному развитию жизни, самое непреодолимое — это невидимые стены вечной повторяемости. При деспотическом правлении Смерти все уже бывшее повторится вновь. В стихотворении «Народный дом» (53–57) бесцельное движение по кругу, по старым биологическим шаблонам, не оспариваемым совмещанами, предстает во всех его жалких проявлениях.

Стихотворение имеет трехчастную структуру. В первой части показаны вечные Евы из Народного дома, ставящие любовные капканы на окружающих товарищей-мужчин. Эти ветхозаветные Адамы не сильно сопротивляются их соблазнам и охотно оказываются в «жирных» постелях (54) соблазнительниц. Во второй части, актуализирующей гоголевскую традицию, показана связь между женщиной и дьяволом. Здесь речь идет об «именитой девке», которая угощается фруктами, предлагаемыми ей «роскошным мужиком» (55). Фрукты, которыми торгует дьявол в обличии нэпмана, весьма напоминают те, что некогда в Эдеме были «проданы» Еве Змием. Нэпманская Ева, «вспотевшая до нитки» от любовного вожделения, не может устоять перед «маленькими солнышками» (апельсинами), которые, как ей кажется, «пальчикам лепечут: «Лезьте, лезьте!» (55)[13].

Соблазнение происходит по издревле известным образцам, и результаты его точно такие же. Отведав запретного плода, похотливая нэповская Ева производит на свет плод соблазна. В третьей части поэмы читатель узнает о ее «приподнявшемся животе» (57), откуда в назначенный срок появится копия родителей, если аборт не отправит нерожденную душу на небеса, а тело, может быть, в Кунсткамеру. Застойные времена нэпа не порождают бунтарей — «трамвай» истории притормозил и «шатаясь, чуть идет» (57). Сейчас он надолго остановился у Народного дома, «курятника радости» (55). Этим определением поэт, без сомнения, хочет передать ту же мысль, что «подпольный человек» у Достоевского, называющий «курятником» «хрустальный дворец» современности. Народный дом, как и хрустальный дворец, — не та идеальная социальная структура, о которой мечтали истинные революционеры. Это лишь пристанище для мещанских курочек и их петушков. Как и подпольный человек, поэт не принадлежит к тем, кто готов называть курятник «дворцом» только потому, что он обеспечивает минимум комфорта. Он не солидарен с большинством городского населения, провозгласившего этот сдаваемый в «краткосрочную аренду» многоквартирный дом тем дворцом бессмертия, о котором так долго мечтали лучшие представители человечества. Опечаленный поэт осознает, что трамвай времени (который в ранних рассказах Огнева был мощным поездом) не идет вперед, а движется по кругу, образованному рельсами биологических законов, которые обыватели объявили «вечно разумными». Он приходит к выводу, что город может спастись от инфантильного куриного счастья только ценой нового очистительного потопа. Только сильное стихийное потрясение библейских масштабов способно высво-

---

[13] Еву сопровождает «пречистая собачка», переполненная «весенним соком» [55]. Она, возможно, олицетворяет «суку-чувственность» [Ницше 1990, 2: 39]. Здесь также вероятен иронический намек на религиозный догмат о непорочном зачатии.

бодить историю из капкана движения по кругу и открыть новую прямую дорогу к конечной цели, которая только и может быть оправданием революции. Цель эта — мир, где всесильная Смерть сброшена с пьедестала и ее топчет конь, на котором скачет не основатель города царь Петр I, а истинный Освободитель.

В дополнение к картине Старого мира, изображаемой Заболоцким, необходимо упомянуть еще один аспект жизни при нэпе — прославление его ценностей средствами фальшивого мещанского искусства. «Искусство», о котором идет речь в стихотворениях «Красная Бавария», «Новый быт», «Фокстрот» и «Бродячие музыканты», тесно связано с темой вожделения и смерти; его идеальное жанровое воплощение — так называемый жестокий романс. Вульгарные исполнители этого не очень высокого жанра потакают «эстетическим» запросам своей мещанской аудитории — да и сами, конечно, не имеют понятия о более значительном и чистом искусстве. В соответствии со средневеково-феодальной ментальностью города, это «менестрели», воняющие по́том (49), и коварные «сирены», промышляющие в низкосортных пивных. Даже «кудрявый» поп — «свидетель всех (свадебных) ночей» (42) — принадлежит к этой псевдоартистической группе и с готовностью ударяет в «струны золотые» своей гитары на нэпманской свадьбе (49). Типичный пример творчества таких «артистов» приводится в стихотворении «Бродячие музыканты» [49–51], где современные нэповские менестрели по-своему интерпретируют романс, распеваемый на слова стихотворения Лермонтова «Тамара».

Знаменитое стихотворение в их вульгарном исполнении превращается в непристойную пьеску о жестокой и роковой царице Тамаре, которая открывает «поток раздвоенной спины» взору многочисленных юношей, толпящихся вокруг и издающих «страстные дикие звуки» (50). Мрачная романтическая баллада Лермонтова о грузинской царице, таким образом, низводится до порнографического стишка. В мире «Столбцов» любовь не возвышается над уровнем животной страсти и упадочнического извращения. Тем не менее претенциозные и лицемерные мещане стремятся к «возвышенным» чувствам и пользуются произведениями великих художников, чтобы подтвердить свои притязания на утонченность. Ради благопристойности они выбирают классический текст, но с легкостью превращают лермонтовскую Тамару из таинственной царицы в женщину, которая «сняв штаны, лежала на кавказском ложе» (50) с вполне очевидной целью.

Но даже баллада сама по себе и вообще искусство, имеющее высокую эстетическую ценность, отвергается Заболоцким, если оно превозносит вожделение («страсть») и смерть. В стихотворении Лермонтова о Тамаре смерть предстает пиком страсти, а такое сближение любви и смерти неприемлемо для поэта. Бродячие музыканты своим гротескным исполнением невольно помогают выявить иллюзорность, лежащую в основе романтического искусства эскапистского типа, даже если оно самой высокой пробы. Их смехотворная подача «роковой страсти» в стихотворении «Тамара» обнаруживает зерно «истины», состоящей в том, что романтизация примитивных сексуальных инстинктов тривиальна. Поскольку зачарованность «раздвоенной спиной» Тамары приводит ее многочисленных поклонников прямиком от ее «ложа» в воды Терека, протекающего у стен ее замка-борделя, концепция эротичности смерти оказывается дискредитированной. Прославление *Liebestod* в любом случае фальшиво и банально. Федоров порицал дионисийское безумие и его порождение — трагедию (см. [Zakydalsky 1986]), и автор «Столбцов» разделяет эту позицию. На протяжении всего цикла поэт высмеивает прославление смерти как величественного финала глубокой страсти. Когда скучающие «сирены» в убогих пивных поют свои жестокие романсы о несчастных любовниках, чью «измученную грудь» окропляет кровь, льющаяся из «разбитого виска» (23), только мещанские души могут слушать и сочувствовать им всерьез. Любовники этих романсов не трагичны, а пошлы, а смерть их вызвана скорее чрезмерным пристрастием к импортному виски (23), чем роковой страстью[14]. Поэт признает лишь искусство,

[14] В «Герое нашего времени» Лермонтова добрый штабс-капитан Максим Максимыч предполагает, что источник английского сплина — скорее чрезмерное пристрастие к виски, чем романтическое разочарование. Поскольку в «Столбцах» важен лермонтовский подтекст, возможно, что бедлам в «Красной Баварии» также вызван избытком подаваемого в этом баре виски (23), а не личными трагедиями посетителей.

посвященное конструктивным ценностям — облагораживанию жизни и человеческому бессмертию. Он отвергает фальшивое искусство, воспевающее мимолетные ощущения, инстинктивные рефлексы и трусливые самоубийства, эти жалкие попытки придать смерти романтическую ауру. Жизнеутверждающих муз, которые «любят круглый год» (25), он предпочитает смертоносным сиренам, оживающим только в призрачные белые ночи, чтобы предложить случайному прохожему свои «палевые» губы. Поэт разделяет федоровское понимание искусства, отвергая эстетику, ставящую во главу угла «блудницу», и признавая лишь то искусство, которое возвышает человека и служит бессмертию.

Разнообразные характеристики, данные нэповскому Ленинграду Заболоцким, имеют один общий знаменатель: несмотря на всю свою материальность, город ирреален. Все здесь тяжеловесно, но при этом непрочно и недолговечно и в конце концов оборачивается химерой. Неудивительно, что «огромный дом, виляя задом, летит в пространство бытия» (43). Также неудивительно, что Невский проспект, похожий на змия, «в ночи переменившего кожу» (24), оправдывает замечание Гоголя из одноименной повести о том, что на нем ничто не является тем, чем кажется, и что сам дьявол зажигает газовые лампы с одной целью — придать всему «иной вид».

Некрополю Санкт-Петербургу, ныне нэповскому Ленинграду, недостает «реальности», несмотря на всю его кажущуюся прочность и огромность. В нем царствует демон безжизненной абстракции. Даже такие конкретные понятия, как «кошки», «ведра», «окна» и «дрова», становятся в этом иллюзорном городе лишь бессмысленными «знаками вымысла» (50–51). Эти слова оторваны от того, что они обозначают, они ярлыки без содержания. Город, где правит царь-Покойник и где пышные похороны заменяют жизнь, являет лишь видимость реальности, поскольку смерть превращает все сущее в иллюзию. Подразумевалось, что подлинную реальность создаст революция, но те, кто боится всего нового, не дали ей такой возможности, и «скачка в будущее» не произошло. Подмываемый водами Леты и Стикса, все глубже утопая в болотах, на которых он стоит, город революции вернулся в дореволюционное прошлое. Составной частью этого возврата служит возрожденная демиургическая религия, которая снова стала «опиумом для народа».

Демиург

Город «Столбцов» как будто отверг православие и прочие религии. В стихотворении «Новый быт» «кудрявый поп» узнает, что на свадьбе описанного выше младенца-комсомольца его услуги нежелательны, и плачет из-за того, что оказался лишним. Однако его горе преждевременно. Во-первых, многие попы не стесняются по-прежнему быть «свидетелями всех (свадебных) ночей» (42). Во-вторых, церковь упразднена лишь формально, а все ее функции сохранились при нэпе и стали частью советского строя. Так председатели заводских комитетов выступают, по существу, в роли священников «нового быта», совершая старые ритуалы под новой вывеской. На «красных» свадьбах председатель произносит «красный спич» вместо проповеди (34), а в остальном все идет по-прежнему. Председатель витийствует в точности как поп во время свадебной службы, усердно пьет, наливаясь краской, и «чете играет похвалу», совсем как «в старые добрые времена». Вот «красная свадьба» в ее наиболее характерные моменты:

Но вот знакомые скатились,
завод пропел: «Ура! Ура!» –
и новый быт, даруя милость,
в тарелке держит осетра.
Варенье, ложечкой носимо[15],
успело сделаться свежо,
жених, проворен нестерпимо,

---

[15] Упоминание «варенья», которое «ложечкой носимо», усиливает сатиру на нэповское мещанство отсылкой к «Евгению Онегину», где строчки «обряд известный угощенья: / несут на блюдечке варенья», преподносятся в контексте сатиры на филистерство провинциального дворянства (глава 3, III).

к невесте лепится ужом[16],
и председатель на отвале,
чете играя похвалу,
приносит в выборгском бокале
вино солдатское, халву,
и, принимая красный спич,
сидит на столике кулич (34).

Нет сомнения, что эта «красная свадьба» справляется во вполне традиционном стиле и призвана продолжать «вечные» модели жизни: создание уютного семейного гнезда и производство новых обывателей. До тех пор, пока женихи будут «лепиться ужом» к своим невестам, следуя образцу, установленному еще в Эдеме, Демиургу — богу всех традиционных религий — нечего опасаться. Юная пара, справляющая свою вульгарно-претенциозную, кричаще мещанскую «красную свадьбу», выполняет все его требования к человечеству и получит за это традиционное воздаяние. Выстроив свое гнездо, скучая вместе («чешут волоса», 34), они будут наблюдать, как растут их дети, а сами тем временем «сохнуть и желтеть», пока не умрут, забытые своим выводком, как когда-то произошло с их родителями. Такой судьбы вполне заслуживают обыватели всех оттенков, включая и тех, что называют себя комсомольцами и атеистами.

Традиционная религиозность, стоящая за сохранение существующего порядка вещей во всех сферах жизни, — большое препятствие на пути к прогрессу. Она заставляет слабых людей мириться с несправедливостью как с наказанием свыше и придает уверенности сильным, которые считают свои привилегии богоданными и вечными. Религия объявляет неравенство естественным и закрывает людям глаза на страдания невинных существ, которых Бог якобы наградит после смерти. Считается, что любимцы Демиурга — все чистые и невинные, тогда как на самом

---

[16] Строчка «к невесте лепится ужом» содержит аллюзию на литургическое «да прилепится муж к жене» из брачного ритуала, а слово «ужом», очевидно, указывает на искусителя-змея, который «изобрел» все «нелепости» половой жизни. Федоров также использует это выражение в уничижительном смысле (см. [НФ 1: 53]).

деле он благословляет сексуально активных, таких как обитатели Народного дома. А чистые души, как встарь, страдают и умирают в порочном Старом мире, где никто не обращает внимания на их слезы.

Так, девочка, о которой рассказывает стихотворение «Черкешенка» (30–31), очевидно, привезена в чужой город Ленинград с родного Кавказа. Здесь она становится бродячей уличной певичкой и тоскует по потерянному прекрасному миру, о котором рассказывают ее песни. Однажды, когда она поет песни о родной земле, стоя под окнами магазина, заполненного недоступными ей товарами, у нее открывается кровотечение и она умирает: «но Терек мечется в груди, / ревет в разорванные губы, — / и трупом падает она, / смыкая руки в треугольник» (30). При виде этой сцены поэт саркастически восклицает: «...прости ей, Бог!» Но прощения у Бога следует просить не для невинной девочки, а для эксплуататоров-нэпманов, которые довели ее до смерти. Однако самому Богу, конечно, нет никакого дела до смерти девочки, и вообще — его нет[17].

Возможно, что в сцене смерти ребенка работает несколько подтекстов. Как Бэла в романе «Герой нашего времени» погибает, похищенная из родного аула «цивилизованным» Печориным, так и черкешенка «Столбцов» гибнет в «цивилизованном» мире нэпа. Она умирает на улице, подобно чахоточной Катерине Ивановне из «Преступления и наказания». Напомним, что эта доведенная

---

[17] Восклицание «прости ей Бог!» в «Черкешенке» вызывает в памяти образ Бэлы из одноименной главы романа Лермонтова «Герой нашего времени». Максим Максимыч, сожалея о том, что, умирая, Бэла ни разу не вспомнила о нем, говорит: «Ну да Бог ее простит!..» Хотя Максим Максимыч был добр к Бэле, это не отменяет того обстоятельства, что он был своего рода тюремщиком для похищенной девушки. Поэтому не Бэла, а он и, главное, ее соблазнитель Печорин скорее, чем она сама, нуждаются в прощении.
Тема ребенка, ставшего жертвой нэпа, часто повторяется в литературе 20-х годов. Например, в романе «Жизнь и гибель Николая Курбова» И. Г. Эренбурга Курбов встречает на улице маленькую девочку, которая просит хлеба. Подойдя к Курбову в больших башмаках, явно не по ноге, она внезапно падает и умирает. Курбов, ревностный коммунист, после этого инцидента решает еще яростнее, чем раньше, истреблять мещанских эксплуататоров.

до отчаяния мать заставляет своих детей петь и плясать на улицах Петербурга и сама встречает смерть на каменной мостовой. Мучимая приступами кашля, она повторяет лермонтовскую фразу «с свинцом в груди» из стихотворения «Сон» (1841), где раненый, истекающий кровью герой умирает «в долине Дагестана».

В «Черкешенке» также появляется эпитет «свинцовый»: звезды венчают мертвую девочку «свинцовым венцом» (30). Так складывается образ безжалостного города в мире произвола, управляемом, как и встарь, «свинцовым» идолом (40), будь то земной автократ, олицетворенный в Медном всаднике, или небесный «вседержитель».

Мотив восстания против Бога, допускающего страдания невинных детей, отсылает нас и к бунту Ивана Карамазова. В стихотворении «Свадьба» этот мотив принимает гротескно-сатирическую форму. Несчастный цыпленок, которого собираются «сожрать» «мясистые бабы», — это пародия на всю концепцию всемилостивого божества, показывающая, что Демиург, которому униженно поклоняются в Старом мире, — не более чем прожорливый идол, поглощающий невинных детей с таким же аппетитом, как нэпманши — цыплят. Впечатление гротескной пародийности, возникающее при сравнении «Черкешенки» и «Свадьбы», усиливается через интертекстуальную связь с эпизодом похорон Илюши из «Братьев Карамазовых».

В романе об умершем мальчике говорится: «В голубом, убранном белым рюшем гробе лежал, сложив ручки и закрыв глазки, Илюша» [Достоевский 15: 190]. На мертвом лице Илюши выражение задумчивой серьезности. Цыпленок в стихотворении Заболоцкого тоже «глазки детские закрыл» и задумчиво «наморщил разноцветный лобик» (41); не имея «ручек», он все свое «тельце сонное сложил / в фаянсовый столовый гробик». «Фаянсовый гробик», в котором лежит цыпленок, вместо «рюша» украшен «крестиком сельдерея» (42). И еще одна параллель: на похоронах Илюши звучит колокольный звон, а смерть цыпленка сопровождается «звоном капусты» (42). Илюшу, естественно, провожает в последний путь священник, но на похоронах цыпленка нет «ревущего попа». Еще одна подробность, которая подчеркивается в тексте: невинность цыпленка, которому «кукушка не певала / коварной песенки своей» (41).

Таким образом, пародия Заболоцкого идеологически направлена против христианского смирения, проповедуемого, например, Достоевским (в лице Зосимы, Алеши и других). Хотя маленький Илюша ничем не заслужил своей ранней смерти, «добрые христиане» на его похоронах должны безропотно принимать ее как должное, проливая сентиментальные слезы как единственный знак протеста. Даже Алеша Карамазов, христоподобный персонаж, утверждающий, что любит детей, не оспаривает (как сделал бы на его месте Иван) решение Демиурга, а смиряется с участью ребенка и не ропщет на «неисповедимость путей господних». Для автора «Столбцов» пути Демиурга, однако, не являются неисповедимыми — их очень легко понять. Идол старой веры требует, чтобы ему приносили все новые жертвы, — только так он может поддерживать свою власть, основанную на страхе. Это своего рода сверхнэпман («роскошный мужик»), и в угоду его людоедскому культу дети пожираются как цыплята, хотя «цыпленок тоже хочет жить», как поется в песенке «Цыпленок жареный», очень популярной в 20-е годы.

Поэту «Столбцов» ясно, что после всех своих наблюдений над жизнью в нэповском городе он не может не вернуть свой «входной билет» в «рай» нэпа. Он отвергает этот «курятник радости», построенный на слезах «бедных цыплят». В этом «раю» невинных детей приносят на жертвенный алтарь законов, с одной стороны провозглашенных непреложными и данными самим Богом (Демиургом), с другой — именуемых экономической необходимостью. Девочка-черкешенка, умирающая от чахотки в торгашеском мегаполисе, — всего лишь одна из многочисленных жертв, возложенных на алтарь существующего порядка вещей. По мнению поэта, пришло время сбросить с пьедестала фальшивое божество неравенства и заменить его истинным богом справедливости. Правда, Демиург существует только в фантазиях «одурманенных», и, казалось бы, его можно было бы легко разоблачить, но, даже будучи фантазией, он причиняет огромный вред проповедью пассивности, лживыми утешениями и оправданием сложившихся порядков. Все это многим по сердцу, несмотря на то что их идол никогда не откликается на молитвы своих верных «рабов».

В стихотворении «Пир» (37–39) Демиург назван «чадным» (38). Эпитет относится к обычаю возжигания свечей перед иконами. Но поэт также сравнивает веру в Демиурга с состоянием человеческого разума, находящегося под воздействием ядовитых чадных паров. Ведь Демиург — иллюзия, он не может проявить себя каким-то конкретным образом; пылкие молитвы, произнесенные перед зажженными в его честь свечами, никогда не находят отклика, а свечи — символы мерцающей надежды — неминуемо погаснут. Ни Демиург, ни его «стаи ангелов печатных» (38), столь же иллюзорных, как он сам, никогда не отзываются ни словом, ни поступком на адресованные им мольбы о помощи. Как знают уже блоковские Двенадцать, «золотой иконостас» ни от чего не спасает. И все же находятся люди, которые продолжают поклоняться этому «свечно-чадному» божеству и его «шалопайскому» ангельскому окружению; для многих из них религия — примерно то же самое, что опьянение или психоз.

Свидетель этому — пьяный посетитель бара «Красная Бавария», который выкрикивает: «Я — Иисусик, / молитесь мне — я на кресте, / под мышкой гвозди и везде!» (24) Возможно, этот пьяница — любитель поэзии и олицетворяет себя с персонажем стихотворения Блока «Я пригвожден к трактирной стойке» [Блок 1960–1963, 3: 168]. А может быть, он сравнивает себя с Христом из блоковского же стихотворения «Осенняя любовь», Христом, чьи ладони прибиты гвоздями так крепко, что он не в состоянии покинуть свой крест [Блок 1960–1963, 2: 263]. Так или иначе, «конклав бокалов», который «зажегся, как паникадило», неразрывно связывает опьянение и религию.

Демиург «Столбцов» — это не только милосердный Господь «лицемерной» традиционной религии, но и считающийся его противником Искуситель. На самом деле добрый Бог лампад и свечек и его злобный антагонист дьявол не являются врагами, а действуют сообща, чтобы запугать человечество, причем один из них искушает душу, а другой — плоть. Как добрый «лампадный» Бог, он имеет три ипостаси (Отец, Сын и Святой Дух), а как дьявол — более многолик. Так, на короткое время он появляется в образе фаустовского пуделя (Мефистофеля) в стихотворении «Обводный канал» (48), где ему возносятся хвалы наряду с прославлением сапог и штанов. Еще раз он возникает в стихотворении «Фокстрот» как маэстро гавайского джаз-банда. Его демоническая сущность выявляется, когда, раскачиваясь «как жрец» и махая дирижерской (волшебной) палочкой, он превращает танцующих модный танец фокстрот в «херувимов, парящих в воздухе» (43). Дьявол прячется, как уже было отмечено, и под личиной «роскошного мужика», продающего круглые и заманчивые «апельсинчики» нэповской Еве. Какое бы обличие ни принимал Демиург, он всегда преследует одну цель: держать человека в состоянии повиновения низким инстинктам с целью истребления возвышенных и облагораживающих стремлений духа.

Смертное человечество

В «Столбцах» большинство городских жителей никак не участвуют в общем деле достижения бессмертия, а, напротив, извлекают выгоду из смерти, занимаясь каннибализмом, вампиризмом и патрофагией. Короткое состояние «анабиоза» мещанина Старого мира сменилось «биоактивностью», как, намекая на пьесу «Клоп» Маяковского (1928), писал Горький в письме к М. А. Семашко, где определял сущность нэпмана (см. [Турков 1981: 28]). Действительно, преобладание категории «плотских» людей в «Столбцах» совершенно очевидно.

Гилики, или люди плоти

Население нэповского Ленинграда убеждено, что в 1917 году оно возродилось к новой жизни, очищенное животворными водами революционного крещения. Однако возрождение длилось недолго, и после введения нэпа на свет появились странные, чудовищно гигантские *младенцы*, проявляющие инфантильную жадность в сочетании со взрослой извращенностью. Правдоподобное описание их появления на свет дается в стихотворении «Пекарня» (46–47).

На первый взгляд тема его — выпечка хлеба, но этот «хлеб» — не просто хлеб, а «младенец-хлеб», созданный нэпом, то есть нэповский обыватель, претендующий на звание «нового человека»[18]. Этот «младенец» наделен даром речи: вышедший из могучей печи революции, он произносит «слово стройно» (47). По всей видимости, это слово — то «новое слово» послереволюционной истории, которое «России было суждено сказать миру» после Октября [Горностаев 1929: 86]. Однако младенец, появившийся из «пещеры всех метаморфоз», или огненного чрева революции, оказался непропеченным. Он вскоре дегенерировал в раздувшегося, инфантильного и безответственного гигантского младенца таких стихотворений, как «Фигуры сна» и «Новый быт». Радость «вождя» (Ленина) и его помощников-хлебопеков по поводу появления нового человека, который произнес бы «насущный хлеб» нового слова и новой правды, оказалась преждевременной:

> Уж воют вздернутые бревна,
> но вот через туман и дождь,
> подняв фонарь шестиугольный,
> ударил в сковороду вождь, —
> и хлебопеки сквозь туман,
> как будто идолы в тиарах,
> летят, играя на цимбалах
> кастрюль неведомый канкан (46).
> <...>
> А печь, наследника родив
> и стройное поправив чрево,
> стоит, стыдливая, как дева,
> с ночною розой на груди.

---

[18] Нэп в 20-е годы часто связывали с образом младенца, и нередко в отрицательном смысле. Так, Курбов, главный герой романа Эренбурга, называет нэп «пухлым младенцем с отменно старческим лицом», чье рождение кажется «нерадостным», а процесс роста выглядит «мерзким». Проходя мимо Кремля, Курбов отмечает «празднование крестин рослого уродца, рожденного в Кремле» [Эренбург 1923: 224, 250].

И кот, в почетном сидя месте,
усталой лапкой рыльце крестит,
зловонным хвостиком вертит,
потом кувшинчиком сидит.
Сидит-сидит и улыбнется,
и вдруг исчез. Одно болотце
осталось в глиняном полу[19].
И утро выплыло в углу (47).

Даже печь, поняв, кого она произвела на свет, отказывается от своего материнства, «стыдливо» притворяясь, что сохранила былую девственность.

Таким образом, революция, которая могла бы для поддержания жизни дать хлеб духовного обновления, оказалась жертвой предательства. Призыв «Хлеба!», звучавший в «Двенадцати», нашел отклик в нэпе, но при этом было забыто, что «не хлебом единым жив человек». Появление в пекарне зловонного домашнего кота, олицетворяющего мещанский *быт*, подтверждает этот прискорбный факт. Кошачий циник не только гадит на пол булочной и по-купечески крестит свое зевающее рыльце, но и улыбается так многозначительно, как будто знает, что мещанский быт пережил и переживет все революционные бури. Материализм, то есть материальное благополучие, и пошлый *быт* в очередной раз одержали верх над *бытием*, или подлинной реальностью. Революция произвела на свет не Нового человека, а *гомункула*, обожающего комфорт и уют, хотя и притворяющегося, что он выше этого.

Послереволюционные гомункулы-младенцы живут, в сущности, исключительно ради немедленного удовлетворения своих аппетитов. Большинство обитателей города желает просто существовать в чисто животном смысле, и когда происходит смерть героя революции или вообще великого человека, их это не волнует. Для них важно лишь то, что «Мы живем» (28), — они, без-

---

19 Изображение «бесстыдного» кота, возможно, в какой-то мере навеяно пушкинскими строками: «Жеманный кот, на печке сидя, / Мурлыча, лапкой рыльце мыл» («Евгений Онегин», глава 5, V).

условно, согласны, что лучше быть «псом живым, нежели мертвым львом» (Екк. 9: 14). В стихотворении «Футбол» представлена смерть «льва», то есть героя-футболиста, которая не вызывает сочувствия у футбольных болельщиков, радующихся, что они-то живут, пусть даже как «псы»[20]. Умирающий футболист, по всей видимости, аллегорический персонаж, олицетворяющий жертвенный героизм, а футбольное поле — пространство идеологической битвы (ниже дается подробный анализ стихотворения и героя-пневматика). Отметим здесь, что зрители представляют собой род обывателей, которые считают, что любой поступок, не приносящий прямой пользы, свидетельствует не о героизме и благородстве духа, а о «глупости».

Внешность людей плоти в «Столбцах» соответствует их внутренней сущности; она характеризуется, в терминах М. М. Бахтина, карнавальной «открытостью»: их телесная форма «никогда не самодостаточна, никогда не завершена», потому что постоянно вовлечена в какой-нибудь физиологический акт — они едят, пьют, потеют, совокупляются, вынашивают детей, делают аборты, испражняются и так далее. Их тела стремятся «поглотить мир», но сами оказываются «поглощены» им. В понимании Бахтина, в «карнавальном» мире Рабле физиологическое «сообщение» с внешним окружением приветствуется как жизнеутверждающий акт, укрепляющий связь человека с материальным миром. В «Столбцах» Заболоцкого, однако, «открытое» тело видится поэтом как пугающая незавершенность человеческой формы[21].

---

[20] Этот библейский мотив появляется и в «Смерти Ивана Ильича» Л. Н. Толстого. У знакомых и друзей покойного лишь одна реакция на его смерть: «чувство радости» из-за того, что «умер он, а не я». Принадлежащие к высшему обществу карьеристы из толстовской повести нашли своих вульгарных мелкобуржуазных последователей в ревущей толпе на футбольном матче из стихотворения Заболоцкого.

[21] В пятой главе книги «Творчество Франсуа Рабле и народная культура средневековья и Ренессанса» Бахтин говорит о «гротескном теле», которое «поглощает мир и само поглощается миром» [Бахтин 1965: 343]. Бахтин считает, что французский писатель прославлял «становящееся тело» [Там же] в состоянии сообщения с внешним миром, демонстрируемого в таких «актах телесной драмы», как «еда, питье, испражнение (и другие выделения:

Тела плотских людей «Столбцов» не только «открыты», но и, в соответствии с гоголевской традицией («Нос»), легко поддаются «расчленению». Многочисленные калеки, которыми наполнен город, наглядно демонстрируют, как легко «распадается» плоть. Вопреки ожиданиям, они предстают не жертвами войны, а каким-то гротескным подвидом человечества. Один из калек, например, похоронил свои ноги и руки в «могилке» («был поглощен миром») и состоит теперь из одного брюха и большого рта (готового «поглотить мир»). Уродство не мешает ему совершить половой акт со «слепой ведьмой» (37). Эти искалеченные создания не испытывают отвращения к своей изуродованной плоти, а, напротив, наслаждаются своей «частично» сохраненной чувственностью.

Плотское человечество, без всяких сомнений, представляет собой лишь высокоорганизованную разновидность животных, и в этом качестве оно обладает сильным стадным инстинктом. Хотя люди плоти живут изолированно друг от друга и от мира в целом (каждый в собственном «гнезде» или в своей «клетке»), образ жизни у них сходный. Так, в один и тот же утренний час они появляются из одинаковых квартир, одинаково одетые, собираясь сесть в общественный транспорт и принять одинаковые позы:

потение, сморкание, чихание), совокупление, беременность, роды, рост, старость, болезни, смерть, растерзание, разъятие на части, поглощение и другим телом» [Там же: 344]. Все эти «акты телесной драмы» совершаются на границах тела и мира или на границах старого и нового тела. Автор «Столбцов» представляет смертное человечество в похожих на раблезианскую образность терминах, с тем отличием, что воспринимает открытое тело как пугающе отвратительное. Для него «родовое тело народа» не сливается, как у Рабле, с понятием «исторического бессмертия народа» [Там же: 351], а скорее, наоборот, связано со смертностью человеческого тела. Заболоцкий, возможно, познакомился с идеями Бахтина в 1920-е годы, когда они в основном сформировались, благодаря своему другу и соратнику — обэриуту К. К. Вагинову, принадлежавшему к бахтинскому кружку (см. [Clark, Holquist 1984]). В 1933–1935 годах Заболоцкий работал над адаптацией романа Рабле «Гаргантюа и Пантагрюэль» для детского чтения.

Но вот все двери растворились,
повсюду шепот пробежал:
на службу вышли Ивановы
в своих штанах и башмаках[22].
Пустые гладкие трамваи
им подают свои скамейки... (39)

Эти Ивановы запрограммированы как консервативной природой, «поощряющей» подчинение стадному инстинкту, так и мещанским обществом нэпа с его косным бытом. Природные инстинкты и приобретенные в быту шаблоны поведения сливаются воедино, и конечный результат этого слияния — «Иванов», смесь животного и марионетки[23]. «Иванов» легко перемещается из сферы общественных установлений и бытовых правил в сферу необузданной сексуальности и обратно. Он с удовольствием «целует девку» (40), а она, в свою очередь, раздевается так же автоматически, как он покупает трамвайный билет. Блудодейство — настолько неотъемлемая часть распорядка дня девки, что без него она просто не знает, что делать и «куда идти» (40). Животное начало вместе с автоматизмом бездушного быта образуют опасное дегуманизирующее сочетание. Видя, как биологический инстинкт сливается с автоматизмом привычки («целует девку — Иванов»), поэт выкрикивает предупреждение человечеству, призывая его выступить на борьбу с этим воистину бесовским союзом (40). Он даже обращается к «свинцовому идолу» города, умоляя его о новом потопе, который «широкими волнами» упокоил бы «этих девок» на перекрестках улиц «вверх ногами» (40). Если Ивановы зальют Новый мир своими безликими массами, великое дело так и останется неосуществленным.

Совершенно очевидно, что «иуды», разменявшие бесценное бессмертие на мелочь эфемерных удовольствий, не годятся для

---

[22] Л. Я. Гинзбург отмечает значимое отсутствие каких-либо эпитетов в строчке «в своих штанах и башмаках»: «энергия слова здесь именно в отсутствии эпитета» [Гинзбург 1984: 149].

[23] В «Записках из подполья» рассказчик придерживается мнения, что «естественные» люди (такие, как *Звер*ков) первыми станут «фортепианными клавишами» и «штифтиками» в «счастливом» хрустальном дворце конформизма.

«дела». В «Фокстроте» мы встречаем человека, который предал великое дело спасения ради сомнительных удовольствий вульгарного увеселения и заемной субкультуры. Гавайский джаз и виски побуждают «женоподобного Иуду» (44; ср. [НФ 1: 219]), танцора фокстротов, всю ночь двигаться в состоянии нарциссической самопоглощенности. Он даже не замечает, что у него нет партнерши, и, как заводная кукла, вновь и вновь повторяет нехитрые па фокстрота. Поэт с отвращением описывает зрелище танцующего импотента-автомата, очевидно надеясь, что «штык, летающий повсюду» (38) пронзит этого Иуду, как и всех предателей дела, ради спасения человечества (38).

Психики, или люди души

Одну из категорий психиков в «Столбцах» составляют критики нэповского псевдосоциалистического общества, которое они отвергают, но не в силах изменить. К ней относятся многочисленные городские алкоголики. Им нет дела до «амбара радости» (56), столь милого сердцу «младенцев» и «толстых баб», но они ничего не ищут взамен. Единственное, чего они желают, — бежать от разочаровывающей реальности в мир грез, порожденных алкоголем. Их излюбленные убежища — бар «Красная Бавария» и другие заведения подобного рода, где они погружаются в царящую здесь атмосферу бедлама. «Скребя стакан зубами» (56), они находят, что «бутылочный рай» (23) лучше поцелуев «всякой девки» (57). Эти люди души явно непригодны для восстановления революционных идеалов.

Новобранцы из стихотворения «Пир» — наиболее многообещающая категория «психиков». Эти молодые люди собрались, очевидно, для того, чтобы отпраздновать десятую годовщину революции: в ее честь произносятся тосты и речи. Однако с наступлением позднего вечера ораторы представляют собой все более жалкое зрелище: «трясущиеся волосы», «потные руки», «плоские лица» (38). Чтобы протрезвить пирующих, понадобился резкий осуждающий жест одного из молодых солдат: он разбивает стакан штыком. Свой жест он сопровождает «одическим» (ср. [Турков 1956: 40]) обращением к штыку, провозглашаемому спасителем мира. Этот красноармеец, очевидно, напоминает своим товарищам, что революция в стране и мире восторжествовала далеко не везде и что именно от них, как защитников Советского Союза, зависит ее окончательная победа.

Юный боец, произносящий эту тираду, без сомнения, сам поэт. Он единственный из пирующих солдат понимает, что означает тост во славу революционного действия и как велика была бы потеря для человечества, если бы дело погибло навсегда. Но и он не поднимается до высот своих идеалов. Автопортрет героя говорит о том, что он еще не созрел до выполнения надлежащего долга:

За море стелются отряды,
вон я стою, на мне — шинель
(с глазами белыми солдата
младенец нескольких недель).
Я вынул маленький кисетик,
пустую трубку без огня,
и пули бегают, как дети,
с тоскою глядя на меня (39).

В «Столбцах» присутствуют моменты, когда поэта (лирического героя цикла) одолевают сомнения в самом себе. Он, например, размышляет в тревоге, не поддастся ли и он мещанскому *быту*, найдя себе «невесту», желающую свить для него уютное гнездышко и превратить его в «Иванова» (40). Его борьба с собственной человеческой природой доставляет ему не меньше мучений, чем некогда усмирявшим свою плоть христианским святым; об этом говорится в стихотворении «Купальщики» (51–52), шутливо, но тем не менее всерьез повествующем об этой борьбе.

Здесь поэт находится в компании купальщиков, пытающихся погасить «пламя» обуревающего их сексуального желания в холодных водах реки. Возможно, молодые люди, погружаясь в успокаивающую прохладу воды, бессознательно следовали заветам Фейербаха. Превознося воду как очищающий элемент, который «угашает пыл страстей», немецкий философ утверждает, что святые хорошо знали: «в чем отказывала им благодать, то давала им природа [Фейербах 1955: 314]. Купальщики тоже обнаруживают, что природа лучше помогает потушить «пыл эгоизма» [Там же], чем благодать (несуществующего Демиурга), и прославляют реку, как «святую на иконе» (52).

Однако способ полностью обуздывать телесность пока не найден, и поэта нередко беспокоит, что он, подобно людям плоти, находится в зависимости от своего тела. Так, при виде «тела розовой севрюги» им овладевает неодолимый приступ аппетита. Заметив, что рыба свисает с крюка, «вытянувши руки» в умоляющем жесте (62), он делает попытку воздержаться от деликатеса, но не может («Рыбная лавка», 62–63; это стихотворение 1928 года не включено в первое издание «Столбцов»). Он как бы становится жертвой севрюги в той же мере, в какой она является его жертвой. Побежденный «самодержцем пышным брюха» и «руководителем тайным духа» (62), поэт понимает, что пока невозможно окончательно спастись от мира «каннибализма», где сознание вынуждено подчиняться слепым инстинктам, а человек должен быть, как объявил Фейербах, «тем, что он ест»[24]. Это унизительно, но в Новом мире это положение должно измениться. Тогда не придется вопреки себе быть Собакевичем — вспомним, что этот гоголевский персонаж в один присест поглощает целого осетра с искренним восторгом каннибала и без всяких угрызений совести.

Борясь и в шутку и всерьез со своими слабостями, поэт добивается определенного успеха, поскольку, вопреки всему, верит в иную природу, которую предстоит создать человеку. Природа не жестока по собственной воле, она не вредит своему детищу, человечеству, и другим тварям намеренно, но без помощи человека она никогда не избавится от своих недостатков. Задача нового человека — помочь природе стать тем, чем она должна быть, помочь ей найти свой истинный облик. Автор «Столбцов» способен видеть дальше сегодняшнего дня и предвосхитить грядущие перемены. Вопреки

[24] «Der Mensch ist was er isst» (*нем.*) — «Человек есть то, что он ест», ставшая крылатым выражением цитата из рецензии Л. Фейербаха на книгу немецкого физиолога и философа-материалиста Я. Молешотта «Популярное учение о питательных продуктах» (1850). — *Примеч. ред.*

реальности нэпа он свидетельствует о возможности появления людей нового типа и приветствует их как спасителей своего «падшего» города.

Пневматики, или люди духа

Стихотворение «Футбол», упомянутое выше, представляет героя-пневматика в обличии футболиста. Игра, в которую он играет, в высшей степени символична. Вначале мы видим, как он, «ликуя на бегу», мчится вперед к воротам противника, словно символ человечества, полного решимости достичь своей высокой цели. Он не боится опасностей на своем пути, не щадит себя, и его душа «летит» вперед, как будто знамя (26), уподобляя его рыцарю на турнире — он облачен в «доспехи» (27). Однако его враги — игроки команды-соперника — всячески мешают ему; форварда «хватают наугад» и «отравою поят» (27). Его не защищают и игроки собственной команды: судя по восклицанию форварда «Измена!», они оказываются предателями. Люди нэпа (игроки своей команды) даже опаснее команды противников и других открытых врагов Нового мира. В конце концов герой оказывается смертельно ранен — из его горла фонтаном бьет кровь (27). Умирая, он замечает, как летит по воздуху футбольный мяч, но видит в нем образ земного шара, образ того мира, который он хотел поймать и направить к цели. Однако мир нэпа не хочет, чтобы его преобразовывали, наверное предпочитая стать крылатым глобусом Зингера на Невском проспекте. Футбольный мяч-мир дразнит умирающего игрока, смеется над ним «и форварда замучить хочет». Ворота, к которым он так страстно стремился, оказываются входом не в Новый мир, а в древнее царство смерти. Появляется и представитель последнего, Харон, «меланхолический голкипер» (27), который призывает темную ночь и воды забвения прибыть и поглотить мертвого героя.

В этом символическом стихотворении показана травля героя мещанским миром, столь ничтожным, что для него невыносимо хоть чье-то величие. Но хотя его триумф абсолютен, смерть «форварда» означает не только поражение. Перефразируя Пушкина, можно сказать: «Нет, весь он не умер». Хотя бренные останки героя, лежащие «задом наперед» и «без головы», едва ли можно назвать величавыми, его свободный дух выпущен на волю. Ночь берет свой «черный ключ» и отпирает «атмосферическую лунку» (27), где при жизни форварда нашла пристанище его душа. Теперь эта душа может свободно бродить в царстве *realiora*, у «голубого ручейка», где «с зарею» (28) танцуют души-девочки. Герой отныне будет пребывать в своем царстве пневматиков — обители бессмертных идеалов и вечной памяти — до тех пор, пока Идеал и реальный мир не сольются, что произойдет, когда «новое небо и новая земля» объединятся. Настанет время, и герои будут воскрешены человечеством, убившим смерть и открывшим секрет живой и мертвой воды. Как отмечает Ф. Бьорлинг [Björling 1973], форвард, геройствующий на футбольном поле, ассоциируется с Русланом из поэмы Пушкина «Руслан и Людмила». Подобно Руслану, убитому врагами, но воскрешенному живой и мертвой водой, «убитый» беками (защитниками) форвард тоже однажды вынырнет из вод Леты и вновь обретет существование. Тем временем добрая память о герое служит связующим звеном между прошлым и будущим. Память возводит плотины на пути вод Леты; она поддерживает сознание того, что смерть может быть побеждена. А пока жива память об усопших, помнят и о деле их воскрешения.

В стихотворении «Часовой» (31–32), идеологически ключевом в «Столбцах» (см. [Синельников 1984: 105]), мысль о бессмертии героев-пневматиков выражена без всякой иронии. Ситуация здесь следующая. Солдат стоит на часах у гроба героя революции. Этот гроб-памятник («белый домик <...> с квадратной башенкой вверху»), установлен в зале, украшенном полковыми знаменами. «Ночь густеет» (31), и эта аллюзия на Тютчева говорит о том, что этой ночью случатся «явления и чудеса» (ср. «Видение», 1829). И они действительно случаются, так как живые и мертвые встречаются в царстве Духа. Пока тело солдата продолжает, «как кукла», стоять у памятника, его дух — живительная πνεῦμα[25] — покидает свою

[25] πνεῦμα (*греч.*) — «дух». — *Примеч. ред.*

телесную оболочку, чтобы в иных сферах встретить душу умершего героя. Таким образом молодой солдат, современник тлетворного нэпа, поддерживает связь с «пролетарием на стене» (32) — очевидно, там висит портрет героя-пролетария, принадлежащего к революционному классу-избавителю, который возродил мир к новой жизни. Этот герой на стене и в гробу бессмертен, хоть и мертв, потому что беззаветно сражался за идеал Спасения и за революцию, которая хотела этот идеал осуществить. Душа часового погружена в раздумье — так как стихотворение было написано в 1927 году, возможно, что он думает как раз о священном наследстве события, которое произошло десять лет назад. Его мысли, однако, не только радостны. «Свисающие с потолка» знамена — «в серпах и молотах», как и должно быть, но настораживает эпитет «измятых». Он свидетельствует об известном небрежении и запустении, в котором содержатся знамена. Но когда мертвый «пролетарий на коне», «расправив копья», предлагает часовому свою защиту, молодой человек понимает: война за преобразование мира, прерванная приходом нэпа с его «людьми-младенцами», должна быть и будет продолжена. Возвращаясь в мир реальности, сжимающий свой штык часовой принимает историческую ответственность, возложенную на него мертвым героем. «Штык ружья» говорит о том, что новый «сигнал к войне» (32) может прозвучать снова. Часовой из стихотворения, несомненно, последует призыву.

Стихотворение проникнуто «религиозным» настроением. Читатель попадает в нечто вроде святилища, где свет красной звезды рассеивает темноту, подобно лампаде, стоящей перед иконой (32). Вся обстановка вызывает ассоциации со всенощной на православную Пасху, когда церковь, символизирующая гробницу Христа, погружена во тьму и только красные лампадки мерцают на алтаре. Юный часовой, отринувший христианство, возможно, все же ожидает пасхального чуда воскресения в видоизмененной форме — как воскрешение пролетарского «рыцаря» и всех других героев революции. Впечатление, что действие происходит в священном месте, усугубляется и тем, что это место можно рассматривать как своего рода катакомбу, поскольку «религия» воинствующего коммунизма, похоже, обрела здесь убежище от своих врагов-мещан. Религия воинов-рыцарей, исповедуемая одиноким часовым и его предшественником, в мещанском мире презирается, вопреки всем неискренним словоизлияниям. В эту бессонную ночь юный страж полностью осознает опасности, угрожающие идеалам пролетарского рыцарства, сражавшегося за революцию. Воодушевленный духовной «встречей» с усопшим героем, он убеждается, что его долг — продолжать «священную войну» за окончательную победу революции во всем мире.

Наступит день, когда Идеал станет реальностью. Чудесные ночные видения, явившиеся юному часовому, подтверждают существование прекрасного мира *realiora*, ждущего своего воплощения здесь, на земле. Однажды неземные создания, включая девочку, которая «дудит в прозрачную трубу» (32), «с улыбкой бледной на губах» вызывая коров, витающих в воздухе, как на картинах Шагала, вольются в мир *realia*. Придет день, когда чудесные небесные видения материализуются, как бы ни противились этому плотские люди нэпа. Часть ответственности за воплощение в жизнь этих грез лежит на художниках, воинах духа. Часовой в стихотворении — это сам поэт в одно из своих лучших мгновений. Возвышенный опыт, пережитый им в «Часовом», позволяет ему обрести силу духа, необходимую для речи, которую он обращает к пьяным друзьям-солдатам в стихотворении «Пир». Вдохновленный ночными видениями, он смело говорит своим пьяным товарищам с их «трясущимися волосами» (38), что идеалы («фигуры») революции — это «Доброта — Красота — Истина» [Липавская 1984: 53][26].

Вероятно, что «Часовой» — косвенная реакция на ослабление культа Ленина, который к 1926 году «функционировал в сокращенном и нормированном формате» [Tumarkin 1983: 208]. Возможно, юный часовой стоит под портретом Ленина и думает об

---

[26] Т. А. Липавская приводит запись Л. С. Липавского, свидетельствующую об интересе Заболоцкого к триаде Платона. Запись содержит перечень предметов, интересовавших поэта в 1933–1934 годах, в котором с платоновской триадой соседствуют «фигуры революции» и «фигуры и положения при военных действиях». По мнению К. Кларк, время «высокого сталинизма» содержит платоновский элемент (см. [Кларк 2002]).

упадке его культа (мотив «общения с портретом великого усопшего вождя» был распространен в поэзии 1920-х годов). Или же он вызывает в памяти образ Мавзолея Ленина с его «квадратной башенкой вверху». Тема связи с героическим предком на рубеже жизни и смерти, по-видимому, была важна и лично для Заболоцкого, сочинившего «Часового» «на дежурстве у знамени полка» [Синельников 1984: 105]. Позднее он снова возвращается к этой теме в стихотворении «Прохожий» (1948).

Бессмертное человечество

Хотя в городе Ленина героев-пневматиков травят, так что враги «Ивановых» вынуждены вести «подпольное» существование, пролетарские массы продолжают дело, начатое революцией. Их коллективный труд под эгидой рациональных процессов не прекратился. «Нагие полчища заводов», наделенные скифской мощью, о чем свидетельствует сама «нагота» зданий, в которых кипит работа, поддерживают «труда и творчества закон» (43). Правда, голос рабочего в нэповском мегаполисе заглушен, но «молчание» заводов — «грозное» (43). В конце концов люди рабочего класса нарушат зловещую тишину и вновь низвергнут паразитов-эксплуататоров.

Стихотворение «Офорт» (29), которое выше рассматривалось как картина культа смерти, заканчивается в ином ключе. В начале показано триумфальное шествие «покойника-самодержца» через город, стоящий на болотах и костях его строителей, но далее следует смена темы. «Радостный, оптимистический... городской пейзаж» [Юнггрен 1981: 175] сводит на нет и преодолевает начальный мотив «трубной молитвы» некрополя: грохот машин в конце стихотворения раздается громче трубных фанфар смерти в его начале[27]. В конце концов «музыка индустрии» за-

---

[27] Юнггрен считает промышленную идиллию, представленную в «Офорте», «псевдооптимистической». Думается, однако, что Заболоцкий рассматривал технику в качестве подлинного средства Спасения: в «Торжестве земледелия» он приветствует «трактор» как орудие, ведущее к благоденствию.

глушит погребальные песни, а техника, прогресс и коллективный труд спасут «постояльцев» от смерти (как это было и в огневской «Евразии»). Цветок розмарина — цветок поминовения, стоящий на подоконнике одной из «городских коробок» (29), — подтверждает надежду, что, когда город Петра действительно станет городом Ленина, все еще скачущий галопом по городу Медный всадник, он же гордый покойник «Офорта», будет сброшен с пьедестала бессмертным новым человечеством.

«Столбцы» только намекают на эту грядущую победу над всеми видами смертоносных сил, которая будет достигнута благодаря коллективному труду, рациональной мысли и художественному творчеству. «Путиловская луна», отраженная в Неве в стихотворении о маленькой черкешенке, умирающей на улице бессердечного города (30), не случайно названа именно так. Эта луна знаменитого революционного завода, изготовляющего локомотивы и тракторы, как бы обещает, что сделает человека менее беззащитным перед лицом природы. Она вселяет надежду на то, что техника, мастерство, наука и труд в союзе с вдохновляющим искусством в конечном итоге победят всемогущество Смерти. Эта победа станет также результатом предвидения и сознательности, созвучных историческим требованиям. Если человечеству предстоит овладеть природой и победить смерть, оно должно избавиться от религиозных заблуждений и ложной недооценки своего потенциала. Если суждено восторжествовать музыке лязгающих поршней и грохочущих колес, на смену гимнам «чадному Богу» должны прийти гимны человеческому всемогуществу и всеведению.

Истинное божество

Человечество обретет Истинное божество, когда поймет, что подлинный спаситель от всех бед — само человечество. В стихотворении «Пир» (38) говорится о том, что человечество должно взять свою судьбу в собственные руки и защищать свои права, если нужно — посредством войны. Здесь «штык» представлен как орудие завоевания мира и даже приравнен к божеству:

О штык, летающий повсюду,
холодный тельцем, кровяной,
о штык, пронзающий Иуду,
коли еще — и я с тобой!
Я вижу — ты летишь в тумане,
сияя плоским острием,
я вижу — ты плывешь морями
граненым вздернутым копьем.
Где раньше Бог клубился чадный
и мир шумел — ему свеча;
где стаи ангелов печатных
летели в небе, волоча
пустые крылья шалопаев, —
там ты несешься, искупая
пустые вымыслы вещей —
ты, светозарный, как Кащей! (38)

Как показывают эти строки, штык обладает многими «божественными» качествами, такими как вездесущность (он летает «повсюду») и всемогущество (придает *всему* смысл). К тому же он ужасен в гневе (когда убивает «Иуду») и бессмертен, как Кащей (которого, однако, можно убить). Поэтому безжалостный штык, по крайней мере временно, должен заменить прежнего «чадного» Бога и его «стаи ангелов печатных» (38). В конечном счете не штык, а сам человек, героически сражающийся в священной войне со Старым миром, есть истинное божество. Вот почему поэт приветствует дальнейшие пути «штыка»: Красная армия (ее «пехота», 39) принесет весть о всеобщем спасении мира «за море» (39), утверждая человека как истинное божество мира и вселенной. Поэт предлагает воинственную версию священно-научного милитаризма из федоровской философии общего дела. Красная армия, владеющая «справедливым» оружием, спасет мир от «врагов» дела. Осмысляя историю, «полет» штыка наполнит «пустые вымыслы вещей» настоящей реальностью, искупая грехи быта истинным бытием.

Если штык действительно является Истинным божеством Нового мира или, по крайней мере, его символом, то почему же он сравнивается с мрачной сказочной фигурой Кащея, которая отнюдь не «светозарна»? Даже бессмертие Кащея сомнительно, поскольку его можно убить, если удастся найти место, где спрятана его жизнь. Как говорится в сказках, спрятана она «в утином яйце, которое у зайца, который в сундуке, который под дубом, который растет на острове». И, хотя отыскать его жизнь нелегко, все же известно, где она спрятана. Вероятно, в этом временном бессмертии Кащея и кроется разгадка его присутствия в «оде штыку». Поэт относится к этому оружию как к средству расчистить путь к будущему и считает его полезность только временной. «Светозарный штык» нужен лишь до тех пор, пока есть «Иуды», предающие дело. Когда будут уничтожены все изменники и враги, а с ними — и смертельная зараза, которую они несут с собой, можно будет убить и похоронить само беспощадное оружие «справедливости». Штык священен для поэта как средство уничтожения тех, кто распространяет гниль смерти. Когда штык найдет место, где спрятана жизнь Кащея, его можно будет отбросить за ненадобностью.

Тогда вступит в полную силу «труда и творчества закон», и сражающаяся армия станет трудовой, превратив смертоносное оружие в орудие труда и переустройства мира. Ведя «священные войны», а после них занимаясь созидательным трудом, человечество окончательно определит ход истории и собственную судьбу. Преобразуя действительность, оно больше не будет полагаться на выдуманное божество и предаст забвению Старый мир — мир иллюзий, обмана и бесплодных фантазий. Человечество само станет своим подлинным Богом, создающим конкретную реальность, в которой не будет больше места ничему чуждому человеку и ничему абстрактному по отношению конкретной жизни. В осмысленном мире, который создаст человечество, ставшее собственным Богом, будет достигнуто и бессмертие в полном смысле этого слова.

Новый мир

В Новом мире, очертания которого еще неясно проступают в реальности, обрисованной в «Столбцах», Смерть (символ которой — апокалиптический Свинцовый идол; см. выше) низвергнута со своего трона, убита и похоронена вместе с последним штыком, предназначавшимся для ее умерщвления. После этих похорон (которые, вероятно, превзойдут по грандиозности те, что изображены в «Офорте») мир будет представлять собой уже не вечно разлагающийся труп, а цельную и полную формацию. Географических единиц, таких как Финляндия или Кавказ, больше не будет, по меньшей мере все межи и границы можно будет преодолеть с помощью сапог-скороходов.

В стихотворении «Черкешенка» Советский Союз видится как мировая держава в процессе становления; правда, она все еще разделена на «два огромных сапога» (30), один из которых «по-фински говорит», а другой «шагает по Эльбрусу», в конце концов оба сапога вместе «убегают, гремя по морю — на восток» (31). По-видимому, это означает, что они оба кружным путем достигнут Запада, переправившись через океан (ср. «Пир», где пехота отправляется «за море»). Финал «Черкешенки» предвещает, что население Советского Союза станет единым гигантским рабочим-большевиком, широко шагающим в исполинских семимильных сапогах по всему земному шару, освобождая всех обездоленных на своем пути. Такой гигант изображен на картине Б. М. Кустодиева «Большевик» (1920), а в поэме Маяковского «150 000 000» (1917) говорится о его подвигах[28]. Этот колосс марширует через сушу и моря, утверждая повсюду единую идеологию Спасения и распространяя весть о деле по всему миру. Семимильные сапоги ста пятидесяти миллионов, слитых в коллективного Большевика, «гремя по морю — на восток» (31), прокладывают путь объединенному Новому миру, способному установить «труда и творчества закон».

Не война, а техника станет орудием окончательной победы над смертоносной природой. Мощь техники очевидна даже теперь, когда мир еще раздроблен на осколки и поэтому творчески бесплоден. Так, в стихотворении «Море» пароход — хрупкое соз-

---

[28] Ср. в поэме Маяковского: «Россия / вся / единый Иван,/ и рука / у него — Нева, / а пятки — каспийские степи». А также: «Человек — / голова в Казбек! — / идет над Дарданелльскими фортами».

дание человека — выдерживает напор яростной стихии воды и ветра, хотя непогода разыгралась глубокой ночью. Ему удается избежать гибели, потому что он сам «давит» на огромные волны прожектором, чтобы их «ослепить» (29), а ему самому «видеть». «Горы старины» (28), поднятые штормом, вынуждены уступить человеческой изобретательности — пароход «видит», как ему маневрировать. Когда «румянец» утра отражается в море, гибельные стихии уже «смирились» с человеком и опять служат ему. В пушкинском «Медном всаднике» стихии, атакующие город Петра, отступают, лишь излив свою ярость в бессмысленном разрушении. В «Море» стихии, борющиеся с хрупким человеческим творением, не наносят ему никакого ущерба. Человек учится управлять природой и своей судьбой, и его знания приносят пользу городу, возведенному на топких болотах и много раз становившемуся жертвой предательской стихии. Трагедии, изображенной в поэме «Медный всадник», больше не произойдет, так как истинное божество мира — Человек — покорит все стихии[29].

Конечно, победа, одержанная над природой в «Море», не такое уж великое событие, но каждый успех в борьбе с ней предвещает окончательное и полное торжество. Человек приближается к нему шаг за шагом, следуя ритму прогресса и законам человеческого творчества. Такой подход ведет его к цели вернее любых

---

[29] Стихотворение Заболоцкого вызывает ассоциации с «Пироскафом» (1844) Боратынского, где поэт, до этого ненавидевший бездушную технику, восхищается «одним из достижений “железного века” — пароходом» [Пигарев 1964: 14]. Он с радостью наблюдает, как «колеса могучей машины» бесстрашно «роют волнистое лоно пучины», как капитан, стоящий на корме, уверенно управляет ходом машины, а судно «братствует с паром». Видя все это, поэт верит, что пароход благополучно доставит его в сказочную Италию, этот «Элизий земной». Боратынский умер вскоре после описываемого морского путешествия, в Италии, элизиуме своей мечты, и эта «ироническая» смерть в момент, когда, как казалось, пристанище было уже достигнуто, по-видимому, намекает на необходимость еще более серьезной борьбы со смертью. Боратынский был одним из любимых поэтов Заболоцкого, с которым его, помимо всего прочего, объединяло почитание Гёте — поэта и философа, проникшего во многие тайны природы.

чудес. Когда «труда и творчества закон» будет принят «становьями народов» (43), не будет больше границ техническому могуществу человека и его власти над окружающей природой. Наступит день, когда человечеству будет трудно представить себе саму возможность катастрофического наводнения, которое изобразил Пушкин в своей поэме. Нынешний город-некрополь, погруженный в воды Леты, станет городом «всемогущества Человечества».

При этом жители будущего, по-настоящему возрожденного города Ленина должны будут держать под контролем не только окружающую природу, но и собственную человеческую натуру. Наступит время, когда жестокие ритуалы каннибализма и патрофагии, размножения и смерти больше не будут соблюдаться. В Новом мире невинным цыплятам, селедкам «с кроткими глазами» («Рыбная лавка») и всем живым существам будет легче жить, — возможно, даже для растений наступит новая эра. И уж конечно, дети не будут «пожираться», а их престарелые родители — «усыхать» и умирать. Все якобы непреложные законы природы будут заменены другими законами, созданными человеческим разумом, который отказывается принимать абсурд как должное и заменяет его реальностью, полной смысла. Божественное человечество пишет собственные законы и становится «самосозданным», используя термин Федорова.

Короче говоря, Новый мир — это творимая легенда, осуществление всего того, о чем мечтали «лучшие сыны» человечества в те времена, когда миром еще правила всемогущая Смерть. Духовное наследство, оставленное рыцарями-пролетариями, героическими воинами, недремлющими часовыми, учеными и художниками — всеми великими людьми действия и созидания, — материализуется в новом городе Жизни и «подлинной Реальности». В этом истинно новом мире видения художников, запечатленные в образах, звуках и словах, станут живой и вечной жизнью. В Новом мире коровы *действительно* станут грациозными шагаловскими созданиями, а маленькие духи-эльфы *действительно* будут танцевать на берегах небесно-голубых ручейков. Хотя «Столбцы» и оканчиваются на пессимистической ноте — «трамвай истории» едва движется вперед, а биологический цикл не преодолен, — есть надежда, что этот застой носит временный характер. Цикл вечной повторяемости будет заменен траекторией, ведущей в такие измерения, где возможно все, поскольку человек научится быть всемогущим и всеведущим, оставаясь при этом всеблагим. Во всяком случае, поэма «Торжество земледелия» рисует картину реальности, в которой осуществились многие сокровенные надежды освобожденного человечества.

Торжество земледелия

Наука, примененная в земледелии,
становится воскрешением.

Н. Ф. Федоров

Сказочная фаустианская поэма Заболоцкого «Торжество земледелия» (1933) нередко интерпретировалась как сатира на коллективизацию или даже как «глумление над идеалами социализма» [Македонов 1968: 140]. Однако это скорее утопия, приветствующая коллективизацию как социалистическое общее дело, которое должно искупить предательство, совершенное в годы нэпа. Если здесь и есть сатира, ее острие направлено на Старый мир, демиургическую религию и эксплуататоров-кулаков, а сказочные элементы — это часть «творимой сказки», а не замаскированная сатира. В «Торжестве» перед читателем возникает реальность, удивительная тем, что в ней делаются первые, но значительные шаги в радостное будущее осуществленных мечтаний.

В будущей стране чудес смерть будет побеждена. «Преодоление смертности» — главная идея поэмы [Филиппов 1965: 328–329]. Окончательная победа над смертью одерживается в деревне, как и предполагал Федоров. По существу, поэма настолько проникнута федоровским духом, что некоторые параметры программы спасения здесь лишь намечены, будучи уже известны читателю как составляющие философию общего дела.

Старый мир

В поэме «Торжество земледелия» Старый мир — это сельская Россия, доведенная до крайней нищеты недавними войнами, нэпом и неразумным хозяйствованием все еще здравствующих мужиков-кулаков[30]. По словам мужика в первой главе, природа — не более чем «развалина» (208), а говорящий конь из второй главы соглашается с его мнением, утверждая, что «кругом природа погибает» (213). Такое плачевное состояние — прямой результат неправильного ведения хозяйства кулаком и всем его классом. Эти *Собакевичи*, собственность которых охраняют злые собаки, выжимают из своей земли и «скота» — как рогатого, так и человеческого — максимальную прибыль, оставляя природу в присущем ей состоянии хаоса, саморазрушения и слепоты.

Природа «слепа» (постоянный эпитет Федорова), но этому ее недостатку можно и нужно противопоставить рациональное планирование и науку, что было известно уже Базаровым 1860-х

---

[30] «Торжество земледелия» цитируется по изданию [Заболоцкий 1965] (с указанием в скобках страниц), которое воспроизводит первоначальный, вызвавший полемику текст, опубликованный в журнале «Звезда». Этот текст был изменен спустя считаные часы после напечатания первого тиража, и сохранилось только несколько экземпляров оригинальной версии. Даже после переработки поэма подверглась жестокой критике [Заболоцкий 1965: 328]. И западные, и советские литературоведы долгое время считали, что в поэме выражено критическое отношение к коллективизации сельского хозяйства. Г. П. Струве, например, полагает, что поэма содержит «насмешку над советским обществом и современным миром в целом» [Struve 1971: 192], а Б. А. Филиппов представляет кулака «независимым сильным крестьянином», понимающим нелепость коллективизации [Филиппов 1965: li]. Л. А. Фостер увидела в ней сатиру на квазиспециалистов-агрономов [Фостер 1971: 213]. Советская критика 1930-х годов обвиняла поэта в том, что социализм в его изображении ведет к регрессивному и мелкобуржуазному слиянию с природой и животным миром [Заболоцкий 1965: 328–334]. Во времена оттепели поэме дали новое истолкование — не как сатиры, а как утопии. Сквозь призму времени некоторым читателям, например В. А. Каверину, казалось странным, что эта поэма, посвященная идее «преображения природы», когда-то воспринималась иначе [Каверин 1980: 323]. Суровые отзывы советских критиков впоследствии дорого обошлись автору (см. его автобиографический очерк «История моего заключения» [Заболоцкий 1995: 389–399]).

годов. Они указывали на то, что природа — «мастерская», в которой следует трудиться на ее же благо. Кулаков, однако, заботит не состояние матери-природы и восстановление сельской экономики России, а только их личное благосостояние. Еще меньше они заинтересованы в революционных идеях коллективного сельского хозяйства, общественной собственности на средства производства и основанного на совместном труде научного земледелия в мировом масштабе. Ослепленные жадностью, они отвергают плановый рациональный труд, цепляясь за бессистемное, неэффективное и неэкономичное индивидуальное хозяйство. Кулаки — эксплуататоры земли отказываются планировать природные процессы: их не заботит, полезна или вредоносна для человека (и скота) деятельность природы. Класс кулачества не вписывается в рациональную динамику истории и быстро наносит непоправимый вред природным ресурсам.

Следует еще раз заметить, что недуги русской деревни и бедственное положение мужика коренятся не в самой природе: это вина тех, кто не захотел и не сумел взять ее под контроль. Как писал поэт в более позднем стихотворении «Я не ищу гармонии в природе...», природа — «безумная, но любящая мать» [Заболоцкий 1965: 111] для своих детей, то есть всего людского рода. Иногда она показывает свою любящую натуру, иногда впадает в яростное безрассудство. Время от времени она дарует обильные урожаи и благоприятную погоду, но нередко насылает засухи, наводнения, бури и лесные пожары. Она может дать доброе здоровье и долгую жизнь, а может навлечь на человечество чуму и другие болезни и бедствия. Рано или поздно природа убивает всех своих детей, так как не в состоянии защитить их от собственных разрушительных сил. Поскольку природа не добра и не зла, а просто не в состоянии регулировать себя, ее не стоит любить или ненавидеть — ее следует лечить с помощью науки. Эту простую истину понимает даже летящий «журавель», несущий в клюве свиток с лозунгом «Убыток / дают трехпольные труды» в клюве (207). Но, к несчастью, богатые, но невежественные кулаки больше доверяют Демиургу, чем науке. Они проводят слишком много времени в молитвах о собственном преуспеянии, и их не волнуют такие всемирные проблемы, как эрозия почвы, наводнения, засухи, эпидемии или голод, по крайней мере до тех пор, пока все это не коснется их лично.

Демиург

«Торжество земледелия» содержит резкую критику православия. Используя толстовский прием непочтительного остраннения, поэт заставляет своих введенных в заблуждение кулаков молиться «лохматым, немощным, двуногим» богам (216). Явно, что эти «лохматые» божества так же примитивны, как любые языческие идолы, а эпитет «двуногий» в этом контексте указывает на то, что их статус очень, и даже «слишком», близок человеческому. Только кулаки все еще цепляются за религию, несостоятельность которой всем другим людям доказала революция. Возможно, они инстинктивно чувствуют родство с ней, так как душа для них что-то вроде личного капитала, который стоит инвестировать в проект загробной жизни в раю.

Можно с уверенностью предсказать, что, когда придет пора раскулачивания, «идолы» этого класса не помогут своим непросвещенным почитателям. Кулаку, распростертому перед иконами («поклоны медленные кокал», 216), следовало бы вступить в колхоз и хозяйствовать на земле рационально, вместе с мужиками приспосабливаясь к новой реальности творимого Нового мира. Но он слишком скован традициями, да и жадностью, для того чтобы измениться. Его решение насущных проблем будет обычным: оставить все на «усмотрение Бога» в уверенности, что Бог, как и он сам, желает «истребленья / того, что — будущего знаки» (216).

Поэма, таким образом, критикует со стандартных советских позиций «сивуху» религии, призывающей к пассивности и инертности. Федоров, конечно, был верующим, но тоже критиковал пассивное христианство, целиком полагающееся на молитву и сосредоточенное на спасении отдельной личности. Философ считал большинство христиан «язычниками», принимающими природу такой, какая она есть, вместо того чтобы превращать ее в тот идеальный мир, которым она должна быть. Федоров, пожалуй, наклеил бы на пассивного и эгоцентричного кулака в «Торжестве земледелия» ярлык «язычника».

Однако вряд ли философ одобрил бы восхваляемое в поэме гонение на религию, как, например, закрытие деревенской церкви. Ее двери запечатывают «бревнишком навозным» (228), как бы пригвождая вампира к его гробу, чтобы он не смог возвратиться в мир живых. Дополнительный демонический штрих облика церкви — рой гнездящихся внутри колокольни летучих мышей, свисающих с балок, как «стая мертвых ве́дем» [Там же]. Разумеется, никто (кроме кулаков) больше не боится ни подобных ведьмам летучих мышей, ни «ликов грозных на иконах» (228); их чары исчезли, и никто в деревне не сожалеет о кончине религии, кроме, конечно, местного кулака. К великой радости всего сельского населения, старый бог и его «лохматые» идолы отыграли свою роль. «Третий Рим» пал в 1917 году, а его идеологическая подпора — православие — в год коллективизации, как бы подтверждая старинное пророчество, что «четвертому Риму не бывать». В самом деле, религия активного преображения с помощью коллективизации пришла на смену религии, защищавшей богатых, у которых избы крепки, «словно крепость» (215), и одурманивавшей бедных проповедями терпения и посмертного воздаяния. «Четвертого Рима» «воистину» не будет — но будет Новый мир, построенный на истинной религии человеческого творческого всемогущества.

Смертное человечество

Смертное человечество представлено в «Торжестве земледелия» почившими предками, которые в грозовую ночь встают из могил, чтобы вступить в спор с Солдатом, представителем Нового мира. Эти выходцы из могил выступают, как и следует ожидать от умерших, от имени смертного человечества. Они заступаются за Смерть не только потому, что мертвы, но и потому, что желают оставаться таковыми. Своего рода кулаки подземного царства, они так цепляются за существующий порядок вещей, что не хотят возвращаться к жизни. Они охвачены страхом новизны, который испокон веков мешал человечеству радикально изменить мир. Подвластные привычке, не обращая внимания на поразительный прогресс все обновляющей науки, мертвые предки отдают предпочтение средним людям, которые «рожают» и «поют» (литургию в церковном хоре), не создавая ничего нового (219).

Придерживаясь идеала посредственности, они отвергают самую мысль, что будущие поколения смогут когда-нибудь победить смертность, — им даже нравится, что смерть «рассекает столетье пополам» (219), заставляя каждое новое поколение вновь учиться тому, что уже знало предыдущее, стертое с лица земли. Стоящая перед каждым новым поколением необходимость преодолевать детское невежество и юношескую неопытность воздвигает надежный барьер перед тем, что предки называют «бреднями» (219), а новое человечество — прогрессом, пятилетним планом и коллективизацией сельского хозяйства. Для предков желание нового человека управлять собственной судьбой — признак гордыни; они принимают смертность как вечную данность, потому что она внушает «страх Божий» безрассудным новаторам в каждом новом поколении. Им кажется, что судьба человечества навсегда определена и что она состоит из унизительного смирения.

Веря в неизбежность и необходимость смерти, предки, конечно, выступают сторонниками деторождения. Они прославляют «женщин брюхо», которое «состоит жилищем духа / девять месяцев подряд» (220), и их гнев не знает границ, когда солдат-скептик спрашивает их, «не пойдем ли мы обратно, / если будем лишь рожать?» (220). Короче говоря, предки восхваляют мать-природу в ее нынешнем «безумном» состоянии, хотя оно далеко не удовлетворительно. Они с гордостью изображают ее могучей обнаженной женщиной («женой»), чьи груди, пристроившись к ее «большой фигуре», сосут «два младенца» (по всей вероятности, разнополые); их позиции — один над грудями, другой под ними — указывают на их судьбу продолжать вечную последовательность отношений полов в Старом мире: соитие, деторождение и смерть в конце.

Велика ее фигура,
Два младенца грудь сосут.
Одного под зад ладонью
Держит крепко, а другой,
Наполняя воздух вонью,
На груди лежит дугой[31] (220).

И вновь солдат остужает энтузиазм предков, спрашивая их, что «приятного» они нашли в этой голой великанше. Сам он предпочитает быть одетым, а не обнаженным (219) и предполагает, что его примеру последовала бы и мать-природа, будь у нее возможность выбора. Она, вероятно, с радостью бы «оделась» в бетон речных плотин и согрелась теплом электричества (217), вместо того чтобы ночью «греметь самодуркой» в виде урагана (217), а ее дурно пахнущие младенцы, скорее всего, не возражали бы, если бы им дали лучшее укрытие от стихий, чем голые груди Природы.

Критика матери-природы в ее нынешнем состоянии кажется предкам столь нелепой, что они обрушивают на солдата самые ужасные оскорбления, среди которых «старый мерин» (220), может быть, наименее обидное. Он, в свою очередь, проклинает их зловещее влияние на живых и грозит «расстрелять» (221) их всех, очевидно забыв, что они уже мертвы. Но, возможно, дело в том, что, хотя предки и умерли физически, они все еще пагубно воздействуют на мышление людей, и поэтому их духовное наследство необходимо уничтожить. Восхваляя «здравый смысл» и утверждая, что рождение, воспроизводство и смерть — неизбежная и необратимая последовательность событий в человече-

---

31 Расположение младенцев на груди могучей «жены» напоминает о половом акте и, следовательно, «бессмысленном» производстве потомства. Этот отрывок вызвал особо резкое неприятие у советских критиков, которые не поняли, что «жена» — это *magna mater* («великая мать» (*лат.*)), мать-природа, а не супруга Солдата или кого-нибудь из сельских мужиков.

ской жизни, они разрушают веру в то, что «рождение заменится воскрешением» [НФ 2: 162] и что отжившую свой век смерть можно победить. Следовательно, необходимо разоблачить «проклятых кротов», всем показывая их «глупость», которая «хуже смерти» (219). В темной деревне, населенной многими невежественными мужиками, где верховодят полные предрассудков кулаки, которые уважают предков и их «мудрость», подчинение их авторитету грозит роковой опасностью; поэтому солдат преисполнен решимости рассеять духовный мрак деревни светом знания. Хотя уровень его собственной просвещенности невысок, он, по крайней мере, твердо решил порвать с темным прошлым, вполне оценив мощь знания.

Гилики, или люди плоти

Влияние мертвых предков явно пагубно, но воздействие живых гиликов, в особенности кулаков, на свое окружение еще более вредоносно. Эти деревенские «нэпманы» (хотя нэпа уже нет) должны быть изгнаны из творимого рая, строительству которого они мешают. Это и происходит в «Торжестве земледелия». Третья глава поэмы, озаглавленная «Изгнанник» (215), описывает отъезд кулака из деревни, отъезд, который, по-видимому, следует рассматривать как неизбежное следствие его собственного ретроградного отношения ко всему, что теперь происходит в сельской местности. Уже задолго до своей высылки кулак был «изгнанник средь людей» (215). Как и весь его неспособный к братским отношениям класс, он жил в духовной изоляции, порожденной эгоизмом. Накапливая нажитое эксплуатацией богатство, в частности «монеты с головами королей», постоянно употребляя местоимение «мой» вместо «наш» и не обращая внимания на то, что вся природа вокруг него «разрушена» (215), он сам навлек на себя изгнание. «Владыка батраков», он исключил себя из общности крестьян, и «ночь, строительница дня» совершенно справедливо сталкивает «старого ворона» в пропасть небытия (217).

Обществу и будущему человечеству кончина этого плотского класса пойдет только на пользу. Он обречен на то, чтобы разделить судьбу всей плоти, так как не способен на то, чтобы возвыситься до новой, менее материалистичной ступени развития. Вопреки утверждениям некоторых критиков, в поэме нет никакой скрытой симпатии к кулаку. В нарождающемся Новом мире он такой же лишний, как «лохматые боги» и деревянный плуг — древнее орудие пытки сельских мужиков, о котором пойдет речь ниже.

Психики, или люди души

Группа психиков в поэме многочисленна. Сюда входят крестьяне, которых в течение многих веков обирали, низводили до положения крепостных и лишали человеческого достоинства, а также их домашние животные. Нередко одних трудно отличить от других. По существу, вся деревня Старого мира «хлев напоминает» (209). С другой стороны, века эксплуатации не убили в этих страдальцах искру сознания. Но факт, что дистанция между человеком и животным в деревне накануне коллективизации не так уж велика, свидетельствует о том, что механизмы эволюции в неправильно управляемом Старом мире пришли в негодность.

Препятствием на пути «правильной» эволюции, например, явилось то, что сначала помещики, а потом кулаки принуждали и людей, и животных к непосильному труду. Угнетаемые люди были настолько измождены, что энергии на творческие мысли и возвышающие чувства попросту не оставалось, и они остановились в своем развитии. То же самое измождение мешало развитию животных. Как говорит конь в беседе «с тесной толпой» (212) других животных, его мозг — вовсе «не жалкий трутень» (213): он обладает сознанием, пусть даже и «бледным». Крестьянин, его хозяин, хотя сам мучает животных как «страшный бог» (213), мог бы сказать то же самое о себе. В Старом мире животные рождаются только для того, чтобы работать, размножаться и умирать, в точности как их хозяева, и, подобно последним, они страшатся такой судьбы. Вот почему в первых двух главах «Торжества земледелия» крестьяне и их животные ведут очень схожие разговоры о мучениях, которые они претерпевают от неуправляемой природы и старого образа жизни. Может быть, единственная разница между ними, согласно их разговорам, состоит в том, что люди больше животных озабочены своей посмертной судьбой. Так, в главе «Беседа о душе» некий «суровый мужик» говорит, что боится старости, этой жестокой насмешки над человеческой природой, а еще более — незнания о том, что ждет его после смерти, и другие мужики разделяют его опасения и страхи. В большинстве своем они убеждены, что их души бессмертны и что в каком-то виде мертвые продолжают существовать. Так, «суровый мужик» утверждает, что, когда он пашет землю, пред ним «все кто-то движется толпой» (208). Всех, невзирая на различие мнений, волнует вопрос «живет ли мертвецов душа» (209). Солдат высмеивает крестьян (хотя сам впоследствии вступает в разговор с мертвыми предками), но его насмешки воспринимаются с неодобрением. И может быть, мужики в чем-то правы.

Солдат не понимает, что крестьянская религия — это «двойная вера», при которой языческий культ предков скрывается за «пустыми» церковными ритуалами. Древний культ предков противоречит дуалистическому взгляду на человека, принятому Церковью. Православные утверждают, что «душа» бессмертна и что ей суждено пребывать в заоблачных высях (до второго пришествия Христа), в то время как тело подвержено разрушению, по крайней мере временному, до воскресения мертвых. Однако древний культ «справедливо» возражает на это, что предки живут и душой, и телом здесь, на земле (или в земле). Самому солдату, как мы знаем, еще предстоит встреча с предками, которая приведет его к известному пересмотру своих взглядов. После беседы с ними он придет к пониманию того, что смерть не абсолютна, и поверит в реальную возможность человеческого бессмертия. Крестьяне же смутно ощущали это испокон веков благодаря своему инстинктивному пантеизму.

И все же смерть страшит крестьян, потому что сокращает срок их и без того убогой жизни. Ведь умершие обречены на еще более унылое существование в земле, чем жизнь на поверхности земли; там они низведены до крайнего пауперизма в федоровском понимании этого термина, включая забвение их потомками. Главная причина пренебрежения крестьян к памяти своих покойников — нежелание думать о своей собственной плачевной посмертной участи. У них есть и другая отговорка: они слишком измучены борьбой за существование, чтобы думать об умерших. Все это делает погребенных в земле покойников самыми обделенными из всех жертв мира прошлого. Они вынуждены влачить призрачное подземное существование, постепенно лишаясь частей своего тела и все больше теряя память о минувшем.

В результате жители кладбищ страдают от невыносимых мук, о чем красноречиво свидетельствуют жалобы одной умершей девушки:

Люди, — плачет, — что вы, люди!
Я такая же, как вы,
Только меньше стали груди
Да венок у головы.
Меня, милую, берите —
Скучно мне летать одной[32].
Хоть со мной поговорите,
Поговорите хоть со мной! (210)

Несмотря на наличие здесь пародийного элемента (душа изъясняется словами из популярного романса на стихи А. А. Григорьева «Поговори хоть ты со мной, подруга семиструнная»), строки не исключают серьезности, на что обращает внимание Р. Милнер-Галланд [Milner-Gulland 1981: 93].

Подобно людям, животные боятся, что будут уничтожены природой и забыты людьми, когда в конечном итоге исчезнут их останки. У них еще больше причин бояться смерти, чем у людей. Поскольку смерть животных считается окончательной и ей не

---

[32] Во всех последующих публикациях поэмы слово «летать» в этой строке заменено на «лежать». Может быть, образ «летающей души» воспринимался как слишком «мистический».

придается никакого значения, для них не предусмотрено кладбищ, их останки не сохраняются, по ним не справляют никаких ритуалов (в «Столбцах» единственным сопровождением мертвого цыпленка на тот свет был «звон капусты»). Поэтому нет ничего удивительного в том, что «старый бык», как и его хозяин «суровый мужик», страшится смерти. С ужасом он представляет себе, как вскоре его отправят на «коровий погост», где, как он знает, он обречен раствориться в безымянной общей могиле:

На дно коровьего погоста,
Как видно, скоро повезут.
О, стон гробовый!
Вопль унылый!
Там даже не построены могилы:
Корова мертвая наброшена
На кости рваные овечек;
Подале, осердясь на коршуна,
Собака чей-то труп калечит (212).

Плач быка напоминает предсмертную речь Бориса Годунова, но воспринимать эту пародию следует так же серьезно, как и плач мертвой девушки, мечтающей, чтобы с ней «поговорили».

Крестьяне и скот, люди и животные, все живые существа — жертвы безумной Природы и, прежде всего, старого общества, которое не делало ни малейшей попытки изменить ее законы. За судьбу крестьян в первую очередь несет ответственность город, который забыл о них в погоне за удовольствиями и бесполезным, абстрактным знанием, не имеющим ничего общего с реальными проблемами жизни вообще и сельской жизни в частности. Они жертвы культурных и экономических факторов, которые веками препятствовали естественному ходу эволюции и исторического прогресса. Пришло, однако, время возвысить крестьянина до положения полноценного человека, а его животных по меньшей мере до его нынешнего состояния. И люди и животные в «Торжестве земледелия» стоят на пороге революционных преобразований, ставших возможными благодаря коллективизации сельского хозяйства и стоящей за ней научно-технической революции.

Пневматики, или люди духа

О том, что времена изменились, свидетельствует появление новых людей. В отличие от кулаков, это подлинные вожаки, которые заботятся о крестьянине и глубоко заинтересованы в «торжестве земледелия». В поэме эту категорию людей представляет Солдат (заглавная буква здесь указывает на то, что это положительный герой произведения, выступающий как полноценный представитель нового человека из народа). Это пневматик — антипод трусливого и набожного кулака. Он участвовал в революции и сражался на фронтах Гражданской войны и теперь не боится ни покойников (как видно из его смелого спора с предками), ни самой смерти, с которой не раз встречался на поле брани («...я во многих битвах / На скакуне носился лих» (208)).

Многие критики, как западные, так и советские, считали Солдата грубым материалистом, ограниченным «умником» и местным тираном, а не тем, кто он есть на самом деле: храбрым и простым солдатом русских сказок (где ему часто удается перехитрить смерть) и положительным героем многих современных поэме литературных текстов (см. главу 9)[33]. Правда, у него есть недостатки, о которых будет сказано позже, но, по существу, это солдат в федоровском понимании: после торжества социализма его ремеслом становится не война, а «священный научный милитаризм», то есть просвещение и пропаганда в сельском мире. Когда-то он был готов отдать свою жизнь за «святое дело» победы социализма, а теперь, не колеблясь, пожертвует собой в бою с отсталой природой и отсталой деревней. Его прометеевская

---

[33] Э. Райс говорит о «вульгарной агрессивности» Солдата [Райс 1965: lxiii], а И. Л. Гринберг — об «ограниченном солдате» [Гринберг 1968: 126]. А. М. Турков приписывает самоуверенные заявления Солдата его «наивному нетерпению» поскорее спасти мир [Турков 1965: 25]. В более поздней своей книге он отзывается о Солдате еще более положительно: «В Солдате появляется нечто от доброго сказочного чародея, способного проникнуть в тайны природы, понять язык ее и освободить от тяготеющего над ней рабского жребия» [Турков 1981: 56)].

сущность проявляется в четвертой главе в столкновении с *chorus infernalis*[34] разгневанных предков.

В этом споре он недоумевает: что хорошего в том, что мать-природу высасывают досуха ее «младенцы» — безответственное человечество? В чисто федоровском духе он настаивает на необходимости выйти из беспомощной зависимости от матери, которая сама нуждается в поддержке. «Младенцы» должны стать взрослыми сыновьями и дочерьми, способными заботиться о своей матери. Иначе говоря, Солдат «справедливо» утверждает, что человечество должно приступить к осуществлению советской версии общего дела, начав обобществление земли, претворение в жизнь пятилетних планов и модернизацию земледельческой техники. Солдат бросает вызов привычке предков к молчаливому согласию на сохранение статус-кво. Допуская, что правда предков, возможно, была уместной, когда они были живы, он объявляет, что теперь она «обернулась / в косных неучей усердье» (219).

В данном случае Солдат рассуждает «здраво», но временами он чересчур агрессивен в своем желании преобразить мир. Но еще до окончания поэмы он станет достойным предводителем сельчан. Общее дело не может быть начато безупречными людьми — в Старом мире их было мало. Солдат ведет себя грубо и неотесанно и явно ставит себя выше мужиков, по крайней мере в начале поэмы. Поэтому он сперва производит на крестьян двойственное впечатление:

Вон — солдат идет багровый
От сапог до головы.
Посреди большого стада
Кто он — демон или бог?
И звезда его крылата,
Блещет, словно носорог (222).

Ответ на этот вопрос таков: Солдат — не демон, но, скорее, «бог», который хочет помочь освободить обитателей деревни от их нынешнего жалкого состояния. Шествующий «посреди боль-

---

34 Chorus infernalis (*лат.*) — «адский хор». — *Примеч. ред.*

шого стада» (крестьян и / или скота), Солдат кроваво-красен не потому, что желает нового кровопролития, а потому, что солнце, этот «красный атом возрожденья» (222), заливает его светом зари. Он всецело на стороне «новой жизни» и размышляет, как возвысить людей от скотского до человеческого состояния. Иными словами, он играет роль «моста» (в ницшеанском смысле), помогающего сельчанам в достижении новой ступени развития. Следуя за «крылатой звездой» новой эры, он отвергает кроткую Вифлеемскую звезду, предпочитая покорности действие, а неподвижности обновление. Как бы ни был Солдат груб («носорог»), его выбрала сама история, чтобы помочь осуществить дело. Вовлеченный в события, которые вначале выходят за рамки его понимания, он постепенно становится, как и его предшественники у Блока, «апостолом» или даже «пророком» новой эры. Он в самом деле обладает удивительным даром предвидения грядущих событий.

Так, он рассказывает животным — сельским коням и быкам, с которыми он беседует как с равными, — что после ссоры с предками видел пророческий сон. Этот сон — самое настоящее откровение в почти что библейском смысле этого слова: перед Солдатом «вдруг открылся небосклон», и там, в глубинах небесных сфер, перед ним предстал мир будущего, где «жизнь всегда здорова» (222). После этого видения «Солдат-носорог»[35] меняется и становится провидцем, который понимает, что коллективизация преследует куда более дерзкие и возвышенные цели, чем простое перераспределение земли и имущества. Подлинное торжество земледелия — это победа жизни над смертью.

Бессмертное человечество

Крестьяне и сами начинают понимать, что освобождаются от чего-то большего, чем бремя экономической эксплуатации. И это их предчувствие великих перемен подтверждается в конце поэмы

---

[35] Образ носорога, возможно, позаимствован Заболоцким у В. Хлебникова, который использовал это животное как эмблему Ивана Грозного [Lönnqvist 1979].

«похоронами сохи» и «приветствием трактора». Праздничное настроение, вызванное этими событиями, объясняется не только надеждой навсегда покончить с технической отсталостью и бедственной жизнью: все ощущают, что это символические похороны самой смерти и приход воистину новой жизни. Ритуальное погребение старого деревянного плуга символизирует освобождение от всего, что присуще изжившему себя Старому миру, в том числе и от смерти. Символическое значение ритуала похорон сохи усиливается тем, что он, возможно через посредство хлебниковских текстов, ассоциируется с древним народным обычаем — Масленицей с ее «веселыми похоронами зимы», сезона смерти (ср. [Lönnqvist 1979: 82–84]). Но если похороны смерти на Масленицу не являются окончательными — ведь зима возвращается вновь и вновь, — то похороны «костляво-деревянной» сохи в «Торжестве земледелия» — первые из многочисленных похорон, ведущих к исчезновению смерти навсегда. По существу, соха — эмблема старой ведьмы Смерти, «длинноногой и сухой» (227): как и «смерть», она женского рода — кума и родственница Кащея Бессмертного. Соха-смерть к тому же помещена в центр своеобразной Голгофы; так, вместо венков и цветов крестьяне кладут на ее могилу мотыги, лопаты и прочие «орудия пыток», которые по мере роста их числа приобретают сходство с «грудой черепов» (226), как на картине В. В. Верещагина «Апофеоз войны». В самом деле, старая ведьма-соха истязала множество поколений крестьян и, подобно самодуру-Кащею народных сказок, убеждена в своей вечной власти над человечеством. Соха не сомневается, что «частной собственности бог» скачет на ее брюхе «под веселый хохот блох» (227), то есть что капитализм никуда и никогда не исчезнет. А это значит, что человечеству суждено навсегда оставаться в рабской зависимости от нее и ее царства непроизводительного труда. Соха убеждена, что блохи, которые «насквозь съедают» крестьянских детей (209) и радостно скачут на ее брюхе, никогда не исчезнут, что паразиты неискоренимы и деревня навсегда останется «хлевом». Подобно Кащею, соха полагает, что никто никогда не отыщет, где спрятана ее «жизнь», и торжественно объявляет, что «не даст свои кости трактору» — машине, олицетворяющей прогресс (227).

Но она напрасно хорохорится и в конце концов вынуждена смириться со своей кончиной. Сравнивая соху с «ветхим гадом» (228), сельчане заставляют ее понять, что, как бы долго ни длилось ее существование (еще богатырь Святогор молчаливо и покорно шел за сохой; 229), она все же не более чем временное явление и ее существованию пришел конец. «Полуоткрытая могила» принимает старую ведьму, бормочущую «свои последние слова» (228). Когда-нибудь могила примет и старую каргу Смерть, как предсказывал В. Хлебников, чье присутствие ощущается на протяжении всей поэмы Заболоцкого и которого в главе «Страдания животных» упоминает бык (214–215). Автор «Ладомира» (1920) и «Досок судьбы» (1923) предвидел «смерть смерти», и его пророчество осуществляется сейчас. Поэтому животные и растения «читают стройными глазами» его «домыслы» (214).

Федоров часто отмечал, что прогресс техники и знание о новых изобретениях, облегчающих труд, миновали деревню, и предлагал исправить эту несправедливость массовым перенесением — «переводом» — городской техники и технологии в сельскую местность. Эту задачу, как мы уже отмечали, должна будет осуществить армия, представленная в деревнях «военными инструкторами». Философ придавал этому акту «перевода» научного знания и техники огромное значение, приравнивая его к празднованию Пасхи или самому воскрешению.

В «Торжестве земледелия» этот приближающий воскрешение перевод стал реальностью. «Бронзовый трактор» (позитивный антипод Медного всадника?) въезжает в деревню, управляемый водителем, который понимает, что «начинается новый век» «с новым солнцем и травой» (227), или с библейским новым небом и новой землей. Тракторист и его могучая машина появляются в деревне как раз вовремя, чтобы можно было окончательно распрощаться со старой сохой, подтверждая тем самым, что «торжество земледелия» — это, по существу, похороны смерти и триумф воскрешения с помощью труда, руководимого наукой. Вполне вероятно, что трактор построен на том самом Путиловском заводе, название которого упоминается в стихотворении «Черкешенка», как гарантия того, что страдание обездоленных останется в прошлом. Возможно, Заболоцкий знал, что «краснопутиловскому трактору настойчиво прокладывали путь на поля, где... он сыграл огромную роль в коллективизации сельского хозяйства» [Синельников 1984: 299].

Так или иначе, Солдат, «военный инструктор» и деревенский просветитель, говорит о тракторе чрезвычайно почтительно, называя его «владыкой рукопашной борьбы с природою» (225–226), и все понимают, что «чугунная морда» трактора «прорезает века» (226). Трактор освобождает человека от труда в поте лица, и прочие проклятия, произнесенные у врат Эдема, в должное время тоже утратят силу.

Не все осуществится скоро. Достижение бессмертия — дело отнюдь не сегодняшнего дня. Ныне самая насущная задача, которую предстоит решить с помощью полученной от города техники, — поднять урожайность. Применение трактора позволит добиться урожаев «невиданного овса» (227). Край унылой бедности должен превратиться в землю сказочного изобилия. Как в новом Эдеме Чернышевского в эпилоге романа «Что делать?», и здесь потекут «реки молока и меда». Однако изобилие — лишь материальная основа для развития наук, и прежде всего науки о земле, которую Писарев называл *геогнозией*. Изучая кладбищенскую землю, эта наука будет анализировать ее химический состав с разными целями, включая и цель воскрешения. Отыскивая в «могилах отцов» [НФ 2: 48] ответ на загадку смерти, новая наука о земле в конце концов позволит человечеству «извлекать из глубоких слоев прах предков» [НФ 2: 273]. Когда «наука применяется в земледелии, она неизбежно трансформируется в воскрешение», утверждает Федоров [НФ 1: 421], и эта мысль пронизывает «Торжество земледелия». Даже полное рассеивание мельчайших молекул тела, может быть, перестанет служить серьезным препятствием для реконструкции мертвых с помощью науки геогнозии [НФ 2: 273]. Старому быку не придется бояться, что никто не найдет следы его тела, брошенного в общую яму на коровьем кладбище.

Дело — общее для всех, и все должны принять в нем участие; в деревне «Торжества земледелия» это как будто хорошо понимают. Расставаясь с «глупым прошлым («древности козлом», 227), не только мужики принимают участие в новой жизни, но и «смеющиеся крестьянки», которые производят молочные продукты при помощи находящегося в коллективной собственности сепаратора. Даже многострадальные животные участвуют в общей жизни — так, «один старик» объясняет «философию собаке», в то время как ветеринар щупает у коровы «худые кости ног», чтобы она была в добром здравии. Чувство общности со всеми созданиями и стихиями природы настолько пронизывает деревенскую жизнь послекулацкого, тракторного времени, что даже «огонь с металлом говорит» (229). Все существуют как части единой субстанции, всех и вся омывает поток жизни — поток растущей сознательности. Если бы в этот момент освобождения и торжествующей радости Землю можно было взвесить (как предлагал Горький в беседе с Блоком), она, наверное, оказалась бы значительно легче, чем в дни, предшествовавшие коллективизации, когда еще царствовал «свинцовый идол» гнетущей необходимости. Однако все это лишь начало: деревня пока произносит только букву «А» в азбуке преобразования (226). Новый мир только что народился: он еще «младенец» (226), но непохожий на «младенцев», населявших мир «Столбцов». В новой деревне небо — цвета незабудок: под его покровом и защитой происходит процесс подлинных преобразований, который уже нельзя остановить.

Истинное божество

Хотя изображенных в поэме крестьян вряд ли можно назвать богоподобными, они вполне могут стать полноценной частью того народа, который преобразил мир, создав первое социалистическое государство. Это явствует из «откровения» Солдата, о котором он рассказывает сельским жителям и животным, жаловавшимся на свою судьбу в начале поэмы. В отличие от библейского Апокалипсиса, его откровение вполне рационально и основано на реальных возможностях, существующих факторах и условиях. В центре его видения будущего — научно-исследовательский институт, изучающий жизнь в ее эволюционном развитии, потенциал ее улучшения и будущие формы бытия.

Солдат называет его «животный институт» (222) и сообщает коровам и лошадям, что его главная задача — научное развитие сознания животных. Здесь и «неполное сознание» коров (222), и слабый росток ослиного разума будут доведены до полного созревания (223, 224) и достигнут уровня нынешних возможностей человека. Это вполне осуществимо: ведь сам человек еще совсем недавно был не более чем животным. Поэтому нет причины, препятствующей животным реализовать свой потенциал и обрести человеческий статус, в то время как человеческое сознание достигнет божественного уровня совершенства. В институте искупаются грехи, совершенные против животных людьми: волки, например, становятся астрономами и изучают звезды через «железный микроскоп» (224), а коровы решают «свои дела» в демократическом духе на «задумчивом вече» (223). Химия — важный предмет учебной программы. Наука о составе материи и ее возможных трансформациях насущна для исследовательского института, занимающегося ускорением эволюции. Вполне естественно, что кони — эти благородные и утонченные животные — являются «друзьями химии» и что здесь выращивают «большой химический овес» (223). Возглавляют этот институт люди, которые уже не совсем люди, а существа, достигшие уровня богов.

Перед внутренним взором Солдата проносятся картины будущего всемогущего человечества: оно явно «космическое», так как лошади, «висящие в воздухе», ожидают гостей с «пастбищ эфира» (224–225). Эти гости и есть богоравные человеческие существа, которые благодаря своей способности перемещаться от одной звезды к другой могут обитать всюду в космосе и жить на других планетах. Очевидно, они предоставили Землю животным (которые должны стать «людьми»), но еще руководят гигантским исследовательским институтом, в который превратилась Земля. Причиной их визита, возможно, стала обычная проверка работы института.

Таким образом, люди получили возможность расшифровывать загадки природы, управлять силами стихий, контролировать эволюцию растительного, животного и человеческого мира, жить повсюду во Вселенной. Они вездесущи, всеведущи и всемогущи. Эти межзвездные сверхчеловеки, полностью реализовавшие свой человеческий потенциал, посвящают свою жизнь тем, кто еще не достиг их уровня духовного развития. «Братья наши меньшие» не забыты будущими «богами»: они внимательно заботятся о малых сих. Нет ничего удивительного, что животные, слушая рассказы Солдата об институте, полностью посвященном их проблемам и нуждам, не сразу верят ему: то, о чем он говорит, слишком хорошо, чтобы быть правдой. Но это правда. То, что когда-то было неосуществимой утопией, стало близкой реальностью.

Новый мир

Будущее человечество живет не на Земле. Как следует из переписки Заболоцкого с основоположником теоретической космонавтики и писателем-фантастом К. Э. Циолковским, поэт в своей поэме хотел оставить «Землю животным и растениям», так чтобы они могли развиться в «высокоорганизованные существа» [Заболоцкий 1965: 334]. А человеческому роду, очевидно, суждено переселиться в новые миры космоса, как предвидел и Федоров. Такие предположения подтверждаются Солдатом, который в своем пророческом сне-откровении видит, как на Земле «волк с железным микроскопом / Звезду вечернюю поет» и как в Лошадином институте развивается интеллект всех животных и даже растений. В этой части своего сна Солдат также видит, как «хоры стройные людей, / Покинув пастбища эфира, / Спускаются на стогны мира / Отведать пищи лебедей» (224–225). Ясно, что люди только гости на Земле (но не в смысле «постояльцев) и что животный мир становится все более способным на самоуправление и саморазвитие.

Правда, детали заселения космоса остаются за рамками поэмы «Торжество земледелия». Поэтому мы не знаем, кто будет включен в Новый мир вселенной: будут ли в нем жить воскрешенные предки, например, или изгнанные кулаки, или только новое человечество, которое заслужило этого. Мы оставляем Новый мир поэмы в тот момент, когда «председатель многополья» — трехполья больше нет (ср. «Пролог») — перековывает «дреколье на серпы», то есть классовую борьбу и другие войны на мирное земледелие. Поэма заканчивается открытым ландшафтом бесконечных упований и возможностей, которым нет границ:

Младенцы в глиняные дудки
Дудят, размазывая грязь,
И вечер цвета незабудки
Плывет по воздуху, смеясь.

Все хорошо и осуществимо в мире, где «деревянный труп сохи» почивает в могиле, на которой растет «сын забвения — лопух» (230), и где все согласны, что их будущая жизнь пройдет под благословением «добрых наук» (230). В этом мире может сбыться и старый «предрассудок» религии, а именно, что бессмертие возможно, но, конечно, в иных, чем библейские, формах[36].

---

[36] Развивая идею Боратынского о том, что «предрассудок» — это обломок давней истины, Заболоцкий в «Метаморфозах» (1937) называет таким «предрассудком» и бессмертие. Иными словами, бессмертие возможно, но в иной форме, чем его представляли религии прошлого: «Вдруг и увидишь то, что должно называть / бессмертием. О, суеверья наши!» [Заболоцкий 1965: 99]

Глава 11
Две пародии

Борис Пильняк: «Дело смерти»

Пик утопической эйфории пришелся на 1920-е и начало 1930-х годов. Однако к хору, приветствовавшему неизбежную или, говоря скромнее, очень вероятную победу человека над смертью, присоединились не все. Одним из таких скептиков был Б. А Пильняк (1894–1937). Считавший природу «постоянной и положительной ценностью» [Jensen 1979: 176], а смерть — естественным завершением жизни, он критически относился к тем, кто полагал, что необходимо радикальным образом изменить «код» природы[1]. Этой теме подчинения законам природы посвящен его рассказ «Смерти» (1915), в котором почти столетний старик, понимая, что может умереть в любой момент, говорит сыну, что умереть — это все равно что уснуть от усталости. Он говорит так, потому что знает: сын никогда не сможет примириться ни с его неизбежной скорой кончиной, ни со своей собственной будущей смертью. Пребывая в постоянном ужасе перед небытием, сын, по сути, оказывается мертв задолго до своего настоящего конца, в то время как его умирающий отец, чувствуя себя органической и неотделимой частью природы, все еще жив и будет жив до конца.

Сын, принадлежащий к кругу художественной интеллигенции, утратил способность читать «код» природы, в отличие от простых

---

[1] П. Йенсен так и назвал цитируемую здесь книгу о Пильняке 1979 года: *Nature as Code* («Природа как код»).

людей, таких как прислуга умирающего аристократа, которая, как и он, принимает естественный порядок вещей. Для нее тоже смерть — естественное явление, разделяемое всем живущим. Челядь заботливо ухаживает за стариком, пока он жив, но не проявляет великой скорби и не оплакивает его мирную кончину в столетнем возрасте. Люди из народа смиряются и со смертью, и с жизнью, «доказывая», что Л. Н. Толстой был прав, когда утверждал, что истинную житейскую мудрость можно найти только среди простых людей. Наверное, их старый хозяин научился правильно жить и умирать именно у них, а может быть, у самой природы с ее цикличной сменой времен года[2].

Недоверие к тем, кто не способен понять и принять сущность природы, — важная тема в произведениях Пильняка. По установившемуся мнению, знаменитая «Повесть непогашенной луны» (1926) представляет собой рассказ о политическом убийстве Сталиным человека, которого он считал своим соперником, — народного комиссара армии и флота М. В. Фрунзе, умершего в 1925 году. Ее, однако, можно прочитать и как рассказ о попытке Сталина спасти Фрунзе, то есть как полемическое повествование, направленное против чрезмерной и неуместной веры в науку советских правительственных кругов, не доверяющих матери-природе. «Негорбящийся человек из дома номер первый» (Сталин) и его сподвижники, слепо верящие в науку, вынуждают Гаврилова (Фрунзе) лечь на изначально ненужную операцию, которая убивает его, между тем как послужившая поводом для лечения язва уже зарубцевалась сама собой, что и показало вскрытие. Не доверяя целительным силам природы, поборники науки и разума обращаются за помощью к скальпелю, чтобы спасти ценного для государства человека. При такой интерпретации поступок «негорбящегося человека» может рассматриваться как «забота» о товарище по партии, в которой в то же время сказалась его неспособность понимать и чувствовать природные

---

2 Г. Браунинг [Browning 1985] видит близкие параллели между концепциями смерти у Л. Н. Толстого и Пильняка, особенно в рассказах «Смерти» Пильняка и «Три смерти» Л. Н. Толстого.

процессы[3]. Чрезмерно рациональный подход к естественным процессам жизни обычно кончается неудачей, в чем в романе Тургенева «Отцы и дети» убедился уже Базаров, тоже поддавшийся «фетишизму» скальпеля, чтобы «доказать» всем очевидное — что человек умер от чумы. Вскрытие покойника, однако, погубило «властителя скальпеля».

В небольшом сатирическом произведении «Дело смерти», опубликованном в журнале «Новый мир» в 1928 году, Пильняк вновь предостерегает от переоценки естественных наук. Этот рассказ был написан в соавторстве с профессором Н. М. Федоровским (1886–1956), выдающимся геологом и второстепенным поэтом[4]. Тот был знаком с неким эксцентричным химиком, который «лет пятнадцать, как алхимик, сидел в своей лаборатории и непрерывно вел какие-то исследования, но какие именно — этого никто не знал» [Парамонов 1973: 114]. Когда эксперимент, который он готовил в течение шести лет, закончился неудачей («одну минуту поторопился — и все пропало»), он покончил с собой. Ученый работал в полной изоляции и не оставил после себя учеников, которые могли бы продолжить его труд. Федоровский позднее узнал, что химик «искал новые химические элементы», возможно такие, которые не подвержены распаду [Там же: 115].

Этот эксцентричный современный алхимик, знакомый Федоровского, вероятно, послужил прототипом профессора Павлищева из «Дела смерти». В образе Павлищева можно также узнать некоторые черты физиолога Павлова, пытавшегося выявить механизмы жизни в рефлексах нервной системы. Широкой из-

---

3 Э. Дж. Браун считает, что «повесть, вероятно, не актуальный политический документ» [Brown 1982: 83], а критика механистического отношения к жизни тех, кто настоял на «хирургической операции», чтобы «вернуть в строй хорошего работника» [Там же: 82]. Другую точку зрения см. у В. Рек [Reck 1977].

4 Н. М. Федоровский основал Институт прикладной минералогии в 1923 году и был ответственным за введение метрической системы в СССР. Он также писал «научную поэзию» в традиции Ломоносова. Федоровский был арестован в 1937 году и выслан в Норильск, где продолжал свои геологические исследования. В 1953 году ему разрешили вернуться из ссылки. См. [Парамонов 1973].

вестностью в 1920-е годы пользовались также эксперименты П. И. Бахметьева по замораживанию и оживлению рыб — эксперименты, которые, очевидно, должны были со временем распространиться на более развитые виды животных. Возможно, они подсказали тему как для сатиры Пильняка, так и для гораздо более известной сатирической пьесы Маяковского «Клоп» (1929), где пошляк Присыпкин случайно оказывается заморожен, а полвека спустя его оживляют ученые. Следует отметить, что биокосмист А. Б. Ярославский уже предлагал в своей «Поэме анабиоза» (1922) средство замораживания как наилучший способ избавиться от «вульгарных мещан» (вроде Присыпкина): заморозить их, пока не настанет такое время, когда пошлость исчезнет как явление (см. [Hagemeister 1989: 272]).

Действие «Дела смерти» разворачивается в стенах возглавляемого Павлищевым «Института Жизни» (абсурдное название, так как «жизнь» не поддается изучению в «институтах»), входящего в состав Московской Коммунистической Академии. Ученый Павлищев, занятый изучением признаков жизни, полагает, что «само понятие смерти для нас [ученых] чуждо и враждебно», с чем вполне согласны его коллеги по институту [Пильняк 1928: 139][5]. Сам автор рассказа, наверно, возразил бы Павлищеву, что нет жизни без смерти и что попытки уничтожить смерть вредят самой жизни. Свою задачу Павлищев видит в том, чтобы остановить посмертную дезинтеграцию тканей. Благодаря одному происшествию в институте ему приходит в голову идея, которая обещает избавить человечество от ужасов распада: мертвые тела необходимо замораживать до экстремально низких температур и сохранять их в таком виде, пока наука не овладеет искусством оживления человека. Как настоящий первопроходец, Павлищев готов проверить эту гипотезу на себе самом.

На проведение эксперимента профессора подтолкнуло самоубийство его ассистента Вельяшева. Поскольку молодой Вельяшев был красив, талантлив и, несомненно, здоров, его гибель приво-

---

5 Рассказ цитируется по: Пильняк Б. А., Федоровский Н. М. Дело смерти // Новый мир. 1928. № 2. С. 133–141 (далее — с указанием страниц в скобках).

дит Павлищева в замешательство: ученый не верит в «случайную смерть» (135) без всяких логических причин, то есть в то, что самоубийство может быть добровольным решением индивидуума. Он убежден, что акт самоубийства предрешен генетическими или какими-либо иными объективными причинами. Поэтому он настаивает на вскрытии трупа, а сам тем временем углубляется в чтение личных бумаг покойного. Аутопсия не обнаруживает у Вельяшева каких-либо физиологических изъянов, тогда как изучение семьи покойного и его генетических корней (так как он был аристократом, о его семье имелись генеалогические записи) приносит желанные Павлищеву результаты.

Читая семейную историю Вельяшева, Павлищев лишний раз убеждается в правильности своей теории о том, что любой человеческий поступок, включая самоубийство, продиктован объективными физиологическими причинами, то есть детерминирован. Как показала родословная Вельяшева, судьба последнего была действительно предопределена его генами — по крайней мере, Павлищев пришел к этому заключению. Семья Вельяшевых дала два четко выраженных генетических типа. Первый тип — талантливые и тонко чувствующие члены семьи — отличался непременной ранней смертью, в то время как грубые, сильно пьющие и больные сифилисом сластолюбцы второго типа доживали до преклонного возраста. Молодой ученый, без всякого сомнения, принадлежал к той ветви своего рода, которая обладала геном чувствительности, и поэтому был обречен разделить генетическую судьбу своих предшественников, уделявших слишком много времени раздумьям о тщете жизни и ужасе смерти.

Между тем меланхолия молодого человека имела явно психические и духовные причины. В своих бессвязных дневниковых записях по «делу смерти» Вельяшев ассоциировал жизнь с темнотой и душным теплом, смерть же связывал с холодной яркостью. Он сделал запись: «От холода смерть!» (135) — а также записал метафору «холодное окно смерти». Она, очевидно, была вдохновлена окном перед его рабочим столом в институте. Оно «манило» его «выйти» из института — этого огромного «склепа», где он и его коллеги «похоронили себя знанием и книгами» (134).

Поиски бессмертия привели к обратному — к царству смерти в склепе ученых. Выбрав самоубийство, Вельяшев предпочел настоящую смерть мнимой жизни института. Древо жизни сохнет и умирает во дворцах науки, оборачиваясь древом смерти. Когда-то это уже случилось в саду Эдема, где познание послужило причиной губительного превращения радости жизни в знание о смертности людей.

Знание и наука открыли молодому Вельяшеву, что жизнь имеет свои биологические опасности: любовный акт может стать причиной сифилиса, а потребление спиртного — привести к сокращению объема печени. Подобное знание отравляет радость жизни и непосредственность чувств, даже если не поддаваться особым эксцессам, на которые, правда, молодой ученый был неспособен. Будучи человеком сверхчувствительным, к тому же чистюлей и рационалистом, Вельяшев испытывал возрастающий страх перед удушающей темнотой жизни, чью скрытую гниль можно увидеть «воочию» под микроскопом. Вначале его устраивало стерильное существование в научном Институте Жизни, защищавшем его от реальности со всеми ее опасностями. Но, столкнувшись с непримиримым противоречием между темной и опасной жизнью и ярким холодным знанием, Вельяшев открыл для себя, что «во многом знании — много печали», и выбрал состояние, которое «замораживает все чувства и мысли» (135), то есть смерть. Тот, кто боится тьмы душного тепла жизни, вынужден бежать в яркий свет холодной смерти. Другого выбора нет.

Чувствительный Вельяшев не мог идти по стопам своих безнравственных предков и жить счастливо, не обращая внимания на опасности жизни. Он не мог забыть о своей печени и прочих органах, восприимчивых к болезням, не смог он и избавиться от ощущения, что стерильная научная работа — не жизнь. Самоубийство для него стало выходом из этого положения.

Прочитав размышления Вельяшева, Павлищев не делает вывода, что следует жить полной жизнью и радоваться ей, пока хватает на это сил. Он не покидает Институт Жизни, а делает научное и поэтому ошибочное заключение, что биологическая жизнь — это лишь трата энергии и что надо создать «небиологическую жизнь» и одурачить смерть сохранением своего тела, которое еще «может пригодиться» (140). Возможно, когда-нибудь наука научится воссоздавать тела с помощью «пересадки тканей» (140) или других средств. Павлищев хочет, чтобы его тело осталось по возможности невредимым до того времени, когда серия «ремонтных работ» будет в состоянии восстановить его функции — на сей раз навсегда.

Окончательный план выживания созрел у Павлищева, когда он прочел в бумагах Вельяшева запись о том, что мухи зимой спят, а весной вновь возвращаются к жизни. Павлищев решает уподобиться мухе и погрузиться в спячку, пока не настанет весна науки. Собравшись с духом, он спускается в морг Института Жизни, принимает яд, укладывается на прозекторском столе и погружается в забытье. К двери он заблаговременно приклеил записку с просьбой сохранить его тело до тех пор, «пока наука не найдет способа оживить меня» (140).

Не исключено, конечно, что автор рассказа хочет, чтобы читатель одобрил поступок Павлищева, по-федоровски рассматривающего тело как машину, которую можно временно выключить, а потом вновь запустить при условии, что ее части сохранились в сравнительно хорошем рабочем состоянии или восставливаемы наукой. Может быть, это действительно научный прорыв для Института Жизни? Вряд ли, однако, в рассказе проводится такая мысль; напротив, здесь отрицается механистичный взгляд на природу и человека и содержится предположение, что поиски физического бессмертия бесплодны. Они приводят лишь к тому, что человек губит уникальный дар природы — свою краткую, но единственную и чудную жизнь. И не прав не только Павлищев: Вельяшев тоже пренебрег чудесным даром жизни из-за своей «щепетильности», не понимая, что «душный мрак» жизни включает в себя замечательные мгновения счастья.

Ученые, занимающиеся исследованиями в Институте Жизни, — это люди, которые никогда не познают суть жизни, поскольку постоянно обитают в тени нежизни. Эти искатели бессмертия проводят все свое время в моргах, заживо погребенные в склепе мрачного института, отравляя себя абстрактным знанием, которое убивает если не тело, то, во всяком случае, ум, душу и дух. Подобно алхимикам прошлого, которые не понимали, что «древо жизни» чахнет, пока они заняты поисками жизненного эликсира, их современные последователи, изучающие феномен жизни, не замечают, что губят свои жизненные силы в поисках бессмертия. Они в ироническом смысле последователи Федорова, говорившего о необходимости превращения кладбища в место постоянного обитания человека науки. Их Институт Жизни — это и в самом деле кладбище заживо погребенных.

Члены этого нового алхимического братства никогда не знали подлинных радостей жизни, которыми наслаждались разнузданные предки Вельяшева. Их способом существования стало отчуждение как от жизни, так и от смерти. Очень немногие сотрудники института приходят на похороны Вельяшева, а пришедшие обсуждают все что угодно, но не самоубийство их коллеги, так как «реальная» смерть — вовсе не то же самое, что их абстрактные исследования на тему «устранения дезинтеграции органического вещества, прекратившего свои жизненные функции». «Настоящая» смерть их пугает.

Пародия Пильняка на советскую веру в науку и ее всемогущество содержит еще один призыв к здравомыслию — это мотив березы, обрамляющий рассказ. В асфальтированном дворе института без всякой видимой причины и вопреки объективным обстоятельствам (асфальт — не самая лучшая почва) вырастает береза. Подобно березе из рассказа Л. Н. Толстого «Три смерти», это одно из тех созданий природы, которые умеют спокойно жить и красиво умирать. Береза принимает «код» природы и живет в мудрой неподвижности, ожидая чудесных трансформаций (133), которые произойдут после ее смерти. В то время как Павлищев мечтает пресечь любые изменения ледяным холодом вечной неподвижности, береза ожидает будущих превращений в волшебном царстве природных стихий. Она не умрет навсегда, но, прожив одну из своих жизней, воскреснет для нового существования в процессе естественных метаморфоз.

Следовательно, именно смерть гарантирует вечную жизнь, делая возможными трансформации и повторные рождения. Современный человек с его рационалистическим высокомерием возвысил себя над природой, без всяких оснований полагая, что он слишком хорош для смертного распада. Он отвергает те трансформации, которые ведут к возрождению после того, как живое существо пройдет через ворота смерти. Рациональный человек открывает «холодное окно» смерти, а не дверь в чудесное царство вечного обновления; он предпочитает лежать на цинковом столе в морге вместо теплой постели любви. Вне всякого сомнения, жизнь распутных сифилитиков имеет больший смысл, чем существование иных молодых ученых, которые боятся жизни не меньше, чем смерти. Не желая подчиняться законам природы, претендуя на мнимое господство над ней, ее так называемый повелитель остается в дураках. Он теряет подлинный вкус к жизни, но по-прежнему боится смерти и умирает задолго до того, как настает его срок.

А. Н. Толстой «Подкидные дураки»

В конце того же 1928 года, спустя девять месяцев после выхода рассказа «Дело смерти», «Новый мир» опубликовал еще одну пародию на утопические упования на упразднение смерти. Автором ее был А. Н. Толстой. Будучи «сенсуалистом по своей природе» [Slonim 1977: 148], Толстой не слишком сочувствовал федоровской идее бессмертия, купленного ценой аскетизма, тяжкого труда и (с точки зрения Толстого) коллективной скуки. Как бы ни была коротка жизнь, она прекрасна, если прожить ее хорошо, радоваться ей в полной мере, ценить ее счастливые мгновения, тогда как напряженные поиски сомнительного бессмертия по меньшей мере смешны и в конечном счете бессмысленны. Во всяком случае, такова мораль небольшого рассказа А. Н. Толстого «Подкидные дураки».

Герои его рассказа — два дурака. Один из них — Ракитников, от которого ушла жена, не выдержав его разгульного, беспутного образа жизни. После ее ухода Ракитникова терзают мысли о смерти. Вспоминая, как он пил пиво и закусывал раками, он вдруг с ужасом осознает, что раки пожирают утопленников и вообще падаль, следовательно, и он, Ракитников, ест трупы и мертвечину, пусть и не впрямую. Возможно, ужас Ракитникова от поедания раков усиливается тем, что слово «раки» составляет часть его фамилии.

Подавленный подобными «гамлетовскими» размышлениями и мучимый жестоким похмельем Ракитников начинает допытываться у своего ученого соседа профессора Прищемихина, второго дурака рассказа, в чем смысл жизни. Профессору смысл жизни совершенно ясен. Эксцентричный ученый разработал теорию о «давлении жизни» [Толстой 1928: 68][6], которое «расталкивает» и постепенно оживляет всю материю и в конце концов сделает ее стопроцентно живой. Поэтому он видит смысл жизни в увеличении этого давления на инертную «малосознательную» материю. Видя перед собой блюдо с раками и прекрасно зная, *что* они едят, он не подавлен, а, напротив, радуется, поскольку предполагает, что цель жизненных процессов человека заключается в «продвижении через себя» «вихрей мертвой материи», что в конце концов приведет к наступлению «психозойной эры» (69). По Прищемихину, человек, самый жизнеспособный из всех организмов, должен делать все, что в его силах, чтобы сократить существование неодушевленной материи, пока представляющей большую часть состава Земли, увеличив «давление жизни», «подобное давлению газов в закрытом сосуде» (68). Один из путей такого увеличения — человеческая смертность и посмертное слияние человека с малоосознающей себя материей. Если, например, утонувшего человека съедают раки, этот мертвец вносит большой вклад в улучшение вида раков. Такие «улучшенные» раки, в свою очередь, способствуют развитию тех видов рыб, которые съедают этих раков, и так далее. Иными словами, пищевая цепочка служит совершенствованию всех видов и в конце концов совершенствованию самого главного вида — человека. Очевидно, человеку, съедающему рыбу, которая питалась раками, которые питались человеком, не только возвращаются ценные качества человеческой

---

[6] Здесь и далее цитируется по: Толстой А. Н. Подкидные дураки // Новый мир. 1928. № 11. С. 59–71, с указанием страниц в скобках. Рассказ вошел в ряд изданий, см., например: Толстой А. Н. Собр. соч. в 10 т. М.: Художественная литература, 1983. Т. 4. Повести и рассказы. С. 164–182.

материи, поглощенные рыбой и раком, но он сам обогащается новой комбинацией частиц в составе материи.

Профессор считает, что каждая человеческая смерть означает подлинное торжество жизни, поскольку запускается механизм новых, более организованных жизненных циклов («вихрей материи»). Прежде всего, смерть человека высвобождает углерод, а этот химический элемент сильно обогащает вихри материи или те химические циклы, которые в конечном итоге создадут панвитальную материю. По существу, чем больше людей умирает, тем лучше, поэтому каждый смертный должен рассматривать свою кончину как радостное событие, приближающее неизбежное наступление «психозойной» эры панвитализма. На Прищемихина явно оказали влияние теории В. И. Вернадского о биосфере и ноосфере (последняя — творение самого человека (см. [Hagemeister 1989: 245; Эйкалович 1986: 270])), а также идеи Циолковского о создании все более сознательной материи.

Эти теории — не единственные радостные вести, которые профессор спешит сообщить своему впавшему в депрессию соседу. Прищемихин, как Маяковский и Катаев, тоже считает, что революция ускорила само время (и, следовательно, эволюционные процессы в вихрях материи), внедрив технику, которая «расталкивает природу под бока», побуждая ее к большей активности. Ленивую природу в данный период времени «потрошат», ей не позволяют просто «идти своим чередом». Например, благодаря воздействию человека на природный метаболизм «ускорился его круговорот атомов» (69). Революция привела к круговороту не только в социальной, но и в биологической и физической сферах, изменяя саму структуру материи.

Философско-научным козырем профессора является то, что новые химические комбинации можно создавать искусственно, вследствие чего человек сможет создавать новые химические элементы (как мечтал знакомый ученый Федоровского, соавтора пильняковского рассказа «Дело смерти»). Вот почему недалек час окончательной трансформации инертной материи в психозойную. Мир всеобщей сознательности и панвитальности — реальность завтрашнего дня.

Однако профессор Прищемихин и его теория «давления жизни»[7] не оказывают должного воздействия на Ракитникова. Он, как и раньше, думает, что одинокая смерть, «венчающая» загубленную жизнь, ужасна; его не утешает мысль о том, что его труп обогатит материю и ускорит циклические трансформации и вращение атомов, что приведет, например, к появлению более сознательных раков и рыб. Химическая полезность его собственной смерти не может примирить его с одиноким и бессмысленным существованием, с потерей жены.

Тем не менее разговор Ракитникова с Прищемихиным оказался полезным. Столкнувшись с научным безумием своего соседа, с его полнейшим безразличием к смыслу жизни отдельной личности, Ракитников осознает, что необходимо отыскать этот истинный смысл, не имеющий ничего общего с перспективой стать пищей для будущих поколений раков и других видов животного мира вплоть до людей. Придя к мысли, что в жизни должна быть иная цель, нежели высвобождение «вихрей материи», он пишет жене письмо, в котором обещает измениться к лучшему, если она вернется. Кажется вероятным, что ее ответ будет положительным.

Рассказ явно предполагает, что смысл жизни можно найти в добрых отношениях между людьми, таких как дружба и любовь. Важны люди, а не состав материи. Даже сам Прищемихин, по-видимому, в критические моменты руководствуется философией гуманности, а не психозоизмом: ученый сосед Ракитина не спит всю ночь, припав ухом к стене и прислушиваясь, не пытается ли сосед покончить с собой, и готов, если понадобится, вломиться в его квартиру. Несмотря на полезный углерод, который выделил бы Ракитников своей смертью, Прищемихин хочет спасти несчастного от преждевременной кончины. Оба «дурака» сохранили основные понятия о том, что истинную ценность жизни составляет забота о ближнем и близких. Только эта забота наполняет человеческую жизнь смыслом, в отличие от психозойной эры, которая, конечно, спасет все человечество от смерти, но лишь в том случае, если вообще когда-нибудь настанет.

---

[7] Собственно, излагаемая Прищемихиным в пародийном ключе теория, как и сам термин «давление жизни», принадлежит В. И. Вернадскому. — *Примеч. ред.*

Глава 12
Заключительные замечания

Иван Карамазов в «Братьях Карамазовых» Достоевского (1880) в разговоре с братом Алешей (глава «Бунт») излагает ему свое отношение к «классическому» вопросу теодицеи. Он говорит брату — послушнику местного монастыря, — что не понимает, почему якобы всемогущий и всеблагой Бог терпит несправедливые страдания праведных людей, и в особенности страдания невинных детей. Они ведь «ничего не съели» [Достоевский 1976, 14: 216], то есть не вкусили плода познания добра и зла. И так как ни один ответ на этот вопрос не удовлетворяет его ни логически, ни эмоционально, Иван, как известно, возвращает свой «билет» в Царство Божие, купленный за счет не только «слезинок» детей, но часто и за счет самых непостижимых уму и чувству страданий, мучений и пыток. В список своих «недоумений» насчет Божьего промысла Иван также включает вопрос о долготерпении, которого Бог, очевидно, ожидает от человечества как чего-то само собой разумеющегося, не «спрашивая, однако, согласно ли оно на таковое». В сочинении «Легенда о Великом инквизиторе» Иван говорит о том, с каким нетерпением человечество ждало и ждет до сих пор второго пришествия Христа, пришествия, которое должно разъяснить все вопросы такого порядка, как теодицея и «слезинки» невинных детей. Талантливый сочинитель в жанре легенд, Иван создал сильное литературное произведение, в котором, помимо теодицеи и других «проклятых вопросов», также затрагивает мучительное ожидание христианским человечеством второго пришествия Христа, страстное желание людей узнать, когда он снова появится, чтобы разрешить все сомнения и «утолить все печали».

Как бы услышав мольбы людей, Христос в «Легенде» Ивана посещает наш мир, а именно Испанию времен инквизиции. Он «появляется» в Севилье, но только «проходит» через город и «ничего не говорит» [Достоевский 1976, 14: 225]. Естественно, от того, что он «проходил» и «молчал», ничего не меняется ни в Севилье, где сжигают «еретиков», ни в каком-либо другом городе мира. Христос не вернулся, чтобы сыграть роль Судии в апокалиптической драме «Страшный суд» и создать новый мир и новое небо, — не вернулся ни в XVI веке «Легенды», ни в XIX веке братьев Ивана и Алеши. «Князь Давидов» только «нанес визит» городу (как сказал бы Триродов, герой «Легенды» Сологуба), и, несмотря на то что его встречают с надеждой и любовью, он ничего не изменяет к лучшему и ничего не говорит о том, когда он вернется «всерьез». Человечество остается по-прежнему подверженным страданиям, болезням и смерти; безвинных детей по-прежнему будут истязать, и зло по-прежнему будет торжествовать повсюду почти беспрепятственно. К рубежу XIX–XX веков прошло уже не пятнадцать, как в «Легенде», а целых девятнадцать столетий с тех пор, как Иисус обещал «се гряду скоро», и этот промежуток времени увеличивается с каждым новым поколением читателей «Легенды». В теряющей веру Европе, которую Иван Карамазов называет «дорогим», но все же «кладбищем», множество людей конца XIX — начала XX века уже похоронили все надежды на возвращение Спасителя и не ждут более ни его суда, ни его прощения, ни его нового Иерусалима. И только в России, где народ еще «носит» Бога в душе, даже среди интеллигенции есть те, кто верит в него, потому что доверяет народной правде. Так, по крайней мере, считал автор «Братьев Карамазовых», Достоевский, который видел разрешение всех мировых вопросов и проблем во всемирном объединении человечества через русскую веру и русский верующий народ.

В реальной России, однако, несмотря на присутствие народа-богоносца, с тех пор как Христос «посетил» Севилью в романе Достоевского, произошло такое же «смятение умов», как в Европе. Среди «прогрессивной» интеллигенции возникли не только сомнения в правоте православия, как и всех прочих религий, но даже ненависть к ним и их «торжествующей глупости» [Бакунин 1987: 452]. Как мы видели из предыдущих глав настоящей книги, большая часть русской интеллигенции сменила свою веру в Бога на веру в человечество и его способность осуществить свои надежды на спасение от вековых бед без благословения религии, во всяком случае официальной православной религии. К концу XIX — началу XX века многие стали возлагать надежды на спасение от страданий и смерти на чудотворную силу многогранной и быстро развивающейся науки, созданной самим человечеством без божественной помощи. Как показал долгий опыт людей, Бог ничего не объясняет, зато наука раскрывает одну тайну природы за другой и, согласно догматам новых мирских «вероисповеданий», непременно добьется желанных результатов, даже вечной молодости и бессмертия, давным-давно обещанных, но никогда не осуществленных христианскими религиями. Среди богоискательской интеллигенции возникло не столько недоверие к Богу, сколько нетерпение и желание ускорить темпы истории. В этой среде набирала силу идея теургии, сотрудничества людей с Богом, в котором инициатива должна принадлежать людям, так как Бог уже давно начал это сотрудничество и теперь ждет продолжения своего дела от своих же созданий. Как мы уже видели в первых главах этой книги, во всех идеологических лагерях росло нежелание терпеливо и пассивно ожидать прихода «внезапного гостя» (Христа) и тенденция или совсем забыть о нем, или же «заставить» его прийти с помощью других, небиблейских «сценариев» и иных, нецерковных обрядов. Мечтающие об обновлении мира и искатели новых путей к таковому как бы задавали вопрос: как долго можно ждать «внезапного гостя», со страхом и надеждой дожидаться Суда? Не пора ли взять спасение человечества в собственные руки, как этого хотел сам Бог? Кто бы ни был автор нового, «иного» сценария спасения мира — философ-богоискатель, писатель, мечтающий о религии Третьего Завета, материалист, исповедующий божественность человека, социалист, верующий во всемогущество коллектива, — все клялись в верности фаустовскому принципу: «в начале было дело». Создание Нового мира без страданий и без смерти стало той целью, которая должна была увенчать творческие деяния человечества, с благословением Бога или без него.

Не желающие бессмертия

Богоискатели и богостроители, федоровцы и космисты, как и многие другие идеологические группировки, предполагали, что все смертные жаждут избавления от всех страданий, особенно от недугов, старения и смертности. Однако были и те, кто сомневался, что вечная молодость и физическое бессмертие — бесспорное благо; и не все и не всегда приветствовали упразднение физической смерти, не столько потому что считали его неосуществимым, сколько потому, что полагали мир, в котором смерти нет, нежелательным. В одиннадцатой главе этой книги мы видели, как Б. А. Пильняк и А. Н. Толстой выразили сомнения по поводу «счастья» бессмертия, предупредив, что поиски средств истребления смерти (по всей вероятности, бесплодные) могут привести к пренебрежению даром жизни. Оба писателя согласны, что лучше «просто жить», радуясь всему положительному, что дает жизнь, но не искать сомнительного блага вечного существования, а спокойно принять ограниченные сроки жизни.

Эти два писателя, как и другие интеллигенты из лагеря «не желающих бессмертия», наверное, согласились бы с установкой современного английского философа-эссеиста С. Кейва, который в своей книге «Бессмертие» *(Immortality)* [Cave 2012] объявляет, что невозможность умереть была бы кошмаром. В чем же, по его мнению, состоит ужас бессмертия? Ведь хорошо известно, какие страдания смерть приносит людям и как она превращает почти все человеческие начинания в «сизифов труд», так как многие из них обрываются смертью и предаются забвению. Потеря любимого человека искалечила психику бесчисленного множества людей, и пусть даже горе иногда вдохновляло великого поэта на создание «бессмертных» стихов, это все же не «компенсация» за непоправимую личную потерю. Список ужасов и травм, которые приносит человечеству смерть, можно продолжить без конца. Кейв, однако, полагает, что такие страхи и страдания имеют положительные последствия для цивилизаций мира, так как надежды и мечты о победе над ними являются одним из главных двигателей материального прогресса и духовных достижений человечества. Упования на упразднение смертности человека создали религии, гениальные произведения искусства, медицинские исследовательские институты, в самом деле победившие если не смерть, то многие смертельные болезни, полеты в космос, изучение природного мира и множество других достижений мировых цивилизаций. Из этого постулата Кейва следует, что без страха перед смертью и беспрестанной борьбы с ней с целью окончательной победы над ней было бы значительно меньше великолепных духовных и материальных достижений человечества, которыми оно по праву гордится. Смертность — не проклятие какого-нибудь божества, а неосознанное и непризнанное благо[1]. Правда, преждевременную смерть было бы желательно сменить на долголетие.

Долголетие, по мнению большинства людей, есть благо, но бессмертие, быть может, «излишнее» благо, по крайней мере для тех, кто вдумался в последствия физического бессмертия. Во многих произведениях искусства и философии можно найти мысль о нежелательности вечной земной жизни. Опираясь как на древние, так и на более современные литературные тексты о героях, обретших земное бессмертие, Кейв показывает нам персонажей, которые после 300–400 лет жизни имеют только одно желание: избавиться от своей бессмертности. Кейв заключает, что «бессмысленность вечности» [Cave 2012: 268] и ее неизбежный спутник, *скука*, делают бессмертие крайне нежелательным. Что мы будем делать тысячелетие за тысячелетием, и не только тысячелетия, а вечность за вечностью? К текстам, цити-

---

[1] Федоровцы А. К. Горский и Н. А. Сетницкий назвали бы такую установку «смертобожничество», то есть принятие смерти до «обожания» ее. Современные федоровцы разделяют мнение харбинских мыслителей, которые выдвинули данное понятие и термин в книге 1926 года «Смертобожничество. Корень ересей, разделений и извращений истинного учения церкви».

руемым Кейвом («Гильгамеш», японская легенда о Сентаро, «Средство Макропулоса» К. Чапека и другие), можно добавить короткий, но насыщенный интересными мыслями рассказ русского автора «Праздник бессмертия» (1914).

Этот рассказ — парадоксальное отвержение бессмертия, так как он был написан одним из самых страстных борцов за максимальное долголетие, а также и физическое бессмертие, врачом, политическим и культурным деятелем и писателем научной фантастики А. А. Богдановым (Малиновским). Автор утопического романа «Красная звезда» (1907), в котором марсиане добились значительного долголетия (несколько сотен лет), а в жизни неустанный борец за «жизнеспособность» человечества[2] неожиданно опубликовал рассказ «Праздник бессмертия», в котором «празднуется» не бессмертие, а самоубийство создателя бессмертия, гениального ученого Фриде. Он кончает с собой, потому что больше не может переносить *скуку* (пользуясь термином Кейва) бесконечной жизни. Этот антиутопический рассказ явно был воспринят как крайне «небогдановское» сочинение и не нашел широкого признания при жизни автора[3]. Он долгое время «оставался неизвестным даже

---

[2] Уже давно увлеченный идеей «физиологического коллективизма», А. А. Богданов в 1927 году написал книгу «Борьба за жизнеспособность», которая поощряет полезность *взаимного* переливания крови, особенно обмена кровью молодого и пожилого человека, для обоюдной пользы. Исчерпывающий отчет о научной деятельности Богданова в сфере переливания крови см. в [Krementsov 2011].

[3] Нетипичную для богостроителя «непрогрессивность» рассказа почувствовал Горький, соратник и единомышленник Богданова. Он отрицательно отнесся к рассказу, увидев в нем попытку нарисовать «утешительное зрелище загробной жизни», хотя бы и в иной форме, чем обыкновенно. Эта интерпретация привела Богданова «в ужас», но его объяснения не смогли изменить реакцию «ужаса» Горького (Богданов послал ему рукопись, по-видимому надеясь на положительную оценку). Отношения прежних друзей и единомышленников «были прерваны» навсегда (см. [Шушпанов 2002: 51]). Интерпретация Горького — странная, так как ни о какой «загробной жизни» в рассказе Богданова речь не идет, а только о «покидании» скучной земной жизни. Но он явно почувствовал пессимизм рассказа и то, что Богданов видел и в будущем мире всемогущего человечества не вечную радость, а безграничную скуку — может быть, даже хуже той, о которой говорил Свидригайлов, изображая вечность как бесконечное прозябание в «баньке с пауками».

специалистам», и после того, как его снова «открыли», высказывались «сомнения в авторстве произведения» [Шушпанов 2002: 51]. После второй публикации рассказа в 1991 году он, однако, привлек внимание критиков и почитателей Богданова[4].

Так, литературовед А. Л. Семенова, сравнивая рассказ Богданова с рассказом Платонова «Приключения Баклажанова», указывает, что «и Богданов, и Платонов верили в то, что человек *способен* (курсив мой. — *А. М.-Д.*) достичь бессмертия» [Семенова 2014: 119]. Оба автора представляют «немало сцен, изображающих могущество человеческого разума, воплощенного в чудесах техники» [Там же]. Однако, добавляет исследовательница, «оба автора ставят под сомнение саму *ценность* (курсив мой. — *А. М.-Д.*) бессмертия», и не случайно «у обоих авторов бессмертие оборачивается смертью, так как исчезает перспектива развития» [Там же]. А. Н. Шушпанов отмечает, что в рассказе показано, как «деформировалось человечество, достигнув личного бессмертия» [Шушпанов 2002: 52]. Обратимся к анализу тематики этого антиутопического рассказа, написанного утопистом.

Герой «Праздника бессмертия», выдающийся химик и эрудит Фриде, — изобретатель сыворотки бессмертия, которая осуществила «мечты средневековых алхимиков, философов, поэтов и королей» (351)[5]. Он также гениальный исследователь в самых разных областях науки и достиг *все*ведения, разрешив *все* загадки материи (курсив мой. — *А. М.-Д.*), даже последнюю, над которой

---

4 При жизни Богданова рассказ был опубликован один раз в «Летучих альманахах» (1914, № 14. С. 53–70) и перепечатан в 1991 году в «Уральском следопыте» благодаря фантастоведу В. И. Бугрову. См. [Шушпанов 2002: 51]. (Рассказ включен в книгу избранных произведений А. А. Богданова 2014 года [Богданов 2014], и по этому изданию с указанием страниц в скобках цитируется в данной главе. — *Ред.*)

5 Богостроители часто видели свою научную и философскую деятельность как реализацию алхимических поисков эликсира жизни, философского камня, бесконечного снабжения энергией и т. д. Наряду с библейскими текстами, прочитанные через призму их верований алхимические сочинения виделись ими как первые прозрения о будущем всемогуществе человечества или, во всяком случае, как дерзновенные мечтания, которые «настоящей» науке следует осуществить.

долгое время бились его всепроникающий интеллект и могучий мозг, а именно как произошли «самопроизвольно[е] зарождени[е] организмов и одухотворени[е] материи» (356). Разрешение этого вопроса, очевидно, лишний раз доказало Фриде, что, вне всякого сомнения, никакого «мистического» начала при возникновении жизни не присутствовало и что дух и материя есть разновидности одной и той же субстанции. Универсальный гений Фриде не был чужд и искусствам — он достиг высокого мастерства почти во всех, но они, по-видимому, не доставляли ему полного духовного удовлетворения, оставаясь забавой.

Прожив больше тысячи лет, Фриде, несмотря на все свои успехи и великие достижения, приходит к выводу, что личное физическое бессмертие не нужно человеку — по крайней мере, ему, Фриде. Ему стало ясно, что «вечная жизнь на земле есть круг повторяемости, особенно невыносимой для гения, самое существо которого ищет новизны» (368). Когда Фриде разрешил последнюю загадку материи и окончательно убедился, что Бога нет, то есть что никого умнее его самого нет ни на Земле, ни в космических мирах, он полностью осознал, как некогда Екклезиаст, что нет «ничего нового под солнцем». Он знает, что будут «повтор[яться] мысли, чувства, желания, поступки и даже самая мысль о том, что все повторяется, при[дет] в голову, может быть, в тысячный раз [...]». И он решил, что «это ужасно!..» (366).

Пойманный в ловушку предсказуемости и повторяемости, Фриде не находит облегчения от угнетающего его *taedium vitae* и в личной жизни. Он духовно и эмоционально не привязан ни к своим коллегам, ни к какой-либо из своих восемнадцати жен и девяноста двух любовниц, ни к своим детям и их потомству. Количество его детей, внуков, правнуков и праправнуков за тысячелетие достигло численности «значительного города в древности», их слишком много, чтобы Фриде мог вникнуть в специфику личности каждого и тем более полюбить кого-нибудь из них[6]. Многих

---

[6] В рассказе Богданова говорится о некоем «биологе Мадлене»; возможно, его имя отсылает читателя к Т. Мальтусу, так как о Мадлене упоминается в разговоре о невероятной перенаселенности планеты. По мнению Фриде, повто-

он даже не знает лично, так как они живут на других планетах. Он расстается и с восемнадцатой женой, испытывая при прощании с ней бесконечную скуку, так как слышит во время разрыва те же слова обиды и видит те же жесты оскорбленного самолюбия, которые уже слышал и видел сто раз; закон повторяемости выявляется во всех сферах жизни с жестокой регулярностью.

Празднуя день бессмертия с одним из своих многочисленных потомков и его товарищами, он признается им, что «всеведение и бессмертие заслуживают не благословения, а проклятия <...>. Да будь они прокляты!..» (365). Даже его любимая наука химия его больше не привлекает, и то же безразличие он испытывает по отношению ко всем другим прежде почитаемым им наукам. Это состояние духа так сильно овладевает им, что он решает покончить с собой. Взвесив разные способы самоубийства, он сжигает себя на костре (огонь — стихия Прометея), прикрепив себя цепями к чугунному столбу. Он умирает в ужасных муках, о возможности существования которых он уже почти забыл, но перспектива будущего сочетания бездеятельного ума с вечно молодым телом (см. 366) стала для него пыткой, еще более невыносимой, чем самосожжение.

А. Л. Семенова делает интересное наблюдение, что у Фриде, никогда никого не любившего, источник отвращения к жизни кроется именно в его неспособности любить. Ведь любовь скорее, чем интеллект, имеет способность поддерживать неугасающий интерес к другому человеку и через личную любовь к кому-то одному, и через любовь ко всему человечеству. В. С. Соловьев считал, что именно любовь способна дать вечно вдохновляющий дар сосуществования двух любящих, как и всего человечества, без того чтобы воцарился «бездонной скуки ад» (Блок). Не исключе-

---

ряемость всех и вся связана с фактом многочисленности людей, с тем, что человеческие личности, когда их очень много, повторяются лишь с незначительными вариациями. При огромном количестве людей, даже если они живут на других планетах, где им хватает места, природа не в состоянии разнообразить их до такой степени, чтобы создавать уникальные личности. Фриде, однако, не ницшеанец, который с пренебрежением относится к «слишком многим», — он, например, не одобряет мысль своей восемнадцатой жены, что жить на Земле нужно позволить только гениям, а других выселять в космос.

но, что рассказ Богданова критикует именно «сверхрациональность» героя (о чем свидетельствуют и его сравнительно малоудачные занятия искусствами), а не бессмертие само по себе; может быть, здесь присутствует и критика необоснованного самомнения Фриде. Прав ли он, что понимает *все* сущее и что люди вполне предсказуемы, или это самообман человека, который не умеет смотреть глубже поверхности явлений? Или бессмертные люди в самом деле стали скучными, потому что в их бесконфликтном и комфортабельном быту жизнь стала духовным и душевным прозябанием, перестав быть жизнью? Они скучают, но не знают, что скучают, потому что уже давно не испытывают иного состояния, кроме скуки, и принимают его как должное. Как бы то ни было, «Праздник бессмертия» выражает сомнения в том, что духовность человека может избежать энтропии в мире бесконечного времени. Возможно и то, что Фриде, разрешив последнюю загадку мироздания, пришел к выводу, что космос — не более чем «ларчик», который сравнительно легко открывается и не содержит так уж много интересного, каких бы огромных размеров он ни был. Возможно, другие миры космоса только повторяют или разделяют порядок и быт жителей Земли: в беседе с только что вернувшимся с Марса родственником Фриде верно угадал, какими проектами на своей планете занимается его старый марсианский знакомый. Если бы у него были знакомые на Юпитере, он, наверное, также угадал бы, как они проводят (не)время[7]. Очень

---

[7] Тенденция к отрицанию «вечного бессмертия» наблюдается и в современной российской культуре: «В поп-культуре заметен меланхолический мотив, связанный с темой бессмертия. Часто на экране телевизора, в кинотеатре или во время компьютерной игры мы видим скучающего бессмертного, утомленного своим бременем и мечтающего о смерти. Сейчас популярны киберпанковские темы, касающиеся крионики: человек, вернувшийся к жизни в далеком будущем, начинает ностальгировать по прошлому, которое он потерял, по своим близким, потому что мир, в который он попадает, ему не очень интересен (в нем нет ничего нового). Эти примеры указывают на некую глубинную убедительность того, что можно назвать «пошлостью бессмертия» (из доклада Евг. Кучинова «Изобретение (бес)смерти(я) в Стране Анархии» на Уральской индустриальной биеннале современного искусства 18 марта 2020 года). Автор выдвигает мысль, что «изобретение смерти

возможно, что озарения Фриде разделяет и его создатель Богданов, который никогда не стремился к бессмертности человека, а только к его долголетию — ведь марсиане из романа «Красная звезда» после нескольких сотен лет жизни обычно по собственной воле уходят из нее. Как ни интерпретировать многозначный рассказ Богданова, он явно выпадает из рамок «прогрессивного» мировосприятия, которое предполагает, что духовному и физическому развитию Человека нет конца и что он не только способен на вечный энтузиазм, но и полностью осознает, что вечный и беспрерывный восторг — естественное состояние человека.

Можно ли было говорить о смертности человека в литературе расцвета социалистического реализма?

В первых главах данной книги уже говорилось, что соцреалистические литературные произведения нередко намекали на то, что всемогущая советская наука «изобретет» бессмертие и что смерть — «излечимая болезнь». Но не все были так уж убеждены, что «всемогущий коллектив» и всемогущая советская наука разрешат проблему смертности человека, и, в отличие от «не желающих бессмертия», рассматривали конец своей жизни как печальную неизбежность. Так, герой романа Л. М. Леонова «Дорога на Океан» (1935) говорит о том, что смерть останется неустранимым препятствием на пути к полному коммунистическому счастью и поэтому трагизм никогда не исчезнет из человеческой жизни, даже в стране Советов. Эта мысль вызвала отрицательную реакцию критиков, несмотря на то что другие аспекты жизни в городе социалистического будущего были представлены в положительном ключе (см. [Mathewson 1958: 301–308]). Для полноты обзора отношений к смерти и бессмертию в данной работе я хотела бы добавить несколько строк о том, как

необходимо, чтобы бессмертие не стало тюрьмой, замкнутым контуром и некой неизбывной тоской». Он, насколько я понимаю, желает, чтобы смерть присутствовала в самом бессмертии для «контрастности». См. [Кучинов 2020].

относилась критика сталинского периода к тематике принятия смерти как неизбежного факта существования. Сопоставив для иллюстрации этого вопроса две книги, авторы которых не писали о победе над смертью и даже не намекали на такую возможность, а принимали ее как неизбежность, можно показать, что в одной из них отношение к этому «факту» было вполне и даже весьма «приемлемым», а в другой совершенно «неприемлемым». Вторая книга была запрещена советской цензурой, первая была с восторгом принята критикой. Запрещенной книгой была повесть М. М. Зощенко «Перед восходом солнца». С нее я и начну.

Если роман Леонова был принят «прохладно» [Mathewson 1958: 305], то повесть «Перед восходом солнца» Зощенко вызвала целую бурю негодования (первые главы повести были напечатаны в журнале «Октябрь» в 1943 году; остальные появились в «Звезде» только в 1972-м). Печатание исповедальной автобиографии Зощенко, написанной во время Второй мировой войны, было прекращено, и та ее часть, которая уже появилась, быстро исчезла из книжных магазинов. Одной из причин неприятия повести, несомненно, была трактовка в ней смерти (другими были «натурализм» и «фрейдизм»). Автор представлял умирание и смерть как ужасающее зрелище, а знание о неизбежности смерти — как тень, неразлучно провожающую человека через всю жизнь, охлаждая его радости и омрачая его надежды. О страхе смерти можно на время забыть, но ненадолго: смерть постоянно напоминает о себе в том или ином символическом облике (часто это вода, в которой можно утонуть). Хотя, по сути, повесть является отчетом об успешной «перековке» самого себя, так как рассказчик в ней показывает, как он одолел страх смерти с помощью науки — учение Павлова о создании условных рефлексов очень помогло ему развить разумные реакции на свой страх, — она не была принята как положительное свидетельство о «втором рождении» человека. Очевидно, победа над «животным, не всегда осознанным страхом» [Зощенко 1973: 287, далее — указание страниц в скобках] дается рассказчику слишком большим трудом и его ужас перед «черной водой» смерти (181–193) слишком реален для поэтики соцреализма. Яростная реакция на повесть «Перед восходом солнца» показывает, что, несмотря на «счастливый конец», она дает слишком «сложное» изображение страха смерти и выражает слишком большое отчаяние перед ее сущностью[8].

Еще одной проблематичной чертой повести Зощенко, вероятно, было то, что в ней отсутствовал даже намек на мысль, которая по определению должна была быть мировоззренческой аксиомой по-настоящему советского человека и литератора, а именно что

---

[8] В сборнике очерков 34 авторов (включая Зощенко!) под названием «Беломорско-Балтийский канал имени Сталина» [Беломорканал 1934] даются примеры «истинной перековки» людей, включая прежних преступников. Факторами в успешной перековке являются труд, борьба с суровой природой Карелии и желание достичь власти человека над стихиями. Эти усилия в конечном счете служат и борьбе со смертью, так как смерть — природное явление и каждая победа над природой обозначает и шаг вперед к победе над смертью. Разгадка кода природы дает и разгадку кода смерти. Таким образом, каторжный труд в борьбе со строптивыми стихиями превращает преступников в борцов за бессмертие, так как даже «злейшие» вредители и паразиты чувствуют, что они совершают великое дело. Их подневольный труд оказывается важным звеном в уничтожении смерти и оборачивается их спасением. Поэтому отчеты о строительстве Беломорканала отмечены сказочной атмосферой в духе «Торжества земледелия» Заболоцкого (1931). Правда, стиль «Беломорканала» снижен до реализма «разумных чудес». Так, в «Беломоре», в отличие от осужденной критиками поэмы Заболоцкого, нет места говорящим животным и размышлениям умерших девушек о загробной жизни, но здесь часто происходят естественные чудеса нравственного преображения и доселе невиданных трудовых подвигов под твердым, но «благожелательным» руководством чекистов. В этой «реалистической сказке» не только люди, но и лошади бьют трудовые рекорды, среди них есть «кони-ударники», так что другие, менее трудоспособные лошади смотрят на них «с уважением» [Беломорканал 1934: 269]. Природа Карелии «ужасна» и «дерзка», это «хитрая штука [Там же: 145], всегда готовая зло подшутить над человеком, преподнести ему неприятный сюрприз, но когда плотина и канал построены и эта «строптивая укрощена», она преображается в очаровательную красавицу: «Она лежит перед ним, опершись локтем на берег озера, словно какая-нибудь непомерная, пышнейшая красавица перед сном подперла голову и думает ленивыми, небольшими мыслями. Еще немного, и она опустит голову на подушку и заснет крепко-накрепко, а сейчас она вспоминает кого-то, какого-то героя, какого-то строителя, мыслителя, ударника» [Там же: 437]. Очевидно, даже преступникам легче, чем интеллигенту Старого мира, искупить свои грехи. Ведь люди, которые могли «сдвинуть горы», могут победить и смерть.

когда-нибудь с помощью всемогущей советской науки будут найдены «следы» умерших и, если эти люди боролись за коммунизм, они будут «восстановлены». «Там, в коммунизме, не будет богатых и бедных, не будет денег, войн, тюрем, границ, не будет болезней, и может быть (то есть «очень вероятно». — *А. М.-Д.*), даже смерти» [Терц 1988: 8], — иронически писал А. Терц в очерке «Что такое социалистический реализм?». Если верить автору повести «Перед восходом солнца», он победил свои страхи, но при этом забыл, что следовало нарисовать картины светлого будущего, в котором все возможно. В последних строках он, напротив, говорит о том, что прощается не только со своей книгой, но и предвидит скорое прощание со «всей жизнью» (313). Словом, Зощенко отнесся к своей теме «неправильно», предполагая, что и в будущем человеку придется бороться со слабостями, сомнениями и печалями и грустить о недолговечности своего существования. Поэтому повесть и оказалась неприемлемой (подробно см. [Masing-Delic 1980]).

Если подход Зощенко к теме неизбежной смертности человека был «неправильным», был ли возможен «правильный вариант»? Правы ли были западные исследователи социалистического реализма сталинских времен, которые считали, что «культ оптимизма» [Vickery 1963] привел к тому, что тема смерти стала табу и что ей и проблемам «человеческого бытия во вселенной» в советской литературе уделяли мало внимания [Slonim 1977: 167]. Советские литературоведы оспаривали существование «табу» на эти темы и утверждали, что, наоборот, советская литература выделяла изображению страданий и смерти почетное место.

И те и другие были правы, так как говорили о разном отношении к этой теме. Для западных литературоведов смерть и знание о ее неизбежности были «неразрешимыми проблемами» персонажей, а для советских критиков — или материалом для «оптимистической трагедии» героя / героини (как в одноименной пьесе Вс. В. Вишневского 1933 года), или маловажным фактом в жизни, всецело отданной «перековке» страны. Трагизму смерти героя или героини противопоставлялась их готовность умереть за великую цель без малейшей примеси жалости к себе и какого-либо раскаяния в «грехах». Словом, не было «поражения» героя, нанесенного ему природой или судьбой, как в классической литературе прошлого. Было только торжество духа тех, кто знал, что их личная смерть бессильна помешать продвижению партии, страны и народа к «цели», которая была и *их* главной целью в жизни. Смерть не может быть трагической, если человек не придает никакого значения своей смертности, умиранию и кончине, как Павел Корчагин в романе Н. А. Островского «Как закалялась сталь» (1934).

В этом частично автобиографическом повествовании от третьего лица счастливая смерть героя — результат осознания, что все, даже мельчайшие частицы жизненной энергии его тела и духа даже в длительный период болезни и умирания были пожертвованы на *пользу* дела коммунистического будущего. В нем «оптимистическая трагедия» героя сосуществует с «утилитарным» подходом; даже будучи смертельно болен и прикован к постели, герой не тратит ни секунды времени на раздумья о своей неизбежной кончине, так как, не придавая ей какого-либо значения, он сосредоточен на том, чтобы до последней капли отдать делу революции свои жизненные «флюиды». Исчерпав дотла свою *полезность* партии, дописав книгу о своих бескорыстных подвигах, не в состоянии дать партии больше ничего, кроме своей смерти, Павел Корчагин венчает свое существование «духовным торжеством» советского человека, который никогда не спрашивал, ждет ли его лично награда за подвиги и мучения [Mattewson 1958: 333]. Полная исчерпанность сил дает ему право наконец отдать иссохшую скорлупу своего измученного тела уничтожению в осознании, что он до конца был полезен делу революции. Таким образом, в ортодоксально соцреалистической литературе сталинского периода «проблемы» смерти не существовало. В данный момент движения вперед к будущему надо было «прекратить все праздное теоретизирование» [Joravsky 1978: 108] о «вечных» и «несущественных» (так как уже решенных) вопросах бытия и заниматься вместо этого практикой всеобъемлющей перестройки страны. Корчагин стал образом героя, не придававшего никакого значения своей смерти, героя, который умер, зная, что он был «полезен до конца», не спрашивая и даже не думая о том, найдут ли когда-нибудь в вечной материи «следы» его полезности для дела.

Самозабвенность Корчагина, его превращение своей личности в оружие и орудие социально-экономической и заявленной первым пятилетним планом *культурной революции*, его участие в «опережении» настоящего для скорейшего приближения будущего говорили читателям-современникам о том, что настоящий герой способен с помощью одной силы воли пренебречь всеми недугами. Повесть «Как закалялась сталь» служила «живой водой» для тех, кто страдал от распространенной в тот период «советской изношенности» [Joravsky 1978: 117] — крайней духовной и физической усталости перегруженного работой советского деятеля революции. Биография Островского была антидотом раздумьям о том, зачем губить свое здоровье и жертвовать частной жизнью ради великих, но все же далеких целей и не слишком ли дорого стоят нравственные травмы, полученные в жестоких боях с классовыми врагами и вредителями. Такие настроения посещают и страдающих синдромом «изношенности» героев романа Леонова «Дорога на Океан». Конечно, «изношенным» больше, чем инъекции бодрости, требовалось медицинское лечение, в частности переливания крови (Богданов делал их, например, Красину), но книги наподобие «Как закалялась сталь» говорили и о том, что «изношенность» можно преодолеть не только лекарствами, но и новыми подвигами. Подвиги перековывают бренную плоть в железную волю духа, которая не изнашивается и, даже когда тело противится приказам духа, находит все новые пути к преодолению его сопротивления. В отличие от автобиографической повести Зощенко с ее «трусливой» сосредоточенностью рассказчика на себе, повесть-автобиография Островского говорит об истинной перековке человека в Человека. Словом, к середине XX века найдены главные подходы к «счастливой смерти»: теургия (как в эротической утопии андрогинности), программы «общего дела» (разновидности федоровизма) и умерщвление индивидуализма (преображение человека в стальное орудие борьбы за будущее).

Поиски бессмертия в конце XX — начале XXI века

Остается задать еще один вопрос: продолжаются ли поиски земного бессмертия в России и в нашем XXI веке? Ведь прошло много времени не только с того момента, как Христос покинул землю (и так пока и не вернулся на нее), но и с тех пор, как начались серьезные философские и научные поиски физического бессмертия, которые до сих пор не дали желанных результатов. Может быть, и верующие в общее дело перестали трудиться и надеяться? С восстановлением православия в России, конечно, бо́льшая часть населения вернулась к традиционной вере в бессмертие души и воскресение праведников после Страшного суда; несомненно, остались и те, кто придерживается «заветов атеизма». Эти две группы, естественно, не преследуют цели создать бессмертие на земле, но как обстоит дело с искателями бессмертия в постсоветские времена — исчезли ли они? На этот вопрос можно найти интересные ответы в информативной книге А. Бернштейн «Будущее бессмертия» (The Future of Immortality) [Bernstein 2019].

Согласно Бернштейн, искатели бессмертия в России XXI века многочисленны и «русская футуристическая сцена — одна из самых активных в современных сообществах имморталистов» (2019: 5). Причем «прогрессоры» современности во многом продолжают, но, конечно, и обновляют «утопические дискурсы и надежды» дореволюционного и раннего советского периодов» [Bernstein 2019: 29]. Вопреки предположениям об «исчезновении будущего» в постсоциалистической России, отмена исключительно государственного права на проектирование будущего привела на рубеже прошлого и нынешнего веков не к смерти утопического мышления, а к новой активности и новым инициативам в области трансформации будущего мира. Новые утопические дискурсы сегодняшнего дня связаны с появлением новых технологий, таких как *крионика* (замораживание тела, по крайней мере мозга) и создание разного рода аватаров, в которые компьютер с помощью базы данных / души / мозга / сознания / может загрузить «духовную суть» умерших. Есть и стремление создать коллективное сознание через нейросеть, которая может не только загрузить на компьютеры мысли, чувства, воспоминания, то есть личности умерших людей, но и создать сеть сообщающихся сознаний, что-то вроде «материализованной ноосферы» [Там же: 192]. Последний проект имеет некое сходство с теорией о постепенной дематериализации материи и превращении человека в чистую энергию, о которой говорил Горький в беседе с Блоком. И идея замораживания и размораживания мертвого тела в теории существовала уже в начале XX века, как видно из рассказа Пильняка и Федоровского.

Продолжением традиций Серебряного века и раннего советского периода, несомненно, служат программы спасения менее технологического типа, чем упомянутые выше. Среди них видное место занимают федоровцы-космисты, которые, в духе Федорова, считают, что «развитие от *homo sapiens* к *homo immortalis* является эволюционным императивом, требуемым самой природой» [Там же: 2]. Трансгуманисты также претендуют на родство с философией Федорова, уверяя, что они «осуществляют его мысли на практике» [Там же: 17], но федоровцы-космисты оспаривают их заявление, что, живи философ в наши дни, он был бы трансгуманистом.

Здесь не место вдаваться в специфику различий дискурсов в сфере бессмертия человека (отношение к православию играет в них известную роль); следует только указать, что в России не исчезает потребность снова и снова вызвать смерть на бой. В других странах мира, включая США, также проводятся и крионические эксперименты, и эксперименты по загрузке содержания мозговой деятельности на компьютер, но в России особую роль играют философские, литературные и политические мифы. В них почти всегда найдутся мифологемы об «универсальности» русской нации (Достоевский), которая предопределяет ее миссию объединить все человечество в общем деле преображения природы и человека (Федоров), чтобы потом, исправив ошибку смертности, вкравшуюся в материю, ввести бессмертное человечество в космос. Эта воодушевляющая многих потребность быть спасителем мироздания и человечества делает очень вероятным предположение, что «будущее бессмертия» (Бернштейн) в России надолго обеспечено. Несомненно, эта потребность даст и многие новые ценные результаты в разных культурных сферах.

Источники

Беломорканал 1934 — Беломорско-Балтийский канал им. Сталина / Ред. М. Горький, Л. Авербах, С. Фирин. М.: ОГИЗ «История фабрик и заводов», 1934. Репринтное издание 1998 года.

Блок 1960–1965 — Блок А. А. Собр. соч.: в 8 т. М.; Л.: Художественная литература, 1960–1965.

Богданов 2014 — Богданов (Малиновский) А. А. Праздник бессмертия. СПб.: Лениздат — Команда А, 2014.

Гейне 1959 — Гейне Г. Собр. соч.: в 9 т. Т. 9 / Пер. И. Бернштейн и А. Горнфельда. М.: ГИХЛ, 1959.

Гиппиус 1999 — Гиппиус З. Н. Стихотворения (Новая библиотека поэта). СПб.: Гуманитарное агентство «Академический проект», 1999.

Гоголь Н. В. Петербургские записки 1836 года // Гоголь Н. В. Полн. собр. соч.: в 14 т. Т. 8. Статьи. М.; Л.: Изд-во АН СССР, 1952. С. 177–190.

Гумилев 1988 — Гумилев Н. С. Стихотворения и поэмы (Библиотека поэта). Л.: Советский писатель, 1988.

Достоевский 1973 — Достоевский Ф. М. Записки из подполья // Ф. М. Достоевский. Полн. собр. соч.: в 30 т. Т. 5. Л.: Наука, 1973.

Достоевский 1976 — Достоевский Ф. М. Братья Карамазовы // Ф. М. Достоевский. Полн. собр. соч.: в 30 т. Т. 14, 15. Л.: Наука, 1976.

Заболоцкий 1965 — Заболоцкий Н. А. Стихотворения / Ред. Г. П. Струве и Б. А. Филиппов. Washington, D. C. — New York: Inter-Language Literary Associates, 1965.

Заболоцкий 1995 — Заболоцкий Н. А. «Огонь, мерцающий в сосуде...»: Стихотворения и поэмы. Переводы. Письма и статьи. Жизнеописание. Воспоминания современников. Анализ творчества / Сост. Н. Н. Заболоцкий. М.: Педагогика-Пресс, 1995.

Замятин 1967 — Замятин Е. И. О сегодняшнем и о современном // Замятин Е. И. Лица. Нью-Йорк: Международное Литературное Содружество, 1967. С. 211–230.

Зощенко 1973 — Зощенко М. М. Перед восходом солнца. Нью-Йорк: Изд-во имени Чехова, 1973.

Катаев 1969 — Катаев В. П. Собр. соч.: в 9 т. Т. 3. М.: Художественная литература, 1969.

Кучинов 2020 — Кучинов Евг. Изобретение (бес)смерти (я) в Стране Анархии. Электронный ресурс. URL: https://syg.ma/@uralskii-filial-gtssi/biessmiertiie-dlia-niemnoghikh-ili-voskrieshieniie-dlia-vsiekh-immortalizm-v-russkom-kosmizmie?fbclid=IwAR33ygJq0JHWLKHqi-O9R_ipUMWihR4Lk0ooqcXtxKzO2AtbQpu9qlP4F4c (дата обращения: 12.08.2020).

Львов 1977 — Львов В. Е. Загадочный старик. Повести. Л.: Советский писатель, 1977.

Маяковский 1963 — Маяковский В. В. Избр. произв.: в 2 т. (Библиотека поэта). М.; Л.: Советский писатель, 1963.

Мережковский 1990 — Д. С. Воскресшие боги // Д. С. Мережковский. Собр. соч.: в 4 т. Т. 1. М.: Художественная литература, 1990. С. 309–591.

Мережковский 1996 — Мережковский Д. С. Иисус неизвестный. М.: Республика, 1996.

Огнев 1928 — Огнев Н. (Розанов М. Г.). Собр. соч.: в 5 т. Т. 1. М.: Федерация, 1928.

Огнев 1933 — Огнев Н. (Розанов М. Г.) Три измерения. М.: Федерация, 1933.

Одоевский 1977 — Одоевский В. Ф. Повести. М.: Советская Россия, 1977.

Платонов 1969 — Платонов А. П. Избранное. М.: Московский рабочий, 1966.

Ренан 2004 — Ренан Э. Жизнь Иисуса / Пер. с франц. Н. Полторацкой, О. Крыловой. М.: Амрита — Русь, 2004.

Ропшин 1922 — Ропшин В. (Савинков Б. В.). Конь бледный. М.: Современник, 1922.

Сейфуллина 1974 — Сейфуллина Л. Н. Виринея. Челябинск: Южно-Уральское книгоиздательство, 1974.

Соловьев 1974 — Соловьев В. С. Стихотворения и шуточные пьесы (Библиотека поэта). Л.: Советский писатель, 1974.

Сологуб 1972 — Сологуб Ф. К. Творимая легенда. München: Wilhelm Fink Verlag, 1972. Репринт т. 18–20 Собрания сочинений Ф. Сологуба в 20 т. (1913–1914).

Сологуб 1979 — Сологуб Ф. К. Стихотворения (Библиотека поэта). Л.: Советский писатель, 1979.

Толстой 1969 — Толстой И. Л. Мои воспоминания. М.: Художественная литература, 1969.

Толстой 1926 — Толстой А. Н. Подкидные дураки // Новый мир. 1928. Кн. 11. С. 59–71.

Толстой 1967 — Толстой Л. Н. Воскресение. М.: Художественная литература, 1967.

Хлебников 1986 — Хлебников В. Творения. М.: Советский писатель, 1986.

Чернышевский 1967 — Чернышевский Н. Г. Что делать? Л.: Художественная литература, 1967.

Чехов 1964 — Чехов А. П. Избранные произведения: в 2 т. Т. 2. М.: Художественная литература, 1964.

Шагинян 1979 — Шагинян М. С. Гидроцентраль. Очерки. Л.: Лениздат, 1979.

Шоу 1980 — Шоу Б. Полн. собр. пьес: в 6 т. Л.: Искусство, 1980. Т. 5.

Штраус 1992 — Штраус Д. Жизнь Иисуса / Пер. с нем. В. Ульриха. М.: Республика, 1992.

Эренбург 1923 — Эренбург И. Г. Жизнь и гибель Николая Курбова. Берлин: Геликон, 1923.

Эренбург 2005 — Эренбург И. Г. Люди, годы, жизнь: в 3 т. Т. 1. М.: Текст, 2005.

Baker's dictionary of theology / Ed. E. F. Harrison. Grand Rapids (MI): Baker Book House, 1975.

Encyclopedia of Philosophy 1972 — The Encyclopedia of Philosophy / Ed. P. Edwards. Vol. 1. New York: Macmillan Publishing Co. Inc. & Free Press; London: Collier Macmillan Publishers, 1967, reprint, 1972.

Библиография

Сокращения

ВС — Соловьев В. С. Собр. соч.: в 12 т. / Ред. и примеч. С. М. Соловьева и Е. Л. Радлова. Bruxelles: Foyer Oriental Chretien, 1966–1969. Репринт издания 1911 года.

НФ — Федоров Н. Ф. Философия общего дела. Статьи, мысли и письма Николая Федоровича Федорова / Ред. В. А. Кожевников, Н. П. Петерсон. Heppenheim: Gregg International Publishers, 1970. Репринт издания: т. 1 (Верный, 1906), т. 2 (Москва, 1913).

ПСС — Горький М. Полн. собр. соч.: в 25 т. М.: Наука, 1968–1976.

СС — Горький М. Собр. соч.: в 30 т. М.: Художественная литература, 1949–1955.

DG — Solowjew W. Deutsche Gesamtausgabe der Werke von Wladimir Solowjew. München: Erich Wewel Verlag, 1953–1980.

Анненков 1991 — Анненков Ю. П. Дневник моих встреч. Цикл трагедий. В 2 т. Т. 1. М.: Художественная литература, 1991.

Базанов 1981 — Базанов В. Г. К творческим исканиям Блока // Блок и современность / Сост. С. С. Лесневский. М.: Современник, 1981. С. 200–226.

Бакунин 1987 — Бакунин М. А. Избранные сочинения и письма. М.: Мысль, 1987.

Бахтин 1965 — Бахтин М. М. Творчество Франсуа Рабле и народная культура средневековья и Ренессанса. М.: Художественная литература, 1965.

Безансон 1998 — Безансон А. Интеллектуальные истоки ленинизма / Пер. с франц. М. Розанова, Н. Рудницкой, А. Руткевича. М.: МИК, 1998.

Беломорканал 1934 — Беломорско-Балтийский канал им. Сталина / Ред. М. Горький, Л. Авербах, С. Фирин. М.: ОГИЗ «История фабрик и заводов», 1934 (репринтное издание — 1998 г.).

Бергсон 1999 — Бергсон А. Творческая эволюция. Материя и память / Пер. М. Булгакова. Минск: Харвест, 1999.

Бердяев 1971 — Бердяев Н. А. Русская идея. Основные проблемы русской мысли XIX века и начала XX века. Париж: YMCA-Press, 1971.

Бердяев 1990 — Бердяев Н. А. Самопознание. М.: Международные отношения, 1990.

Бердяев 1993 — Бердяев Н. А. Экзистенциальная диалектика божественного и человеческого // Н. А. Бердяев. О назначении человека. М.: Республика, 1993. С. 254–358.

Богданов 2007 — Богданов В. В. Новое о дате рождения Н. Ф. Федорова // Отечественные архивы. 2007. № 6. С. 52–53.

Бочарова, Гачева 2005 — Бочарова И. А., Гачева А. Г. Горький и мир философских идей Н. Ф. Федорова (переписка с А. К. Горским и Н. А. Сетницким) // М. Горький и его корреспонденты / Ред. Л. А. Спиридонова. М.: ИМЛИ РАН, 2005. С. 501–563.

Брюсов 1975 — Брюсов В. Я. Владимир Соловьев. Смысл его поэзии» // Брюсов В. Я. Собр. соч.: в 7 т. Т. 6. М.: Художественная литература, 1975. С. 218–230.

Булгаков 1903 — Булгаков С. Н. Что дает современному сознанию философия Владимира Соловьева? // Булгаков С. Н. От марксизма к идеализму. Сборник статей (1896–1903). СПб.: Общественная польза, 1903. С. 195–262.

Быков 2016 — Быков Д. Л. Горький (ЖЗЛ, Малая серия). М.: Молодая гвардия, 2016.

Бялик (ред.) 1964 — «Горький и наука» / Ред. Б. А. Бялик. М.: Наука, 1964.

Вайнберг 1981 — Вайнберг И. И. А. Блок и М. Горький // В мире Блока / Ред. А. А. Михайлов, С. С. Лесневский. М.: Советский писатель, 1981. С 333–382.

Воронский 1923 — Воронский А. К. На стыке. М.; Пг.: Гос. изд., 1923.

Воронский 1928 — Воронский А. К. Н. Огнев (предисловие) // Огнев Н. Собр. соч. в 5 т. Т. 1. М.: Федерация, 1928. С. 5–19.

Воронский 1929 — Воронский А. К. Н. Огнев. Литературные портреты. Т. 2. М.: Федерация, 1929. С. 79–95.

Гаспаров 1977 — Гаспаров Б. М. Поэма А. Блока «Двенадцать» и некоторые проблемы карнавализации в искусстве начала XX века // Slavica hierosolymitana. V. 1. Jerusalem: Jerusalem Magnes Press, Hebrew University, 1977. C. 109–131.

Гаспаров, Лотман 1975 — Гаспаров Б. М., Лотман Ю. М. Игровые моменты в поэме «Двенадцать» // Тезисы I Всесоюзной (III) конференции «Творчество Блока и русская культура XX века». Тарту, 1975. С. 53–63.

Гачева 2004–2008 (сост.) — Н. Ф. Федоров: pro et contra / Сост. А. Г. Гачева и др. М.: Изд-во РХГИ, 2004 (т. 1); 2008 (т. 2).

Гачева 2008 — Гачева А. Г. Ф. М. Достоевский и Н. Ф. Федоров. Встречи в русской культуре. М.: ИМЛИ РАН, 2008.

Гачева, Семенова 2014 — Гачева А. Г., Семенова С. Г. Н. Ф. Федоров // Русская философия. Энциклопедия / Ред. М. А. Маслин. М.: Книжный клуб «Книговек», 2014. С. 702–703.

Геллер 1982 — Геллер М. Я. Платонов в поисках счастья. Париж: YMCA-Press, 1982.

Георгиевский 1988 — Георгиевский Г. П. Л. Н. Толстой и Н. Ф. Федоров. Из личных воспоминаний // Четвертые Тыняновские чтения. Тезисы докладов и материалы для обсуждения / Отв. ред. М. О. Чудакова. Рига: Зинатне, 1988. С. 46–66.

Гинзбург 1984 — Гинзбург Л. Я. Заболоцкий двадцатых годов // Воспоминания о Н. Заболоцком / Сост. Е. В. Заболоцкая и др. М.: Советский писатель, 1984. С. 145–156.

Горностаев 1929 — Горностаев А. (Горский А. К.) Рай на земле. К идеологии творчества Достоевского. Харбин, 1929.

Горький М. Собр. соч.: в 30 т. М.: Художественная литература, 1949–1955. (СС)

Горький М. Полн. собр. соч.: в 25 т. М.: Наука, 1968–1976. (ПСС)

Горький 2000 — Горький М. Книга о русских людях. М.: Вагриус, 2000.

Гринберг 1968 — Гринберг И. Л. Пути советской поэзии. М.: Художественная литература, 1968.

Давыдов 1971 — Давыдов Ю. Н. Блок и Маяковский: некоторые социально-эстетические аспекты проблемы «искусство и революция» // Вопросы эстетики. Вып. 9. М.: Искусство, 1971. С. 5–62.

Десницкий 1979 — Десницкий В. А. Статьи и исследования. Л.: Художественная литература, 1979.

Дикман 1978 — Дикман М. И. Поэтическое творчество Федора Сологуба // Сологуб Ф. Стихотворения. (Библиотека поэта). Л.: Советский писатель, 1978. С. 5–74.

Дикушина 1987 — Дикушина Н. И. Блок и Луначарский. Александр Блок: новые материалы и исследования (Лит. наследство). М.: АН СССР. Ин-т мировой литературы, 1987. Т. 92, кн. 4. С. 272–306.

Динерштейн 2001 — Динерштейн А. Е. А. К. Воронский: в поисках живой воды. М.: РОССПЭН, 2001.

Достоевский 1973 — Достоевский Ф. М. Записки из подполья // Достоевский Ф. М. Полн. собр. соч.: в 30 т. Т. 5. Л.: Наука, 1973.

Достоевский 1976 — Достоевский Ф. М. Братья Карамазовы // Полн. собр. соч.: в 30 т. Т. 14, 15. Л.: Наука, 1976.

Збарский 2000 — Збарский И. Б. Объект № 1. М.: Вагриус, 2000.

Зеньковский 2001 — Зеньковский В. В. История русской философии. М.: Академический проект, Раритет, 2001.

Зильберштейн, Тагер (ред.) 1963 — Горький и советские писатели. Неизданная переписка / Ред. И. С. Зильберштейн, Е. Б. Тагер. М.: Изд-во АН СССР, 1963. Т. 70. (Лит. наследство)

Иванов 1960 — Иванов Вс. В. Встречи с Максимом Горьким // Иванов Вс. В. Собр. соч.: в 8 т. Т. 8. М.: Художественная литература, 1960. С. 467–558.

Иванов 1971 — Иванов Вяч. И. Собр. соч.: в 4 т. Т. 1. Брюссель: Foyer Oriental Chrétien, 1971.

Иванов-Разумник 1971 — Иванов-Разумник Р. В. О смысле жизни. Ф. Сологуб, Л. Андреев, Л. Шестов. СПб. (б/и), 1910.

Каверин 1980 — Каверин В. А. Вечерний день. Встречи, письма, портреты. М.: Советский писатель, 1980.

Кларк 2002 — Кларк К. Советский роман: история как ритуал / Пер. с англ. Ред. М. А. Литовская. Екатеринбург: Изд-во Уральского ун-та. 2002.

Клячко 1965 — Клячко В. Надо мечтать // Наука и религия. 1965. № 5. С. 30–36.

Коротков 1976 — Коротков Ю. Н. Писарев (ЖЗЛ). М.: Молодая гвардия, 1976.

Красунов 1978 — Красунов В. К. О своеобразии конфликта сказки А. М. Горького «Девушка и смерть» // М. Горький и вопросы литературных жанров. Горький: ГГУ, 1978. С. 123–128.

Крюкова 1987 — Крюкова А. М. К истории личных и творческих отношений Блока и Горького // Александр Блок. Новые материалы и исследования (Лит. наследство). М.: АН СССР. Ин-т мировой литературы, 1987. Т. 92, кн. 4 / Ред. В. Р. Щербина и др. С. 233–271.

Купревич 1965 — Купревич В. Ф. Бессмертие — сказка? // Наука и религия. 1965. № 9. С. 31–32.

Ленин 1969 — Ленин В. И. Полн. собр. соч.: в 55 т. Т. 36. М.: Политиздат, 1969.

Липавская 1984 — Липавская Т. А. Встречи с Николаем Алексеевичем и его друзьями // Воспоминания о Н. А. Заболоцком / Сост. Е. В. Заболоцкая и др. М.: Советский писатель, 1984. С. 47–56.

Лосев 1990 — Лосев А. Ф. Владимир Соловьев и его время. М.: Прогресс, 1990.

Луначарский 1911 — Луначарский А. В. Религия и социализм. Т. 2. СПб.: Шиповник, 1911.

Львов-Рогачевский 1913 — Львов-Рогачевский В. Л. Снова накануне. Сборник критических статей и заметок. М.: Книгоиздательство писателей, 1913.

Македонов 1968 — Македонов А. В. Николай Заболоцкий: Жизнь, творчество, метаморфозы. Л.: Советский писатель, 1968.

Мелетинский 1980 — Мелетинский Е. М. Демиург // Мифы народов мира: в 2 т. Т. 1. М.: Советская энциклопедия, 1980. С. 366.

Мочульский 1951 — Мочульский К. В. Владимир Соловьев. Жизнь и учение. Париж: YMCA-Press, 1951.

Мясников 1953 — Мясников А. М. Горький. Очерк творчества. М.: Художественная литература, 1953.

Найман 2000 — Найман Э. Дискурс, обращенный в плоть: А. Замков и воплощение советской субъективности // Соцреалистический канон / Ред. Х. Гюнтер, Е. А. Добренко. СПб.: Академический проект, 2000. С. 625–638.

Ницше 1990 — Ницше Ф. Соч.: в 2 т. / Пер. с нем. Ред. К. А. Свасьян. М.: Мысль, 1990.

Орлов 1971 — Орлов В. Н. Пути и судьбы. Л.: Советский писатель, 1971.

Остромиров 1928 — Остромиров (Горский) А. К. Николай Федорович Федоров. Философия общего дела. Харбин, 1928.

Павловский 1966 — Павловский А. И. Николай Заболоцкий // Павловский А. И. Поэты-современники. М.; Л.: Советский писатель, 1966. С. 167–228.

Пайман 2005 — Пайман А. Ангел и камень. Жизнь Александра Блока: в 2 кн. Кн. 2 / Пер. с англ. А. Пайман. М.: Наука, 2005.

Пакентрейгер 1929 — Пакентрейгер С. И. Н. Огнев. «Собр. соч. т. 1» (рец.) // Новый мир. 1929. № 2. С. 281.

Пакентрейгер 1930 — Пакентрейгер С. И. Заказ на вдохновение. Статьи о литературе. М.: Федерация, 1930.

Парамонов 1973 — Парамонов И. В. Человек редкой судьбы. М.: Изд-во политической литературы, 1973.

Пастернак 1989 — Пастернак Е. Б. Борис Пастернак. Материалы для биографии. М: Советский писатель, 1989.

Петровский 1987 — Петровский С. М. «Двенадцать» Блока и Леонид Андреев // Александр Блок: новые материалы и исследования (Лит. наследство). М.: АН СССР. Ин-т мировой литературы, 1987. Т. 92, кн. 4 / Ред. В. Р. Щербина и др. С. 203–232.

Пигарев 1964 — Пигарев К. В. Лирика Баратынского // Баратынский Е. А. Лирика. М: Художественная литература, 1964. С. 5–6.

Пильняк 1928 — Пильняк Б. А., Федоровский Н. М. Дело смерти // Новый мир. 1928. № 2. С. 133–141.

Писарев 1955 — Писарев Д. И. Соч.: в 4 т. Т. 2. Статьи, 1862–1864. М.: ГИХЛ, 1955.

Писарев 1981 — Писарев Д. И. Литературная критика: в 3 т. Т. 2, 3. Л.: Художественная литература, 1981.

Прожогин 1955 — Прожогин В. Е. Эстетика труда в творчестве М. Горького. Киев: ГИХЛ, 1955.

Пьяных 1981 — Пьяных М. Ф. Русский строй души в революционную эпоху // В мире Блока / Ред. А. А. Михайлов, С. С. Лесневский. М.: Советский писатель, 1981.

Райс 1965 — Райс Э. (Raïs E.) Поэзия Николая Заболоцкого // Заболоцкий Н. А. Стихотворения / Ред. Г. П. Струве и Б. А. Филиппов. Washington, D. C. — New York: Inter-Language Literary Associates, 1965. С. lix-lxxi.

Сафиулина 2017 — Сафиулина Р. М. Платоновские мотивы в творчестве Н. С. Гумилева (стихотворение «Андрогин» как опыт акмеистического прочтения Платона) // Филологические науки. Вопросы теории и практики. Тамбов: Грамота, 2017. № 5 (71). В 2 ч. Ч. 2. С. 24–28.

Семенова 1982 — Семенова С. Г. Н. Ф. Федоров и его философское наследие // Федоров Н. Ф. Сочинения. М.: Мысль, 1982.

Семенова 1990 — Семенова С. Г. Николай Федоров. Творчество жизни. М.: Советский писатель, 1990.

Семенова 2004 — Семенова С. Г. Философ будущего века. Николай Федоров. М.: Пашков дом, 2004.

Семенова 2014 — Семенова А. Л. Тема бессмертия в рассказе А. Богданова «Праздник бессмертия» и А. Платонова «Приключения Баклажанова» // Вторые Лемовские чтения / Ред. А. Ю. Нестеров. Самара: Изд-во Самар. гос. аэрокосм. ун-та, 2014. С. 113–120.

Силард, Барта 1989 — Силард Л., Барта П. Дантов код русского символизма // Studia Slavica Hungarica. Budapeszt, 1989. Т. 35. С. 61–95.

Синельников 1984 — Синельников М. И. Молодой Заболоцкий // Воспоминания о Н. Заболоцком / Сост. Е. В. Заболоцкая и др. М.: Советский писатель, 1984. С. 101–120.

Смола 1993 — Смола О. П. Черный вечер, белый снег... Творческая история и судьба поэмы Александра Блока «Двенадцать». М.: Наследие, 1993.

Соловьев 1966–1969 — Соловьев В. С. Собр. соч.: в 12 т. // Ред. и примеч. С. М. Соловьева и Е. Л. Радлова. Bruxelles: Foyer Oriental Chretien, 1966–1969. Репринт издания 1911 года. (ВС)

Спасский 1983 — Спасский Ю. Навьи чары // О Федоре Сологубе. Критика / Сост. А. Н. Чеботаревская. Ann Arbor: Ardis, 1983. С. 319–324. Репринт издания 1911 года.

Степанов 1972 — Степанов Н. Л. Николай Заболоцкий (1903–1958) // Заболоцкий Н. А. Избр. произв.: в 2 т. Т. 1. М.: Художественная литература, 1972. С. 5–31.

Степун 2012 — Степун Ф. А. Мистическое мировидение. СПб.: Владимир Даль, 2012.

Сухих 1978 — Сухих С. И. «Жизнь Клима Самгина» М. Горького и «Философия общего дела» Н. Ф. Федорова // М. Горький и вопросы литературных жанров. Горький: ГГУ, 1978. С. 3–38.

Сухих 1980 — Сухих С. И. М. Горький и Н. Ф. Федоров // Русская литература. 1980. № 1. С. 160–168.

Терц 1988 — Терц А. (Синявский А. Д.) Что такое социалистический реализм? Париж: Syntaxis, 1988.

Терц 1993 — Терц А. (Синявский А. Д.) Прогулки с Пушкиным. СПб.: Всемирное слово, 1993.

Толстая-Сегал 1981 — Толстая-Сегал Е. Идеологические контексты Платонова // Russian Literature. 1981. V. 9. № 3. С. 231–280.

Топорков 1985 — Топорков А. Л. Из мифологии русского символизма: городское освещение // Мир А. А. Блока. Блоковский сборник. Ученые записки Тартусского ун-та. Вып. 657. Тарту, 1985. С. 101–112.

Турков 1965 — Турков А. М. Николай Заболоцкий // Заболоцкий Н. А. Стихотворения и поэмы. (Библиотека поэта). М.; Л.: Советский писатель, 1965. С. 5–58.

Турков 1981 — Турков А. М. Николай Заболоцкий. Жизнь и творчество. М.: Просвещение, 1981.

Федоров 1970 — Федоров Н. Ф. Философия общего дела. Статьи, мысли и письма Николая Федоровича Федорова / Ред. В. А. Кожевников, Н. П. Петерсон. Heppenheim: Gregg International Publishers, 1970. Репринт издания: Верный, 1906 (т. 1); М., 1913 (т. 2). (НФ)

Фейербах 1955 — Фейербах Л. Сущность христианства // Избранные философские произведения: в 2 т. Т. 2. М: Гос. изд-во политической литературы, 1955.

Философов 1909 — Философов Д. В. Слова и жизнь: литературные споры новейшего времени (1901–1908). СПб.: АО типографского дела, 1909.

Филиппов 1965 — Филиппов Б. А Путь поэта // Заболоцкий Н. А. Стихотворения / Ред. Г. П. Струве и Б. А. Филиппов. Washington, D. C. — New York: Inter-Language Literary Associates, 1965. С. xxvii–lviii.

Филиппов 1981 — Филиппов Б. А. Бессмертие? Немного публицистики // Филиппов Б. А. Статьи о литературе. London: Overseas Publications Interchange, 1981. С. 231–237.

Флоровский 1935 — Флоровский Г. В. Проект мнимого дела: о Н. Ф. Федорове и его продолжателях // Современные записки. 1935. Т. LIX. С. 399–413.

Фостер 1973 — Фостер Л. А. К вопросу о сюрреализме в русской литературе // American Contributions to the Seventh International Congress of Slavists / Ред. В. Террас. Т. 2. The Hague: Mouton, 1973. С. 199–220.

Хьетсо 1997 — Хьетсо Г. Максим Горький. Судьба писателя / Пер. с норв. Л. Григорьевой. М.: Наследие, 1997.

Чудаков 1988 — Чудаков А. П. Вступ. статья к: Г. П. Георгиевский. Л. Н. Толстой и Н. Ф. Федоров. Из личных воспоминаний // Четвертые

Тыняновские чтения: Тезисы докладов и материалы для обсуждения / Отв. ред. М. О. Чудакова. Рига: Зинатне, 1988. С. 32–45.

Чужак 1983 — Чужак. Н. От Передонова к творимой легенде // О Федоре Сологубе. Критика / Сост. А. Н. Чеботаревская. Ann Arbor: Ardis, 1983. Репринт издания 1911 года. С. 319–324.

Чуковский 1969 — Чуковский К. И. Путеводитель по Сологубу // Чуковский К. И. Собр. соч.: в 6 т. Т. 6. М.: Художественная литература, 1969. С. 332–367.

Чулков 1912 — Чулков Г. И. Соч.: в 5 т. Т. 5. Статьи 1905–1911 гг. СПб.: Шиповник. 1912.

Шумский 1962 — Шумский А. М. М. Горький и советский очерк. М.: Советский писатель, 1962.

Шустов 1978 — Шустов М. П. К проблеме сказочности стиля М. Горького («Макар Чудра») // М. Горький и вопросы литературных жанров. Горький: ГГУ, 1978. С. 115–122.

Шушпанов 2002 — Шушпанов А. Н. Утопический рассказ Александра Богданова «Праздник бессмертия» // Потаенная литература. Вып. 3. Иваново: Ивановский гос. ун-т, 2002. С. 51–55.

Эйкалович 1986 — Эйкалович Г. Федоровиана // Новый журнал. 1986. № 163. С. 259–274.

Эткинд 1977 — Эткинд Е. А. Форма как содержание. Würzburg: Jal-Verlag, 1977.

Юнггрен 1981 — Юнггрен А. Обличья смерти: к интерпретации стихотворения Н. Заболоцкого «Офорт» // Scando-Slavica. 1981. Т. 27. С. 171–177.

Юнович 1961 — Юнович М. М. М. Горький — пропагандист науки. М.: Советский писатель, 1961.

Якобсон 1987 — Якобсон Р. О. Статьи по поэтике. М.: Прогресс, 1987. С. 339–342.

Baran 1972 — Baran H. Fedor Sologub and the Critics. The Case of *Nav'i chary* // Studies in 20th-century Russian Prose / Ed. N. Å. Nilsson. Stockholm: Almqvist & Wiksell International, 1982. P. 26–58.

Baran 1979–1980 — Baran H. Trirodov among the Symbolists: From the Drafts for Sologub's *Tvorimaja legenda* // Neue russische Literatur. 1979–1980. Salzburg: University of Salzburg. Vol. 2–3. P. 179–202.

Barker 1969 — Barker M. The Novels of Fedor Sologub. Ph. D. Dissertation. Yale University, 1969.

Barth 1957 — Barth K. An Introductory Essay // Feuerbach L. The Essence of Christianity / Transl. George Eliot (Marin Evans). New York, Evanston, and London: Harper & Row, 1957. P. x-xxxii.

Bergsträsser 1979 — Bergsträsser D. Alexander Block und «Die Zwölf»: Materialien zum eschatologischen Aspekt seiner Dichtung. Heidelberg: Carl Winter, 1979.

Bernstein 2019 — Bernstein A. The Future of Immortality. Remaking Life and Death in Contemporary Russia. Princeton & Oxford (UK): Princeton University Press, 2019.

Bethea 1989 — Bethea D. The Shape of Apocalypse in Modern Russian Fiction. Princeton, N. J.: Princeton University Press, 1989.

Björling 1973 — Björling F. "Stolbcy" by Nikolaj Zabolockij. Analyses. Stockholm: Almqvist & Wiksell, 1973.

Bristol 1979 — Bristol E. Introduction to Fedor Sologub. *Rasskazy*. Berkeley (CA): Berkeley Slavic Specialties, 1979.

Brown 1982 — Brown E. J. Russian Writers since the Revolution. Cambridge (MA): Harvard University Press, 1982.

Brown 1988 — Brown E. J. The Symbolist Contamination of Gor'kii's "Realistic Style" // Slavic Review. 1988. Vol. 47. № 2. P. 227–238.

Browning 1985 — Browning G. Boris Pil'njak: Scythian at the Typewriter. Ann Arbor (MI): Ardis, 1985.

Bryld 1982 — Bryld M. Gor'kijs *Mat'*: Eine mythische Wanderung. Scando-Slavica, 1982. T. 28. P. 27–49.

Cave 2012 — Cave S. Immortality. The Quest to Live Forever and How It Drives Civilization. New York: Crown Publishers, 2012.

Cioran 1979 — Cioran S. D. Introduction // Sologub F. The Created Legend. 3 vol. / Translated and with an introduction by S. D. Cioran. Ann Arbor (MI): Ardis, 1979. P. 11–22.

Clark, Holquist 1984 — Clark K., Holquist M. Mikhail Bakhtin. Cambridge (MA): Belknap Press, 1984.

Clowes 1987 — Clowes E. W. Maksim Gorky. A Reference Guide. Boston: G. K. Hall, 1987.

Clowes 1988 — Clowes E. W. The Revolution of Moral Consciousness. Nietzsche in Russian Literature (1890–1914). DeKalb (IL): Northern Illinois University Press, 1988.

Cooke 1980 — Cooke R. Magic in the Poetry of Velemir Khlebnikov // Essays in Poetics. 1980. Vol. 5. № 2. P. 15–42.

De Jonge 1982 — De Jonge A. The Life and Times of Grigori Rasputin. London: Collins, 1982.

Encyclopedia of Philosophy 1972 — The Encyclopedia of Philosophy / Ed. P. Edwards. Vol. 1. New York: Macmillan Publishing Co. Inc. & Free Press; London: Collier Macmillan Publishers, 1967, reprint, 1972.

Fanger 1974 — Fanger D. Dostoevsky and Romantic Realism. A Study of Dostoevsky in relation to Balzac, Dickens, and Gogol. Chicago: University of Chicago Press, 1974.

Field 1961 — Field A. "The Created Legend": Sologub's Symbolic Universe // Slavic and East European Journal. 1961. Vol. 5. No. 4. P. 341–349.

Groys (ed.) 2018 — Russian Cosmism / Ed. B. Groys. New York (NY): e-flux, Inc.; Cambridge (MA), London (UK): MIT Press, 2018.

Günther 1993 — Günther H. Der sozialistische Übermensch: Maksim Gorìkij und der sowjetische Heldenmythos. Stuttgart: J. B. Metzler, 1993.

Hackel 1975 — Hackel S. The Poet and the Revolution. Aleksandr Blok's "The Twelve." Oxford (UK): Clarendon Press, 1975.

Hagemeister 1983a — Hagemeister M. [Rezension von] Koehler Ludmila, N. F. Fedorov, The Philosophy of Action: Pittsburgh 1979 // Zeitschrift für Slavische Philologie. 1983. Bd. 43. Hf. 1. 1983. S. 203–210.

Hagemeister 1983б — Hagemeister M. Die Biokosmisten: Anarchismus und Maximalismus in der frühen Sowjetzeit // Studia Slavica. 1983. Vol. 1. München: Otto Sagner. S. 61–76.

Hagemeister 1989 — Hagemeister M. Nikolaj Fedorov. Studien zu Leben, Werk und Wirkung. München: Otto Sagner, 1989.

Hare 1962 — Hare R. Maxim Gorky. Romantic Realist and Conservative Revolutionary. London: Oxford University Press, 1962.

Hellebust 2011 — Hellebust R. Suffering and Seeing in Kataev's *Vremia, vpered!* // The Slavonic and East European Review. 2011. Vol. 91. No. 4. P. 703–730.

Holthusen 1960 — Holthusen J. Fedor Sologub's Roman-Trilogie. The Hague: Mouton, 1960.

Holthusen 1972 — Holthusen J. Sologubs satirisch-utopische Trilogie «Tvorimaja legenda» // Сологуб Федор. «Творимая легенда». München: Wilhelm Fink Verlag, 1972. S. v-xii.

Jensen 1979 — Jensen P. A. Nature as Code. The Achievement of Boris Pil'nyak, 1915–1924. Koebenhavn: Roskenkilde & Bagger, 1979.

Johansson 1983 — Johansson K. Aleksej Gastev. Proletarin Bard of the Machine Age. Stockholm: Almqvist & Wiksell, 1983.

Jonas 1954 — Jonas H. Gnosis und spätantiker Geist. Bd. 1. Die mythologische Gnosis. Bd. 2. Von der Mythologie zur mystischen Philosophie. Göttingen: Vandenhoeck und Ruprecht, 1954.

Joravsky 1977 — Joravsky D. The Construction of the Stalinist Psyche // Cultural Revolution in Russia (1928–1931) / Ed. Sh. Fitzpatrick. Bloomington (IN): Indiana University Press, 1977. P. 108–128.

Kalbouss 1986 — Kalbouss G. Echoes of Nietzsche in Sologub's Writings // Nietzsche in Russia / Ed. B. Rosenthal. Princeton (N. J.): Princeton UP, 1986. P.183–194.

Kline 1968 — Kline G. Religious and Anti-Religious Thought in Russia. Chicago: University of Chicago Press, 1968.

Koehler 1965 — Koehler L. N. F. Fedorov: The Philosophy of Action. Pittsburgh (PA): Institute for the Human Sciences, 1965.

Krementsov 2011 — Krementsov N. A Martian Stranded on Earth: Alexander Bogdanov, Blood Transfusions, and Proletarian Science. Chicago Scholarship Online, Print Publication, 2011.

Lacarrière 1977 — Lacarrière J. The Gnostics. New York: Dutton, 1977.

Lettenbauer 1958 — Lettenbauer W. Russische Literaturgeschichte. Wiesbaden: Otto Harrosowitz, 1958.

Levitsky 1988 — Levitsky A. V. F. Odoevskij's «The Year 4338': Eutopia or Dystopia» // The Supernatural in Slavic and Baltic Literatures: Essays in Honor of Victor Terras / Ed. A. Mandelker, R. Reed. Columbus (OH): Slavica, 1988. P. 72–82.

Lord 1970 — Lord R. Dostoevsky: Essays and Perspectives. London: Chatto and Windus, 1970.

Lukashevich 1977 — Lukashevich S. N. F. Fedorov (1828–1903). A Study in Russian Eupsychian and Utopian Thought. Newark: University of Delaware Press, 1977.

Lönnqvist 1979 — Lönnqvist B. Xlebnikov and Carnival. An Analysis of the Poem Poet. Stockholm: Almqvist & Wiksell, 1979.

Maguire 1968 — Maguire R. Red Virgin Soil. Princeton (NJ): Princeton University Press, 1968.

Masing-Delic 1976 — Masing-Delic I. Death and the City of Life in Voronsky's Memoirs *Za živoj i mertvoj vodoj* // Scando-Slavica. 1976. Vol. 22. P. 43–58.

Masing-Delic 1971 — Masing-Delic I. A. Blok's "The Snow Mask". Stockholm: Almqvist and Wiksell, 1971.

Masing-Delic 1980 — Masing-Delic I. Biology, Reason and Literature in Zožčenko's *Pered voschodom solntsa* // Russian Literature. 1980. No. VIII. P. 7–101.

Masing-Delic 1981 — Masing-Delic I. Zhivago as Fedorovian Soldier // The Russian Review. 1981.Vol. 40. No. 3. P. 300–316.

Masing-Delic 1983 — Masing-Delic I. Peredonov's «Little Tear» — Why Is it Shed? // Fyodor Sologub. *The Petty Demon* / Transl. by S. D. Cioran. Ann Arbor: Ardis, 1983. P. 333–343. (Item.: Scando-Slavica. 1978. Vol. 14. P. 197–224).

Masing-Delic 1992 — Masing-Delic I. Abolishing Death. A Salvation Myth of Russian Twentieth-Century Literature. Stanford (CA): Stanford University Press, 1992.

Masing-Delic 2008 — Masing-Delic I. Boris Pil'niak's *The Volga Falls to the Caspian Sea as Trotskyite Sophiology* // SEEJ. 2008. Vol. 52. No. 3. P. 414–438.

Mathewson 1958 — Mathewson Jr. R. W. The Positive Hero in Russian Literature. New York: Columbia University Press, 1958.

Matich 1979 — Matich O. Androgyny and the Russian Religious Renaissance. Western Philosophical Systems in Russian Literature / Ed. A. Mlikotin. Los Angeles (CA): University of Southern California Press, 1979.

Matich 2005 — Matich O. Erotic Utopia. The Decadent Imagination in Russia's Fin de Siècle. Madison (WI): The University of Madison Press, 2005.

Milner-Gulland 1981 — Milner-Gulland R. Zabolotsky's *Vremya* // Essays in Poetics. 1981. Vol. 6. No. 1. P. 86–98.

Mirsky 1975 — Mirsky S. Der Orient im Werk Chlebnikovs. München: Otto Sagner, 1975.

Müller 1958 — Müller L. Einleitung und Erläuterungen // Wladimir Solowjew. Übermensch und Antichrist. Freiburg: Herderbücherei, 1958.

Müller 1977 — Müller L. Solov'evs Leben und Werk // Solowjews Leben in Briefen und Gedichten. München: Erich Wewel Verlag, 1977. S. 9–17.

Pachmuss 1971 — Pachmuss T. Zinaida Hippius. An Intellectual Profile. Carbondale and Edwardsville: Southern Illinois University Press; London and Amsterdam: Feffer & Simons, Inc., 1971.

Paperno 1988 — Paperno I. Chernyshevsky and the Age of Realism. A Study in the Semiotics of Behavior. Stanford (CA): Stanford University Press, 1988.

Polianski 2018 — Polianski I. J. Pathologia Religiosa: Medicine and the Anti-religious Movement in the Early Soviet Union // Journal of Contemporary History. 2018. Vol. 53. No. 3. P. 524–549.

Przebinda 2002 — Przebinda G. Vladimir Solov'ev's Fundamental Philosophical Ideas // Studies in East European Thought. 2002. Vol. 54. P. 47–69.

Pyman 1972 — Pyman A. Introduction // Alexander Blok. Selected Poems. Oxford (UK): Pergamon Press, 1972. P. 1–57.

Rabinowitz 1980 — Rabinowitz S. Sologub's Literary Children: Keys to a Symbolist's Prose. Columbus (OH): Slavica, 1980.

Rachmanova 1931 — Rachmanova A. Studenten, Liebe, Tscheka und Tod. Salzburg: Anton Pustet, 1931.

Reck 1975 — Reck V. Boris Pil'niak: A Soviet Writer in Conflict with the State. Montreal and London: McGill-Queen's University Press, 1975.

Robbins 1975 — Robbins K. L. The Artistic Vision of Fedor Sologub: A Study of Five Major Novels. PhD dissertation. University of Washington, ProQuest Dissertations Publishing, 1975.

Ronen 1968 — Ronen O. Toponyms of Fedor Sologub's *Tvorimaja legenda* // Die Welt der Slaven. 1968. Vol. 3. P. 307–316.

Rosenthal 1980 — Rosenthal B. Eschatology and the Appeal of Revolution. Merezhkovsky, Bely, Blok // California Slavic Studies. 1980. No. 11. P. 105–139.

Rosenthal (ed.) 1997 — The Occult in Russian and Soviet Culture / Ed. B. Rosenthal. Ithaca (NY) and London (UK): Cornell University Press, 1997.

Rougemont 1983 — Rougemont D. de. Love in the Western World. Princeton (NJ): Princeton UP, 1983.

Sesterhenn 1982 — Sesterhenn R. Das Bogostroitel'stvo bei Gor'kij und Lunačarskij bis 1909: Zur ideologischen und literarischen Vorgeschichte der Parteischule von Capri. München: Otto Sagner, 1982.

Slonim 1977 — Slonim M. Soviet Russian Literature 1917–1977. London, Oxford, New York: Oxford University Press, 1977.

Smith 2019 — Smith J. E. H. Irrationality: A History of the Dark Side of Reason. Princeton (NJ): Princeton University Press, 2019.

Stites 1989 — Stites R. Revolutionary Dreams. Utopian Vision and Experimental Life in the Russian Revolution. New York and Oxford (UK): Oxford University Press, 1989.

Strémoukhoff 1980 — Strémoukhoff D. Vladimir Soloviev and His Messianic Work. Belmont (MA): Nordland, 1980.

Struve 1971 — Struve G. Russian Literature under Lenin and Stalin, 1917–1953. London (UK): Routledge & Kegan Paul, 1971.

Tait 1986 — Tait A. L. Lunacharsky: A Nietzschean Marxist? // Nietzsche in Russia / Ed. B. Rosenthal. Princeton (NJ): Princeton University Press, 1986. P. 275–292.

Taylor 1983 — Taylor B. Eve and the New Jerusalem. New York: Pantheon Books, 1983.

Thompson 1970 — Thompson E. The Development of Aleksandr Blok as a Dramatist // Slavic and East European Journal. 1970. Vol. 14. No. 3. P. 341–351.

Thun 1973 — Thun N. Das erste Jahrzehnt: Literatur und Kulturrevolution in der Sowjetunion. Berlin: Akademieverlag, 1973.

Tumarkin 1981 — Tumarkin N. The Origins of the Lenin Cult // Russian Review, 1981. Vol. 40. No. 1. P. 35–46.

Tumarkin 1983 — Tumarkin N. Lenin Lives. The Lenin Cult in Soviet Russia. Cambridge (MA): Harvard University Press, 1983.

Utechin 1958 — Utechin S. V. Bolsheviks and Their Allies After 1917: The Ideological Patterns // Soviet Studies. 1958. No. 10. P. 113–135.

Wiles 1965 — Wiles P. On Physical Immortality. Survey 1965. Vol. 56. P. 125–143; Vol. 57. P. 142–161.

Wolfe 1967 — Wolfe B. The Bridge and the Abyss. The Troubled Friendship of Maxim Gorky and V. I. Lenin. New York: Praeger, 1967.

Wörn 1974 — Wörn D. Aleksandr Blok's Drama *Pesnja Sud'by*. Muenich, Otto Sagner, 1974.

Young 1997 — Young Jr. G. M. Fedorov's Transformations of the Occult // The Occult in Russian and Soviet Culture / Ed. B. Rosenthal. Ithaca (NY) and London (UK): Cornell University Press, 1977. P. 171–183.

Young 1979 — Young Jr. G. M. Nikolai Fedorov: An Introduction. Belmont (MA): Nordland, 1979.

Zakydalsky 1986 — Zakydalsky T. Fedorov's Critique of Nietzsche, the 'Eternal Tragedian'// Nietzsche in Russia / Ed. B. Rosenthal. Princeton (NJ): Princeton UP, 1986. P. 113–126.

Предметно-именной указатель

Содержание

Научное издание

Айрин Масинг-Делич
УПРАЗДНЕНИЕ СМЕРТИ
Миф о спасении в русской литературе XX века

Директор издательства *И. В. Немировский*

Ответственный редактор *И. Знаешева*
Дизайн *И. Граве*
Редактор *О. Бараш*
Корректоры *Л. Виноградова, С. Кошлакова*
Верстка *Е. Падалки*

Подписано в печать 28.09.2020.
Формат издания 60 × 90 $^{1}/_{16}$. Усл. печ. л. 29,0.
Тираж 500 экз.

Academic Studies Press
1577 Beacon Street, Brookline, MA 02446 USA
https://www.academicstudiespress.com

ООО «БиблиоРоссика».
190005, Санкт-Петербург, 7-я Красноармейская ул., д. 25а

Эксклюзивные дистрибьюторы:
ООО «Караван»
ООО «КНИЖНЫЙ КЛУБ 36.6»
http://www.club366.ru
Тел./факс: 8(495)9264544
email: club366@club366.ru

Знак информационной продукции согласно
Федеральному закону от 29.12.2010 № 436-ФЗ

www.ingramcontent.com/pod-product-compliance
Lightning Source LLC
LaVergne TN
LVHW010554100826
845148LV00014B/2713

* 9 7 9 8 8 9 7 8 3 8 0 4 2 *